刑法客观模拟 180 题

法考客观题
精练手册

徐光华 —— 编著

觉晓法考组 —— 编

北京大学出版社
PEKING UNIVERSITY PRESS

图书在版编目(CIP)数据

刑法客观模拟180题：法考客观题精练手册／徐光华编著；觉晓法考组编. -- 北京：北京大学出版社，2025. 6. -- ISBN 978-7-301-36357-7

Ⅰ．D920.4

中国国家版本馆CIP数据核字第2025PU2585号

书　　　名	刑法客观模拟180题：法考客观题精练手册
	XINGFA KEGUAN MONI 180 TI: FAKAO KEGUANTI JINGLIAN SHOUCE
著作责任者	徐光华　编著　觉晓法考组　编
责任编辑	潘菁琪　方尔埼
标准书号	ISBN 978-7-301-36357-7
出版发行	北京大学出版社
地　　　址	北京市海淀区成府路205号　100871
网　　　址	http://www.pup.cn　http://www.yandayuanzhao.com
电子邮箱	编辑部 yandayuanzhao@pup.cn　总编室 zpup@pup.cn
新浪微博	@北京大学出版社　@北大出版社燕大元照法律图书
电　　　话	邮购部 010-62752015　发行部 010-62750672
	编辑部 010-62117788
印　刷　者	天津中印联印务有限公司
经　销　者	新华书店
	730毫米×980毫米　16开本　18.5印张　362千字
	2025年6月第1版　2025年6月第1次印刷
定　　　价	59.00元

未经许可，不得以任何方式复制或抄袭本书之部分或全部内容。
版权所有，侵权必究
举报电话：010-62752024　电子邮箱：fd@pup.cn
图书如有印装质量问题，请与出版部联系，电话：010-62756370

序

亲爱的法考追梦人：

当您翻开这本模拟题集时，或许正身处备考征途的关键阶段。面对浩如烟海的法律条文、纷繁复杂的案例分析以及不断迭代的法考新大纲，您或许感到压力与期待交织。我们深知，每一场法考不仅是知识的较量，更是方法论与心理素质的试炼场。正因如此，这本模拟题应运而生，每年法考结束后，很多考生都会私信感谢我，谢谢我的模拟题让他们在考场很心安。熟人的再见面，老朋友的再相逢，让做过这套模拟题的同学在考场更自信，这或许就是这本模拟题存在的意义。本书的编写始终秉持一个朴素而坚定的信念——"以法考官方观点为导向，以助力高效通过法考为使命"。本书尊重官方观点，尊重司法部的答案。

值得关注的是，2025年4月25日，司法部法律职业资格管理局、国家司法考试中心在中国人民大学法学院明德法学楼组织召开座谈会。最高人民法院、最高人民检察院等相关部门负责人以及多所高校专家学者、学生代表和法考社会培训机构负责人共同围绕加强"马工程"法学类教材对法律职业资格考试指导作用、做好法学教育与法律职业资格考试衔接等议题展开研讨。此次会议明确了"马工程"教材对法考的指导意义，为法考命题与备考指明了方向。会议指出，"法治强调的是规则之治，法考辅导用书及考试命题等工作，应当确保以'马工程'法学类教材为蓝本，立足法学理论通说，避免个人学术观点，促进形成法律职业共同体的共识"。2025年5月15日，司法部官网再次发文谈及，"考试大纲立足法律职业的实践导向和法学理论通说观点，继续以现行法律、司法解释及马工程法学类教材为依据"。

基于上述背景与原则，本书在编写过程中，一律遵循"法律及司法解释优先、通说为基、适度展示多元观点"的基本原则，确保考生所学内容既符合法考要求，又具备坚实的理论与实践基础。

一、立足考纲，精准锚定命题逻辑

近年来，法考命题愈发注重"法律思维与实务能力"的复合考查，单纯的机械记忆已难以应对灵活多变的试题，可以说，法考刑法真题几乎没有单纯的记忆、背公式能做对的，而是立法、理论与实践的有机融合。本套模拟题严格遵循最新考试大纲，深度剖析近十年考题命题规律,将高频考点与新增热点有机融合,力求还原真实考场的命题逻辑。

二、有理有据,密切关注法考命题新动向

本书编写历时近一年,全部试题来源于官方指导案例及重要刑法学者的论著。本书所有的模拟题,均有理论与实务的支持,而非"空想"。法考观点近些年也在不断地与实务贴近,因此,为更好地让同学们了解理论与实务的融合情况,本书的案例原则上来自《刑事审判参考》、最高人民法院指导案例、实务部门的真实案例、国内知名刑法学者的著作及相关学术论文,每一个选项都有出处。希望同学们认真学习,用心体会笔者的用心。当然,张明楷教授的《刑法学》《诈骗犯罪论》《刑法分则的解释原理》、刘艳红教授的《刑法学总论》、黎宏教授的《刑法学》等刑法理论著作亦是重要的出题参考依据。也是希望考生知晓,法考不是考"书呆子",一定是理论与实务的融合。理论本身是来源于实务的,可以不同于、略高于实务,但不可能脱离实务而"完全不食人间烟火",否则,学习的意义何在?

三、解析详尽,夯实基础

做题的意义在于查漏补缺,从这一意义上看,反复演练、熟能生巧是必需的,既可以巩固所学知识,又可以发现自己所学知识的不牢固之处,进一步巩固、提升。本书的每一个模拟题,均有近1200字的解析,且区别于传统书籍,在题目的编排上我们遵循由浅入深、循序渐进的原则,从基础知识点的考查到综合案例的分析,从简单题型的训练到复杂题型的挑战,考生们可以在逐步提升难度的过程中,不断增强自己的解题能力与应试技巧。

四、感谢

本书成稿之前,有近60名"徐光华公益督学营"同学作为我的私人朋友帮我认真核对试题及解析,对完善本书起到了重要作用,在此一并感谢。

五、写在最后的悄悄话

以题养战,见证蜕变的可能。莫道浮云终蔽日,总有云开雾散时!2025,我等你来报喜。

徐光华

2025年5月

目　录

专题一　刑法学基础知识 · 001
　考点一　刑法的解释 · 001
　考点二　刑法的适用范围 · 005

专题二　犯罪论 · 007
　考点一　构成要件要素 · 007
　考点二　不作为犯罪 · 010
　考点三　因果关系与客观归责理论 · 015
　考点四　责任能力、罪过与错误认识 · 022
　考点五　排除犯罪性事由 · 046
　考点六　故意犯罪的停止形态 · 055
　考点七　共同犯罪 · 067
　考点八　单位犯罪 · 077
　考点九　罪数论 · 079

专题三　刑罚论 · 098
　考点一　刑罚的体系 · 098
　考点二　累犯 · 100
　考点三　自首和立功 · 103
　考点四　数罪并罚 · 111
　考点五　缓刑 · 114
　考点六　减刑与假释 · 118
　考点七　追诉时效 · 122

专题四　财产犯罪 · 126
　考点一　侵犯财产罪中的几个共性的问题 · 126

考点二　抢劫罪 …… 130
　　考点三　盗窃罪 …… 135
　　考点四　诈骗罪 …… 141
　　考点五　侵占罪 …… 144
　　考点六　敲诈勒索罪 …… 149
　　考点七　职务侵占罪 …… 151

专题五　人身犯罪 …… 153
　　考点一　自杀　故意杀人罪　故意伤害罪　过失致人死亡罪 …… 153
　　考点二　组织出卖人体器官罪 …… 155
　　考点三　强奸罪　负有照护职责人员性侵罪
　　　　　　强制猥亵、侮辱罪　猥亵儿童罪 …… 156
　　考点四　非法拘禁罪与绑架罪 …… 164
　　考点五　拐卖妇女、儿童罪　收买被拐卖的妇女、
　　　　　　儿童罪　拐骗儿童罪等 …… 167
　　考点六　诬告陷害罪 …… 171
　　考点七　侮辱罪　诽谤罪 …… 172
　　考点八　遗弃罪　虐待罪　虐待被监护、看护人罪 …… 173
　　考点九　侵犯公民个人信息罪 …… 174

专题六　危害公共安全罪 …… 176
　　考点一　以危险方法危害公共安全罪 …… 176
　　考点二　交通肇事罪 …… 182
　　考点三　危险驾驶罪 …… 186
　　考点四　不报、谎报安全事故罪　重大责任事故罪
　　　　　　强令、组织他人违章冒险作业罪等 …… 190
　　考点五　枪支犯罪 …… 196

专题七　破坏社会主义市场经济秩序罪 …… 201
　　考点一　生产销售伪劣商品罪 …… 201
　　考点二　走私罪 …… 204
　　考点三　妨害对公司、企业的管理秩序罪 …… 206
　　考点四　破坏金融管理秩序罪 …… 207

考点五	金融诈骗罪	219
考点六	危害税收征管罪	222
考点七	侵犯知识产权犯罪	223
考点八	扰乱市场秩序罪	227

专题八　妨害社会管理秩序罪　230

考点一	扰乱公共秩序罪	230
考点二	妨害司法罪	250
考点三	危害公共卫生罪	255
考点四	破坏环境资源保护罪	256
考点五	毒品犯罪	259
考点六	卖淫相关犯罪及淫秽物品相关犯罪	266

专题九　贪污贿赂罪与渎职罪　268

考点一	贪污罪	268
考点二	挪用公款罪	269
考点三	贿赂犯罪与渎职犯罪	272

参考答案　285

专题一　刑法学基础知识

考点一　刑法的解释

1. 下列说法中哪些选项不符合罪刑法定的解释？（　　）（多选）
A. 将杀伤力很大的"弓弩"认定为非法持有枪支罪中的"枪支"
B. 将国家发行的贵金属纪念币认定为伪造货币罪中的"货币"
C. 将冒用他人身份证件出境的行为认定为偷越国(边)境罪中的"偷越"行为
D. 将人民法院的调解书认定为拒不执行判决、裁定罪中的"判决""裁定"

[试题解析]

A项错误。《枪支管理法》第46条规定："本法所称枪支,是指以火药或者压缩气体等为动力,利用管状器具发射金属弹丸或者其他物质,足以致人伤亡或者丧失知觉的各种枪支。"因此,枪支的一个特征是以火药或者压缩气体等为动力。其他具有杀伤力的器具,如果不是以火药或者压缩气体等为动力的,则不能认定为枪支。

2006年5月25日公安部《关于涉弩违法犯罪行为的处理及性能鉴定问题的批复》指出:弩是一种具有一定杀伤能力的运动器材,但其结构和性能不符合《枪支管理法》对枪支的定义,不属于枪支范畴。这一批复的理由在于,"弓弩"不符合枪支的动力特征,即"弓弩"并非以火药或者压缩气体为动力。① 故不能将杀伤力很大的"弓弩"认定为非法持有枪支罪中的枪支。

此外,刑法惩罚"涉枪"型犯罪,主要是考虑枪支具有严重的"杀伤力",可能危害公共安全。就危害性而言,杀伤力很大的"弓弩"或许与普通"枪支"具有相同的威力,但"弓弩"已经超出了"枪支"一词的文义范围,不能认为"弓弩"就是"枪支",这种解释违反了罪刑法定原则,有类推的嫌疑。

B项正确。国家发行的贵金属纪念币尽管没有广泛的流通性,但是具有法偿性,即国家对于该贵金属纪念币有兑换人民币的义务。制售假贵金属纪念币的行为侵害了

---

① 参见陈兴良:《赵春华非法持有枪支案的教义学分析》,载《华东政法大学学报》2017年第6期,第6页。

货币犯罪的客体,此类行为同样侵害了国家货币的发行权和货币的公共信用。

同时,最高人民法院《关于审理伪造货币等案件具体应用法律若干问题的解释(二)》第4条第1款规定,以中国人民银行发行的普通纪念币和贵金属纪念币为对象的假币犯罪,依照《刑法》第170条至第173条的规定定罪处罚。故国家发行的贵金属纪念币属于伪造货币罪中的货币。

C项正确。最高人民法院、最高人民检察院《关于办理妨害国(边)境管理刑事案件应用法律若干问题的解释》第6条第四项规定,使用以虚假的出入境事由、隐瞒真实身份、冒用他人身份证件等方式骗取的出入境证件出入国(边)境的,应当认定为《刑法》第六章第三节规定的"偷越国(边)境"行为;据此,行为人冒用他人身份证件跨越国(边)境的行为属于偷越国(边)境罪中的偷越行为。

事实上,对于"偷越国(边)境罪"的"偷越"方式,也应随着社会的发展而进行适度扩大、实质解释。逃避边境人员的监管,跨越边境线是较为传统的"偷越"方式,而持假的出入境证件出境,亦应是偷越国(边)境行为。

D项错误。全国人大常委会《关于〈中华人民共和国刑法〉第三百一十三条的解释》规定,《刑法》第313条(拒不执行判决、裁定罪)规定的"人民法院的判决、裁定",是指人民法院依法作出的具有执行内容并已发生法律效力的判决、裁定。人民法院为依法执行支付令、生效的调解书、仲裁裁决、公证债权文书等所作的裁定属于该条规定的裁定。

据此,"判决、裁定"是指人民法院依法作出的具有执行内容并已发生法律效力的判决、裁定,既包括刑事方面的判决、裁定,也包括民事和行政方面的判决、裁定。但是,人民法院的**调解书本身不属于判决、裁定**。如果法院为了执行生效的调解书作出了相应的裁定,那么该裁定就属于本罪中的"判决、裁定",行为人拒不执行的,可以成立拒不执行判决、裁定罪。

综上所述,本题为选非题,答案为AD项。

2. 关于刑法解释,下列说法正确的是?(　　　　)(多选)

A. 将《刑法》第247条暴力取证罪中的"暴力"解释为包括"语言暴力""网络暴力""冷暴力",属于类推解释

B. 大学生蒋某与女朋友肖某交往(未同居)的过程中长期虐待肖某。将虐待罪的对象"家庭成员"解释为包括未同居女朋友在内,属于扩大解释

C. 将《刑法》中的财物解释为包括虚拟财产在内,属于类推解释

D. 将《刑法》第358条组织卖淫罪中的"卖淫"解释为包括组织同性性交获利的行为,属于扩大解释

[试题解析]

A项正确。《刑法》第247条暴力取证罪所要求的"暴力"是指对证人使用有形力的一切方法,因此,将此罪要求的"暴力"解释为包括"语言暴力""网络暴力""冷暴力"在内,属于类推解释。

B项错误。首先,虐待罪的行为主体必须是共同生活的同一家庭的成员,即虐待人与被虐待人之间存在一定的亲属关系或收养关系。未登记结婚但在同一住宅共同生活的,或者雇主虐待家庭雇员(如保姆),情节恶劣但又不构成伤害罪的,在实践中也认定为虐待罪。

其次,本选项中,蒋某与肖某仅为男女朋友关系,未在同一家庭共同生活,不能解释为"家庭成员"。肖某不能成为虐待罪的对象。

故,将虐待罪的对象"家庭成员"解释为包括未同居女朋友在内,属于类推解释。

C项错误。首先,我国刑法没有区分财物与财产性利益,只有一个"财物"的概念。故其可以包括一切值得刑法保护的财产。

其次,将虚拟财产解释为财物可以得到《刑法》第265条、第367条的印证。以后者为例,网络或者计算机信息系统中的淫秽影片不可能拿到现实生活中来,但仍然属于淫秽"物品"。既然如此,当然也可以认为虚拟货币、游戏装备等属于网络"物品"。审判实践中,盗窃虚拟财产的,被认定为盗窃罪的案件也具有一定的典型性。实务中,也有的认定为非法获取计算机信息系统数据罪等。

最后,在日常生活中一直存在无体物的概念,既然如此,将虚拟财产解释为财物,就不会侵犯国民的预测可能性。况且,虚拟财产的概念已经家喻户晓,将虚拟财产解释为财物,完全能够被国民接受。即使在虚拟财产的产生之初将其认定为财物可能属于类推解释,但时至今日,这样的解释已经不再是类推解释。可以认为,这种解释最多算扩大解释,也可以认为是平义解释。

D项正确。首先,可以肯定的是,同性性交获利行为和传统的"女性出卖肉体"行为一样,都是侵犯良好社会道德风尚的行为,具有处罚的必要性。

其次,卖淫本质上是靠"提供性服务"而"获利",只是在提供主体和提供对象上,随着时代的不同而有变化而已。早先的时候卖淫通常是女性向男性出卖肉体,但是,后来又出现了男性向女性出卖肉体的现象,及至现在,则出现了男性向男性出卖肉体的现象,将来或许会出现女性向女性出卖肉体的现象。上述现象尽管在形式上不断翻新,但是,在"以营利为目的,向不特定的人提供性服务"这一点上,则没有差别,这就是同性性交获利行为和"卖淫"之间的相似性。既然如此,在刑法解释上,就可以以这种相似性为根据,将"同性性交获利的行为"理解为"卖淫",将组织同性性交获利的行为,按照《刑法》第358条所规定的组织卖淫罪定罪处罚。

综上,将《刑法》第358条组织卖淫罪中的"卖淫"解释为包括组织同性性交获利的行为,属于扩大解释。①

综上所述,本题答案为AD项。

3. 关于刑法解释,下列说法错误的是?（　　　　）(单选)

A.《刑法》第329条第1款规定:"抢夺、窃取国家所有的档案的,处五年以下有期徒刑或者拘役。"根据当然解释原理,甲以暴力相威胁"抢劫"国有档案,亦构成抢夺、窃取国有档案罪

B.《刑法》第49条第1款规定,"审判的时候怀孕的妇女,不适用死刑"。根据扩大解释原理,可将"审判的时候"解释为侦查、起诉、审判三个阶段在内

C.《刑法》第263条将"冒充军警人员抢劫"作为抢劫罪的加重情节之一。根据当然解释原理,军人显示自己的身份抢劫的行为更应加重处罚,从而属于"冒充军警人员抢劫"

D.《刑法》第263条规定,"以暴力、胁迫或者其他方法抢劫公私财物的,处三年以上十年以下有期徒刑,并处罚金"。根据体系解释原理,乙将丙催眠后再实施取财的行为属于"其他方法"

[试题解析]

A项正确。根据罪刑法定原则,在刑法解释中,如果解释结论不能为刑法用语所包含,即使是当然解释的结论,也不能被采纳。从规范意义上说,抢劫行为已经在符合抢夺、窃取要求的前提下超出了抢夺、窃取的行为范畴,既然如此,当然可以将抢劫国有档案的行为认定为抢夺、窃取国有档案罪。换言之,在这种场合,不是说抢夺、窃取包含了抢劫,而是说抢劫行为并不缺少抢夺、窃取的要素。②

B项正确。扩大解释是指法律条文的含义因为社会生活的变迁,现实生活中的一些情况严格按照字面含义难以纳入刑法的调整范围,而将法律条文的含义适度扩大化。

《刑法》第49条第1款规定:"犯罪的时候不满十八周岁的人和审判的时候怀孕的妇女,不适用死刑。""审判的时候"的通常含义是指审判阶段。但是,将"审判的时候"解释为侦查、起诉、审判三个阶段(羁押期间)能够还原法律的规定,限制死刑的适用,也是有利于被告人的结论。因此,这一解释是允许的。

同时,这种解释也得到了司法解释的认同。根据1991年3月18日最高人民法院

---

① 参见黎宏:《刑法学总论》(第二版),法律出版社2016年版,第24页。
② 参见张明楷:《刑法学中的当然解释》,载《现代法学》2012年第4期,第3页。

研究室《关于如何理解"审判的时候怀孕的妇女不适用死刑"问题的电话答复》,在羁押期间已是孕妇的被告人,无论其怀孕是否属于违反国家计划生育政策,也不论其是否自然流产或者经人工流产以及流产后移送起诉或审判期间的长短,仍应执行最高人民法院(83)法研字第18号《关于人民法院审判严重刑事犯罪案件中具体应用法律的若干问题的答复》中对第三个问题的答复:人民法院对"审判的时候怀孕的妇女,不适用死刑",如果人民法院在审判时发现,在羁押受审时已是孕妇的,仍应依照上述法律规定,不适用死刑。

C项错误。有观点认为根据当然解释的主张,入罪举轻以明重,当冒充军警人员抢劫应加重处罚时,由于真军警人员显示身份抢劫的行为危害更大,更应该加重处罚,从而也应属于"冒充军警人员抢劫"。

但是,当然解释的结论不能违反罪刑法定原则。真正军警人员抢劫不能解释为"冒充军警人员抢劫",否则就违反了罪刑法定原则。这种当然解释的结论与罪刑法定原则的要求相违背,就不能允许。类似的道理是,《刑法》第227条第2款规定了倒卖车票、船票罪,而没有规定倒卖飞机票罪,似乎后者更当然应该构成犯罪。但是,车票、船票的概念不能包容飞机票,所以不可能根据《刑法》第227条第2款的规定处罚倒卖飞机票的行为。

D项正确。体系解释,是指根据刑法条文在整个刑法中的地位,联系相关法条的含义阐明其规范意旨的解释方法。体系解释应遵守同类解释规则,对于刑法分则条文在列举具体要素之后使用的"等""其他"用语,要按照所列举的内容、性质进行解释。

根据《刑法》第263条的规定,抢劫罪的手段行为包括"暴力""胁迫""其他方法",其实质在于压制被害人的反抗。本选项中,催眠行为与暴力、胁迫具有相当性和同质性,可以解释为"其他方法",因而属于抢劫的手段行为。

综上所述,本题为选非题,答案为C项。

考点二 刑法的适用范围

4.关于刑法的适用范围,下列说法错误的是?(　　)(单选)

A.国家工作人员甲在A国工作期间,实施了帮助信息网络犯罪活动的行为(法定最高刑仅为3年以下有期徒刑)。甲回国后,对于甲的行为可以不予追究

B.中国公民乙在国内教唆蒋某在美国阿拉斯加开设赌场,在美国开设赌场并不构成犯罪。对于乙的教唆行为,不能适用我国刑法追究乙开设赌场罪(教唆犯)的刑事责任

C.中国公民丙在日本与13周岁的中国公民夏某(女)发生性关系,虽然这一行为

在日本不构成犯罪，但也应当适用我国刑法追究刑事责任

D. 丁原本为 A 国人，2018 年向我国申请并取得我国国籍。2019 年 6 月，司法机关发现其曾在 2016 年在 A 国故意杀人且没有超过追诉时效。对于丁的行为应适用我国刑法

[试题解析]

A 项错误。根据《刑法》第 7 条的规定，国家工作人员和军人在国外犯罪的，无论是轻罪还是重罪，都应予以追究。而普通公民在国外所犯之罪的法定刑为 3 年以下有期徒刑的，可以不予以追究。

本选项中，虽然甲所犯帮助信息网络犯罪活动罪的法定最高刑仅为 3 年以下，但是甲作为国家工作人员，在国外犯罪，无论是轻罪还是重罪，都应予以追究。

B 项正确。根据属地管辖原则，对于共同犯罪而言，只要共同犯罪行为（如：正犯行为、教唆行为、帮助行为）有一部分发生在本国领域内或者共同犯罪结果有一部分发生在本国领域内，就认为是在本国领域内犯罪。

但需要注意的是，若共犯（教唆、帮助）行为发生在国内，正犯（实行犯）行为发生在国外的，由于正犯不从属于共犯（教唆犯、帮助犯），故只能对教唆犯、帮助犯适用我国刑法，对于正犯，不能认为是在我国领域内犯罪，不得适用我国刑法。当然，如果正犯行为在国外并不构成犯罪，则对共犯从属于正犯，其行为也不构成犯罪，不用适用我国刑法追究刑事责任。

本选项中，乙作为开设赌场罪的教唆犯，其教唆行为发生在我国领域内，一般来说，应当由我国刑法规制。但是，蒋某实施的行为在美国阿拉斯加并不构成犯罪，则对乙不应适用我国刑法追究刑事责任。换言之，乙的教唆行为是从属于蒋某的实行行为，既然该实行行为都是无罪的，那么，乙的教唆行为也应该不构成犯罪。

C 项正确。基于属人管辖原则，我国公民在我国领域外犯罪的，适用我国刑法。虽然丙的行为没有触犯日本的法律，但是属人管辖并没有以双重犯罪为原则，且丙的行为侵犯了我国公民的法益，应当适用我国刑法追究刑事责任。

当然，如果丙在日本与日本女孩惠子（12 周岁）发生性关系，由于没有侵犯我国国民的利益，且日本刑法也认为不构成犯罪，不能适用我国刑法追究刑事责任。

D 项正确。属人管辖的适用对象为中国公民在国外犯罪。其中，中国公民包括犯罪时的中国公民，也包括裁判时的中国公民。

本选项中，虽然丁 2016 年为 A 国人时在 A 国故意杀人，但是只要在裁判时（本选项中为 2019 年）为中国公民，则对丁应适用我国刑法追究其刑事责任。

综上所述，本题为选非题，答案为 A 项。

专题二 犯罪论

考点一 构成要件要素

5. 关于记述的构成要件要素与规范的构成要件要素,下列说法正确的是?( )(单选)

A. 以危险方法危害公共安全罪中的"危害",属于记述的构成要件要素

B. 携带凶器抢夺中的"凶器",属于记述的构成要件要素

C. 虐待罪中的"虐待",属于记述的构成要件要素

D. 滥伐林木罪中的"滥伐",属于规范的构成要件要素

[试题解析]

本题考查记述的构成要件要素与规范的构成要件要素的区分。记述的构成要件要素,日常生活对该用语有明确的界限,如故意杀人罪中的"人";规范的构成要件要素,仅凭感知并不能对其作出正确的判断,是需要法官进行价值评价的要素。其中,规范的构成要件要素又包括法律的评价要素、经验法则的评价要素和社会的评价要素。

A项错误。本选项中的"危害"属于经验法则的评价要素,即需要根据经验法则作出评价的要素。行为是否危害公共安全,需要以一定的事实为根据,同时以生活经验、因果法则为标准作出评价,而不是以一般人的价值观念为标准进行评价。因此,"危害"属于规范的构成要件要素。①

B项错误。"凶器"没有明确的界限,并不能通过我们的感知直接获得判断。某种器具是否能评价为凶器,应当综合考虑物品的杀伤机能的高低、供杀伤他人使用的盖然性程度、被携带的可能性的大小,以及根据社会一般观念,该物品所具有的对生命、身体的危险感的程度这四个方面。

"凶器"属于一种"量"的评价要素,即需要由法官对其进行量(程度)的评价,因此,"凶器"属于规范的构成要件要素。或者可以说,"凶器"的范围包括哪些,是有争议

---

① 参见张明楷:《规范的构成要件要素》,载《法学研究》2007年第6期,第83页。

的,每个主体的判断并不完全一致。

C项错误。本选项中的"虐待"属于社会的评价要素,即需要根据社会一般人的价值观念进行评价的要素。对于"虐待",需要法官进行相应的价值判断才能认定,因此,"虐待"属于规范的构成要件要素。

换言之,某一行为有没有达到刑法中的"虐待""侮辱""诽谤"的程度,不同主体的价值判断并不完全一致。

D项正确。本选项中的"滥伐"属于法律的评价要素,即必须根据相关的法律法规作出评价的要素。判断行为是否属于"滥伐林木",应当以《森林法》为根据作出判断,因此,"滥伐林木"属于规范的构成要件要素。① 同时,司法实践中,对于"盗伐"与"滥伐"的界限,存在判断上的一定争议,从这一角度看,也可以认为这属于规范的构成要件要素。

综上所述,本题答案为D项。

6. 关于刑法的构成要件要素,下列说法正确的是?(　　　)(多选)

A.《刑法》第133条规定,"违反交通运输管理法规,因而发生重大事故,致人重伤、死亡或者使公私财产遭受重大损失的,处三年以下有期徒刑或者拘役"。该罪要求的"违反交通运输管理法规"属于不成文的构成要件要素

B.《刑法》第399条第1款规定:"司法工作人员徇私枉法、徇情枉法,对明知是无罪的人而使他受追诉、对明知是有罪的人而故意包庇不使他受追诉,或者在刑事审判活动中故意违背事实和法律作枉法裁判的,处五年以下有期徒刑或者拘役;情节严重的,处五年以上十年以下有期徒刑;情节特别严重的,处十年以上有期徒刑。"其中的"徇私、徇情"是主观的构成要件要素

C. 罪过是非共同的构成要件要素

D.《刑法》第114条规定:"放火、决水、爆炸以及投放毒害性、放射性、传染病病原体等物质或者以其他危险方法危害公共安全,尚未造成严重后果的,处三年以上十年以下有期徒刑。"其中的"尚未造成严重后果"属于表面(虚假)的构成要件要素

[试题解析]

A项错误。本选项考查不成文的构成要件要素与空白要素的区别。不成文的构成要件要素,是指刑法条文内容上没有规定,但根据刑法条文之间的相互关系、刑法条文对相关要素的描述确定的,成立犯罪所必须具备的要素;而空白要素,是指刑法分则条文明文指出需要援引其他法律法规的规定,并由这些法律法规来确定要素的内容。

---

① 参见张明楷:《规范的构成要件要素》,载《法学研究》2007年第6期,第83页。

本选项中的"违反交通运输管理法规"是交通肇事罪的构成要件要素,但只能根据各种交通运输管理法规的相关内容予以确定和判断,而不能直接根据刑法规定予以确定和判断,虽然刑法没有具体规定这一构成要件要素的内容,但由于刑法指明了援引其他法律法规的规定,因而不属于不成文的构成要件要素,而是空白要素。

B项正确。本选项考查主观的构成要件要素与客观的构成要件要素的区别。客观的构成要件要素,是指说明行为外部的、客观面的要素,如行为主体、身份、行为、结果;而主观的构成要件要素,是指表明行为人内心的、主观面的要素,如故意、过失、目的、动机。

《刑法》第399条规定的是徇私枉法罪,而徇私枉法罪中的"徇私""徇情"是表明行为人主观面的行为动机,故其属于主观的构成要件要素。

C项错误。本选项考查共同的构成要件要素与非共同的构成要件要素的区别。共同的构成要件要素,是指所有犯罪的成立都必须具备的要素,如,行为主体、行为是任何犯罪的成立都必须具备的构成要件要素;而非共同的构成要件要素,是指部分犯罪的成立所必须具备的要素,如,特殊身份只是部分犯罪的成立必须具备的要素。

"罪过"是指故意和过失,是犯罪主观方面的内容,是所有犯罪的成立必须具备的要素,因此,"罪过"是共同的构成要件要素。

D项正确。本选项考查真正的构成要件要素与表面(虚假)的构成要件要素。

真正的构成要件要素,是指为违法性提供根据的要素,构成要件要素一般都是真正的构成要件要素;而表面(虚假)的构成要件要素,是指不是为了给违法性提供根据,只是为了区分相关犯罪(包括同一犯罪的不同处罚标准)界限所规定的要素,因此,也可以称表面(虚假)的构成要件要素为分界要素。从实体法的角度而言,表面(虚假)的构成要件要素不是成立犯罪必须具备的要素。

本选项中的"尚未造成严重后果"显然不是为违法性提供根据的要素,更非表明"倘若造成严重后果"便不构成犯罪之意,仅仅在于说明该条规定的违法程度轻于《刑法》第115条(放火、决水、爆炸以及投放毒害性、放射性、传染病病原体等物质或者以其他危险方法致人重伤、死亡或者使公私财产遭受重大损失的,处十年以上有期徒刑、无期徒刑或者死刑)的违法程度。概言之,"尚未造成严重后果"这一要素只是为了区分《刑法》第114条与《刑法》第115条的不同处罚标准,因而属于表面(虚假)的构成要件要素。

综上所述,本题答案为BD项。

考点二 不作为犯罪

7. 在具有作为可能性和结果避免可能性的前提下,下列说法正确的是?( )(单选)

A. 儿子甲偶然间发现父亲乙在公交车上行窃,但未予以制止。甲构成不作为犯罪

B. 甲、乙是球友,二人相约去踢球。踢球过程中乙心脏病发作,甲并未施救,最终乙死亡。甲构成不作为犯罪

C. 夫妻二人刚办理完离婚手续从民政局出来,妻子被车撞。丈夫见状不救,最终妻子死亡。丈夫构成不作为犯罪

D. 甲收养流浪狗后,次日流浪狗在路上将行人咬伤,甲未予以制止。甲构成不作为犯罪

[试题解析]

A项错误。不作为犯罪中的作为义务包括对他人危险行为的监督义务。例如,父母作为监护人对年幼子女实施犯罪具有阻止与监督的义务,但是子女对父母并无此义务。这种监督义务的前提是要有监督的责任、职责,不可能寄希望要求儿子有这种义务,即便本选项中的儿子甲是成年人,也不具有监督义务。如果甲是未成年人,则更没有这种监督义务。当然,成年子女,对于无责任能力的父母(如精神病人),则有这种监督义务。

在2016年的真题中:甲为县公安局局长,妻子乙为县税务局副局长。乙在家收受贿赂时,甲知情却不予制止。丈夫甲不成立不作为犯的受贿罪。

本选项中,儿子对作为成年人的父亲实施盗窃行为并无阻止义务,不具有作为义务的来源,故不构成不作为犯罪。

B项错误。不作为犯罪中的作为义务包括紧密的危险共同体产生的救助义务。例如,相约共同爬雪山时,相互之间具有救助义务。但是,如果相互之间从事的是没有高度危险的日常生活行为,则相互之间没有救助义务。

本选项中,踢球属于日常生活行为,即便存在风险,这种风险向实害转化的概率也很低,是刑法所允许的风险。之所以这一风险是刑法所允许的,不能追究其他人的刑事责任,主要理由在于:社会交往本身就是存在风险的,如散步、喝酒、恋爱和体育运动等,如果过多地赋予其他人义务,并且将这种义务上升到刑法的高度而认定为犯罪,就是极大地阻碍日常生活交往的进行。

因此,甲不具有保障乙的安全的义务,故不构成不作为犯罪。

C项错误。根据《民法典》第1059条的规定,夫妻之间有相互扶养的义务。具体来讲,是指夫妻双方在日常生活中的相互帮助、扶持,也包括一方在另一方陷入险境时对其生命的救助。而当婚姻关系停止时,离婚的夫妻双方之间不再具有相互扶养的义务,也就不再负有救助义务。即使离婚后的当天,夫妻之间见死不救的,也不再成立不作为犯。①

在本选项中,夫妻两人已经离婚,法律上不存在婚姻关系,因此两人之间已经不具有相互救助的义务,故丈夫不救助妻子不构成不作为犯罪。

换个角度看,如果仅因为他们曾经是夫妻而肯定"丈夫"(前夫)有救助义务的话,这会不当地加重对该"丈夫"(前夫)的义务。尤其是办完离婚手续后,如果还赋予其义务,那究竟在多长时间内有这种义务呢?显然也没有一个明确的标准。

D项正确。不作为犯罪中的作为义务包括行为人基于对危险物的支配所产生的管理义务,危险物可以包括危险动物,例如宠物饲养者在宠物侵害他人时具有阻止义务。

本选项中,甲收养流浪狗,对于该危险物已经建立了支配关系。基于对危险物的管理义务,甲对于流浪狗侵害他人的行为具有阻止义务。在流浪狗侵害路人时,甲应当对流浪狗进行阻止。否则,成立不作为犯罪。

综上所述,本题答案为D项。

8. 关于不作为犯罪,下列说法错误的是?(　　　)(多选)

A. 徐某以找工作为名,将肖某(女)带到自己姨父甲家。当晚徐某和肖某睡在同一张床上,甲睡在另一张床,中间有一道布帘隔开。徐某以暴力强迫肖某发生性关系,肖某向甲求救,甲无动于衷,徐某强奸既遂。甲成立不作为的强奸罪

B. 蒋某因交通事故身受重伤躺在街上,路人夏某经过时想要救助蒋某,乙发现蒋某是自己的仇人,阻止路人夏某救助蒋某,蒋某因得不到救助而死亡。乙不成立故意杀人罪

C. 丙驾驶机动渔船至航标船附近时,其渔船的螺旋桨被该航标船的钢缆绳缠住。丙为使渔船及本人摆脱困境,登上该航标船将钢缆绳解开后,驾船驶离现场,致使脱离钢缆绳的航标船顺江漂流10公里,严重损坏。丙成立不作为的破坏交通设施罪

D. 嫖客李某在宾馆订好房间后,卖淫女丁与李某在宾馆发生性关系。丁发现李某突发心脏病,没有救助直接离开,李某因为得不到救助而死亡。丁成立不作为的故意杀人罪

---

① 参见徐万龙:《实质法义务论的检视与构架》,载《刑事法评论》2014年第1期,第329页。

[试题解析]

A 项正确。首先,徐某在甲的家中奸淫肖某,由于危险源发生在甲自己支配的领域内,甲有监督义务或者保护义务,即甲有义务去保护肖某的法益免受侵害。

其次,甲有作为的能力,但面对肖某的求助没有作为,造成了肖某受到侵犯,甲成立不作为的强奸罪。

B 项错误。首先,蒋某是因交通事故身受重伤,路人夏某并没有对蒋某的救助义务。

其次,乙阻止路人救助蒋某,属于阻止他人(夏某)降低风险,乙的行为导致了危险现实化,即乙的行为属于提升风险。这就类似于乙拿刀捅刺他人,提升他人的风险、危险,系作为犯,故乙成立作为的故意杀人罪。

特别指出,成立不作为犯的前提是要有作为(救助)义务,本选项中,夏某并没有救助义务,夏某不成立不作为犯,乙也不成立不作为犯。

但是,如果乙阻止肇事司机救助蒋某,因为肇事司机有救助的义务,乙的行为是不让司机"履行义务",属于不作为犯的教唆犯。

C 项正确。首先,丙解开航标船钢缆绳的行为,在消除其自身危险的同时又造成了对交通安全设施的破坏,从而使其他船舶航行处于危险状态,这是紧急避险。此时该先行行为(紧急避险)就引起了丙在其正当权益得以保全的情况下,创设了风险,负有采取积极救济措施消除危险状态的作为义务。

其次,丙在脱困后有条件、有能力履行这一义务,却采取放任的态度,听之任之,符合刑法不作为的特征。

最后,不作为行为一般要造成实际的损害后果才构成犯罪。但破坏交通设施是一种危害公共安全的犯罪,是具体危险犯,只要行为人的破坏行为使船只存在发生倾覆、毁坏等危险状态即可构成犯罪,实际造成的损害后果只是作为量刑时加重处罚的情节。本选项中,航标船已经离开原位 10 公里,已经产生了使其他船只发生倾覆的危险,应当认定为不作为的破坏交通设施罪。①

D 项错误。法益的危险发生在"行为人独立支配的领域"时,行为人具有救助的义务。而本选项中,危险发生于酒店,酒店并非属于卖淫女独立支配的领域,卖淫女不具有救助义务,故不成立犯罪。

相反,如果该案中卖淫女突发心脏病,则嫖客李某具有救助的义务,因为这是其支配的领域,其不履行该义务的,成立不作为犯的故意杀人罪。

综上所述,本题为选非题,答案为 BD 项。

---

① 参见《刑事审判参考》(总第 38 集)第 295 号指导案例:王仁兴破坏交通设施案。

9. 在具有作为可能性和结果避免可能性的前提下,下列哪些选项中的甲构成不作为犯罪?(　　)(多选)

A. 甲抛出救生圈救落水的乙,救生圈快到达乙手边的时候,甲才看清乙是自己最讨厌的同事,于是将救生圈拉回,乙溺亡

B. 警察乙出于义愤开枪打死本不该被判处死刑的歹徒,同时执行抓捕任务的另一个警察甲没有制止

C. 乘客甲乘坐出租车,发现出租车司机醉酒驾驶。因为司机面相凶恶,甲不敢让司机停车,司机转弯时,撞死了路边的小孩

D. 批发商甲将食品批发出售给超市后,发现食品存在质量问题,但不想承担责任,于是让超市继续出售而没有召回,最终导致顾客食用该批食品后死亡

[试题解析]

A项错误。首先,甲并没有救助乙的义务。面对一个陌生的落水者,有道德上的救助义务,但这不能上升到刑法的高度。从常识也应该知道,"见死不救"虽然不道德,但并不可能构成刑法意义上的犯罪。

其次,甲没有创造风险,也没有耽误其他人救助乙。本选项中,甲抛出救生圈,但还未到达乙处就撤回了,并没有耽误其他人救助乙。

2014年的真题曾经考查过:甲见有人掉入偏僻之地的深井,找来绳子救人,将绳子的一头扔至井底后,发现井下的是仇人乙,便放弃拉绳子,乙因无人救助死亡。甲不成立不作为犯罪,理由在于:甲的自愿救助行为还没有起作用,并且,甲并没有"耽误"乙受到其他人救助的机会。

最后,需要提醒考生的是:如果本选项中,乙已经抓住了甲抛出的救生圈,甲再将救生圈撤回的,应成立故意杀人罪(作为犯)。这就好比医生已经把人救活了,再杀人的,当然成立故意杀人罪。2016年的真题也考查过这一问题:船工甲见乙落水,救其上船后发现其是仇人,又将其推到水中,致其溺亡。甲的行为成立犯罪,是作为犯。

综上所述,甲自愿救助落水的乙,但是在乙拿到救生圈之前,甲将救生圈收回,此时甲的救助行为并未对乙产生实质作用,即乙生命法益的保护并未依赖甲;且该救助行为也并未升高乙所处的风险,未造成法益侵害的紧迫危险,故甲既不具有法益侵害紧迫危险的防止义务,也不具有自愿承担的保护义务,因此甲不构成不作为犯罪。

B项正确。首先,不作为犯罪中的作为义务包括基于法规范产生的保护义务和基于制度产生的保护义务。《公安机关办理刑事案件程序规定》第9条规定:"公安机关在刑事诉讼中,应当保障犯罪嫌疑人、被告人和其他诉讼参与人依法享有的辩护权和其他诉讼权利。"因此,公安机关工作人员有保障犯罪嫌疑人和被告人免受不法对待的义务。

其次，警察在执行任务时，有制止违法行为的义务，包括制止其他警察的违法行为的义务。本选项中，警察甲有保障犯罪嫌疑人免受不法行为侵害的义务。歹徒并未被判处死刑却被警察乙枪杀，故该枪杀行为属于不法侵害。警察甲有义务制止但并未予以制止，因此构成不作为犯罪。

C项错误。首先，在特定的空间，空间的支配者（本选项中的司机）有保障安全的义务。法益的危险发生在行为人"独立支配"的领域时，行为人具有实质的法义务。例如行为人对于自己支配的汽车等场所内发生的危险具有阻止义务。司机作为出租车的管理者或者使用者，实质上独立支配了出租车，因此对出租车所发生的危险具有阻止义务。

其次，本选项中，与司机不同的是，甲作为乘客，并不属于出租车的管理者，因此并未支配出租车，不具有对出租车所发生危险的阻止义务，故甲对出租车司机的肇事行为不构成不作为犯罪。

历年真题曾经考查过这一问题：卖淫女在嫖客的住宅与嫖客发生性关系，发现嫖客心肌梗死而离去的，不成立不作为犯。因为该空间属于嫖客支配的区域，卖淫女没有保障嫖客安全的义务。①（2023年公法卷第3题C项）

D项正确。首先，批发商起初出售食品的时候，如果认为其没有发现质量问题，则最多是过失，不构成犯罪，刑法中的销售伪劣产品罪（销售有毒、有害食品罪）是故意犯罪。

其次，当该食品出售后，批发商发现存在质量问题时，有召回的义务，如果不履行该义务的，成立不作为犯。

在本选项中，批发商对于自己的先前行为（出售有问题的食品）造成的法益侵害的紧迫危险具有防止义务，对于购买食品的顾客的健康也有保护义务。但是批发商在有能力告知超市的情况下并未告知，因此构成不作为犯罪。

2021年的真题曾对此进行过考查：丁售卖药品后，经购买者反馈，才发现药品质量有问题，对人体有害。但是丁还是继续售卖，没有告诉消费者，没有召回已经出售的有质量问题的药品。丁不召回已经出售的存在质量问题的药品的行为，成立不作为犯罪。

综上所述，本题答案为BD项。

---

① 参见张明楷：《刑法学》（第六版），法律出版社2021年版，第204页。

考点三　因果关系与客观归责理论

10. 关于刑法中的因果关系,下列哪一说法是正确的?(　　)(单选)

A. 赵某在菜市场和老太太吴某发生争执,推了吴某一把,吴某倒地后不久死亡。经鉴定,吴某系心脏病发作死亡,赵某对吴某患病并不知情。赵某的行为和吴某的死亡结果之间不具有因果关系

B. 李某欲杀郑某,李某偶然得知嗜酒的郑某具有肝病,遂隔三岔五送郑某白酒。郑某因不注意控制饮酒,导致肝硬化死亡。李某的行为与郑某死亡结果之间不具有因果关系

C. 刘甲发现其子刘乙(15周岁)不上学且经常和其他社会闲散人员混在一起,但并未进行严格管教。一日,刘乙和其同伙聚众斗殴致人死亡。刘甲的行为与被害人的死亡结果之间具有因果关系

D. 钱某患艾滋病,欲报复其前男友王某而与王某发生性关系。王某知晓钱某患有艾滋病,仍经常与其发生性关系,后王某感染艾滋病。无论采用何种理论,钱某行为与王某感染艾滋病之间都不具有因果关系

[试题解析]

A项错误。首先,被害人是否存在某种疾病或属于特殊体质,并非介入因素,而是行为时已经存在的特定条件。因此,吴某的特殊体质不影响赵某的行为和吴某死亡之间的因果关系,吴某就是因为被赵某推倒在地后死亡。换言之,赵某在客观上推了一个心脏病患者,那么,被害人心脏病发作就是"合乎规律"的,赵某的行为与吴某的死亡结果之间存在因果关系。

其次,行为人是否认识到或者应当预见被害人存在疾病或者具有特殊体质,只能决定其主观上是否故意或过失的依据,不影响因果关系这一客观事实的判断。

B项正确。李某给郑某送酒的行为,并不属于法律所禁止的行为,即并非危害行为。因此,即便是造成了郑某死亡的结果,与李某的行为之间也不存在因果关系。换言之,送酒行为导致被害人死亡"不合乎规律",是偶然的、难以想象的,而刑法上的因果关系,是行为和结果之间合乎规律的、通常如此的"引起与被引起"的关系。

C项错误。首先,刘乙已满14周岁,对于故意杀人罪具有相应的刑事责任能力,可以承担相应的刑事责任。本选项中,刘乙聚众斗殴致人死亡,根据《刑法》第292条的规定,构成故意杀人罪。

其次,刘甲虽然对未成年的儿子刘乙具有管教、照顾的责任。但是在刘甲疏于管教而导致其儿子实施聚众斗殴行为本身,并不是合乎规律的、通常的,不能认为二者具

有刑法意义上的因果关系。

需要说明的是,如果父母明知、发现自己的未成年子女在实施犯罪行为,且孩子未达相应的刑事责任年龄,在现场但不予制止,可能成立不作为犯。例如,父亲甲看到自己6岁的儿子乙偷他人的手机但不予阻止,成立不作为犯的盗窃罪。而就本选项而言,刘乙已经达到故意杀人罪的刑事责任年龄,并且刘乙实施聚众斗殴致人死亡的行为时刘甲也不在现场,故刘甲不需要对刘乙的行为承担刑事责任,也不具有刑法上的因果关系。

D项错误。首先,按照相当因果关系说(法考观点),钱某的行为与王某感染艾滋病之间没有因果关系。相当因果关系强调,行为与结果之间存在合乎规律、正常的、通常如此的"引起与被引起"的关系,才认为二者之间具有因果关系。被害人明知钱某患有艾滋病,仍然与之发生性关系,造成自己感染艾滋病,被害人的行为属于对结果起到决定性作用的异常行为。换言之,正常情况下,得知他人患有艾滋病,通常便不会与其发生性关系。因此,介入被害人的异常行为,中断因果关系。

其次,如果采用条件说,即只要行为与结果之间存在"没有前者就没有后者"的条件关系时,前者就是后者的原因,二者之间也就具有因果关系。结合本选项,如果没有钱某患艾滋病且和被害人发生性关系,就不会造成被害人感染艾滋病。故二者之间具有因果关系。

综上所述,本题答案为B项。

11. 关于因果关系与客观归责理论,下列说法正确的是?(　　　)(单选)

A. 甲醉酒驾驶,因神志不清撞向马路边的电线杆,撞击声吓死了路边的行人乙。甲的行为与乙的死亡结果之间具有因果关系

B. 甲谎称自己手上的仿制品为齐白石真迹,以50万元的价格卖给不知情的乙。后来乙得知真相,精神崩溃,跳楼自杀身亡。甲的行为与乙的死亡结果之间不具有因果关系

C. 甲欲强奸乙,于是往乙的水中加入催眠药剂。乙喝下后顿觉不妙,连忙挣脱逃跑,在拐角处遇到仇人丙,丙见状对其施加暴力,乙因催眠药剂的影响无力反抗,最终被丙杀死。甲、丙的行为与乙的死亡结果之间均具有因果关系

D. 甲仅凭借着一根绳索悬挂在悬崖上,而这根绳索因为难以承受甲的体重正在缓慢地断裂。在甲掉下去的前一秒钟,乙剪断了这根绳索,甲坠崖身亡,乙的行为与甲的死亡结果之间不具有因果关系

[试题解析]

A项错误。具体犯罪的构成要件有特定的保护范围,如果所发生的结果不包括在

构成要件的保护范围或者保护目的之内,就不能将结果归责于行为人。

本选项中,甲醉酒驾驶的行为与乙的死亡结果之间不具有刑法上的因果关系。因为刑法禁止醉酒驾驶防止的是醉酒驾驶行为本身所蕴含的危险及实害结果,如因为醉酒驾驶导致驾驶者无法控制车辆方向盘而出现的交通事故。但醉酒驾驶行为本身并不蕴含吓死路人这种危险,也可以说,本选项中的这种危险、结果是"不合乎规律"的,不能认为醉酒驾驶行为与路人被吓死之间存在刑法上的因果关系。

B项正确。在结果不是构成要件禁止的内容时,该结果不能归属于行为人的行为。刑法规定诈骗罪是为了保护被害人的财产,而非保护人身法益。换言之,诈骗行为本身并不蕴含致人死亡的危险,被害人被骗之后自杀身亡并不具有通常性、不合乎规律。因此,本选项中,甲的诈骗行为与乙自杀的死亡结果之间不具有刑法上的因果关系。

C项错误。通说及法考观点认为,本选项中仇人丙的出现是异常的因素,丙的暴力行为直接导致了被害人的死亡结果,故甲的投放催眠药剂的行为与被害人的死亡结果之间没有因果关系。或者说,投放催眠药剂的行为并不能"合乎规律"地导致死亡结果的出现。

但请注意,理论上有观点持反对意见,认为甲的行为与被害人的死亡结果之间仍然存在因果关系。其理由在于:首先,甲往乙的水中加入催眠药剂,并在乙的体内发作;其次,虽然介入了丙对乙的暴力殴打行为,并在最后直接造成了乙死亡的结果,但是甲往乙的水中加入催眠药剂的行为并没有因为丙的暴力殴打行为而被完全中断,恰恰是因为甲的行为使乙身体变得虚弱,才能使丙顺利致乙死亡,所以说甲的行为对乙的死亡仍存在原因力,因此,甲丙的行为与乙的死亡结果之间均具有因果关系。① 这种观点的本质就是强调因果关系可以"溯及既往",不是"一码归一码"。

需要指出的是,如果该类真题只考一种观点,应认为甲的行为与被害人的死亡结果之间没有因果关系。如果是观点展示型的问题,两种观点均需要掌握。

D项错误。本选项需要考量介入因素,即乙剪断绳索的行为。首先,应当肯定的是,被害人甲一秒钟的生命也是受到刑法的绝对保护的,因此,乙在甲掉下去的前一秒钟剪断绳索依然能够评价为危害行为。其次,乙剪断绳索的行为属于异常的介入因素,并且独立地导致了甲的死亡结果,因此,应当认定乙的行为与甲的死亡结果之间具有因果关系。

可能有同学会进行这样的假设,如果没有"乙剪断这根绳索",甲也会死亡,进而认为乙的行为与甲的死亡结果之间不具有因果关系。这样的理解是错误的,因果关系不允许假设。虽然可以认为,没有乙的剪断绳索的行为,甲也会死亡。但是,没有乙的剪

---

① 改编自张明楷:《刑法学》(第六版),法律出版社2021年版,第239页。

断绳索的行为,甲不会在此刻死。因此,乙的行为与甲在此刻的死亡结果之间仍然存在因果关系。

综上所述,本题答案为 B 项。

12. 关于因果关系,下列说法错误的是?(　　　)(多选)

A. 甲诈骗了乙大量钱财,乙因而愤然自杀。甲的行为与乙的死亡结果之间存在因果关系

B. 甲贩卖给乙大量毒品,乙一次性吸食大量毒品后死亡。甲贩卖毒品的行为与乙的死亡结果之间存在因果关系

C. 甲持刀将乙捅成轻伤,在被救护车送往医院途中与违章车辆相撞,乙被违章车辆直接撞击致死。甲的行为与乙的死亡结果之间存在因果关系

D. 甲给乙注射足以致死的毒药,在毒药刚刚发作时,丙对乙实施暴力。乙由于中毒无力逃脱而被丙殴打致死。甲的行为与乙的死亡结果之间存在因果关系

[试题解析]

A 项错误。被害人"自杀"的结果虽然与行为人的诈骗行为之间有一定的关联,但没有刑法上的因果关系,换言之,被害人"自杀"而死亡的主要决定权应归责于被害人本人。

刑法上的因果关系比生活上的因果、佛学上的因果强调得更具直接性、相当性。刑法上的因果关系必须是较为直接的、合乎规律的现象与结果之间的关联。不能看到有点"联系",就认为二者之间存在因果关系。刑法作为部门法中处罚最为严厉的法律,对行为及其造成结果的处罚,必须实行罪刑法定(有言在先),而且这种"有言在先"必须是行为人实行行为时可预见的、确定的结果,而不是漫无边际的牵连、想象不到的结果。法律本身就是应该给人的行为提出一种确定性的指引,刑法更应该是如此。再者,刑法也没有对诈骗罪规定结果加重犯,故本选项只能认定为是诈骗罪,而非结果加重犯。①

---

① 该案是实践中有影响的徐玉玉被电信诈骗案。2016 年 8 月 21 日,徐玉玉因被诈骗电话骗走上大学的费用 9900 元,伤心欲绝,郁结于心,最终导致心脏骤停,虽经医院全力抢救,但仍不幸离世。2017 年 7 月 19 日上午,山东省临沂市中级人民法院对被告人陈文辉、郑金锋、黄进春、熊超、陈宝生、郑贤聪、陈福地诈骗、侵犯公民个人信息案一审公开宣判,判处各被告人无期徒刑、有期徒刑不等的刑罚。并没有将徐玉玉死亡认定为诈骗罪的结果加重犯。参见山东省临沂市中级人民法院(2017)鲁 13 刑初 26 号刑事判决书。此外,刑法没有对诈骗罪规定结果加重犯。《刑法》第 266 条规定:"诈骗公私财物,数额较大的,处三年以下有期徒刑、拘役或者管制,并处或者单处罚金;数额巨大或者有其他严重情节的,处三年以上十年以下有期徒刑,并处罚金;数额特别巨大或者有其他特别严重情节的,处十年以上有期徒刑或者无期徒刑,并处罚金或者没收财产。本法另有规定的,依照规定。"

B项错误。该选项的知识点为被害人自我答责。被害人自我答责的行为,行为人不承担责任。被害人自愿和负完全责任的行为导致后果的,不能够进行客观归责。在这种情况下所导致的所有后果,都需要由被害人自己承担,这就是被害人自我答责的法理。本选项中,乙自己选择将大量毒品一次性吸食,属于自陷风险的行为,因此甲贩卖毒品的行为与死亡结果之间不存在因果关系。或者说,风险的支配权在乙手上,是否吸、吸多少毒品,完全取决于乙本人。

2013年真题有类似的试题:甲女得知男友乙移情,怨恨中送其一双滚轴旱冰鞋,企盼其运动时摔伤。乙穿此鞋运动时,果真摔成重伤。本选项中,甲的行为与乙的重伤结果之间不存在刑法上的因果关系。这主要是基于被害人自陷风险理论得出的结论,虽然甲将危险品(旱冰鞋)送给了乙,但是否发生风险不取决于甲,而完全取决于乙,换言之,是否使用该旱冰鞋,如何使用,完全由乙个人决定。哪怕甲很希望乙被摔死,只要乙不使用该鞋,乙也不会死。另外甲送旱冰鞋的行为是生活中的正常行为,并不构成刑法上的实行行为(危害行为),与乙的死亡结果不具有刑法上的因果关系。

C项错误。首先,救护车与违章车辆的相撞属于异常的因素,甲的故意伤害行为通常不会导致车祸的出现。

其次,乙是被撞击致死,因此违章车辆的撞击对死亡结果的贡献率很高。

因此,可以认为车祸中断了甲的行为与乙的死亡结果之间的因果关系,甲的行为与乙的死亡结果之间没有刑法上的因果关系。

D项错误。首先,丙的出现属于异常的因素,甲的投毒行为通常并不会导致丙的出现。

其次,丙的行为直接导致了被害人死亡结果的出现,即丙的行为对死亡结果的贡献率很高。

因此,可以认为丙的行为中断了甲的行为与死亡结果之间的因果关系,甲的行为与乙的死亡结果之间没有刑法上的因果关系。

以上观点是多数观点。张明楷教授认为,以上案例有争议,也有少数观点认为,甲的行为与被害人的死亡结果之间具有因果关系,正是因为甲的投毒行为使乙身体变得虚弱、四肢无力,才使丙能顺利导致乙的死亡结果。当然,这一观点与历年真题是冲突的,历年真题(11602002)①A.甲重伤王某致其昏迷。乞丐目睹一切,在甲离开后取走王某财物。甲的行为与王某的财产损失也没有因果关系。

之所以少数观点在刑法理论上支持者很少,主要在于,因果关系不允许回溯,不允许谈及过去,就现在论现在。现在就是因为丙杀死了乙,而且丙的出现是异常的。因

---

① 全书此类编码,在觉晓App输入即可查询原题。

此,丙的行为中断了甲的行为与乙的死亡结果之间的因果关系。

综上所述,本题为选非题,答案为 ABCD 项。①

13. 关于因果关系与客观归责理论,下列说法正确的是?（　　）（单选）

A. 甲在丙家住宅附近停车让乘客乙下车,因车顶碰触丙家所接电线接头的裸露处,车身带电,不知情的乙在下车时手抓车梁而触电身亡。事后查明,甲驾驶的农用三轮车高达253cm,超过了规定的250cm的限度。同时,丙家门外的安全用电套户线也不符合规范,按要求应该距离地面250cm以上,而丙家的电线对地距离也未达规定的250cm,仅有200cm。甲的违规的行为与乙的死亡结果之间具有因果关系

B. 甲、乙分手后,甲心有不甘,手持水果刀到乙家门口,将门踹出了一个洞,用刀向洞内捅刺、挥舞,致女友乙颈部、手部多处受伤。在甲即将打开房门之际,乙担心被甲伤害,由卧室窗户从五楼跳下欲逃离,不幸摔成重伤,后经抢救无效死亡。甲的行为与乙的死亡结果之间具有因果关系

C. 甲系摔跤比赛裁判员,因看不惯乙,知道乙是个争强好胜的人,于是唆使乙参加摔跤比赛。比赛前一晚,作为裁判的甲故意改变抽签顺序,导致乙和最强的对手比赛,乙被对手摔成重伤。甲的行为与乙的重伤结果之间具有因果关系

D. 甲将爆炸物扔到乙的身边,乙立即踢开爆炸物,导致附近的丙被炸死。甲的行为与丙的死亡结果之间没有因果关系

[试题解析]

A项错误。只有当行为人的危害行为对危害结果的发生起直接的决定性作用时,危害行为与危害后果之间才具有刑法上的因果关系。

本选项中,虽然甲私自对车辆进行改装,致使车辆违反规定高度,但这一行为本身并不能直接引起乙死亡的后果,不是导致乙死亡的直接原因。乙死亡的直接原因是触电,而引起触电的直接原因,一是丙家门外的安全用电套户线对地距离未达规定高度,二是电线接头裸露,未采取绝缘措施。甲的三轮车超高,恰巧又接触在不符合安全高度的电线裸露处而带电,正是这两个因素的耦合才致乙触电身亡。因此,甲的违规行为与乙的死亡结果之间不具有因果关系。②

换言之,甲的违规行为与危害结果之间不存在因果关系,是因为甲的违规行为不是刑法上类型化的危害行为,所以无讨论因果关系之余地。因为车辆改装本身所蕴含的通常风险是车辆行驶不稳定等,而不是造成车辆触电。

---

① 本题来自张明楷:《论刑法中的结果》,载《现代法学》2023年第1期,第164页。
② 参见《刑事审判参考》(总第28集)第201号指导案例:穆志祥被控过失致人死亡案。

B项正确。行为人实施的行为,导致被害人不得不或者几乎必然实施介入行为的,或者被害人实施的介入行为具有通常性的,即使该介入行为具有高度危险,也认为该介入行为是合乎规律的、正常的因素,不中断前行为与危害结果之间的因果关系。

本选项中,甲的一系列暴力行为表明其伤害乙的意图明显,给乙造成极大的心理压力,导致乙为逃避进一步伤害而被迫跳楼,属于正常(合乎规律)的介入行为。因此,甲的行为与乙的死亡结果之间具有因果关系。①

C项错误。只有制造了不被允许的危险,才可能将结果归责于行为。本选项中,甲没有实施刑法所禁止的行为,因为在摔跤比赛中,和任何对手比赛都是法律所允许的。即便甲改变规则的行为在客观上创造了危险,但实质上其并没有创造"刑法所禁止的危险",因此,甲的行为与乙的重伤结果之间不具有因果关系。

换言之,改变抽签顺序本身,并不能合乎规律地导致参赛者重伤。作为摔跤比赛,和任何对手进行对抗,都是法律所允许的。

D项错误。前行为人实施危险行为后,通常乃至必然会介入第三者的行为导致结果发生的,应当肯定结果归属于前行为人。本选项中,甲将爆炸物扔到乙的身边,乙将爆炸物踢开属于紧急避险,是正常(合乎规律)的介入因素,并未阻断甲的行为与丙的死亡结果之间的因果关系,因此,应当将丙的死亡归属于甲的行为。

综上所述,本题答案为B项。

14. 关于因果关系与客观归责理论,下列说法正确的是?(　　)(单选)

A. 甲意欲致乙死亡,便劝乙乘坐火车,期待乙在事故中死亡。后乙果真死于火车事故,乙的死亡结果应归责于甲

B. 甲、乙因车辆刮擦发生口角,甲一气之下朝乙脸部打了一拳,导致乙心脏病发作而死亡。甲的行为与乙的死亡结果之间不具有因果关系

C. 甲在爬山时,看到前方一块石头快要落在乙的头上,有导致乙死亡的危险。原本甲可以大力推一把避免乙受到伤害,但因甲、乙之前发生过口角,甲怀恨在心,于是甲只轻轻推了乙一把,使石头砸在乙的肩膀上致其重伤。甲的行为与乙的重伤结果之间具有因果关系

D. 甲没有按照规定对原材料进行消毒,导致职工感染疾病死亡。事后查明,即使甲按照规定对原材料进行消毒,也不能发现病毒,职工的死亡结果不能归责于甲

[试题解析]

A项错误。如果行为没有减少法益损害的危险,也没有以法律上的重要方式提高

---

① 参见江苏省丹阳市人民法院(2014)丹刑初字第73号刑事判决书。

法益损害的危险,不能将结果归责于行为。本选项中,甲劝乙乘坐火车,属于社会所能容许的风险行为,不是刑法意义上的危害行为,因此,甲的劝说行为与乙的死亡结果之间不具有因果关系。

B项错误。严格地说,被害人的特殊体质,并不是介入因素,而是行为时已经存在的特定条件。因此,由于被害人存在某种疾病属于特殊体质,行为人所实施的通常情形下不足以致人死亡的暴力,导致被害人死亡的,也应当肯定因果关系。本选项中,甲对乙实施伤害行为,虽然伤害行为本身通常不足以致乙死亡,但伤害行为导致乙心脏病发作而死亡的,应当肯定甲的行为与乙的死亡结果之间具有因果关系。

或者可以这样说,暴力行为针对特异体质,会"合乎规律"地导致死亡结果,即行为与死亡结果之间存在刑法上的因果关系。

C项错误。只有制造了不被允许的危险,才可能将结果归责于行为。如果行为减少了对被害人已经存在的危险,就排除客观归责。本选项中,尽管甲有伤害的故意,但甲轻推乙,使石头落在乙的肩膀上,避免了乙死亡的结果,实质上是降低了危险,不属于危害行为,因此,不能将乙的重伤结果归责于甲。

D项正确。行为没有实现不被允许的危险时,排除客观归责。换言之,只有存在结果回避可能性,或者说,只有当行为人具有对结果的操纵可能性时,才可能进行客观归责。本选项中,即使甲按照规定对原材料进行消毒,也不能发现病毒,这说明职工的死亡不具有结果回避可能性,技术无法彻底消除病毒造成的危险是被允许的。因此,甲的行为与职工的死亡结果之间不具有因果关系。

综上所述,本题答案为D项。

考点四 责任能力、罪过与错误认识

一、刑事责任年龄

15. 关于刑事责任年龄,下列说法正确的是?(　　　　)(单选)

A. 警察甲因醉酒丢失枪支,被路过的乙捡到,乙随即将枪送往就近的派出所。目睹全程的丙(14周岁)埋伏在拐角处,待乙经过时暴力控制乙,从乙处劫取该枪支。由于丙未满16周岁,因此不构成犯罪

B. 某日,甲(20周岁)出门后遇到了邻居乙(15周岁),便教唆乙去强奸楼下的丙(女),乙欣然应允。为了壮胆,乙于两天后邀请自己的好友丁(13周岁)共同对丙实施了强奸行为。甲、乙构成强奸罪(轮奸),丁不构成犯罪

C. 甲(13周岁)欲杀乙,于某日深夜潜入乙的住宅,趁乙熟睡时用枕头闷死乙。对

于甲的故意杀人行为,最高人民检察院应当核准追诉

D. 甲14周岁生日当晚向乙(女)表白,乙拒绝后,甲因愤怒对乙施加暴力致乙重伤。第二天凌晨,甲回到现场,见乙痛苦不堪倍感舒畅,无视乙的求助转身离去。后乙因未及时得到救助而死亡,甲应承担刑事责任

[试题解析]

A项错误。《刑法》第17条第2款规定,已满14周岁不满16周岁的人,犯故意杀人、故意伤害致人重伤或者死亡、强奸、抢劫、贩卖毒品、放火、爆炸、投放危险物质罪的,应当负刑事责任。该规定中的"抢劫"应作广义理解,包含抢劫枪支、弹药、爆炸物、危险物质的行为。因为枪支、弹药也具有财物的属性,抢劫枪支、弹药的行为,也完全符合抢劫罪的构成要件。虽然《刑法》第17条第2款规定的犯罪行为没有"抢劫枪支罪",但对于丙(14周岁)抢劫枪支的行为可以认定为抢劫罪。

B项错误。甲构成普通强奸罪,不是轮奸;乙构成强奸罪,是轮奸;丁不构成犯罪。

首先,本选项中,甲对于强奸罪的主体、对象均是确定的认识,主观上没有轮奸的故意,乙的强奸行为已经超出了甲的故意范围,故甲不需要对轮奸行为负责,仅构成普通强奸罪。

其次,乙与丁在客观上实施了轮奸行为,只要是客观上有轮奸行为,即便部分主体未达到刑事责任年龄,对于达到刑事责任年龄的主体而言,亦属于轮奸。故乙属于轮奸。

最后,因丁未达到强奸罪的刑事责任年龄,故不构成犯罪。①

C项错误。《刑法》第17条第3款规定,已满12周岁不满14周岁的人,犯故意杀人、故意伤害罪,致人死亡或者以特别残忍手段致人重伤造成严重残疾,情节恶劣,经最高人民检察院核准追诉的,应当负刑事责任。

适用该条规定时,应注意,不管是故意杀人还是故意伤害致人死亡等,都必须另具备情节恶劣的条件,如致多人死亡(致一人死亡本身,如果没有其他情节,不属于情节恶劣)、致多人重伤造成严重残疾等。本选项中,虽然13周岁的甲杀害了乙,但尚未达到情节恶劣的程度。因此,最高人民检察院不是必须核准追诉。

可能有同学认为,该案中的甲属于《刑法》第17条第3款所规定的"情节恶劣"。这种理解是错误的,"情节恶劣"是独立于故意杀人而进行评价的。换言之,不能认为只要是故意杀人就是情节恶劣。情节恶劣应该是较之普通的故意杀人性质更恶劣的行为,如杀人后分尸,或者使用严重不法手段实施杀人行为等。

---

① 参见徐光华编著,觉晓法考组编:《必练案例题139问——刑法》,中国政法大学出版社2022年版,第210页。

D项正确。原则上,以行为时是否具有责任能力来认定是否成立犯罪。行为时没有责任能力,但在结果发生时达到刑事责任年龄,进而具有防止结果发生义务的,不履行该义务,仍然成立犯罪(不作为犯)。

本选择中,甲于14周岁生日当天(未满14周岁)故意伤害乙致其重伤,此时甲无须对自己的伤害行为承担刑事责任。但当天24:00之后,甲已经达到刑事责任年龄。甲的先行行为(伤害行为)使其此时产生了救助乙的义务,但甲在能够救助乙的情况下未予以救助,放任乙死亡结果的发生,成立不作为的故意杀人罪。

综上所述,本题答案为 D 项。

二、刑事责任能力与原因自由行为

16. 关于原因自由行为,下列说法正确的是?(　　)(多选)

A. 甲因吸毒过量出现幻觉,以为其女朋友被他人劫持,于是乘坐出租车,用刀架在司机乙的脖子上强迫其快速驶往 A 地,途中乙颈部多处被割至轻伤。甲成立劫持汽车罪

B. 甲(铁路扳道工)因失恋而痛苦不堪,于是在上班过程中借酒消愁。后因饮酒过量昏睡过去,致使其在火车到来之前忘记及时放下栏杆,导致火车与汽车相撞。甲成立不作为的铁路运营安全事故罪

C. 甲(聋哑人)苦于没有生活来源,于是深夜潜入乙家,窃得大量财物。因甲是聋哑人,故而可以对其从轻、减轻处罚

D. 甲从毒贩处购得毒品,邀请乙共同吸食,乙此前从未碰过毒品,出于好奇,便与甲一起吸毒。乙吸毒后产生幻觉,误以为上门送外卖的丙准备杀害自己,于是拿起桌上的水果刀砍向丙致其死亡。乙成立过失致人死亡罪

[试题解析]

A项正确。原因自由行为是指在预见到自己可能犯罪的情况下,行为人故意或者过失使自己陷入责任能力丧失或者降低的状态,并在该状态下引起犯罪结果的情形,应承担刑事责任。

本选项中,甲明知自己吸毒过量可能产生控制力降低、出现幻觉等情况,仍然过量吸食毒品,放任结果的发生,主观上系故意。甲以胁迫方式劫持正在使用的汽车,无论其实施行为时是否因精神障碍丧失责任能力,其原因行为是自由的,甲成立劫持汽车罪。①虽然甲的行为同时也触犯了故意伤害罪,但劫持汽车罪更重,应以劫持汽车罪

---

① 案例来源:广西壮族自治区崇左市中级人民法院(2016)桂14刑终59号判决书。

论处。

B项正确。本选项中，扳道工甲在上班过程中饮酒过量，陷入无责任能力状态，应当及时放下栏杆而未放下，违反规章，致使发生重大事故，属于原因自由行为，需要对其造成的严重后果承担责任。应当以铁路运营安全事故罪追究其刑事责任。

C项错误。《刑法》第19条规定，又聋又哑的人或者盲人犯罪，可以从轻、减轻或者免除处罚。根据这一规定，聋哑人犯罪，只是"可以"从轻、减轻或者免除处罚，而非"应当"。其立法理由在于，当聋哑影响了行为人的辨认能力与控制能力，即责任能力，才从轻、减轻或者免除处罚。如果没有影响责任能力，则不需要从轻、减轻或者免除处罚。

本选项中，虽然甲是聋哑人，但该生理特征并不影响甲辨认、控制自己盗窃的能力。换言之，甲是在具有完全辨认能力（知道自己在干什么）、控制能力（可以选择干与不干）的情况下实施了犯罪行为，属于完全刑事责任能力人，不需要从轻、减轻、免除处罚。

D项正确。自愿吸毒者，即使吸毒后责任能力有所减弱，但吸毒之前的行为是自由的，应承担刑事责任。①

首先，本选项中，乙自愿吸毒使自己陷入丧失责任能力的状态，属于原因自由行为。但乙第一次吸毒，并不明知吸毒后会产生幻觉，乙因吸毒产生丙欲杀害自己的幻觉进而杀害丙的，不认为其主观上有犯罪的故意。

其次，乙误以为丙想要杀害自己，用刀将丙杀害的行为属于假想防卫。乙的吸毒行为产生致人死亡的结果，存在过失。因此，乙成立过失致人重伤罪。

综上所述，本题答案为 **ABD** 项。

17. 关于刑事责任能力与原因自由行为，下列说法正确的是？（　　）（多选）

A. 甲以杀人故意对乙实施暴力，其间甲精神疾病发作，在发病的状态下，对乙实施了奸淫行为。甲仅负故意杀人罪未遂的责任

B. 甲因对其继母乙不满，使用空心钢管对乙后脑部进行击打，后又采用扼颈、钢管击打头部、菜刀砍颈部等手段将其杀死。经鉴定，甲患有抑郁症，其作案时辨认能力及行为控制力削弱。对甲可酌情从轻处罚

C. 甲系聋哑人，某日，甲与邻居发生矛盾，一怒之下，将邻居刺死。因甲是聋哑人，可以对其从轻、减轻处罚

D. 不满14周岁的甲在某公园安放了定时炸弹。七天后，甲满14周岁，一个月

---

① 参见徐光华编著，觉晓法考组编：《刑法培优：从入门到贯通》（觉晓教育2022年法考教材），中国政法大学出版社2021年版，第59页。

后,炸弹如期爆炸。因甲投放炸弹时未满14周岁,故甲不构成爆炸罪

[试题解析]

A项正确。行为人在开始实施实行行为时具有责任能力,随后丧失责任能力,在无责任能力阶段实施的是另一构成要件行为,由后一行为导致结果发生的,则行为人仅对前行为承担未遂犯的责任。

本选项中,甲在丧失责任能力时,实施的奸淫行为是与故意杀人罪不同的另一构成要件行为,因此甲只负故意杀人未遂的刑事责任。

B项正确。抑郁症患者实施犯罪行为的,仍然成立犯罪。但因抑郁症导致对行为的辨认、控制能力降低的,属于限定责任能力,应"酌情"从宽处罚。本选项中,甲因患有抑郁症,在实施犯罪行为时,辨认能力及行为控制力削弱,属于限定责任能力人,可对其从轻处罚。

C项错误。本选项中,虽然甲系聋哑人,但该生理特征并不影响甲辨认、控制自己杀人的能力。换言之,甲是在有完全辨认、控制能力的情况下实施了犯罪行为,属于完全刑事责任能力人,不需要从轻、减轻或免除处罚。

D项错误。本选项中,虽然甲投放炸弹时未满14周岁,但该行为可以作为义务来源的先前行为。因此,甲在满14周岁后有义务防止自己的先前行为造成危害结果,即有义务防止炸弹爆炸,如果不履行作为义务的,则构成不作为的爆炸罪。

综上所述,本题答案为AB项。

三、一般主体与特殊主体、身份犯

18. 关于身份犯,下列说法错误的是?(　　)(多选)

A. 甲系某村村主任,平时协助当地政府从事扶贫工作。甲利用职务便利,将其管理的部分扶贫款非法占为己有,成立职务侵占罪

B. 国有企业的仓库保管员保管货物的行为,属于劳务,而非公务,其取走保管的货物不成立贪污罪

C. 甲因缺钱,深夜偷偷潜入某国有控股公司的仓库窃取财物,被该公司的保安经理乙(国家工作人员)发现后,请求其不要声张,乙答应,甲、乙共同将财物搬出公司。甲、乙成立盗窃罪的共同犯罪

D. 甲、乙系夫妻,甲是国家工作人员。某日,乙的朋友丙前往甲家中送给甲10万元,欲托其将儿子录用为公务员。甲坚决拒绝,并要求丙离开。乙碍于情面,且对10万元十分心动,于是自作主张接受了该笔贿赂。乙成立受贿罪的间接正犯

[试题解析]

A项错误。本选项的关键在于甲是否属于国家工作人员。根据2009年8月27日修正的全国人民代表大会常务委员会《关于〈中华人民共和国刑法〉第九十三条第二款的解释》的规定,村民委员会等村基层组织人员协助人民政府从事救灾、抢险、防汛、优抚、扶贫、移民、救济款物的管理工作的,属于《刑法》第93条第2款规定的"其他依照法律从事公务的人员"。因而,本选项中,甲协助当地政府从事扶贫工作,属于国家工作人员,甲非法占有本人管理的公共财物,应认为是利用了职务上的便利,甲成立贪污罪,而非职务侵占罪。

B项错误。"公务"不必是权力关系的事务,因而与"劳务"不是对立的概念,虽然公务一般表现为裁量性、判断性、决定性的事务,但也不能一概将机械性、体力性的活动排斥在公务之外。例如,国有企业的仓库保管员保管货物的行为,国有公交公司售票员经手、管理票款的行为,均属于公务范畴。[1] 换言之,只要拿的是自己"经手""管理"的财物,就认为其利用了职务上的便利。

C项错误。无身份者与有身份者共同犯罪的,应认定为是身份犯的共犯。本选项中,一般公民甲是盗窃罪的实行犯,国有控股公司的保安经理乙(国家工作人员)在甲实施盗窃行为时,应当阻止而未予阻止,与甲一起将财物搬出公司的行为,符合贪污罪的构成要件。甲、乙成立贪污罪的共同犯罪。

D项错误。首先,间接正犯是指利用他人作为犯罪工具来实施犯罪,本人不参与实行行为。本选项中,乙亲自接受了贿赂,不可能成立间接正犯。

其次,定罪身份是针对实行犯(包括间接实行犯)所要求的,乙不具有国家工作人员的身份,故乙既不能构成受贿罪的直接实行犯,也不能构成受贿罪的间接实行犯。

最后,国家工作人员甲因坚决拒绝收受该10万元贿赂,故不构成犯罪。

综上所述,本题为选非题,答案为 ABCD 项。

19. 关于身份犯,下列说法错误的是?(　　　)(多选)

A. 组织、领导、参加黑社会性质组织罪中的组织者,属于定罪的特殊身份

B. 非法搜查罪中,司法工作人员属于定罪的特殊身份

C. 法官甲趁本院财务人员乙离开办公室上厕所之际,偷偷溜进乙的办公室,窃得公款3万元。甲构成贪污罪的正犯

D. 国家工作人员甲退休后,利用以前的职务便利非法获取公共财产50万元。甲构成贪污罪

---

[1] 参见张明楷:《刑法学》(第六版),法律出版社2021年版,第173页。

[试题解析]

A项错误。特殊身份必须是在行为主体开始实施犯罪行为时就已经具有的特殊资格,或者已经形成的特殊地位或状态。因此,行为主体在实施犯罪后才形成的特殊地位不属于特殊身份。

本选项中,组织、领导、参加黑社会性质组织罪中的"组织者"是在犯罪过程中才形成的特殊地位,因而不属于刑法上的特殊身份。

B项错误。真正身份犯,又称定罪身份,是指以特殊身份作为构成要件要素的犯罪;不真正身份犯,又称量刑身份,是指特殊身份不影响定罪但影响量刑犯罪。

《刑法》第245条规定:"非法搜查他人身体、住宅,或者非法侵入他人住宅的,处三年以下有期徒刑或者拘役。司法工作人员滥用职权,犯前款罪的,从重处罚。"由此可知,司法工作人员并不是非法搜查罪的构成要件要素,而是从重处罚的根据。因此,非法搜查罪中,司法工作人员属于量刑身份,而非定罪身份,即不真正身份。

C项错误。贪污罪中国家工作人员所从事的公务,只能是主管、管理公共财物的事务,而本选项中,虽然法官甲为国家工作人员,但其并未参与主管、管理公共财物,无法利用职务便利非法占有公共财物,因此,甲不可能成立贪污罪的正犯。也就是说,贪污罪的主体是国家工作人员这一特殊身份,但并非只要是国家工作人员就可以构成贪污罪,而要求国家工作人员必须利用其这一身份所具有的职务上的便利,才可以构成贪污罪。本选项中,甲并没有利用职务上的便利,成立盗窃罪。

D项错误。本选项中,甲已经退休,不再具有国家工作人员的身份,不满足贪污罪的主体要件,不构成贪污罪,但应当根据甲行为的性质认定为诈骗罪等其他侵犯财产的犯罪。①

综上所述,本题为选非题,答案为ABCD项。

20. 下列选项说法正确的是?(　　)(多选)

A.《刑法》规定,国家工作人员犯诬告陷害罪的,从重处罚。因此,诬告陷害罪属于身份犯

B. 在犯罪集团中,起组织、策划、指挥作用的首要分子,不属于特殊身份

C. 甲为报仇,故意杀害乙,后查明,甲系国家工作人员。此时,甲国家工作人员的身份属于特殊身份

D. 真正身份犯,只能由具有作为构成要件要素的特殊身份的主体构成,一般主体

---

① 参见徐光华编著,觉晓法考组编:《必练案例题139问——刑法》,中国政法大学出版社2022年版,第98页。

不能成立真正身份犯

[试题解析]

A项正确。身份犯,是指构成要件要求自然人具备特殊身份,或者刑罚的加重或减轻以具有特殊身份为前提的犯罪,前者为真正身份犯,后者为不真正身份犯。构成诬告陷害罪虽然不需要具备国家工作人员的特殊身份,但国家工作人员犯诬告陷害罪的从重处罚,可见国家工作人员的特殊身份影响量刑,因此,诬告陷害罪属于不真正身份犯,属于身份犯的一种。

B项正确。特殊身份必须是在行为主体开始实施犯罪行为时就已经具有的特殊资格,或者已经形成的特殊地位或状态。因此,行为主体在实施犯罪后才形成的特殊地位不属于特殊身份。犯罪集团的首要分子是在犯罪过程中才形成的特殊地位,因而不属于刑法上的特殊身份。

C项错误。特殊身份必须与特定的犯罪行为具有关联性。例如,在叛逃罪中,国籍以及是否为国家工作人员与犯罪行为有密切联系,属于特殊身份。本选项中,甲的国家工作人员身份与其实施的故意杀人行为没有关系,因而不属于特殊身份。

D项错误。真正身份犯是指,以特殊身份作为构成要件要素的犯罪,如果行为主体不具有特殊身份,就不能单独成立此罪。作为构成要件要素的特殊身份,只是针对真正身份犯的正犯而言。例如,受贿罪的行为主体必须是国家工作人员,但这只是就正犯而言,不具有上述特殊身份的人与上述人员相勾结伙同受贿的,成立受贿罪的共犯。因此,一般主体也可以成立真正身份犯(共犯)。

综上所述,本题答案为AB项。

四、故意、过失区分

21. 关于犯罪故意,下列说法正确的是?(　　)(单选)

A. 甲是一名货车司机,其怀疑徐某委托其运输的货物中可能藏有毒品,但是依旧将这批货物运至目的地,事实上徐某在该批货物中暗藏了毒品。甲具有运输毒品罪的犯罪故意

B. 甲明知乙是一名初中生,但不清楚乙的具体年龄。甲与乙强行发生性关系,事后查明乙只有十三周岁。甲不具有奸淫幼女型强奸罪的犯罪故意

C. 甲走夜路时被人抢劫,甲在黑夜中看劫匪的外貌轮廓似乎是好友乙,并且声音也和乙很像,丁是向公安机关告发乙对自己进行抢劫。事后查明劫匪并非乙。甲具有诬告陷害罪的犯罪故意

D. 甲客观上掩饰、隐藏的是毒品犯罪所得,但误以为自己掩饰、隐瞒的是金融诈

骗所得。甲不具有洗钱罪的犯罪故意。

[试题解析]

A 项正确。犯罪故意是指明知自己的行为可能发生危害社会的结果,而希望或放任这种结果发生。行为人怀疑自己的行为可能发生危害社会的结果,通常也能够评价为行为人明知自己的行为会发生危害社会的结果。本选项中,甲怀疑货物中藏有毒品,可能引发危害社会的结果,而放任这种结果发生。因此,甲具备运输毒品罪的犯罪故意,是间接故意。

B 项错误。只要行为人认识到自己的行为极大可能会引发危害社会的结果,就具备了犯罪故意的认识要素。本选项中,甲明知乙是初中生,即使不知道乙的具体年龄,也应当知道作为初中生的乙极大可能是不满 14 周岁的幼女,仍然强行与乙发生性关系。因此,甲具有奸淫幼女型强奸罪的犯罪故意,至少是间接故意,即甲对于乙是否年满 14 周岁是放任的心态。

C 项错误。诬告陷害罪的故意要求行为人明知自己所告发的是虚假的犯罪事实。为了防止不当限制公民的告发权利,应当要求行为人明知自己所告发的确实是虚假的犯罪事实;当行为人估计某人实施了犯罪行为,认识到所告发的犯罪事实具有属实的可能性而予以告发的,不宜认定为诬告陷害罪。不能因为行为人告发的内容与客观事实不符,就认为其构成诬告陷害罪,否则,谁敢去告状?

本选项中,甲通过乙的状态和行为推测乙可能具有抢劫的行为而予以告发的,不具有诬告陷害罪的故意。

D 项错误。无论是毒品犯罪,还是金融诈骗罪,都属于洗钱罪的上游犯罪,这种认识错误,属于同一构成要件内的认识错误,不影响犯罪的成立。这就相当于想杀张三,实际上杀害的却是李四,无论是张三还是李四,均属于故意杀人罪的保护对象"人",均可以成立故意杀人罪。因此,甲依然具有洗钱罪的故意。

综上所述,本题答案为 A 项。①

22. 关于犯罪故意,下列说法正确的是?(　　)(单选)

A. 甲第一次使用枪支,瞄准数十米之外的乙射击,子弹并未直接打中乙但是打中乙身边的钢板后反弹射向乙,导致乙死亡。甲构成故意杀人罪既遂,且为直接故意

B. 甲以取得火灾保险金为目的,偷偷地对自家住宅放火时,知道卧床不起的老人还在住宅中却仍然放火,因而导致老人死亡。甲对乙的死亡构成故意杀人罪,且为间

---

① 参见张明楷:《犯罪故意中的"明知"》,载《上海政法学院学报(法治论丛)》2023 年第 1 期,第 38—54 页。

接故意

C. 甲在出售五金工具时,只是大体上预见或者怀疑购买者乙可能使用该工具实施杀人行为,后乙确实使用该工具杀害他人。甲构成故意杀人罪帮助犯,具有间接故意

D. 甲长期收购电池,乙向其提供一套崭新电池且价格略微低于市场价。甲虽怀疑电池可能是乙非正当渠道取得,但是乙坚称着急用钱才低价出售,甲信以为真将电池收下。事后查明乙所提供的电池系盗窃所得,甲具有掩饰、隐瞒犯罪所得罪的犯罪故意

[试题解析]

A 项正确。首先,本选项不属于认识错误(打击错误)。认识错误的前提是,行为人意欲侵害的对象,与实际所侵害的对象不一致,该两个"对象"均是刑法所保护的对象。也正是因为出现这种错误,刑法对该行为的评价究竟应该针对哪一个可能存在争议,因此,理论上存在不同的解决错误的学说。例如,甲欲杀乙,子弹打中了乙身边的丙,或者将丙误认为是乙,即属认识错误。而本选项中,甲欲杀乙,实际上也造成了乙的死亡,主观上意欲侵害的对象与实际侵害的对象没有任何差异,不属于认识错误(打击错误)。

其次,甲主观上想杀人,追求乙死亡的结果,是直接故意,且造成了乙的死亡结果,成立故意杀人罪既遂。需要说明的是,无论是行为"必然",还是可能"造成"这一危害结果的,只要行为人主观上"追求"这一结果发生的,均是直接故意。

本选项中,甲第一次使用枪支,没有开枪射击的经验,在将枪支瞄准被害人乙时,甲确切地知道,自己的开枪行为只是可能导致乙死亡,而非必然导致乙死亡,但甲仍"希望"这种结果发生,构成杀人的直接故意。

B 项错误。首先,甲不构成间接故意。间接故意的本质是"放任",而"放任"的前提是有两种以上的可能性,既可能造成某一危害结果,也可能不出现某一危害结果。例如,甲欲开枪打死一条流浪狗,但明知狗的旁边站着路人乙,甲明知其对流浪狗开枪的行为可能会造成乙的死亡结果,也可能不会造成乙死亡,但甲仍然继续朝该流浪狗开枪,放任其行为可能造成乙的死亡结果,最后子弹击中乙,甲对乙的死亡结果是间接故意。

其次,甲明知"卧床不起的老人还在住宅中却仍然放火",这一行为是必然造成老人死亡,不存在"死亡"与"不死"两种以上的可能性,不具备"放任"的前提,不是间接故意。明知自己的行为必然会造成某一结果,仍然实施这一行为,就是直接故意,而不可能是间接故意。

本选项中,在认识因素上,甲放火时明知房内老人卧床不起不可能逃离火灾现

场,即甲明知其行为必然导致老人死亡的危害结果,但是仍然放火。此时,在意志因素上,即使老人的死亡不是甲的目的,甲形式上是"放任"老人死亡,而由于甲已经预见老人死亡是必然的,其实质上已经是"希望"老人死亡,故甲主观上为故意杀人罪的直接故意而非间接故意。

C项错误。甲的中立帮助行为不构成帮助犯。

首先,甲的行为属于中立的帮助行为,是指本属于日常生活行为,但客观上对他人犯罪起到了帮助作用。对于这种行为能否以犯罪(帮助犯)论处,应当通过综合考察以下几点得出妥当结论:(1)正犯行为的紧迫性;(2)行为人(帮助者)对法益的保护义务;(3)行为对法益侵害所起的作用大小;(4)职业行为或者日常行为的重要性,或者说中立行为本身对行为人带来的利益大小;(5)行为人对正犯行为与结果的确实性的认识。前三点主要是基于共犯的处罚根据提出的要求(法益保护),即考虑到行为对法益侵害的可能性大小;后两点主要是基于自由保障的需要提出的要求(自由保障),即不宜过度地打击这种经营行为,否则会影响日常生活交往、经营。

其次,本选项中甲出售工具的行为在客观上确实对乙的杀人行为具有重要作用,但是,甲出售工具时虽对乙的用途有所怀疑,也不符合对"对正犯行为与结果的确实性的认识",即甲主观上并不存在对乙犯罪行为的确定性认识,其出售工具的行为系正常的营业行为,不构成犯罪。

最后,一般故意犯罪行为中,行为人主观方面具有确定性认识或可能性认识均可构成"明知"。但是对于中立的帮助行为的特殊性而言,要求行为人对构成要件事实具有"确定的认识",故行为人的大体预见或者怀疑并不满足成立犯罪的要求。这是因为,中立帮助行为本身也是一种日常生活、经营行为,如果刑法对其处罚过度,会阻碍社会经营、交往,所以,对于中立的帮助行为,如果要以犯罪论处,需要帮助者对明知他人实施犯罪的主观认知要求较高。

D项错误。甲主观上对于该电池是赃物不存在故意,不构成掩饰、隐瞒犯罪所得罪。

首先,在掩饰、隐瞒犯罪所得案件中,"明知"包括两类情形:一是知道肯定是赃物;二是知道可能是赃物。如果行为人明知"可能"是赃物,就表明行为人具备了明知的要求。

其次,对于本罪所要求的"明知",应该尽量做缩小解释,否则容易扩大刑法的处罚范围。一般认为,只有行为人主观上较为确定地知道时,才认为是明知,反之,则认为是过失。如果行为人主观上确定是赃物,或者比较大的可能明知是赃物,那么收购价格应该是显著低于市场价。而本选项中的收购价格只是"略微低于市场价",再加之"乙坚称着急用钱才低价出售,甲信以为真将电池收下",可以认为,甲对该电池是赃物的可能性认知是较低的,不能认定甲主观上存在收购赃物的故意,不构成掩饰、隐瞒犯罪所得罪。

试想,如果收购价格略低于市场价格的,就认为收购者主观上明知是赃物,进而认定为是掩饰、隐瞒犯罪所得罪,这会极大地挫伤二手物品收购、买卖行为,极大地阻碍这类业务的发展,也会不当地扩大刑法的处罚范围。

【实务案例】被告人王德虎在海城市,14次盗窃基站内的蓄电池和电源模块。2021年2月底至2021年5月25日间,被告人王火车20多次以收购废品的价格,收购被告人王德虎盗窃的蓄电池和电源模块。

法院认为,即便被告人王火车不明确知道收购赃物系王德虎盗窃所得,其也应当知道被告人王德虎的赃物并非通过正常渠道获得,同时对赃物来源也没有尽到应有的谨慎义务,据此也可以认定被告人王火车具有掩饰、隐瞒犯罪所得的主观故意。

张明楷教授对判决提出了反对意见,认为判决没有列出可以推定行为人明知是赃物的事实,而且将没尽到注意义务作为认定行为人应当知道的根据,进而是将过失行为认定为故意犯罪。① 在司法实践中,类似的案例很多,由于行为人对所处理的物品属于赃物具有预见可能性(有预见义务),因此认为行为人符合"明知"中的"应当知道"构成要件,从而认定其具有掩饰、隐瞒犯罪所得的故意,这实际上是不妥当的。

综上所述,本题答案为A项。

23. 关于犯罪故意,下列说法正确的是?(　　　)(多选)

A. 毒贩乙找到运输商甲高价运输毒品,对甲谎称运输的是面粉且要求甲在运输过程中尽量逃避检查。甲怀疑可能是毒品,但仍同意帮忙运输。甲具有运输毒品罪的犯罪故意

B. 嫖客甲怀疑卖淫女是幼女,询问其年龄,卖淫女声称已经成年,随后发生性关系,事后查明卖淫女系不满14周岁幼女。甲不具有奸淫幼女的故意,不构成强奸罪

C. 甲素来看不惯国家工作人员乙,且观察到乙常常收到高价礼物(快递送达的),怀疑乙收受贿赂并向有关机关告发,事后查明礼物来自乙常年在国外的女儿。甲具有诬告陷害罪的犯罪故意

D. 甲多次组织搬运人员在两国交界的非设关偏僻河岸向境内运输大量冻牛肉,且搬运时间大多为夜晚。可以认定甲具有走私的犯罪故意

[试题解析]

A项正确。甲明知运输的物品可能是毒品,仍帮忙运输,符合运输毒品的犯罪故

---

① 参见张明楷:《犯罪故意中的"明知"》,载《上海政法学院学报(法治论丛)》2023年第1期,第47页。

意的认识因素与意志因素。

首先，对于毒品犯罪，理论与实务的态度，都是从严治理，那么，对于行为人主观上是否"明知"毒品要求相对较低。

其次，本选项中的如下三个情节，可以推定行为人主观上是明知是毒品，至少明知可能是毒品：(1)高价运输，正常的运输行为就应该是合理的市场价格，而高价通常会伴随着不法的物品；(2)在运输过程中尽量逃避检查，正常的运输行为，应该是坦然地接受检查，而本选项是尽量逃避检查，说明行为人"做贼心虚"；(3)甲怀疑可能是毒品，仍然加以运输。

基于此，可以认为，甲主观上已经是较为明确地知道其运输的对象是毒品，即使是知道"可能"是毒品，这种可能性也比较大，从严厉打击毒品犯罪的角度看，应认定为有运输毒品的故意，构成运输毒品罪。

需要说明的是，对于刑法中故意犯罪所要求的"明知"应达到何种程度，不同犯罪的要求并不完全相同。针对毒品犯罪、性侵害幼女犯罪，基于从严打击的态度，实务中要求更为严格，哪怕明知的程度较低的，也应该认定为是犯罪。甚至不论行为人主观上是否承认明知，直接推定行为人主观上是明知且不允许反证，进而认定为是犯罪。例如，最高人民法院、最高人民检察院、公安部、司法部《关于办理性侵害未成年人刑事案件的意见》第17条第2款规定，对不满12周岁的被害人实施奸淫等性侵害行为的，应当认定行为人"明知"对方是幼女，构成强奸罪。但是，对于其他性质相对轻微的犯罪如掩饰、隐瞒犯罪所得罪，收购者对所收购的财物明知是"犯罪所得"，则要求明知程度较高，如果明知的程度较低的，不宜作为犯罪处理，否则会导致处罚范围过于扩大化。

B项错误。甲明知对方可能是不满14周岁的幼女而进行奸淫，构成强奸罪。

首先，成立奸淫幼女型强奸罪，要求行为人明知是幼女，并不限于行为人明知对方肯定、确定是幼女，而是包括明知对方可能是幼女。也因为如此，奸淫幼女型强奸罪可以由间接故意构成，即行为人在认识到对方可能是幼女的情况下，即使不希望发生损害幼女身心健康的结果，但因为对年龄持漠不关心的态度，进而对损害幼女身心健康的结果持放任态度的，如果对方实际上是幼女，仍然成立奸淫幼女型强奸罪。

其次，基于对幼女的保护，即使行为人只是"可能"知道对方是幼女，并且这种可能性程度较低，也成立强奸罪(奸淫幼女)。本选项中，基于经验判断，甲已经认识到卖淫女可能是幼女。同时，即使"卖淫女声称已经成年"，但这完全可能是为了卖淫而欺骗甲，甲并没有仔细去核实，至少说明甲主观上还是有认识到对方是幼女的可能性，应认定为强奸罪。

类似的生活中道理是：光华怀疑自己的7岁的小孩子没有做完暑假作业，因为孩子天天在家里玩,很少看到她做作业的场景。光华就问孩子:"学校布置的暑假作业做完了没有?"向来调皮的孩子回复:"已经做完了。"光华没有再仔细核对,事实上孩子也没有做完暑假作业。光华至少主观上还是有可能认识到孩子是没有做完暑假作业的。

C项错误。甲的行为属于行使告发权,不构成诬告陷害罪。

首先,对于诬告陷害罪,主观上既可能由直接故意,也可能由间接故意构成,即行为人"明知"自己所告发的是虚假的犯罪事实,明知诬告陷害行为会发生侵犯他人人身权利的危害结果,并且希望或者放任这种危害结果的发生。但是,对于成立诬告陷害罪所要求的"明知"是虚假事实,则要求程度较高,除非行为人较为确定地知道或者明知的可能性很大,才能认定为本罪所要求的明知。

其次,从国家层面而言,鼓励公民的检举揭发。但是,检举揭发存在"不准确"的可能性,也就是说,行为人主观上可能认识到是虚假的事实,也可能认识到是真实的事实。但国家的态度是,即使有怀疑、拿不准,也欢迎举报、检举。那么,这就容易出现检举错误的情况,一旦检举错误,就作为诬告陷害罪处理,那谁还敢去检举揭发呢?试想,实践中,大量的举报信,难道每个人都检举成功了?

最后,就本选项而言,甲虽然认识到乙可能是受贿,但至少也有一定的可能性认识到不是受贿而是自己购买的贵重物品,或者是亲友之间的礼尚往来,但甲仍然去检举揭发。从这一意义上看,有"虚假告发"的可能性。但是,认定诬告陷害罪,对行为人主观上的"明知是虚假事实"的可能性应要求较高、很高,或者要求行为人主观上确定地知道这是虚假事实还要检举、揭发。否则,扩大诬告陷害罪的认定会极大地挫伤公民的举报、揭发意愿。

张明楷教授指出,为了避免不当限制公民的告发权,认定诬告陷害罪,应当要求行为人明知自己所告发的确实是虚假的犯罪事实(确定的认识说);当行为人估计某人实施了犯罪行为,认识到所告发的犯罪事实仅具有属实的可能性而予以告发的,不宜认定为本罪。①

本选项中,虽然甲看不惯国家工作人员乙,但是其主要是基于"观察到乙常常收到高价礼物"这一客观事实而怀疑其收受贿赂并向有关机关告发,可见甲确实认为乙存在受贿的可能,属于正常行使告发权的行为,不构成犯罪。

D项正确。首先,甲的行为在客观上符合走私罪构成要件。根据相关规定,该冻牛肉不属于准许进口的肉类产品,按相关规定禁止进境。本选项中甲的行为属于走私国家进出口的货物、物品的行为。

其次,走私罪要求行为人明知是走私行为而进行相关行为,根据最高人民法院、最

---

① 参见张明楷:《犯罪故意中的"明知"》,载《上海政法学院学报(法治论丛)》2023年第1期,第54页。

高人民检察院、海关总署《关于办理走私刑事案件适用法律若干问题的意见》的规定,未经海关同意,在非设关的码头、海(河)岸、陆路边境等地点,运输(驳载)、收购或者贩卖非法进出境货物、物品,可以认定或者推定行为人具有走私故意。

本选项中,甲在偏僻的未设关处大量运输冻牛肉进境,且时间总在夜晚,可以通过其行为根据经验法则推定其具有规避海关检查的意图,即明知自己的行为属于走私行为而为之,主观上具有走私罪的犯罪故意。

综上所述,本题答案为 AD 项。

24. 关于故意与过失,下列选项正确的是?(　　)(单选)

A. 甲为报复乙,欲开枪打死乙的名贵犬。此时乙的孩子丙正在与该犬玩耍,甲明知其对该犬开枪的行为可能会造成丙死亡的结果,仍然继续朝名贵犬开枪。子弹最终击中了名贵犬,没有击中丙。甲成立故意毁坏财物罪(既遂)与故意杀人罪(未遂),想象竞合,择一重罪处罚

B. 甲认识到自己拘禁行为的结果是吸毒者乙的自由被剥夺,但同时认为该结果并不危害社会,而是有利于社会。基于此种认识,甲对吸毒人员乙实施了拘禁行为。因此,应当认定甲主观上不具有非法拘禁的故意

C. 甲认为其贩卖的是具有科学价值的艺术作品,而非淫秽物品,但也知道一般人可能将其当作淫秽物品看待。为了纠正一般人的这种观念,甲通过网络广泛传播"艺术作品"并进行说明。甲不成立传播淫秽物品罪

D. 即便承认故意与过失不是对立关系,只是位阶关系,也不宜将丢失枪支不报罪确定为过失犯罪

[试题解析]

A 项错误。首先,刑法理论与审判实务多认为,间接故意犯罪,没有造成危害结果的,不以犯罪论处。本选项中,甲明知射杀名贵犬的行为可能会造成丙死亡的结果,仍然继续朝名贵犬开枪,放任丙的死亡结果,甲主观上系间接故意。但因丙最终并未中弹,故甲对丙不构成犯罪。

其次,甲主观上有毁坏乙的名贵犬的故意,客观上造成了名贵犬中弹的结果,成立故意毁坏财物罪(既遂)。

综上,甲仅成立故意毁坏财物罪(既遂)。

B 项错误。本选项中,甲既然认识到自己的行为发生了剥夺他人自由的结果,就表明他认识到了自己的行为会导致法益侵害结果,因而具备故意的认识要素。甲虽然以为拘禁吸毒者的行为并不危害社会,但这其实只是对违法性的认识错误,不影响故意的成立。

C项错误。由于规范的构成要件要素需要根据一般人的价值观念或者社会意义进行理解,所以应根据行为人在实施其行为时所认识到的一般人的评价结论,判断行为人是否具有故意。因此,本选项中,即使甲自认为其传播的不是淫秽物品,而是具有科学价值的艺术作品,但只要甲认识到了一般人会认为其传播的为淫秽物品,且事实上也是淫秽物品时,就可以认定其认识到了自己所传播的是淫秽物品,进而成立传播淫秽物品罪。相反,如果以甲本人自认为是否"淫秽"作为认定的标准,那每个行为人的主观认识都不一致,就毫无标准可言。

D项正确。本选项具有一定的难度。

首先,根据我国刑法的规定,共同犯罪是指二人以上共同故意犯罪。也就是说,过失犯罪不可能成立共同犯罪。

其次,丢失枪支不报罪究竟是故意犯罪,还是过失犯罪,理论上其实是存在争议的。不少学者认为,丢失枪支不报罪中,行为人"不报"是故意的,但对于造成严重后果(如枪支被他人捡到用于实施违法犯罪行为)是过失的,或者无法预见的,因此,该罪是过失犯罪。但张明楷教授认为,该罪是故意犯罪,至于造成严重后果,是客观的处罚要件,与行为人的主观罪过没有关系。

再次,张明楷教授进一步举例,丢失枪支不报罪可能成立共同犯罪,也能说明该罪是故意犯罪。例如,甲、乙两名警察一起出差,途中甲丢失了枪支,打算立即报告。但乙反复劝说甲不要报告,甲没有及时报告,最终导致严重后果。应该认定甲、乙二人构成丢失枪支不报罪的共同犯罪,但前提是要承认该罪是故意犯罪。因此,该罪不可能是过失犯罪。[①]

最后,本选项的限定语"即便承认故意与过失不是对立关系,只是位阶关系"。这句话的意思是,"对立"关系是非此即彼的关系,如男人、女人,你要么是男人要么是女人,不可能既是男人也是女人。"位阶"关系是高低关系,如故意是100分,过失是50分,故意是程度更为严重的过失。那么如果认为故意与过失是位阶关系,也不应将该罪确定为是过失犯罪。因为如果该罪是过失犯罪(50分),试问,那更严重的故意犯罪(100分)的丢枪型的犯罪是什么罪呢?本罪就是"故意"不报,"故意"不报的,也应该认定为是丢失枪支不报罪。

综上所述,本题答案为D项。

五、事实认识错误

25. 关于抽象的事实认识错误,下列说法错误的是?(　　)(单选)

[①] 参见张明楷:《刑法学》(第六版),法律出版社2021年版,第343页。

A. 甲误以为乙的提包内装的是枪支而实施抢夺行为,但实际取得的是数额较大的普通财物,并没有枪支。甲成立抢夺枪支罪未遂

B. 甲以为乙女已经死亡而实施奸淫行为,但事实上乙当时并未死亡,甲成立侮辱尸体罪既遂

C. 甲坐在公园的长椅打电话,通话结束后,甲起身离开,将包落在长椅上。乙经过时,以为有人将包遗忘在此,于是占为己有。甲离开半分钟后,意识到自己没拿包,折返后发现包已不在原处。乙成立侵占罪既遂

D. 甲以为是军用物资而抢劫,但事实上抢劫了普通财物,甲成立普通抢劫罪,不适用加重法定刑

[试题解析]

A 项错误。首先,本选项中,因枪支根本不存在,所谓抢夺枪支的行为并不成立未遂犯,而是不可罚的不能犯(对象不能犯)。成立任何犯罪的未遂,其前提是要有既遂的可能性,如果本选项中被害人的包里面有枪支,甲最终未能抢到,可以认为是抢夺枪支罪未遂。

其次,甲误将普通财物当作枪支抢夺,属于抽象的事实认识错误中的对象错误。因枪支具有财物的属性,是一种特殊的财物,所以可以认为,甲抢夺枪支的故意实际上包含了抢夺财物的故意,且客观事实显然符合抢夺罪的构成要件。因此,对甲应认定为抢夺罪(既遂)。

B 项正确。抽象的事实认识错误实际上存在两种类型:一是故意内容重而客观不法内容轻,二是故意内容轻而客观不法内容重。上述 A 选项就属于第一种类型。

本选项属于第二种类型,甲虽然在客观上实施的是强奸行为,具有强奸罪的违法性,但其主观上仅具有侮辱尸体的故意,缺乏强奸罪的责任要素。从主客观相统一(重合)的角度看,甲的行为成立侮辱尸体罪(既遂)。①

C 项正确。本选项也属于"故意内容轻而客观不法内容重"的情形,即上述 B 项解析中的第二种情形。

本选项中,因甲离开半分钟后意识到没拿包而折返,此时包仍在甲的实际控制范围之内,仍由甲占有,乙将他人占有的财物误认为是遗忘物而据为己有,虽然乙在客观上实施的是盗窃行为(重罪,他人占有的财物),具有盗窃罪的违法性,但其主观上仅具有侵占遗忘物(轻罪)的故意。从主客观相统一的角度看,只有认定乙的行为构成侵占罪,才符合责任主义原则。

D 项正确。"抢劫军用物资"为抢劫罪的加重构成要件。同一犯罪普通构成要件

---

① 改编自张明楷:《刑法学》(第六版),法律出版社 2021 年版,第 365 页。

与加重构成要件之间的认识错误,应作为抽象的事实认识错误处理。本选项中,甲主观上有抢劫军用物资(重罪)的故意,事实上抢劫了普通财物(轻罪),而军用物资可以评价为普通财物。因此,甲成立普通抢劫罪,不适用加重法定刑。注意,本选项不能认定为是抢劫军用物资这一加重犯的未遂,因为本选项中根本不存在军用物资。

综上所述,本题为选非题,答案为 A 项。

26. 关于事实认识错误,下列说法正确的是?(　　)(单选)

A. 乙想收买一名不满14周岁的男童,甲得知后就将在本村附近的流浪的丙拐卖给乙,其实丙是15周岁的少女,因担心受侵害才假扮成男孩。根据具体符合说,甲仅成立拐卖儿童罪未遂

B. 甲欲杀乙,给乙寄了一瓶有毒的红酒。甲填写了错误的地址而寄给了丙,导致丙死亡。甲的行为属于打击错误,成立故意杀人罪既遂

C. 甲本欲杀乙,但黑夜里误将乙旁边的丙当作乙,开枪射击后子弹同时打中了乙和丙致其二人当场死亡。根据具体符合说,甲对丙成立过失致人死亡罪,对乙成立故意杀人罪既遂

D. 甲发现自己的同伙被乙的同伙殴打在地,于是立即驾车准备撞向乙的同伙,但因位置的关系,甲不得不先倒车再撞人。甲在倒车的过程中,不小心轧死了自己的同伙。甲的行为属于打击错误,根据法定符合说,甲的行为成立故意杀人罪既遂

[试题解析]

A 项正确。首先,甲误将妇女当作儿童,属于同一构成要件内的错误,是对象错误。"妇女"与"儿童"都是拐卖妇女、儿童罪的对象,与张三与李四都是故意杀人罪的对象类型一致。

其次,一般认为,针对对象错误,具体符合说与法定符合说得出的结论都是一致的,均成立故意犯罪的既遂。例如,误将张三当作李四杀害,无论是持具体符合说,还是法定符合说,均成立故意杀人罪的既遂。

最后,本选项中,就拐卖妇女、儿童罪而言,虽然"妇女""儿童"在法律上的评价是一致的,按法定符合说,可以不区分妇女、儿童,甲成立拐卖妇女罪既遂。

但是,就具体符合说而言,本选项中,甲想拐卖的是"那个男童",但事实上拐卖的是"那个妇女"。根据具体符合说,甲对拐卖儿童罪成立未遂犯,对拐卖妇女属于过失,但由于过失拐卖妇女不成立犯罪,因此,对甲仅以拐卖儿童罪的未遂犯处罚。

可能有同学会问,故意杀人案件中,误将张三当作李四杀害的对象错误,根据具体符合说,也成立故意杀人罪既遂,为什么本选项中的对象错误,根据具体符合说仅成立未遂呢?因为,张三、李四均属于故意杀人罪的对象"人"这一概念。而拐卖妇女、儿童

罪,实际上是有两个对象概念"妇女"和"儿童",是两个不同类的法律概念。

命题老师出本选项的目的就是想告诉考生,虽然在对象错误这一问题上,具体符合说也一般认为是犯罪既遂,但是,针对选择性罪名(如拐卖妇女、儿童罪),如果是对象错误,根据具体符合说不能认定为是犯罪既遂。特别注意的是,这一问题在2021年的法考真题中已经出现。

B项错误。首先,甲的行为属于对象错误。甲意欲侵害的对象乙在本选项中根本没有出现,是对象错误。

其次,无论采具体符合说还是法定符合说,甲均成立故意杀人罪既遂。

C项错误。首先,甲对丙属于对象错误(认错人了),甲欲侵害的对象乙,甲没有看清楚,或者说没有看到,主观认识上出现了偏差。无论基于具体符合说,还是法定符合说,甲对丙均成立故意杀人罪既遂。

其次,甲对乙属于打击错误,甲是瞄准这个人(丙)开枪,因为枪法不准打中了那个人(乙),属于打击错误。根据具体符合说,甲对乙成立过失致人死亡罪。

注意,本选择有相当的难度。但请考生不要抱怨,2018年至2021年,命题老师在认识错误这个部分,明显加大了难度。包括前述指出的,选择性罪名中如何确定认识错误,包括主观题中将打击错误与偶然防卫结合起来进行考查。

D项错误。首先,成立打击错误的前提是行为人基于犯罪故意而"着手"实施犯罪行为,法定符合说的结论仅限于由"实行行为"造成的结果。本选项仅是倒车,还没有着手实施故意杀人罪的实行行为(故意开车撞击),故甲的行为不能认为是打击错误。

其次,本选项中,甲在倒车过程中过失轧死自己的同伙,由于倒车行为还不是故意杀人罪的实行行为,因而不存在打击错误,甲对同伙的死亡只能承担过失致人死亡罪的责任。

综上所述,本题答案为A项。

27. 关于事实认识错误,下列说法正确的是?(　　)(多选)

A. 甲本欲开枪打死土狗(价值200元),但因为没有瞄准而射中附近的乙。甲属于打击错误

B. 甲本欲开枪射击乙,但黑夜里误将土狗当作乙而开枪射击,导致土狗死亡。甲属于对象错误

C. 甲本欲盗窃的是枪支,但在慌忙中,误将弹药当作枪支而拿走。根据法定符合说,甲成立盗窃弹药罪(既遂)

D. 甲与其同事乙寻找孟某(女),至某网吧附近,遇见孟某与男青年徐某在一起,甲、乙随即与徐某发生争执并扭打在一起,当甲持刀刺向徐某时,因徐某及时躲闪,刀正好刺中乙的胸部,导致乙重伤。根据具体符合说,甲成立故意伤害罪未遂与过

失致人重伤罪,想象竞合。

[试题解析]

A项错误。打击错误也称方法错误,是指由于行为本身的误差,导致行为人所欲攻击的对象(主观认识)与实际受害的对象不一致(客观事实)。打击错误中的主观认识,是指犯罪故意;客观事实是指,符合构成要件的事实。因此,如果行为人主观上没有犯罪的故意,即使客观上发生了构成要件的结果,也不属于打击错误(方法错误)。认识错误的前提是,行为人主观上有犯罪的故意。

本选项中,甲主观上根本没有犯罪故意,即使开枪击中了乙,也不属于打击错误。只是过失犯罪与意外事件的区分问题。

B项错误。对象错误,是指行为人误把甲对象当作乙对象加以侵害,而甲对象与乙对象处于同一犯罪构成要件内,行为人的认识内容与客观事实仍处于同一犯罪构成的情况。在对象错误中,行为人主观认识的事实与客观发生的事实不一致,这里的主观认识,是指犯罪故意,客观事实是指,符合构成要件的事实。因此,若行为人主观上具有犯罪的故意,但客观上没有造成构成要件结果,也不是对象错误。

本选项中,甲虽然具有射击乙的故意,但由于只是打死了土狗,而打死土狗在我国没有发生构成要件的结果,因此,甲不属于对象错误。这种情形下,只能认定为是故意杀人罪的未遂(也有学者主张无罪)。

C项正确。盗窃枪支、弹药罪属于选择性罪名,行为人对选择性罪名中所针对的数个性质不同的犯罪对象发生错误认识的,属于同一构成要件内的错误,即具体的事实认识错误。本选项中,甲误将弹药当成枪支,实施盗窃,属于具体的事实认识错误中的对象错误。对于对象错误,枪支、弹药在刑法上具有相当的评价属性,根据法定符合说,甲的行为成立盗窃弹药罪(既遂)。

D项正确。本选项甲的行为属于打击错误。打击错误可以理解为"我要的菜来了",但是因为打击偏差,最终欲伤害的人并非原本欲伤害之人。对于打击错误如何处理,存在两种观点。具体符合说认为,由于客观事实与行为人的主观认识没有形成具体的符合(甲想伤害徐某,但却刺中了乙),所以,甲对徐某承担故意伤害罪未遂的责任,对乙的重伤结果承担过失致人重伤罪的责任,因此,甲成立故意伤害罪未遂与过失致人重伤罪,想象竞合。因此,D项正确。

综上所述,本题答案为CD项。

28. 甲想要杀乙,但误将丙认成乙,甲向丙开枪,造成丙重伤。随后子弹穿过丙的身体,继续向前飞出,击中远处正处于回家路上的乙,造成乙死亡。关于甲的行为性质,下列说法正确的是?(　　)(多选)

A. 依据具体符合说，甲对丙同时触犯故意杀人罪未遂和故意伤害罪(致人重伤)
B. 根据法定符合说，甲对丙同时触犯故意杀人罪未遂和故意伤害罪(致人重伤)
C. 依据具体符合说，甲对乙构成过失致人死亡罪
D. 根据法定符合说，甲对乙构成故意杀人罪既遂

[试题解析]

AB项正确。

首先，甲将丙误认成乙，开枪致丙重伤的行为属于对象错误。对象错误是指行为人误把A对象当作B对象加以侵害，也就是认错"人"了。无论是法定符合说还是具体符合说都认为，行为人应当成立故意犯罪，即在对象错误这一问题上，具体符合说与法定符合说得出的结论具有一致性。

本选项中，无论是具体符合说还是法定符合说，都认为甲对丙具有"杀人"的故意。甲因意志以外的因素导致未能杀死丙，仅导致丙重伤，对丙成立故意杀人罪的未遂。

其次，甲开枪致丙重伤的行为也成立故意伤害罪(致人重伤)。杀人的故意与伤害的故意是一种递进(竞合、重合)的关系，也就是说，杀人故意是性质更为严重的伤害故意。因此，甲对丙的杀人故意至少可以被评价为具有伤害的故意。甲持有伤害的故意(杀人故意可以包容伤害故意)，开枪致丙重伤，也成立故意伤害罪(致人重伤)。

需要说明的是，之所以需要承认故意杀人罪(未遂)与故意伤害罪(致人重伤)之间存在竞合，将故意杀人罪解释为符合故意伤害罪(致人重伤)的构成要件，其理由在于：我国刑法对于故意伤害致人死亡或者以特别残忍手段致人重伤造成严重残疾的法定刑为"十年以上有期徒刑、无期徒刑或者死刑"，比故意杀人罪(未遂)的法定刑还要重，而故意杀人罪(未遂)在一定程度上也符合故意伤害罪的构成要件，承认两者的竞合，有利于对故意杀人罪(未遂)的严惩。

CD项正确。

首先，甲开枪射击丙，结果因为子弹继续飞行导致乙死亡，甲对乙属于打击错误。打击错误是指由于行为本身的误差，导致行为人所欲攻击的对象与实际受害的对象不一致，是一种客观的错误。

在本题中，甲想要杀害的是眼前的"这个人"(被误认为乙的丙)，结果因为子弹飞行过远导致甲打死了远处的"那个人"(乙)。因此甲是由于客观错误打死了乙，与甲的主观意愿无关，甲对乙成立打击错误。

其次，对打击错误的处理方式存在不同观点：

如果依照具体符合说，在本题中，甲想要打死的是眼前"这个人"(被误认为乙的丙)，而没想打死远处的"那个人"(乙)，因为行为误差，打死了远处真正的乙。因此按照具体符合说，甲此时对远处的乙没有犯罪故意，只能成立过失致人死亡罪。

如果按照法定符合说,行为人主观上具有杀人故意、客观上的行为也导致他人死亡,在法律概念层面符合,定故意杀人罪既遂。在本题中,甲具有杀人的故意,客观上也导致乙死亡,所以成立故意杀人罪既遂。

综上所述,本题答案为 ABCD 项。

【知识扩展】行为人一枪同时造成两个侵害结果,应当如何认定行为人的行为性质,张明楷教授的观点存在前、后变化,近期提出了一种新观点:非难重点说。这种观点认为,当行为人一枪造成两个侵害结果时,首先,应当进行侵害结果的比较,行为人对更加严重的结果成立故意,对不太严重的结果成立过失;其次,如果发生两个同样严重的侵害结果,行为人对希望发生的结果成立故意,对不希望发生的结果成立过失。

例如,A 欲杀 B,但一枪导致 B 重伤和 C 死亡。按照张明楷老师的观点,应当先比较 B 的重伤结果和 C 的死亡结果哪一个更严重。很明显 C 的死亡结果更严重,因此 A 应当对这个严重的死亡结果成立故意,而对不太严重的重伤结果成立过失。因此,A 对 C 成立故意杀人罪,对 B 只能成立过失致人重伤罪,二者成立想象竞合。

回到本题,甲开一枪导致丙重伤和乙死亡,应当先判断丙的重伤结果和乙的死亡结果哪一个更严重。很明显乙的死亡结果更加严重,应当是本次评价的重点,应当将甲的犯罪故意分配给乙这个死亡结果。因此,甲对乙的死亡结果成立犯罪故意,甲对乙成立故意杀人罪的既遂。甲对丙的重伤结果只能成立过失,甲对丙成立过失致人重伤罪。但由于该 2024 年真题,出题人考虑不宜过度拔高试题的难度,就没有考查"非难重点说"这一知识点,区分对象错误、打击错误,并结合具体符合说、法定符合说来处理。

六、违法性认识错误

29. 关于违法性认识错误,下列说法正确的是?(　　)(单选)

A. 甲店铺门口挂着一只鸟笼,乙经过时,看着笼中的鸟(价值 5 万元)失去自由觉得可怜,于是将其放出,自认为做了件很正义的事。乙成立故意毁坏财物罪

B. 甲将自己所有的自行车借给乙使用一个月,借用期间,甲、乙因琐事发生争吵。甲心生不快,于是深夜潜入乙家后院将自行车骑回自己家,甲认为"取回"自己的东西不算偷。如果坚持盗窃罪的保护法益为占有权,甲也不构成犯罪

C. 甲得知儿子乙吸毒后,欲通过拘禁的方式帮助其戒毒,但甲不知道其行为是否违反《刑法》,于是请教了乙所在的大学里的法律学者丙,丙对甲的行为表示支持并告知其不违法。后甲实施了拘禁行为,甲因不具有违法认识可能性,故不成立非法拘禁罪

D. 证券从业人员甲刚入职一周,在没有熟悉证券业的相关法律法规的情况下行

动,自认为行为是合法的,但实际上是犯罪行为。因甲不具有违法性认识的可能性,故不成立故意犯罪

[试题解析]

A项正确。违法性认识错误的其中一种类型是涵摄的错误,即错误地解释构成要件要素(法律概念),误以为自己的行为不符合构成要件要素的情形。涵摄的错误不是事实认识错误,并不阻却故意。

本选项中乙误认为将他人的笼中鸟放出不属于"毁坏"财物,明显具有违法性认识错误(涵摄的错误),不阻却责任。因此,乙成立故意毁坏财物罪。事实上,故意毁坏财物罪中的"毁坏"应作广义的理解,不仅包括物理上的毁坏、灭失,还包括效用上的毁坏。

B项错误。违法性认识错误的其中一种类型是间接禁止的错误,即行为人虽然认识到行为被法律所禁止,但错误地认为,在其具体案件中存在正当化规范(如错误地认为自己是正当防卫、紧急避险等),因而不违法。

本选项中,甲虽然认识到盗窃行为被法律所禁止,但误认为盗窃自己所有他人占有的财物不是违法行为,明显具有违法性认识错误(间接禁止的错误),不阻却责任,因此,甲成立盗窃罪。何况,本选项还增加了限定语"如果坚持盗窃罪的保护法益为占有权",那更应该认定为是盗窃罪。

C项错误。在行为人对法的状况产生疑问时,如果咨询了官方意见,因信任官方意见而产生错误认识,可以不认为是犯罪。但本选项中,甲咨询的是法律学者,法律学者并非属于官方机构,而且法律学者的范围可能非常广泛,其意见虽具有一定的权威性,但其并不属于对刑法法规的解释、运用、执行负有法律责任的司法人员,不具有公信力,因而不能阻却犯罪故意,甲仍成立非法拘禁罪。[1]

试问,如果本选项可以认为不构成犯罪的话。那么,普通公民在咨询一般的大学法律教师、律师后,得到了错误的答复,就都不构成犯罪?显然是不合适的。

D项错误。行为人要在法的特别规制领域从事活动时,没有努力收集相关法律、规定的信息,导致产生了法律认识错误,其违法性的错误原则上属于可能避免的错误,不阻却责任。本选项中,证券从业人员甲属于在法的特别规制领域进行活动的人,应当认为其对证券犯罪具有违法性认识的可能性。甲在没有熟悉证券业的相关法律法规的情况下贸然行动,不阻却责任。因此,仍然成立故意犯罪。

综上所述,本题答案为 A 项。

---

[1] 改编自张明楷:《刑法学》(第六版),法律出版社 2021 年版,第 419 页。

30. 关于违法性认识错误,下列说法错误的是?(　　)(多选)

A. 甲知道强奸违法,于是在与幼女乙发生性关系前,特意征得了乙的同意。甲认为乙同意与其发生性关系的行为属于通奸,不构成犯罪。甲的行为不成立强奸罪

B. 甲所处的地区较为偏僻,从小甲就经常看到父亲乙强行与陌生女子发生性关系的场景,便认为该行为是合法行为。某日,甲因生理需求,强迫隔壁的丙(女)与之发生性关系。甲因不具有违法性认识可能性,故不成立强奸罪

C. 甲不知道销售伪劣产品达到6万元是构成犯罪还是行政违法行为,于是请教了其所在地区的市场监督管理局局长徐某。徐某说:"这是犯罪行为,但你是我的好朋友,即便你被查到,我也仅对你行政处罚,不移送司法机关。"甲感到心中有依靠,实施了销售伪劣产品的行为,金额达到6万元。由于徐某明确表示不移送司法机关,甲的行为不构成犯罪

D. 甲拒绝按照卫生防疫机构提出的要求,对被传染病病原体污染的污水、污物、粪便进行消毒处理,引起了甲类传染病传播的严重危险,虽然甲知道其行为具有一定的危险性,但误以为自己的行为并没有违反《传染病防治法》的规定。甲主观上没有犯罪的故意,不成立妨害传染病防治罪

[试题解析]

A项错误。本选项中,甲虽然认识到强奸行为被法律所禁止,但误认为在经幼女同意后与之发生性关系不是违法行为,具有违法性认识错误,属于间接禁止的错误,不阻却故意。因此,甲成立强奸罪。

B项错误。由于通信不发达、所处地区过于偏僻等原因,行为人因不知道法律的存在而实施犯罪行为的,不具有违法性认识可能性,不成立犯罪。但这种法律都是极为特殊的法定犯(如持枪、猎杀野生动物等),而不可能是自然犯(如本选项的强奸)。

本选项中,甲所处地区虽然偏僻,但其所实施的强奸行为为自然犯,不得以不知道相关法律规定为由而否定犯罪。因此,甲仍成立强奸罪。换言之,对于自然犯而言,即便产生法律认识错误,也应该是后果自负,不阻却犯罪的成立。

C项错误。甲的行为构成犯罪,甲主观上知道自己的行为有害,认识到了自己行为的危害性。同时,甲也知道自己行为在法律上是构成犯罪。也就是说,甲既没有产生事实认识错误,也没有产生法律认识错误。

本选项中,徐某也并没有让甲产生法律认识错误。徐某只是打算包庇甲,这不影响甲的行为构成犯罪。

D项错误。如果行为人对行为的社会意义与法益侵害结果具有认识,只是误以为自己的行为并不违反行政管理法规因而不构成犯罪,或者误以为自己的行为仅违反行政管理法规而不被刑法所禁止的,则是法律认识错误。对于法律认识错误,即误将不

法行为认为是合法行为,这不影响犯罪的成立。本选项中,甲误以为自己的行为不违反《传染病防治法》因而不构成犯罪,属于法律认识错误,不阻却犯罪的成立,甲成立妨害传染病防治罪。

综上所述,本题为选非题,答案为 ABCD 项。

考点五　排除犯罪性事由

一、正当防卫

31. 关于正当防卫,下列说法错误的是?(　　　)(单选)

A. 甲看见蒋某正在殴打夏某,甲便上前将蒋某推开,造成蒋某轻伤的后果。后查明蒋某殴打夏某的行为仅能处以治安处罚,不构成刑法上的犯罪。甲的防卫行为不满足正当防卫的起因条件,故甲不构成正当防卫

B. 乙看见精神病人肖某正在骑着自己的摩托车向路人撞去,便一脚将肖某踹倒,造成摩托车被毁、肖某轻伤,因此保护路人免受摩托车碰撞。乙的行为成立正当防卫

C. 丙为了杀害叶某而欲侵入叶某住宅,但是在其破门进入叶某家时,被正在二楼的叶某发现,叶某可以对丙进行正当防卫

D. 丁在一胡同对陈某实施抢劫后准备离开,陈某捡起路边木棍将丁打晕(轻伤),将自己的财物拿回后离开。陈某的行为成立正当防卫

[试题解析]

A 项错误。违法行为与犯罪行为的界限是不明确的,对于面临不法侵害的人而言,不可能很容易判断不法侵害究竟是违法行为还是犯罪行为。因此,只要是紧迫性的侵害,无论是违法行为,还是犯罪行为,均可以成为正当防卫的对象。本选项中,虽然甲面临的是违法侵害而非犯罪侵害,甲仍然可以对之实施防卫,成立正当防卫。

B 项正确。防卫人对于不法侵害的认识,只能认识到其"客观"面,而不可能认识到不法侵害人的主观罪过、是否具有责任能力等。因此,只要是面临客观上的不法侵害,就可以进行正当防卫。故,本选项中,肖某虽然为无刑事责任能力人,但其实施的侵害行为仍属于"不法侵害",乙可以对之实施正当防卫。

C 项正确。成立正当防卫的时间条件为不法侵害"正在进行",而"正在进行"是指已经开始("着手"),尚未结束。对于"着手"应当根据正当防卫的目的与正当化根据进行判断,一般认为对于预备行为不能进行正当防卫,但是应当注意,此罪的预备行为,可能是彼罪的实行行为。例如,本选项中,丙的破门行为虽然不是故意杀人罪的实

行行为,但是丙的行为属于非法侵入住宅罪的实行行为,叶某可以对丙实施正当防卫。

D项正确。在财产性不法侵害的情况下,行为虽然已经既遂(结束),但不法侵害状态依然存在,在现场还来得及挽回损失的,应当认为不法侵害尚未结束,可以实行正当防卫。故,陈某的行为成立正当防卫。

综上所述,本题为选非题,答案为A项。

32. 关于正当防卫,下列说法正确的是?(　　)(单选)

A. 甲某晚干完农活回家后发现蒋某正在自己家中实施盗窃行为,便顺手拿起自己藏在厨房的猎枪向蒋某开枪,但由于距离过远仅致蒋某轻伤。甲能使用其他更为轻微的手段制止蒋某的盗窃犯罪,但甲却使用了猎枪,甲的行为成立防卫过当

B. 乙见一小孩突然落水,但乙并不会游泳,正在乙呼救之际,发现身为警察的邻居徐某路过,乙便向其求救。但是,徐某以自己已经下班为由拒绝救助。乙便使用暴力强迫徐某救助小孩,将徐某打成重伤,乙的行为成立正当防卫

C. 丙在持刀抢劫夏某的过程中,夏某夺过丙的刀向丙连续砍了数刀,还在丙倒地丧失反抗能力后砍了两刀。后查明丙身上有两处重伤,但不能证明其中的一处重伤或者两处重伤是否系由后两刀造成。夏某的行为成立正当防卫

D. 丁欲抢劫朋友肖某,便将肖某带至某酒吧喝酒。丁将肖某灌醉后带至一小巷,当丁在肖某身上翻找财物时,肖某突然醒来,用随身携带的刀向丁的胸部刺去,丁当场死亡。肖某的行为属于特殊防卫,不构成防卫过当

[试题解析]

A项错误。正当防卫是一种保护自己的权利,随着公民权利的高涨,在理论届和实务界都主张将更多的行为认定为正当防卫。即,对正当防卫作适度扩大解释,限制防卫过当的成立范围。具体而言,只有防卫行为、结果的双重过当,才能认定为是防卫过当。

本选项中,虽然甲有多种方法制止蒋某的不法侵害,不是必须使用猎枪,从这一意义上看,防卫的手段行为是过当的。但是,最终造成的轻伤结果并不属于明显过当。因此,甲的行为仍属于正当防卫。

B项错误。不法侵害行为既包括作为也包括不作为。换言之,警察徐某在该案中并没有实施不法侵害,乙的行为不符合正当防卫的前提条件。乙的行为成立紧急避险,其行为是要求一个无义务的人(第三者)实施救助义务,造成了该无义务的人伤害结果。

C项正确。首先,如果是不法侵害结束前的防卫行为的限度达到允许造成重伤与死亡结果的程度,那么,夏某的行为成立正当防卫。

其次，如果是不法侵害结束（丙丧失反抗能力）后，夏某的行为造成了丙的重伤结果，夏某的行为不成立正当防卫。

最后，现在难以查明重大损害是否在超过时间限度后实施的，应当根据事实存疑有利于被告（防卫人）的原则认定为正当防卫，而不能认定为防卫过当。本选项中，根据事实存疑有利于被告人的原则，只能认定两处重伤均由不法侵害结束前的防卫行为造成，因而应当认定为正当防卫。

D 项错误。肖某的行为属于防卫过当。《刑法》第 20 条第 3 款（特殊防卫）规定："对正在进行行凶、杀人、抢劫、强奸、绑架以及其他严重危及人身安全的暴力犯罪，采取防卫行为，造成不法侵害人伤亡的，不属于防卫过当，不负刑事责任。"根据这一规定，实施特殊防卫必须针对暴力犯罪且这些犯罪严重危及人身安全。不法侵害如果是使用和平方式，如投毒杀人、麻醉方式实施的抢劫等，则不能实施特殊防卫。同样，如果暴力犯罪一般性地危及人身安全的，即造成死亡或者严重的重伤危险性并不紧迫时，不属于严重危及人身安全。

本选项中，丁采用麻醉肖某的方法抢劫肖某的财物，并未使用暴力，也没有对肖某的身体安全产生重大危险，故而不适用特殊防卫的规定。肖某防卫行为造成丁死亡，属于防卫过当。

补充说明的是，在《刑法》第 20 条第 3 款中，特殊防卫所针对的犯罪不同，所要求的程度也不同。对于抢劫罪，要求不法侵害的暴力程度严重危及生命、健康，才可以实施特殊防卫。而对于强奸罪，性权利本身就是一种重要的人身权，因此，强奸行为只要正在实施，即便没有造成被害人重伤、死亡的可能性，也可以对之实施特殊防卫。最高人民检察院在"安徽省枞阳县周某某正当防卫不起诉案"中提到，在强奸犯罪中，严重危及人身安全的表现形式，就是强行与女性发生性关系，而不是要求危及生命安全。根据此规则，只要是强奸，便必定是严重侵犯人身安全的强奸，任何形式的强奸都可激发特殊防卫权。

综上所述，本题答案为 C 项。

33. 以下关于正当防卫的说法正确的是？（　　）（单选）

A. 正当防卫只有在保护个人利益时才能实施，但紧急避险可为保护公共利益

B. 正当防卫原则上无须退避不法侵害，紧急避险只有在不得已的情况下才能实施

C. 对他人的紧急避险行为，不能正当防卫；对他人的正当防卫行为，可以紧急避险

D. 危险尚不紧迫时可以紧急避险，只有不法侵害紧迫时才能正当防卫

[试题解析]

A项错误。根据《刑法》第20条规定,为了使国家、公共利益、本人或者他人的人身、财产和其他权利免受正在进行的不法侵害,而采取的制止不法侵害的行为,对不法侵害人造成损害的,属于正当防卫,不负刑事责任。

因此,正当防卫不仅可以是为了保护个人利益,而且可以是为了保护公共利益。也就是说,正当防卫可以是"路见不平、拔刀相助"。

B项正确。首先,正当防卫"原则上"无须退避不法侵害,是指面临不法侵害时,即便有多种选择,既可以选择防卫,也可以选择逃避(逃跑)时,无须选择逃避(逃跑),可以直面不法侵害而实施防卫。

因为正当防卫是针对"不法侵害",是"正"对"不正",原则上无须退避,即便有多种选择,甚至可以选择更小的代价保护自己(如逃跑),也可以选择不逃跑而实施防卫行为。张明楷教授甚至认为,针对精神病人、未成年人的不法侵害,也可以直接防卫,无须退避。例如,张明楷教授认为,未达到法定年龄、不具有责任能力的人的法益侵害行为同样属于不法侵害,应当允许对其进行正当防卫。只不过是未成年人、精神病人的攻击能力有限,行为的危险性通常来讲不会十分严重,根据法益衡量的原理,所允许的防卫限度一般也比对典型的不法侵害者的防卫限度要低,防卫人本身没有退避的义务。①

其次,紧急避险只有在不得已的情况下才能实施,是指当面临危险时,行为人原则上不能以牺牲无辜第三人的方式(即紧急避险)来保护自身、他人或国家的利益。紧急避险是"正"对"正",是面临"此危险"而以损害合法利益的方法制造"彼危险",所以应慎之又慎,不得已才能为之。《刑法》第21条规定,为了使国家、公共利益、本人或者他人的人身、财产和其他权利免受正在发生的危险,不得已采取的紧急避险行为,造成损害的,不负刑事责任。因此,紧急避险行为只能在不得已的情况下才能实施。

例如,甲拿刀追杀毛毛,即便毛毛是短跑运动员,可以选择逃跑,也可以选择反攻甲(正当防卫)时。毛毛选择了正当防卫,是可以的,正当防卫"原则上"无须退避。但是,毛毛在可以选择逃跑,也可以选择砸坏旁边路人徐某的摩托车而逃跑(紧急避险)的情况下,毛毛就不能选择紧急避险这种方式。因为只有在别无选择(不得已,跑

---

① 参见张明楷:《刑法学》(第六版),法律出版社2021年版,第260、261页。需要说明的是,司法实务认为,例外情形下,应要求防卫者有退避的义务,如针对未成年人、精神病人的不法侵害。最高人民法院、最高人民检察院、公安部《关于依法适用正当防卫制度的指导意见》中明确规定:"成年人对于未成年人正在实施的针对其他未成年人的不法侵害,应当劝阻、制止;劝阻、制止无效的,可以实行防卫。"本选项中,正当防卫"原则上"没有退避义务,也是正确的。司法解释说的退避义务,也是例外情形。本选项认为,正当防卫"原则上"无须退避不法侵害,这种说法是正确的。

不动、打不赢)的情况下,才可以实施砸坏徐某的摩托车(紧急避险)以逃跑。

C项错误。首先,紧急避险属于违法性阻却事由,即属于合法行为,而正当防卫针对的对象是"不法侵害"。因此,对于他人的紧急避险行为(合法行为),"原则上"不能再实施防卫行为来阻止该合法行为(紧急避险)。

例如,甲以杀人的故意朝乙开枪,乙见路上肖某的摩托车停在路边,便砸坏摩托车锁欲驾驶摩托车逃跑。乙的行为属于紧急避险。徐某见此(乙砸坏摩托车)后,不能以正当防卫为由使用暴力阻止乙的该行为,否则,就是使用暴力阻止乙的合法避险行为。

但是,在特殊情况下,如果紧急避险行为具有违法性,也可以对之实施防卫。如果该种紧急避险是以牺牲他人生命为代价的,这种行为即便认定为是紧急避险而不构成犯罪,但客观上仍具有违法性,只是不具备责任要件,属于责任阻却事由而不构成犯罪。既然是客观上违法的紧急避险,当然可以对该种不法行为进行防卫,成立正当防卫。例如,甲与乙遇到海难,二人同时抓住了一块木板,但该木板仅能承受一人,甲为了自己不死亡而将乙推开,导致乙溺水身亡的,成立阻却责任的紧急避险。甲为了保护自己的生命,损害无辜者乙的生命来避免危险,成立紧急避险,这种行为并非值得法律鼓励(客观上还是违法的),只是因为人有趋利避害、保护自己的本能,甲的行为是可以值得原谅的,属于责任阻却事由的紧急避险。甲的避险行为在客观上是一种不法行为,乙出于保护自己的生命,当然可以对甲进行反击。即乙可以反击甲的不法行为(推开乙、独占木板),针对该不法行为的反击,是"正"对"不正",成立正当防卫。因此,对于甲的紧急避险行为(客观上不法、但阻却责任),乙可以实施防卫。故C选项的前半段错误。

其次,对他人的正当防卫行为(合法行为),原则上不允许以牺牲其他无辜第三人的利益(避险行为)来进行紧急避险。故该选项后半段错误。也就是说,正当防卫所导致的风险是合法的风险,不允许"避",不允许通过紧急避险来损害第三方无辜者的利益,以制造新的危险来规避之前的风险。

例如,甲以杀人的故意对乙开枪射击,乙见此状,使用石块朝甲扔去(正当防卫)。甲面对此防卫行为(乙朝甲扔石块),将路人毛毛抓到自己跟前予以抵挡石块,形式上看是"避险"行为,但是,从实质上看,这是以伤害无辜的毛毛来躲避乙的合法行为(正当防卫)。

刑法不应允许通过损害无辜者毛毛的利益来对抗合法的正当防卫行为,故甲不成立紧急避险。否则,刑法一方面允许正当防卫行为(合法),另一方面又肯定防卫对象(不法侵害人)可以通过牺牲无辜的他人利益来对抗防卫的行为成立紧急避险(合法行为),这就会存在价值判断上的矛盾。一方面,肯定A行为是合法行为,另一方面,又认可通过B行为对抗A行为也是合法行为,即A行为可以被推翻,这显然是不合适的。

【延伸阅读】需要说明的是,如果无辜者遭受他人的紧急避险行为(合法行为)所带来的风险 A,再次实施紧急避险(合法行为)而躲避 A 风险,制造 B 风险,也成立新的紧急避险。

例如,甲以杀人的故意对乙开枪射击,乙为了躲避将丙停放在路边的摩托车骑走,乙对丙成立紧急避险。而此时的丙因为急性病发作需要驾驶摩托车去医院,由于乙已经骑走了丙的摩托车,丙情急之下砸坏了旁边毛毛的摩托车锁,骑上毛毛的摩托车前往医院。丙对毛毛而言,属于新的紧急避险,是合法行为。

D 项错误。首先,紧急避险要求危险现实、紧迫且正在发生,同时行为人在不得已的情况下才能实施。若危险尚不紧迫,那么行为人完全有可能采取更合适的行为而非避险行为。毕竟紧急避险是牺牲了"无辜第三者"的利益,应慎之又慎,只有在"不得已""非常紧迫"的情况下实施的,才能成立紧急避险。故该选项的前半段错误。

其次,正当防卫也是要求面临紧迫的不法侵害时,才可以实施防卫行为。该选项后半段正确。

无论是正当防卫、还是紧急避险,都是要损害特定的利益,如不法侵害人或无辜第三者的利益,因此,都应该在"紧迫"的情况下实施。但是,与紧急避险不同的是,正当防卫所针对的对象是"不法侵害人",而紧急避险所针对的是"无辜第三者"。因此,紧急避险应更为慎重,对紧迫性的要求更高,通常认为只有在没有其他替代措施的情况下,才能紧急避险。而正当防卫毕竟是针对"不法侵害人",对紧迫的要求不需要太过严格,甚至在行为人有多种选择的情况下,仍然可以实施正当防卫。前述 B 选项已经解释了正当防卫无须履行退避义务。

例如,毛毛面临甲的暴力追捕时,毛毛完全可以通过单个人的力量将甲制服,也可以选择逃跑,如果毛毛选择了对甲使用暴力反击,成立正当防卫。但如果此时毛毛选择砸坏旁边乙的摩托车锁而骑车逃跑,就是损害了无辜者乙的利益,这种损害他人(乙)利益的避险行为不是毛毛保护自己的唯一选项,毛毛还可以选择逃跑、通过自身的力量对抗暴力追捕,故不成立紧急避险。

综上所述,本题答案为 B 项。

二、紧急避险

34. 关于正当防卫、紧急避险,下列说法错误的是?(　　)(单选)

A. 正在灭火的消防员甲,为了躲避正要倒塌的建筑物砸到自己,擅自毁坏蒋某家的院墙并闯入其中。甲的行为成立紧急避险

B. 乙在公牛的尾巴上点燃鞭炮导致公牛受惊,向自己冲来时,乙为了躲避危险而将旁边的一个老太太拉到自己面前抵挡公牛。结果老太太被公牛冲撞死亡而自己无

恙。乙的行为成立紧急避险

C. 绑架犯丙绑架了夏某的儿子，要求夏某盗窃叶某家的巨额现金，否则杀害其子。夏某为了挽救儿子生命而进入叶某家实施了盗窃行为。夏某的行为成立紧急避险

D. 丁在街头看到仇人肖某，便将肖某一脚踹倒在地，导致肖某轻伤。事后查明，肖某当时正要开枪射杀陈某。丁对肖某的伤害行为恰好使陈某免遭肖某的杀害。根据结果无价值的观点，丁的行为成立正当防卫

[试题解析]

A项正确。警察、消防人员，这些人在面临罪犯的不法侵害或危险时，一般认为，不能为了自己的利益进行紧急避险，必须面对。这是基于其特定的职务、业务要求。

但是，法律不强人所难，如果面临太大、无法面对的危险，这类有特定责任的人，也可以实施紧急避险。本选项中，建筑物正要倒塌，其生命安全正面临着紧迫、巨大的危险，因此其毁坏院墙并闯入的行为成立紧急避险。①

B项错误。紧急避险必须没有超过必要限度造成不应有的损害。原则上，所造成的损害"不超过"所避免的损害。并且，所造成的损害也只是足以排除危险的必须限度。不得已损害同等法益的，也不一定超过了必要限度。此外，自己招致危险的人，具有忍受由此引起的结果的义务，承担由此而引起的对自己的不利。

本选项中，首先，行为人由于自己的恶作剧而招致了自己生命处于危险状态，这种自己引起的危险的先前行为使得行为人自己的利益的保护性降低；其次，站在一般人的角度都能预见到公牛易发疯伤人，行为人应当忍受自己引起的能够危及他人生命的危险；再次，行为人将无论从体力还是健康状态都不如成年人的老太太拉到自己面前，抵挡发疯的公牛，这种举动无疑是将对方置于必死无疑的境地，在一般人看来，和自己亲自动手杀人的行为没有两样；最后，行为人的重大危险行为使自己的生命处于危险状态，其自身生命法益的保护必要性比一般人要低。故，其牺牲其他无辜者保全自己的方式，超过了必要限度。综上，乙的行为不成立紧急避险。②

C项正确。本选项中，夏某的儿子被丙绑架，丙要求其实施盗窃行为，否则便杀害其儿子，可以视作正在发生现实危险。夏某为救自己的儿子，迫不得已实施盗窃这种社会危害性并不大的行为，属于在必要限度内实施紧急避险行为，符合紧急避险的各项条件。因此，夏某的行为成立紧急避险。

---

① 参见黎宏：《刑法学总论》（第二版），法律出版社2016年版，第150页。
② 参见黎宏：《刑法学总论》（第二版），法律出版社2016年版，第148页。

D项正确。本选项中,丁主观上并无防卫的意识,但却偶然地起到了避免陈某遭受危险的避险效果,故,丁的行为成立偶然防卫。对于偶然防卫,存在两种观点:第一,行为无价值论认为,丁的行为构成故意伤害罪。丁客观上有故意伤害的行为,主观上有故意伤害的故意,应承担故意伤害的刑事责任。第二,结果无价值论认为,丁的行为成立正当防卫,无罪。丁故意伤害的行为客观上保护了陈某,没有社会危害,故不承担故意伤害罪的刑事责任。综上,根据结果无价值的观点,丁的行为成立正当防卫。

综上所述,本题为选非题,答案为 B 项。

三、被害人承诺

35. 关于被害人承诺,下列说法错误的是?(　　)(单选)

A. 甲欺骗乙,声称其女儿需要移植眼角膜,乙献出了自己的眼角膜,但甲将乙的眼角膜移植给同事的女儿。甲构成故意伤害罪

B. 甲因怕狗,想毒死乙饲养的狗,于是对乙谎称其饲养的狗是疯狗,使乙承诺甲毒死该狗,后乙同意,甲用砒霜将该狗毒死。甲成立故意毁坏财物罪

C. 甲在某酒吧喝酒,其间,甲同意乙、丙等数十人对其实施淫乱行为,于是,乙、丙等人与甲发生性关系。因甲承诺有效,乙、丙等人不构成犯罪

D. 甲见邻居乙家的水管破裂浸湿了自己的家具,乙家又没人,于是砸开乙家的门进入乙家修复水管。就甲砸开乙家的门而言,存在被害人推定的承诺

[试题解析]

A项正确。在判断被害人承诺是否有效时,需要考虑被害人承诺的重要目的是否得到实现。法益主体处分某种法益时,常常是为了保护、救助另一法益。如果其保护、救助另一法益的重要目的没有得到实现,就应当认定为法益关系的认识错误,该承诺无效。本选项中,乙献出眼角膜的目的是移植给甲的女儿,而甲将乙的眼角膜移植给其同事女儿,乙承诺的目的没有得到实现,因此,乙的承诺无效,甲构成故意伤害罪。

B项正确。在被害人承诺中,需要考虑行为人的行为对被害人作出承诺的影响程度,亦即,若欺骗行为事实上使被害人不可能行使自己决定权,因而不可避免地陷入错误时,则应认定承诺无效。本选项中,乙受到甲的欺骗,以为自己饲养的狗是疯狗,此时的乙便不可能行使自己决定权,在迫不得已的情况下,同意甲毒死该狗,该承诺无效。甲在乙承诺无效的情况下,毒死乙的狗,构成故意毁坏财物罪。

C项错误。行为人对所承诺的法益造成损害的行为不具有违法性,但经承诺后实施的行为侵犯其他法益而符合其他犯罪构成要件的,成立犯罪。本选项中,因为甲的有效承诺,乙、丙等人不构成强奸罪,但是他们的行为符合聚众淫乱罪的构成要件,成

立聚众淫乱罪。

D项正确。推定的被害人承诺，是指现实中没有被害人承诺，但是推定被害人事后知道真相，仍然会作出承诺。一般来说，推定的依据是，为了被害人的一部分法益牺牲其另一部分法益，事后会得到被害人承诺，但也不排除为了自己或者第三人的利益而牺牲被害人的利益的情形。本选项中，虽然乙没有现实的承诺，但是从一般人的观念看，乙事后会承诺，因为乙家的水管漏水，浸湿了甲的家具，因此甲对乙的行为存在推定的被害人承诺。当然，也可以认为甲的行为属于紧急避险。

综上所述，本题为选非题，答案为C项。

36. 关于被害人承诺，下列说法正确的是？（　　）（多选）

A. 某日，甲闻到隔壁蒋某家有十分刺鼻的煤气味，透过窗户还能看到蒋某的"巨婴"儿子正在睡觉。甲便未经蒋某同意，破门而入将蒋某的儿子救出。即便事后蒋某表示反对，甲的行为也不构成犯罪

B. 乙的母亲陈某常年卧病在床，多次自杀未遂。某日，陈某再三请求乙为其购买农药自杀。乙不忍母亲如此痛苦，便顺从母亲要求，买来两瓶农药后递给母亲服食，陈某当场身亡。由于死亡结果得到陈某承诺，故乙的行为不构成犯罪

C. 江湖郎中丙经常帮助他人诊治疑难杂症，且效果极佳。某日，徐某请其为自己诊治，在得知丙并未取得医生执业资格的情况下满口承诺："您放心治，治好了给重金，治不好我也不怪你。"徐某吃了丙开的药后出现不良反应，后经送医院抢救无效死亡。丙因徐某的承诺，不构成犯罪

D. 丁（女）为顺利升职卫生局副局长的位置，便找到自己的上级肖某。肖某对丁说："你若陪我睡一晚，我便帮你升职。"丁遂与肖某发生性关系，但事后肖某并没有帮助丁。肖某的行为不成立犯罪

[试题解析]

A项正确。首先，从常识来看，甲的行为是有益于他人的，不构成犯罪。

其次，甲的行为不属于被害人承诺（推定的承诺）。被害人承诺中，被害人只能承诺自己的可支配权益。本选项中，蒋某没有同意其儿子是否死亡的权利，也即蒋某无法支配其儿子的生命。因此，甲侵入蒋某住宅的行为，不存在被害人推定的承诺。

最后，甲的行为保护了蒋某的儿子，损害了蒋某的利益，成立紧急避险。

需要说明的是，换言之，推定的承诺是指，为了被害人的利益而侵犯被害人的权益，推定被害人会同意。而本选项中，甲为了保护蒋某儿子的利益，而侵犯蒋某（不是被害人）的住宅，推定蒋某同意自己的权益受到侵害。故本选项不是被害人承诺的问题。相反，如果蒋某家中着火，甲为了保护蒋某的利益，砸破蒋某家的大门，帮助蒋某

灭火,可以认为是被害人承诺(推定的承诺)。因为这是为了保护被害人蒋某的利益,而损害蒋某本人的利益。

综上,本选项中,虽然甲的行为也可以认为不构成犯罪,但不是通过被害人承诺来解决这个问题,而是可以认为甲的行为成立紧急避险。故,即使事后蒋某表示反对,甲的行为也不构成犯罪。

B项错误。虽然乙帮助自杀的行为系在乙母的请求下实施,但由于其侵害的生命权超过了被害人承诺可处分的范围,故乙母的承诺无效,乙仍然构成犯罪。

可能有同学认为,帮助自杀行为不构成犯罪,故乙的行为不构成犯罪。但是,本选项中,帮助的对象是自己的母亲,乙本来就有保障母亲安全的义务,其在母亲面临危险时不履行救助义务的,当然成立不作为犯的故意杀人罪。

C项错误。非法行医罪中被害人的承诺无效,因为本罪是危害公共卫生的犯罪。即便得到了被害人承诺的非法行医行为,依然成立非法行医罪。

D项正确。丁出于想坐上卫生局副局长位置的动机,答应与肖某发生性关系,最终未实现目的。根据"法益关系错误"说,丁的错误仅仅与承诺的动机有关,故不影响其承诺的效力。换言之,只有当被害人的错误与法益本身的性质或范围直接相关时,同意才无效。丁完全可以不放弃权利,即丁有自由选择权。故,丁同意与肖某发生性关系这一承诺有效,肖某的行为不构成犯罪。

综上所述,本题答案为 AD 项。

考点六 故意犯罪的停止形态

37. 关于故意犯罪的停止形态,下列说法正确的是?(　　)(单选)

A. 耿某欲杀死债主丁某,某日,耿某持刀追杀丁某到悬崖边,丁某惶恐不安,脚滑摔了下去,耿某心想丁某必死无疑,遂离开。几个小时后,耿某路过崖底回家,发现丁某摔在垃圾堆上,正在痛苦地爬着。耿某觉得丁某命大,遂把其送往医院。耿某的行为成立犯罪中止

B. 妻子甲不愿忍受丈夫乙殴打,想毒杀乙,去药店买来毒药。在丈夫吃了毒药后,甲去往邻居家聊天。半小时后,甲估计乙已经死了,于是回家查看。到家后发现乙躺在地上表情痛苦不堪,想到丈夫工作不易,顿生悔意,将乙送往医院抢救脱险。甲的行为成立犯罪中止

C. 陈某同学聚会时喝了不少酒,后驾车回家路上发生了连环撞车,其中导致行人祝某被撞,流血不止,陈某立刻将其送往医院,因抢救及时,祝某脱离生命危险,没有造成死亡后果(仅造成重伤结果)。陈某的行为构成犯罪中止

D. 张某听说黄某家有古董玉盘,想据为己有,趁黄某外出,溜进黄某家中,发现黄某家中并无该古董玉盘。临走时,张某看到了柜台上有价值一万元的翡翠,张某心想:"翡翠我都有一堆了。"遂离开黄某家。张某的行为构成犯罪中止

[试题解析]

A 项错误。耿某的行为成立犯罪未遂。首先,耿某在丁某摔下去后,认为丁某已经死亡,自己的目的已经达到了,耿某的犯意至此消除。其次,耿某的犯罪行为已经停止了。最后,由于客观原因丁某未死亡,即没有出现既遂的结果,耿某成立犯罪未遂。就同一起犯罪而言,不可能并存两个犯罪形态,出现了犯罪未遂,不可能再回到犯罪中止。

需要说明的是,耿某将其送往医院,也不可能成立另外的结局,只属于犯罪未遂结局出现之后的酌定量刑情节。有同学可能认为,将被害人送往医院,成立犯罪中止。这种理解是错误的,犯罪中止是指在犯罪过程中,自动放弃犯罪,或者有效防止犯罪结果发生。如果不是在犯罪过程中将被害人送往医院,不能成立犯罪中止。如下案件可以成立犯罪中止:耿某对丁某投毒,丁某吃下毒药之后,耿某站在旁边观看,见丁毒发十分痛苦,将丁某送往医院抢救得以脱险,耿某的行为成立犯罪中止。

B 项正确。妻子甲对乙的行为成立故意杀人罪犯罪中止。妻子甲回到家中是想进一步观察乙"是死是活",换言之,其主观上对于犯罪行为、事态是否处于继续进行状态存在不确定的认识,主观上并不认为犯罪已经停止,至多只能说是"暂停"犯罪。在发现乙未死的情况下,在犯罪过程中将乙送往医院的行为,应认定为是犯罪中止。

C 项错误。陈某的行为构成交通肇事罪。犯罪的停止形态是针对直接故意犯罪而言的,而过失犯罪,必须造成结果才能定罪处罚,否则无罪。因此,过失犯罪不存在犯罪未遂、中止等未完成形态。交通肇事罪是过失犯罪,陈某酒后驾车,违反了交通法规,造成了连环撞车的结果,陈某的行为已经成立交通肇事罪。至于陈某的积极救助行为只是成立交通肇事罪后的量刑情节。

D 项错误。张某的行为成立盗窃罪未遂。张某的犯罪目的是窃取特定的古董玉盘,是基于特定的故意而非基于概括的故意。其主观上对价值一万元的翡翠并没有盗窃的故意,其特定的目的(盗窃古董玉盘)已经落空。其盗窃目的的落空并非张某自动放弃犯罪,而是基于意志之外的原因,黄某家中根本就没有古董玉盘,故张某的行为成立盗窃罪的未遂。

综上所述,本题答案为 B 项。

38. 关于犯罪停止形态,下列说法正确的是?(　　)(单选)

A. 甲欲杀害其仇人乙,于是将装毒药的包裹寄给乙,但包裹在半路上因运输车辆

事故被毁。甲成立故意杀人罪未遂

B. 甲得知乙将抢劫银行,遂为其准备凶器,但是乙突然遭受车祸身亡而未能实施抢劫行为。甲构成抢劫罪的预备

C. 甲为了能够积极参加恐怖组织的培训,筹集资金作为"学费",后该恐怖组织培训被告发,甲未能参加培训。甲的行为不构成犯罪

D. 甲、乙等人为实施大规模杀人对恐怖活动进行策划,准备了大量危险的凶器,并且对参与人员进行了培训,在实施恐怖活动之前被警方抓获。甲、乙等人仅成立准备实施恐怖活动罪既遂犯

[试题解析]

A项错误。甲的行为构成犯罪预备。首先,本选项行为人的行为构成隔隙犯,即实行行为与犯罪结果之间存在时间或场所间隔的犯罪。甲寄出包裹到乙服用毒药而死之间存在时间与地点的间隔。

其次,犯罪预备与犯罪未遂的区分关键在于着手的认定。关于隔隙犯着手的认定,在理论上存在争议:

第一种观点为形式的客观说,采取寄送主义,即行为人在寄出包裹时已经构成着手,认为邮寄行为属于实行行为,若采取该观点,则本选项中甲的行为已经构成着手,但是这种观点明显使着手的时间提前,法考不采用。

第二种观点为危险结果说(法考观点),认为"着手"应具有法益侵害的危险的可能性。若采用此种观点,则本选项中甲的行为尚未进入实行阶段,只能构成犯罪预备。

犯罪预备与犯罪未遂的区分,形式上在于行为是否着手(动手),而实质上在于法益侵害的紧迫性是否临近。因此,在隔隙犯情境中,不能仅从行为人的行为上判断其是否着手,还需要考虑行为人的行为是否对具体犯罪对象产生紧迫的危险。本选项中,包裹半路被毁,对于被害人乙尚未造成紧迫的危险,不能认为犯罪已经着手,故甲的行为属于犯罪预备而非犯罪未遂。

B项错误。甲的行为在形式上属于总则中规定的犯罪预备行为(准备工具),但同时也属于共同犯罪中的帮助犯,对其行为性质的判断应该遵守共犯从属性原理。根据共犯从属性原理,只有当乙至少实施了预备行为时(如携带凶器前往犯罪现场等),才能对甲以预备犯的帮助犯论处,若乙着手进行了抢劫行为,甲当然构成帮助犯。

本选项中,乙作为正犯已经无法实施犯罪,因此甲帮助其准备凶器的行为不能作为预备犯的帮助犯论处,不构成犯罪预备。

C项正确。甲的行为不具有社会危害性,不属于犯罪行为。

首先,根据《刑法》第120条之二的规定,组织恐怖活动培训或者积极参加恐怖活动培训的行为属于准备实施恐怖活动罪。也就是说,实际上参加培训的,也仅构成准

备实施恐怖活动罪。本选项中，甲并未参加恐怖组织培训，尚且处于为"参加培训"而筹集资金的阶段。甲在行为上属于准备实施恐怖活动罪的预备行为。

其次，甲的行为不构成准备实施恐怖活动罪的预备犯。准备实施恐怖活动罪属于预备犯的正犯化，《刑法》通过规定该罪扩大恐怖活动类犯罪的处罚范围与处罚力度，因此将实施恐怖活动的预备行为（参加培训行为）直接规定为独立的犯罪（独立预备罪），将预备行为的性质变为实行行为。甲的行为形式上属于恐怖活动犯罪预备的预备，如果认为恐怖活动犯罪是核心行为，那么，参加恐怖活动培训则是预备行为（当然，该预备行为被规定为独立的罪名"准备实施恐怖活动罪"），而为了参加培训而筹集学费的行为则属于"预备行为的预备"。就此而言，形式上可以认为，甲的行为是准备恐怖活动罪的预备行为。

但是，刑法的处罚不宜过于宽泛，对于某一犯罪的预备行为的预备，进行处罚时应该严格限制范围，进行实质解释，只有危害性十分大的时候，才能认定为是犯罪。张明楷教授指出，独立预备罪实际上已经扩大了预备罪的处罚范围，如果一概将独立预备罪之前的准备行为认定为犯罪，必然导致处罚范围的不当扩大。本选项中，甲筹集资金的行为本质上并不具有社会危害性，尚未参与恐怖组织培训，无法对本罪保护的法益造成紧迫危险，因此不应当将其行为认定为犯罪行为。

D项错误。首先，甲、乙等人的行为在性质上确实属于《刑法》第120条之二第1款规定的准备实施恐怖活动的行为，即甲、乙等人的行为构成准备实施恐怖活动罪。

其次，《刑法》第120条之二第2款也规定了"有前款行为，同时构成其他犯罪的，依照处罚较重的规定定罪处罚。"甲、乙等人的行为也符合故意杀人罪的构成要件，是故意杀人罪的预备行为。故甲、乙等人的行为是准备实施恐怖活动罪与故意杀人罪（犯罪预备）的想象竞合，应择一重罪处罚，而非"仅"构成准备实施恐怖活动罪。

最后，以故意杀人罪论处可能更能实现罪刑均衡。甲、乙等人的行为同时符合准备实施恐怖活动罪既遂犯与故意杀人罪预备犯构成要件，按《刑法》第120条之二第1款规定的法定刑处罚，最高刑为15年有期徒刑。但是，倘若按故意杀人罪的预备犯处罚，并且在特殊情形下根据案件事实不应从轻、减轻处罚时，则完全可能判处无期徒刑甚至死刑。如果后者更符合罪刑相适应原则，应按后者认定为故意杀人罪的预备犯。显然，本选项中甲、乙等人的行为性质极为恶劣，虽然属于故意杀人罪的预备阶段，但是不应从轻、减轻处罚，按照故意杀人罪进行定罪量刑更加符合罪刑均衡。

综上所述，本题答案为C项。

39. 关于犯罪预备，下列说法正确的是？（　　）（单选）

A. 甲欲杀害其仇人乙，某日，甲蹲守在乙下班必经的路口，等待许久，仍不见乙，甲认为今天杀不成乙，于是被迫放弃离开，甲成立故意杀人罪的犯罪预备

B. 甲欲毒杀乙,为了购买毒药而出去打工挣钱。甲打工挣钱的行为,成立故意杀人罪的犯罪预备

C. 甲用虚假的身份证明骗领了一张信用卡,准备去附近的商场刷卡消费,途中,因形迹可疑,甲被巡逻的警察盘问,遂案发。甲成立信用卡诈骗罪的犯罪预备

D. 甲、乙预谋实施抢劫,先后购买了匕首、胶带等作案工具,每天晚上窜至工业园区附近寻找作案目标,因未找到合适的作案对象而未果。某日晚,甲、乙在伺机作案时提出如果遇到漂亮女性,就先抢劫后强奸,并通过游戏的方式确定由甲先实施强奸行为,当晚甲、乙寻找作案目标未果。次日晚,甲、乙在工业园区附近寻找作案目标时被公安巡逻队员抓获。甲、乙成立抢劫罪(犯罪预备)和强奸罪(犯罪预备)的共同犯罪,应数罪并罚

[试题解析]

A 项正确。本题考查犯罪预备与犯罪未遂的区分。犯罪预备与犯罪未遂,都是被迫停止犯罪,其区别在于:形式上,行为是否着手;实质上,法益是否受到现实、紧迫的危险。

本选项中,甲实施故意杀人罪的对象乙并没有出现,甲尚未着手,乙的生命法益也尚未受到现实、紧迫的危险。因此,甲成立故意杀人罪的犯罪预备。

B 项错误。《刑法》第 22 条第 1 款规定:"为了犯罪,准备工具、制造条件的,是犯罪预备"。该条款中,"为了犯罪"应理解为"为了实行犯罪",因为预备行为是为实行行为制造条件的。由此可知,为预备行为实施的"准备"行为,不能认定为犯罪预备。本选项中,甲出去打工挣钱,是为实施"购买毒药"这一预备行为做准备,不属于犯罪预备行为,故甲不成立故意杀人罪的犯罪预备。

C 项错误。预备行为实行化,是指刑法分则将预备行为规定为独立的犯罪并配置了独立的法定刑。在这种情况下,就没有必要再适用预备犯的处罚原则,直接按照刑法分则的规定适用刑罚即可。本选项中,甲用虚假的身份证明骗领了信用卡,这种行为虽然在理论上来讲是信用卡诈骗罪的预备行为,但刑法已将此种行为规定为独立的罪名,即妨害信用卡管理罪。因此,对于甲实施的骗领信用卡的行为,只需认定为妨害信用卡管理罪即可,不需要作为信用卡诈骗罪的预备犯处理。

D 项错误。首先,本选项中,甲、乙以非法占有为目的,经事先预谋并准备工具、制造条件,预备采用持刀威胁、捆绑的暴力手段劫取他人钱财,但因意志以外的原因(被公安巡逻队员抓获)而未能实行,成立抢劫罪(犯罪预备)。

其次,甲、乙在抢劫犯罪预备时预谋当抢劫对象是漂亮女性才同时实施强奸犯罪,该条件是否能实现,具有一定的偶然性,故甲、乙在抢劫犯罪预备时产生在可能的条件下实施强奸犯罪的主观故意,仅为强奸的犯意表示。

最后,甲、乙二人仅是一个行为,也没有必要数罪并罚。因此,甲、乙仅成立抢劫罪(犯罪预备)的共同犯罪。①

综上所述,本题答案为 A 项。

40. 关于犯罪未遂,下列说法正确的是?(　　)(单选)

A. 甲(男)暗恋乙(女)已久,某日,甲为了达到与乙性交的目的,向乙投放恐吓信对其进行威胁。乙感到害怕,于是报案,甲在去往乙家的路上,见到警察在乙家,遂放弃与乙发生性关系。甲成立强奸罪的犯罪未遂

B. 甲因缺乏生活来源,预谋抢劫。某日,甲见乙落单,于是从背后袭击乙,对乙施加暴力,乙反抗后逃跑。甲未能追上乙,在回来的路上,看到地上一个手机是乙的,才知道该手机是乙逃跑时掉下的,于是将该手机拿走。甲成立抢劫罪的犯罪既遂

C. 丙到甲家做客,其间因意见不合甲、丙发生争吵。甲对丙积怨已久,看到旁边的茶几上摆了一把"手枪",甲以为是其妻子乙(小学教师)放在桌上的手枪,于是拿起"手枪"对准丙扣动扳机,后发现是把枪型打火机。甲成立故意杀人罪的犯罪未遂

D. 甲欲杀乙,深夜潜入乙的卧室,以为乙在睡觉便向床上连开数枪,事实上,乙碰巧去了趟卫生间不在床上。甲成立故意杀人罪的犯罪未遂

[试题解析]

A 项错误。本选项中,尽管甲向乙投放恐吓信存在胁迫行为,但这还不是强奸罪实行行为的着手。只有行为人接触或接近被害人并开始实施了暴力或胁迫行为时,才可能认定为强奸罪的着手。甲向乙投放恐吓信,前往被害人家中的路上,这实质上是为之后的强奸制造条件。因此,对于甲的行为,应认定为强奸罪的犯罪预备。

B 项错误。犯罪既遂要求行为与结果之间具有因果关系,倘若某种结果不是经由特定因果过程而造成的,则只能认定为犯罪未遂。在抢劫罪中,只有在暴力、胁迫等行为压制被害人反抗后取得财物,才能认定为既遂。

首先,本选项不构成抢劫罪的既遂。因为并不是压制被害人的反抗而取得财物,即手段行为与取得财物之间没有直接因果关系,故不宜认定为抢劫罪既遂。

其次,甲获取该手机的行为构成侵占罪。甲返回的路上将该手机取走,此时乙离手机已经很远了,属于无人占有的状态。综上,甲构成抢劫罪未遂与侵占罪。

C 项错误。手段(工具)不能犯是指行为人具有实现犯罪的意思,但使用的手段方法根本不可能导致结果的发生。本选项中,甲虽然有杀害丙的故意,但因认识错误,误将枪型打火机当作手枪实施枪击行为,该行为在客观上不具有造成丙死亡的可能

---

① 参见《刑事审判参考》(总第 59 集)第 467 号指导案例:张正权等抢劫案。

性,甲属于手段(工具)不能犯,是绝对不能犯,没有作为杀人未遂处罚的必要。①

需要说明的是,可能有同学会从行为无价值的角度认为,应该认定为故意杀人罪未遂。但是,一般家庭,连有枪支的可能性都是不大的,因此,客观上不具有造成危害的可能性,类似行为重复上演也不具有造成危害结果的可能性。故不能认定为是犯罪未遂。

D项正确。不能犯是否可罚(构成犯罪),需要综合判断行为造成法益侵害的可能性大小、行为本身对国民造成的不安感、类似行为他人如果继续效仿有无可能侵害法益等。本选项中,甲以杀人故意向床上开枪,乙碰巧起夜去了卫生间而使甲未能得逞,类似行为重复上演,有造成被害人死亡的可能性。故,甲的行为成立故意杀人罪未遂。

综上所述,本题答案为D项。

41. 关于故意犯罪的停止形态,下列说法正确的是?(　　)(单选)

A. 甲为了杀乙,计划分四次向乙的食物中投放毒药,使乙体内积累毒素而死亡。甲在第一次投毒时,因害怕被乙发现,仅投放了微量毒药(1克),不足以致人死亡(要达到致人死亡,必须达到100克)。第二次投毒前,乙因胃痛到医院做了检查,被医生告知体内有毒素,叫其注意饮食,甲认为计划败露,遂放弃继续向乙投毒。甲成立故意杀人罪的犯罪未遂

B. 甲为了报复社会,实施了危害公共安全的放火行为,希望造成多人伤亡,但由于意志以外的原因,最终仅造成一人轻伤。甲成立放火罪的未遂

C. 甲欲杀害仇人乙,甲知道乙每周六都会坐在图书馆靠窗的位置阅读,某日,甲携带枪支潜伏在图书馆外侧的高楼内等待乙的出现,看到有人落座,甲瞄准对方正要扣动扳机,发现对方不是乙,甲认为这个时间乙不会再出现了,便离开。甲成立故意杀人罪的犯罪中止

D. 甲为了杀乙,向乙的食物投放毒药,乙吃后呕吐不止,甲顿生怜悯之心,开车将乙送往医院,但途中因车速过快发生交通事故导致乙当场死亡。甲成立故意杀人罪(中止)与交通肇事罪

[试题解析]

A项错误。对于一连串行为的着手认定,首先要判断行为从什么时候起具有导致结果发生的紧迫危险,其次要判断行为人是否认识到该行为会发生结果。本选项中,甲第一次仅投放了微量毒药,没有致乙死亡的紧迫危险,故第一次投毒尚不属于故

---

① 改编自张明楷:《刑法学》(第六版),法律出版社2021年版,第457页。

意杀人的着手。甲在第二次投毒前,因介入了医生的行为,使甲主观上认为无法继续投毒而被迫放弃犯罪。甲自始至终都未着手,因此,甲成立故意杀人罪的犯罪预备。

B项错误。我国的加重犯与基本犯均为同一罪名,因此,即使行为人希望、放任的加重结果没有发生,但只要发生了基本犯构成要件行为的逻辑结果,则成立基本犯的既遂(同时也可能成立加重犯的未遂)。就放火罪而言,足以造成危险状态就是犯罪既遂,造成严重后果(多人重伤、死亡,或者重大财产损失)是结果加重犯。

本选项中,虽然甲所希望的"造成多人伤亡"的加重结果未发生,但在客观上发生了"造成一人轻伤"的基本犯构成要件行为的逻辑结果,因此,对于甲的行为,应认定为放火罪的犯罪既遂,而非犯罪未遂。

C项错误。行为人在实施侵害个人专属法益的犯罪时,因为发现对方不是自己欲侵害的对象而放弃犯罪,此时,因放弃犯罪缺乏自动性,不能表明行为人已经回到合法性的轨道,因而依然具有特殊预防的必要性,应认定为犯罪未遂。

本选项中,甲瞄准对方正要扣动扳机,发现对方不是乙而放弃犯罪,缺乏自动性,属于"欲达目的而不能",成立故意杀人罪的犯罪未遂。

D项正确。本选项中,由于乙被送往医院后有被救助的可能性,应认为甲的行为足以防止原犯罪结果的发生,而乙死亡的结果是由甲的后面的过失行为(交通肇事)造成的,与甲的前行为(故意杀人)没有因果关系。因此,甲成立故意杀人罪(中止)与交通肇事罪。

综上所述,本题答案为 D 项。

42. 程某意图进入甲(女)家中盗窃,不料发现甲在家中,便动手抢劫。在对甲使用暴力后,发现其身无分文,便放弃抢劫意图,转而意图奸淫甲。待程某将甲拖到屋内后,发现甲脸上的妆全部花了,顿时兴致全无,便放弃了强奸。本打算回家,但心有不甘,又草草实施了猥亵。为发泄心中不满,走之前将房中啼哭不止的甲的幼子打致轻伤。关于程某的行为,下列哪一说法是正确的?(　　　)(单选)

A. 由盗窃转为抢劫,是另起犯意
B. 由抢劫转为强奸,是犯意转化
C. 由强奸转为猥亵,是另起犯意
D. 将甲的幼子打伤,是行为对象转换

[试题解析]

A项错误。犯意转化包括犯意提升和犯意降低,是指在"实行犯罪的过程中"犯意改变,导致此罪与彼罪的转化。犯意转化的特点在于:行为对象同一,并且侵害的法益同类。犯意提升的情况下,从(新)高者;犯意降低的,从旧(高)者,仅以一罪论处。犯意转化的前提是:犯罪没有停止,在犯罪继续进行中转变了犯意。

例1.甲敲诈勒索乙,告知乙3天内筹集3万元钱给自己,否则将对乙实施暴力。乙对甲的敲诈勒索行为完全不予理会,甲大怒,使用暴力将乙控制后,当场从乙身上劫取2万元钱,后放乙回家。甲的行为成立抢劫罪,属于犯意转化(犯意提升)。

例2.丙本欲杀死他人,在杀害过程中,由于某种原因改变犯意,认为造成伤害即可,停止了杀害行为,但之前的杀人行为已经造成他人伤害(故意杀人罪中止),属于犯意降低。

例3.肖沛公拐骗一名儿童,对其进行抚养,2个月后因为该儿童太过调皮,将其卖掉。肖沛公构成拐卖儿童罪一罪。

而另起犯意是指行为人在前一犯罪"已经出现犯罪停止形态"后,即已经停止犯罪后,又另起犯意实施另一犯罪行为。其特点:对象不同一、或者侵害的法益不同类。因此,区分犯意转化与另起犯意的标准在于,通常情况下:行为对象是否同一、侵害的法益是否同类。对于另起犯意,原则上是数罪应数罪并罚;但如果是同种数罪,则不需要并罚。另起犯意的情况下,前犯罪已经停止了再另起犯意;而犯意转化是在犯罪正在继续进行中的转化。

例1.甲以强奸故意对乙实施暴力之后,因为乙正值月经期而放弃奸淫,后另起犯意实施抢劫行为,应以强奸罪中止与抢劫罪并罚。

例2.乙为了抢劫普通财物而对X实施暴力,在强取财物时,发现X的提包内不仅有财物而且有枪支,便放弃取得普通财物,使用强力夺取了枪支。乙的行为属于另起犯意,成立抢劫罪中止与抢劫枪支罪既遂(并罚)。

例3.甲为了强奸A女,在A女的饮食中投放了麻醉药。事后,甲发现A女与B女均昏迷,且B女更美丽,便放弃了对A女的强奸,于是仅奸淫了B女。甲的行为成立对A女的强奸中止和对B女的强奸既遂,由于同种数罪不并罚,仅定强奸罪一罪。

例4.行为人虽然着手实行杀人,但在没有造成死亡结果时改变犯意,认为只要造成伤害即可,进而停止杀人行为,另行实施伤害行为造成伤害结果的,则成立故意杀人中止(没有造成损害的中止)与故意伤害既遂,对前者免除处罚,对后者单独定罪量刑。

本题中,程某进入甲女家中盗窃,处于犯罪的实行过程中,此时程某发现甲女在家便动手抢劫,发生了盗窃与抢劫的转化。无论是盗窃还是抢劫,程某都针对的是甲女的财物,且两种犯罪行为之间都侵犯的是财产法益,具有行为对象和侵害法益的同一性,在犯罪的进行过程中进一步提升犯意。因此,程某的行为属于犯意转化(犯意提升)而非另起犯意。

B项错误。由抢劫转化为强奸,是另起犯意。本题中,程某发现甲女身无分文,便放弃抢劫,此时抢劫行为出现犯罪中止这一停止形态。之后程某又意图奸淫甲女。抢劫针对的是甲的财物,而强奸针对的是甲的人身,两罪的法益也不具有同一性。因此,本选项中程某由抢劫转化为强奸,是另起犯意而非犯意转化。

C项正确。首先,程某在实施强奸行为的过程中,放弃了强奸,说明强奸行为已经停止(中止)。其次,在强奸停止后,又实施了猥亵行为,属于另起犯意,构成强制猥亵罪。最后,需要注意的是,如果行为人在强奸的过程中,对被害人实施搂抱、抚摸行为的过程中,放弃奸淫行为,认为已经实施的猥亵行为就够了,这个属于犯意转化,降低了犯意。而C选项中,是行为人在停止强奸后,又另起犯意实施猥亵行为,故属于另起犯意。

D项错误。行为对象转换是指行为人在实行犯罪过程中,有意识地将原先设定的行为对象,转移到另一行为对象上。包括:

(1)对象的转换属于同一构成要件内,则不影响犯罪既遂的成立。例如,甲原本打算入户抢劫毛毛的名画,但入户后发现笔记本电脑更好,就抢劫了笔记本电脑,成立抢劫罪既遂。

(2)如果行为对象的转换,导致个人专属法益的主体变化,或者法益性质的变化,则还属于另起犯意。

例如,甲欲强奸A,对A使用暴力致其昏迷后,发现B女士更漂亮。于是放弃了对A的强奸,对B实施了强奸。甲对A成立强奸罪中止,对B成立强奸既遂,系数罪,但同种数罪不并罚,仅定一罪。

又如,乙为了抢劫普通财物而对X实施暴力,在强取财物的过程中,发现还有枪支,于是对X进一步使用暴力,强取枪支。乙的行为成立抢劫罪与抢劫枪支罪,应数罪并罚。

本题中,程某在强奸、抢劫、猥亵行为结束后,再实施对幼儿的伤害行为,属于另起犯意。故D选项错误。

综上所述,本题答案C项。

43. 关于犯罪既遂,下列说法错误的是?[①]（　　）(多选)

A. 甲在自己的手机上输入"某大学教学楼将于今晚8点发生特大爆炸事件"的文字,即使还没有发给他人,也成立编造虚假恐怖信息罪的既遂

B. 乙制作了假冒他人署名的美术作品,即使还没有营利目的且未销售,也成立侵犯著作权罪的既遂

C. 丙通过虚假文件骗取银行的信用证,即使还没有给银行造成损失,也成立骗取

[①] 本题源自张明楷:《预备行为与实行行为一体化立法例下的实质解释》,载《东方法学》2023年第4期,第83页。

金融票证罪的既遂

D. 丁生产出的汽车不符合轻型汽车的标准,却贴上了轻型汽车的标签,即使还没有销售,也成立销售伪劣产品罪的既遂

[试题解析]

A项错误。首先,根据《刑法》第291条之一的规定,编造虚假恐怖信息罪是指编造爆炸威胁、生化威胁、放射威胁等恐怖信息,严重扰乱社会秩序的行为。在本选项中,甲编造某教学楼将发生特大爆炸事件的信息,属于编造虚假恐怖信息。

其次,虽然编造虚假恐怖信息罪的行为表述偏向于"编造"这一行为本身,但是仅有捏造行为本身无法严重扰乱社会秩序,刑法也不能处罚这种没有社会危害性的行为。因此,仅有编造行为而没有发送给他人的行为只能成立编造虚假恐怖信息罪的预备犯,而不能成立既遂犯。

B项错误。首先,根据《刑法》第217条第5项的规定,侵犯著作权罪的表现形式包括制作、出售假冒他人署名的美术作品。2009年第2卷第14题考查过这一表现形式:赵某多次临摹某著名国画大师的一幅名画,然后署上该国画大师姓名并加盖伪造印鉴,谎称真迹售得六万元,赵某的行为构成侵犯著作权罪。其次,侵犯著作权罪在主观上要求以营利为目的。如果不以营利为目的,单纯制作假冒他人署名的美术作品,不出售、交付给他人的,不成立本罪。

C项错误。根据《刑法》第175条之一的规定,骗取金融票证罪是指以欺骗手段取得银行或者其他金融机构贷款、票据承兑、信用证、保函等,给银行或者其他金融机构造成重大损失的行为。因此,本罪的既遂要求行为对金融机构造成损失。本选项中,丙的行为尚未造成银行损失,不成立骗取金融票证罪的既遂犯。

D项错误。首先,根据《刑法》第140条的规定,生产、销售伪劣产品罪是指生产者、销售者在产品中掺杂、掺假,以假充真,以次充好或者以不合格产品冒充合格产品的行为。在本选项中,丁生产出的汽车不符合轻型汽车的标准,却贴上了轻型汽车的标签,属于以不合格产品冒充合格产品的行为。其次,销售伪劣产品罪需要销售金额达到5万元以上才能成立既遂犯。在本选项中,丁生产的汽车还未进行销售,因此不能成立既遂犯。

综上所述,本题为选非题,答案为ABCD项。

44. 关于犯罪既遂,下列说法错误的是?[①]（   ）（多选）

A. 甲在纸条上写着"A药厂生产的感冒药导致多人死亡,大家不要买A药厂的感

---

① 本题源自张明楷:《预备行为与实行行为一体化立法例下的实质解释》,载《东方法学》2023年第4期,第83页。

冒药",然后放入抽屉。甲成立编造虚假恐怖信息罪的既遂

B. 投保人乙仅实施了故意造成财产损失的保险事故,即使没有基于上述事实再向保险公司提出索赔,也成立保险诈骗罪的既遂

C. 丙编造影响证券、期货交易的虚假信息,即便没有传播,也成立编造并传播证券、期货交易虚假信息罪的既遂

D. 丁以出卖为目的,成功拐骗一名陌生儿童至家中。即使还没有出售,也成立拐卖妇女、儿童罪的既遂

[试题解析]

A项错误。首先,根据《刑法》第221条的规定,损害商业信誉、商品声誉罪,是指捏造并散布虚伪事实,损害他人的商业信誉、商品声誉,给他人造成重大损失或者有其他严重情节的行为。本选项中,甲在纸条上写着"A药厂生产的感冒药导致多人死亡,大家不要买A药厂的感冒药",属于捏造虚伪事实。

其次,捏造不是本罪的实行行为,散布才是本罪的实行行为,即本罪的实行行为是"散布"捏造的事实。因此,仅有捏造行为而没有散布的行为只能成立损害商业信誉、商品声誉罪的预备犯,而不能成立既遂犯。

再者,本罪是扰乱市场秩序的犯罪。如果仅实施了上述在纸条上写"A药厂生产的感冒药导致多人死亡,大家不要买A药厂的感冒药"的行为,没有进行散布的话,也不会扰乱市场秩序,认定为犯罪既遂也并不妥当。

B项错误。首先,根据《刑法》第198条的规定,保险诈骗罪是指投保人、被保险人、受益人,以使自己或者第三者获取保险金为目的,采取虚构保险标的、保险事故或者制造保险事故等方法,骗取保险金,数额较大的行为。本选项中,乙的行为属于制造保险事故。

其次,造成财产损失的保险事故是保险诈骗的预备行为,在此之后向保险公司骗取保险金的行为才是实行行为。因此,仅造成保险事故,未向保险公司索赔的行为只能成立保险诈骗罪的预备犯,而不能成立既遂犯。

C项错误。首先,根据《刑法》第181条的规定,编造并传播证券、期货交易虚假信息罪,是指编造并且传播影响证券、期货交易的虚假信息,扰乱证券、期货交易市场,造成严重后果的行为。本选项中,丙的行为属于"编造"行为。

其次,虽然法条在编造与传播之间使用了"并且"一词,使得本罪的实行行为似乎由编造与传播两个行为构成,但事实上单纯编造影响证券、期货交易的虚假信息的行为,并不是本罪的实行行为。换言之,编造后再实施传播的,才会影响证券、期货交易秩序,如果没有传播的,不宜认定为是犯罪既遂。

因此,丙的行为不成立编造并传播证券、期货交易虚假信息票证罪的既遂犯。

D项正确。首先,根据《刑法》第240条的规定,拐卖妇女、儿童罪,是指以出卖为目的,拐骗、绑架、收买、贩卖、接送、中转妇女、儿童的行为。在本选项中,丁以出卖为目的,成功拐骗一名儿童,符合拐卖妇女、儿童罪的行为方式之一。

其次,以出卖为目的,拐骗、绑架、收买妇女、儿童时,只要使被害人转移至行为人或第三者的非法支配范围内,即为既遂。本罪是侵犯人身法益的犯罪,只要控制妇女、儿童,就是犯罪既遂。在本选项中,丁已成功拐骗儿童,在其支配范围之内,因此成立既遂犯。

综上所述,本题为选非题,答案为ABC项。

考点七　共同犯罪

45. 关于共同犯罪,下列说法正确的是?(　　)(单选)

A. 甲(15周岁)与乙(17周岁)共谋去丙家盗窃,某日深夜,甲潜入丙家盗窃财物,乙在楼下为其望风。甲、乙成立盗窃罪的共同犯罪

B. 甲、乙二人基于意思联络同时开枪射杀丙,最终只有一发子弹击中丙,致丙死亡,但不能查明是谁的子弹击中丙。根据存疑时有利于被告原则,应认定甲、乙成立故意杀人罪的共同犯罪,二人均成立犯罪未遂

C. 甲、乙二人事前商议,甲盗窃了电器产品之后,由乙进行收购。甲盗窃电器产品后,乙因担心惹祸上身,拒绝收购甲所盗窃的电器产品。甲、乙不成立盗窃罪的共同犯罪

D. 甲欲杀仇人乙,在实施杀害行为前,甲找到丙,要求丙在甲杀人后提供虚假身份证件以便其逃匿。丙表示同意,并于事后将虚假的身份证件交予甲,丙成立窝藏罪

[试题解析]

A项正确。共同犯罪是客观行为的共同,也是客观不法层面的共犯,与责任无关。即违法是连带的,责任是个别的。

本选项中,甲、乙在盗窃犯罪中均实施了不法行为,在不法层面,甲是正犯,乙是帮助犯,二者成立盗窃罪的共同犯罪。根据我国《刑法》规定,盗窃罪所要求的刑事责任年龄为16周岁,甲未达刑事责任年龄,其行为最终不成立犯罪,但这并不会影响甲、乙在客观层面成立共同犯罪。

B项错误。共同犯罪中,二人以上在共同故意的支配下形成的一个整体,不是个人行为的简单相加,因此,各行为人应该对整体的结果承担刑事责任。本选项中,甲、乙二人在共同故意的支配下同时射击丙,其行为与丙的死亡结果之间均具有因果性,应当将丙的死亡结果归属于甲、乙二人的行为,因此,甲、乙成立故意杀人罪(既遂)的共

同犯罪。

C项错误。本选项中,甲、乙在事前"通谋"由乙收购甲盗窃所得的电器产品,属于事后共犯。乙事前承诺收购赃物,从而强化了甲的盗窃心理,因而与甲的盗窃行为之间具有心理的因果性。因此,即使乙事后没有收购甲所盗窃的电器产品,甲、乙依然成立盗窃罪的共同犯罪。换言之,从甲、乙共谋之时,甲、乙二人就成立共同犯罪。

D项错误。首先,甲、丙二人在事前就事后的窝藏行为进行通谋,该事后共犯实质上也是事前共犯,甲、丙成立故意杀人罪的共同犯罪。换言之,甲、丙二人的通谋行为使得甲的杀人行为得以更为顺利地进行,二人成立故意杀人罪的共犯。

其次,丙事后将虚假的身份证件交予甲的行为,属于窝藏同案犯,是事后不可罚行为,不构成窝藏罪。

综上所述,本题答案为A项。

46. 关于共同犯罪,下列说法正确的是?(　　　　)(单选)

A. 一般公民甲冒充警察,声称取证需要,让邮政工作人员乙开拆若干信件。甲成立私自开拆邮件罪的间接正犯

B. 甲明知道丙坐在屋内某贵重财物旁边的椅子上,但乙对丙坐在此处并不知情。甲为了杀丙,教唆乙开枪射击该贵重财物,乙开枪后致丙死亡(主观上存在过失)。甲成立故意杀人罪的间接正犯,乙成立故意毁坏财物罪

C. 甲、乙系夫妻,甲因患病,长期卧床,无法外出务工。乙因无法负担高昂的医药费,于是指使丙将甲扔到郊外,丙照办。就遗弃罪而言,乙、丙成立遗弃罪的共同犯罪,其中乙是教唆犯,丙是实行犯

D. 甲指示乙用木棒殴打伤害丙,乙为了殴打丙而接近丙。对此不知情的丙早就有伤害乙的想法,见乙向其走来,丙突然用随身携带的尖刀袭击乙。乙为了保护自己的身体而殴打丙,致丙轻伤。甲、乙不成立故意伤害罪的共同犯罪

[试题解析]

A项错误。私自开拆邮件罪的主体为特殊主体,即邮政工作人员。侵犯通信自由罪的主体为一般主体。

在真正身份犯的场合,间接正犯也应当具备特殊身份。本选项中,私自开拆邮件罪属于真正身份犯,一般公民甲故意利用不知情的邮政工作人员乙开拆若干信件,由于甲不具有邮政工作人员的特殊身份,因此不成立私自开拆邮件罪的间接正犯,仅成立侵犯通信自由罪的间接正犯。

换言之,国家工作人员徐光华的妻子张某是非国家工作人员,肖某有求于徐光华,于是给张某送了100万元,要求张某在徐面前为其美言几句。张某收下100万元

后,请徐关照肖某,但对于张某收受该100万元,徐并不知情。张某虽然收受了该100万元,徐也利用职务上的便利帮助了肖某,但张某不具有国家工作人员身份,不构成受贿罪的正犯(包括间接正犯)。如果徐光华与张某有共同收受他人财物的故意,二者成立受贿罪的共犯。如果没有共同的故意,张某又不具备国家工作人员身份,张某仅构成利用影响力受贿罪。

又如,无业人员甲冒充上级政府部门工作人员,进而欺骗国家工作人员乙说要进行财务检查,要求乙将其保管的公款转入甲指定的账户。甲不可能成立贪污罪的共犯,因为甲并不具备国家工作人员的身份,仅能成立诈骗罪。

B项错误。被利用者虽然具有其他犯罪的故意,但缺乏利用者所具有的故意时,利用者也可能成立间接正犯。

本选项中,甲利用乙的不知情,教唆乙毁坏他人财物,但实则具有杀人的故意,因此,甲成立故意毁坏财物罪(教唆犯)和故意杀人罪的间接正犯,想象竞合,择一重罪处罚。同理,乙虽然具有毁坏财物的故意,但没有杀人的故意,对丙的死亡结果主观上存在过失,因此,乙成立故意毁坏财物罪(实行犯)和过失致人死亡罪,想象竞合,择一重罪处罚。

C项错误。不作为犯中,只有作为义务人才能构成不作为犯的实行犯,无作为义务人只能构成共犯。本选项中,甲、乙系夫妻,乙具有救助甲的义务,系作为义务人,构成遗弃罪的实行犯,而非教唆犯。丙不具有作为义务人的地位,故仅构成遗弃罪的帮助犯。

可能有同学认为,是丙将被害人甲送到野外去的,据此认为丙是实行犯,乙是帮助犯。这种理解是错误的。遗弃罪是不作为犯,**其实行行为应理解为不履行义务**,哪怕乙在家中对不能自理的甲不管、不问,都构成遗弃罪的实行犯,因为乙没有履行照顾的义务。本选项中,乙还叫丙将甲送到野外,更应该成立遗弃罪的实行犯。丙不具有遗弃罪的主体这一特殊身份,应成立遗弃罪的帮助犯。

需要说明的是,如果该遗弃行为具有导致被害人死亡的紧迫危险,乙、丙应成立故意杀人罪的共犯。

D项正确。成立共同犯罪的前提是,二人共同在客观上实施了"不法行为"。实行犯的行为符合构成要件而且违法时,共犯才成立。本选项中,因为乙的行为是正当防卫,是违法阻却事由,属于合法行为。

既然乙没有实施不法行为,就不能认为甲、乙共同实施了不法行为,也就不能认为甲、乙成立故意伤害罪的共同犯罪。

综上所述,本题答案为D项。

47. 关于共同犯罪,下列说法正确的是?(   )(单选)

A. 甲、乙共谋杀害丙,二人交谈期间,突然发现草丛处有动静。二人以为丙在草

丛中,于是共同朝前方开枪射击。二人上前查看,发现草丛处并无他人,击中的是丙的宠物狗,甲、乙均无罪

B. 甲傍晚潜入某小区五楼的丙家中盗窃时,刚好被在楼下散步的乙发现,知情的乙主动为甲的盗窃望风,但甲对此并不知情。甲窃得财物离开后5分钟,丙归家,乙亦离去。乙成立盗窃罪的片面共犯

C. 甲、乙趁道路堵车之际,共谋对被堵车辆行窃。甲登上被堵在路上的丙驾驶的货车,将车上的白糖往下扔,乙负责在下面捡拾、搬运。丙从后视镜发现有人在扒货后,立即下车查看,当场抓住甲,甲为了脱身,用携带的水果刀朝丙砍去,致其轻伤。乙看到后,赶忙将剩余的白糖搬运至自己车内,后与甲逃离现场,甲、乙成立(转化型)抢劫罪的共同犯罪

D. 甲因仕途不顺,欲自杀。某日,甲找到乙,请求乙杀了自己,乙见甲生无可恋,遂同意。但因下手不果断,最终造成甲重伤,后乙逃跑。甲、乙成立故意杀人罪(未遂)的共同犯罪

[试题解析]

A项正确。首先,本选项中,甲、乙虽有杀害丙的故意,但由于丙并不存在于草丛中,甲、乙没有致丙死亡的危险,故属于不可罚的不能犯。其次,甲、乙对毁坏财物(丙的宠物狗)主观上存在过失,由于刑法只处罚故意毁坏财物的行为,因此,甲、乙均无罪。

B项错误。本选项中,乙的望风行为在客观上没有对甲的盗窃结果产生任何影响,不具有物理的因果性。同时,由于甲并不知道乙在为自己的盗窃行为望风,乙的望风行为并未从心理上强化、促进甲的犯意,与甲的盗窃结果之间也不具有心理的因果性。因此,乙不成立盗窃罪的帮助犯,更不成立盗窃罪的片面的帮助犯。

有同学错误地理解了片面共犯,错误地理解了对片面共犯所总结的公式"做好事不留名"。认为乙确实实施了望风行为,应该成立片面的帮助犯。这种理解是错误的。片面共犯与标准的共犯的区别在于,主观上各行为人是否相互沟通,但无论是片面的共犯还是标准的共犯,各行为人的行为"共同作用"造成了结果。本选项中,乙的望风行为对甲的盗窃结果没有起到任何作用,不能认为乙是片面的帮助犯。换言之,"做好事不留名"的片面共犯,要求做了"好"事,但乙根本就没有做,或者说做与不做都一个样!

C项错误。本选项中,甲、乙先前共同协作窃取白糖的行为,成立盗窃罪的共同犯罪。之后,甲为了抗拒抓捕而对丙当场使用暴力的过程中,乙在客观上并无参与实施暴力的行为,且其主观上也无参与意识,故乙无须对事后转化型抢劫负责,乙仅成立盗

窃罪,甲成立(转化型)抢劫罪。①

可能有同学会认为,乙虽然没有参与后面的暴力行为,但乙也是利用了甲对丙的暴力行为才得以逃跑,乙也需要对甲后续的暴力行为承担责任,乙构成转化型抢劫。这种理解是错误的,乙主观上没有与甲共同使用暴力的故意,客观上也没有实施暴力行为,不需要对该暴力承担责任。试想,徐光华和肖沛权在马路上吵架,徐光华的好友蒋四金看到这个情况后,冲上来把肖沛权打成轻伤,徐光华见状后逃跑。徐光华需要对蒋四金的故意伤害行为承担责任吗?

D项错误。本选项中,虽然乙实施的杀人行为违法,但甲就自己的法益侵害并不违法,因此,甲不成立犯罪,乙成立故意杀人罪(未遂)。

综上所述,本题答案为 A 项。

48. 乙准备从一家珠宝店盗窃一串价值昂贵的项链,但又担心盗窃项链后藏于家中会被他人发现。甲对乙说:"不用担心,待你盗窃后我会帮你保管所盗项链。"乙因此决意行窃。乙窃得项链后,甲将项链藏匿于自己家中,并对外宣称该项链是自己购买的。后乙因其他盗窃行为被警方抓获,供出甲帮助其藏匿项链的事实。关于甲的行为性质,以下说法正确的是?(　　)(单选)

A. 甲、乙构成盗窃罪的共同犯罪
B. 甲的行为构成掩饰、隐瞒犯罪所得罪,因为甲明知项链是乙盗窃所得而予以窝藏
C. 甲的行为应认定为窝藏、包庇罪,因为甲为项链提供了隐藏住所
D. 甲的行为既构成掩饰、隐瞒犯罪所得罪,又构成盗窃罪的共同犯罪,属于想象竞合犯,应从一重罪处罚

[试题解析]

A项正确。只要参与人事前与本犯通谋,就成立上游犯罪的共犯。所谓通谋,并不要求与本犯就实施犯罪的目标、方法、时间、地点等进行了策划、商议,只要承诺或约定在本犯取得赃物后实施掩饰、隐瞒赃物的行为,就构成上游犯罪的共犯。②

在本题中,并不是因为甲事后帮助了乙藏匿盗窃的赃物才构成共犯,而是因为甲事前承诺帮助藏匿赃物,从而强化了乙的盗窃心理,甲的承诺与乙的盗窃行为之间具有心理的因果性,因而构成共犯。

【拓展阅读】主观上仅有掩饰、隐瞒的故意,客观上起到了盗窃共犯的效果应如何处理?

---

① 参见《刑事审判参考》(总第32集)第244号指导案例:张某某抢劫、李某某盗窃案。
② 参见张明楷:《掩饰、隐瞒犯罪所得罪与相关犯罪的关系》,载《中国刑事法杂志》2024年第4期,第111页。

例如,如果乙在盗窃前询问甲能否帮其藏匿所盗财物,甲误以为乙已经窃得财物,同意并在事后帮助乙实施了藏匿行为。甲同意帮助的行为与乙的盗窃结果之间具有心理的因果性,但是甲没有共同盗窃的故意,所以不成立盗窃罪的共犯;甲藏匿项链的行为成立掩饰、隐瞒犯罪所得罪。或者说,甲主观上仅想犯50分的错(掩饰、隐瞒犯罪所得罪),客观上犯了100分的错(盗窃罪的共犯),只能以掩饰、隐瞒犯罪所得罪论处。

B项错误。掩饰、隐瞒犯罪所得罪,是指明知是犯罪所得及其产生的收益而予以窝藏、转移、收购、代为销售或者以其他方法掩饰、隐瞒的行为。

本题中,甲与乙存在事前通谋行为,因此构成上游犯罪的共犯,即成立盗窃罪的共犯。那么在盗窃之后所实施的掩饰、隐瞒行为,属于事后不可罚行为。根据期待可能性原理,犯罪之后处分赃物的行为是人的本能,不宜再以犯罪论处,故甲事后隐藏自己盗窃所得的项链,不构成掩饰、隐瞒犯罪所得罪。

C项错误。首先,窝藏、包庇罪,是指明知是犯罪的"人"而为其提供隐藏住所、财物,帮助其逃匿或者作假证明包庇的。即,窝藏、包庇的对象是犯罪的"人"而非"犯罪所得"。其次,根据《刑法》第310条第2款规定,犯前款罪,事前通谋的,以共同犯罪论处。也就是说,实施了上游犯罪的本犯,即使事后再对同案犯实施窝藏、包庇行为的,属于共同犯罪后的事后不可罚行为,不成立窝藏、包庇罪。

D项错误。想象竞合犯是指行为人实施一个犯罪行为同时触犯数个罪名的情况。本题中,甲实施了两个行为,前行为是通谋,后行为是藏匿盗窃所得的项链,前行为是盗窃罪的共犯,后行为是盗窃后处理赃物的行为(事后不可罚行为),不属于一行为触犯数罪名的想象竞合。

综上所述,答案为A。

49. 甲让几名13周岁的幼女去卖淫。甲发现这些幼女身材高大,长相成熟,于是让她们卖淫时谎称自己16周岁。嫖客乙信以为真并与其中一名幼女发生性关系。关于甲、乙的行为性质,下列说法正确的是?(　　)(多选)
A. 甲成立组织卖淫罪与强奸罪,应当择一重处
B. 甲成立组织卖淫罪与强奸罪,应当数罪并罚
C. 甲成立强奸罪的间接正犯
D. 乙虽然对幼女的实际年龄不知情,但乙依然成立强奸罪

[试题解析]

A项正确,B项错误,C项正确。首先,甲的行为成立组织卖淫罪,且属于"组织未成年人卖淫"这一从重处罚情节。《刑法》第358条第2款规定:"组织、强迫未成年人卖淫的,依照前款的规定从重处罚。"

其次,甲的行为成立强奸罪,系间接正犯。强奸罪可以成立间接正犯,如果与幼女性交的人(嫖客)不知对方是幼女,但是组织、强迫、引诱者知道被害人是幼女且幼女完全受其支配的,则因为组织、强迫、引诱者像控制工具一样支配着幼女、嫖客双方,所以此时的组织、强迫、引诱者是强奸罪的间接正犯。换言之,组织者利用不知情的工具(嫖客)与幼女发生了性关系,嫖客没有强奸的故意(即没有和不满14周岁幼女发生性关系的故意),组织者构成强奸罪的间接正犯。

本题中,甲组织幼女卖淫并要求其谎称自己年满16岁,从而使幼女与不知情的嫖客乙发生性关系。这一行为表面上为组织卖淫行为,其实质上也是将不知情的嫖客乙当作自己的犯罪工具,即利用嫖客实施了强奸行为,乙所实施的奸淫幼女的行为是在甲的支配下完成的,乙并没有奸淫幼女的故意,甲构成强奸罪的间接正犯。

再次,本题甲组织幼女卖淫的行为属于一个行为触犯强奸罪与组织卖淫罪,构成想象竞合,应当择一重罪处罚。

需要特别说明的是:部分考生可能对于组织者甲的行为究竟是一罪还是数罪、一行为还是数行为可能拿不准。换个角度看,如果没有嫖客与幼女发生性关系(强奸)这一事实,甲也不可能是组织卖淫罪,该案中"发生性关系"就是"组织卖淫"的内容,二者是同一问题,故,甲的行为成立组织卖淫罪与强奸罪的想象竞合。

类似的道理,法官在审理刑事案件的过程中,利用职权毁灭、伪造证据,属于一行为触犯数罪名:徇私枉法罪与帮助毁灭、伪造证据罪,应择一重罪处罚。因为徇私枉法行为是通过毁灭、伪造证据的方式或其他方式实施,如果没有毁灭、伪造证据,也就谈不上徇私枉法了,行为人仅有一个行为,触犯了数罪名。

D项错误。奸淫14岁以下幼女构成强奸罪的要件为:主观上行为人明知对方为不满14周岁的幼女,客观上对其实施奸淫行为。其中,知道或者应当知道对方是不满14周岁的幼女,而实施奸淫等性侵害行为的,应当认定行为人"明知"对方是幼女。

本题中,由于幼女已满13周岁且身材高大,长相成熟,且谎称自己年满16岁,乙无法通过外观准确判断对方为14岁以下幼女,乙没有奸淫幼女的故意,不构成强奸罪。

综上,本题答案为AC项。

50. 关于教唆犯,下列说法错误的是?(　　　)(多选)

A. 丙欠甲的债,甲对乙说:"你去问丙是否还债,如果不还债,我就关押他的妻子。"乙明知丙会立即还债,但仍然对甲说"丙不还债",于是甲关押了丙的妻子,乙成立非法拘禁罪的间接正犯

B. 甲对乙积怨已久,欲杀乙,丙见状对甲说:"杀了乙不好收场,还是伤害吧,给她点教训就行。"甲觉得丙说得在理,遂于某日深夜对乙实施了伤害行为,造成乙轻伤。丙不构成犯罪

C. 甲唆使乙实施分裂国家的行为,乙按甲的要求实施了分裂国家的行为。甲成立分裂国家罪的教唆犯

D. 甲教唆乙今晚8:00去被害人丙家中实施盗窃行为,但同时又通知警察"乙将于今晚8:00去丙家实施盗窃",乙刚进入丙家就被警察抓获。甲的行为属于未遂的教唆

[试题解析]

A项错误。在他人具有附条件故意的场合,原本并不具备条件,但行为人创造条件或者谎称具备条件,使他人故意实现构成要件的,宜认定为教唆犯。换言之,本选项中如果没有乙的上述撒谎行为,甲就不会实施非法拘禁。可以认为,乙"点燃"了甲的犯意,应成立教唆犯。

本选项中,对于非法拘禁丙的妻子,甲主观上具有附条件的故意,乙谎称丙不还债,对甲并未形成支配力,乙甲不成立间接正犯。换言之,乙对非法拘禁这一行为,主观上是明知的,是知情的。乙谎称具备条件,促使甲关押丙的妻子,乙成立非法拘禁罪的教唆犯,而非间接正犯。甲成立非法拘禁罪的直接正犯。

相比较的案例:例如,某周五晚上,甲知道乙在办公室工作,欺骗毛毛说:"请将这个办公室的门锁好,并将大门关上,因为近期小偷太多了。"毛毛并不知道乙在办公室,按甲的要求将办公室锁住,导致乙被关在办公室长达两天。甲的行为构成非法拘禁罪的间接正犯,毛毛完全不知道其行为的意义,处于被利用者的角色。

B项正确。教唆他人犯性质相同的轻罪的,不宜作为犯罪处理。这事实上属于降低他人的犯意,不宜作为犯罪处理。

C项错误。但《刑法》第103条第2款将教唆他人分裂国家的行为规定为正犯,这属于教唆犯的正犯化。在这样的场合,对于甲不是按教唆犯处罚,而是直接按《刑法》第103条第2款的规定定罪量刑。即便乙没有实施分裂国家的行为,甲也成立煽动分裂国家罪。

D项正确。未遂的教唆犯,是指教唆他人实施根本就不可能既遂的行为,一般可不以犯罪论处。陷害教唆实际上也是一种未遂的教唆,如行为人以使他人受到刑事处罚为目的,诱使他人犯罪,而被教唆人着手实行后,抓捕被教唆人,使其难以达到既遂的,就是陷害教唆。

本选项中,甲以使乙受到刑事处罚为目的,诱使乙实施盗窃行为,并且通知警察抓捕乙,甲行为属于陷害教唆,换言之,乙的盗窃行为根本就不可能成功。故甲成立未遂的教唆。

综上所述,本题为选非题,答案为AC项。

51. 关于教唆犯,下列说法错误的是?（　　）(多选)

A. 赵某通过篡改年龄,在不满16周岁时就成为警察,甲教唆不满16周岁的警察赵某刑讯逼供,赵某接受教唆实施刑讯逼供行为的,甲成立刑讯逼供罪的间接正犯

B. 乙教唆蒋某说:"肖某是坏人,你将这个毒药递给他喝。"蒋某却听成了"肖某是病人,你将这个土药递给他喝",于是将毒药递给肖某,肖某喝下毒药后死亡。乙成立故意杀人罪的教唆犯

C. 李某告知丙自己欲在2028年法考结束后潜入王某家实施盗窃,丙对李某说"太晚了,可以今天就去。"李某听从丙的建议,当晚对王某家实施了盗窃行为。丙成立盗窃罪的教唆犯

D. 徐某手头缺钱,欲向其外公借钱。丁教唆徐某:"如果你的外公不借钱给你,你就用砖头把他打晕,然后拿他的钱。"徐某对此明确表示拒绝,丁无奈离开。徐某在外公家,借钱受阻,便想起了丁的建议,对其外公实施了抢劫。丁成立抢劫罪的教唆犯

[试题解析]

A项错误。首先,间接正犯必须是"操控""支配"他人,而本选项中的甲并没有对赵某达到操控、支配的程度,故不构成间接正犯。

其次,刑讯逼供罪是身份犯,只有司法工作人员才能构成,无身份者不能构成本罪的正犯(实行犯),也不能成立本罪的间接正犯。但无身份者可以成立本罪的共犯(帮助犯、教唆犯)。

最后,教唆对象原则上必须是实际具有责任能力的人,但不必是达到法定年龄的人。换言之,虽然没有达到法定年龄,但事实上具有责任能力的人,也能成为教唆对象。故对于真正身份犯而言,在被教唆者具有特殊身份却又具有责任阻却事由的情况下,仍应肯定教唆犯的成立。

本选项中,赵某虽然因年龄不满16周岁,对刑讯逼供罪不负刑事责任。但其事实上已经具有责任能力,可以成为被教唆对象,故甲成立教唆犯,不成立间接正犯。因此,A选项错误。

B项正确。首先,甲在主观上有教唆他人犯罪的故意。教唆犯的本质是引起他人的犯罪意图,使他人的犯罪意图从无到有。

其次,甲在事实上,并没有引发蒋某的犯罪意图。蒋某事实上也没有犯罪意图,以为是把"土药"给肖某吃。也就是说,蒋某对甲的犯罪故意并不知情,甲事实上起到了间接正犯的效果。

最后,间接正犯可以被认为是程度更为恶劣的教唆犯,或者说,间接正犯的危害性是100分,教唆犯的危害性是50分。甲主观上想犯50分的错误,客观上犯了100分的错,对甲只能以50分的教唆犯论处。

C项正确。教唆行为的特点是使他人产生实施符合构成要件的违法行为的意思,故在被教唆者已经产生了该意思的情况下,不可能再成立教唆犯,只能成立帮助犯。

本选项中,李某虽然已经产生实施盗窃行为的想法,但在丙的教唆下,李某提前实施了犯罪,应肯定丙成立教唆犯。

D项错误。成立教唆犯,要求教唆行为与正犯结果之间具有因果性。本选项中,丁虽然实施了教唆行为,但教唆行为已经被拒绝,没有引起被教唆者实施不法行为的意思。同时,徐某拒绝后,丁也没有再进行教唆,丁的教唆行为与徐某其后的抢劫行为缺乏因果性。故丁不成立抢劫罪的教唆犯。

综上所述,答案为AD项。

52. 关于帮助犯,下列说法正确的是?(　　　)(单选)

A. 乙误以为甲想杀死其丈夫丙,于是将毒药交给甲。甲以为是治病的药物,于是喂给丈夫丙,致丙死亡。乙不成立故意杀人罪的帮助犯

B. 某日,甲、乙夫妻二人在公园游玩时,看见醉酒的丙女。甲要强奸醉酒的丙(女),于是征求其妻子乙的意见。乙起先反对,甲便没有着手实行强奸行为。后甲再次征求乙意见时,乙默认,于是甲强奸了丙。乙成立强奸罪的帮助犯

C. 甲入户盗窃时邀约乙在楼下望风,丙知道乙在望风,于是为乙提供被害人的照片,在整个盗窃过程中,被害人并没有出现,丙成立盗窃罪的帮助犯

D. 日用商品店的老板甲估计刚在马路上与人争执的顾客乙可能将菜刀用于杀人,但仍然向其出售菜刀,后乙果然用刀砍杀了路人。甲不成立犯罪

[试题解析]

A项错误。只要正犯的行为在客观上是符合构成要件的违法行为,即使正犯没有犯罪故意,以帮助故意实施帮助行为者,也可能成立帮助犯。

本选项中,即使甲主观上没有杀害乙的故意,但由于甲客观上实施了符合构成要件的违法行为,故乙依然成立故意杀人罪的帮助犯。

试想,如果在本选项中,乙不构成任何犯罪,合适吗?乙主观上有犯罪故意,客观上缺少乙的行为也不可能导致丙的死亡结果,乙当然构成犯罪。但是,乙并没有实施实行行为(投毒行为),应认定为故意杀人罪的帮助犯。

可能有些同学会认为,为什么乙不成立故意杀人罪的间接正犯呢?可以认为乙利用了无犯罪故意的甲的行为实施了犯罪,就如医生指示不知情的护士给患者注射毒药,医生构成故意杀人罪的间接正犯。乙缺少间接正犯的故意,不成立间接正犯。所谓间接正犯的故意,是指行为人主观上支配、操纵他人的故意。在本选项中,乙误以为

甲要杀害丙,故乙的主观上并不是"利用"甲的无故意行为去犯罪,而是去"帮助"甲的故意犯罪。故虽然客观上乙"利用"了甲的行为,但乙只有帮助的故意而无间接正犯(利用)的故意。

退一步讲,乙主观上有帮助犯(50分)的故意,即便客观上起到了间接正犯(100分)的效果,也应该认定为是帮助犯。

B项错误。帮助行为与正犯结果的因果性,主要表现为强化正犯造成结果的决意,或者使正犯安心实施法益侵害行为、造成法益侵害结果。

本选项中,从普通观念来说,乙女的默认似乎助长或者强化了甲男的强奸心理。但是夫妻、成年兄弟姐妹之间不具有制止对方的法益侵害行为的监督义务,故从乙并无制止义务的角度来看,难以认定乙构成强奸罪的共犯。

C项错误。帮助行为与正犯结果的因果性,是成立帮助犯的重要依据。从形式上看,帮助行为可以是对正犯的帮助与对帮助犯的帮助。但是,刑法意义上的帮助犯是对共同正犯的帮助。因此,单纯对帮助行为进行帮助的,不成立帮助犯。

本选项中,乙是盗窃罪的帮助犯,丙为乙提供被害人的照片,属于对帮助行为进行帮助。丙提供照片的行为与甲(正犯、实行犯)结果之间没有任何因果性,不是对正犯的帮助,故丙不成立盗窃罪的帮助犯。

D项正确。中立的帮助行为,是指貌似日常生活行为,但客观上对他人犯罪起到了帮助作用。一般认为,对于该类帮助行为,如果对他人的犯罪起到了重要、紧迫、不可或缺的作用时,才宜以共同犯罪论处。本选项中,甲只是"大体上估计"乙将来可能实施故意杀人行为,甲对路人的安全没有保护的义务,甲对于乙是否要进行犯罪也没有确实性的认识。因此,对于甲的日常生活行为(出售菜刀),不宜认定为故意杀人罪的帮助犯,甲不成立犯罪。

试想,如果夫妻二人在家吵架后,丈夫来到小卖部买菜刀后,将其妻子杀害。难道小卖部的售货员要成立故意杀人罪的帮助犯?

综上所述,本题答案为D项。

考点八　单位犯罪

53. 关于单位犯罪,下列说法正确的是?(　　　)(单选)

A. 甲国有公司为乙国有公司谋取不正当利益,集体决定以甲国有公司的名义和财产向国家工作人员郑某行贿。由于甲国有公司不是为了本单位的利益,不构成单位行贿罪

B. 莲花公司因为公司经营困难停业六个月,被工商管理部门吊销营业执照。后

公安部门发现在莲花公司营业期间曾实施集资诈骗行为。对此仍应追究莲花公司的刑事责任

C. 丙公司与"三和"公司达成协议后合并为"春和"公司。后公安部门发现丙公司曾在经营期间销售伪劣产品达200万元。对此,既要追究丙公司原直接责任人的刑事责任,亦应追究丙公司的刑事责任

D. 国有公司丁违反国家规定,集体决定将国有资产100万元的财物,按照加班量分配给加班人员,构成私分国有资产罪。对此应当对单位判处罚金,并对直接负责的主管人员和其他直接责任人员判处罚金

[试题解析]

A项错误。单位犯罪中"为单位谋取非法利益"这一特征只是为了区分单位犯罪与单位内部成员的个人犯罪,因而不是任何单位犯罪不可缺少的特征。换言之,一个单位完全可能为其他单位或者个人谋取非法利益而实施单位犯罪。故,本选项中,甲国有公司虽然不是为了公司谋取非法利益,但是其经集体决定为乙国有公司谋取利益的行为,仍然构成单位行贿罪。

退一步想,如果本选项中,甲单位不认定为犯罪,合适吗?单位集体研究决定,用单位的财产给国家工作人员行贿,应该认定为是单位行贿罪。

可能有同学会认为,甲单位并没有得到利益,不构成单位犯罪。这种理解是错误的。成立单位犯罪所要求的"为了单位利益"是主观目的,这种主观目的可以理解为只要单位主观上有这一目的即可,无须一定是为本单位利益。例如,盗窃罪要求主观上有非法占有目的也并非要求行为人是为了自己的非法占有目的。如果肖沛权喜欢他人的手机,徐光华为了满足肖沛权的目的,盗窃他人的手机交给肖沛权,徐光华当然可以构成盗窃罪。

B项错误。涉嫌犯罪的单位被撤销、注销、吊销营业执照或者宣告破产的,应当根据刑法关于单位犯罪的相关规定,对实施犯罪行为的该单位直接负责的主管人员和其他直接责任人员予以追诉,对该单位不再追诉。在此种情形下,虽然单位本身不存在(被吊销营业执照),但是,当时单位犯罪中实施违法犯罪行为的自然人是存在的,就追究自然人的刑事责任。本选项中指出还要追究莲花公司的刑事责任,是错误的。

C项正确。单位犯罪后,单位被合并的,既追究单位责任,也追究自然人责任。被告只列原单位的名字。这样处理的理由在于,单位并非真消失了,而是被合并了(即换了另外一个存在的方式),既应追究单位的刑事责任,也应追究自然人的刑事责任。

D项错误。私分国有资产罪是单位犯罪,对其处罚采取单罚制,仅对单位的直接责任人员判处刑罚。此类犯罪还有,工程重大安全事故罪、提供虚假财会报告罪、强迫职工劳动罪、雇佣童工从事危重劳动罪、妨害清算罪、消防责任事故罪、重大劳动安全

事故罪、资助危害国家安全犯罪活动罪。

《刑法》第396条规定："国家机关、国有公司、企业、事业单位、人民团体，违反国家规定，以单位名义将国有资产集体私分给个人，数额较大的，对其直接负责的主管人员和其他直接责任人员，处三年以下有期徒刑或者拘役，并处或者单处罚金；数额巨大的，处三年以上七年以下有期徒刑，并处罚金。"

这类单位犯罪之所以仅仅处罚自然人，而不处罚单位，其理由在于：该类单位犯罪，单位自身的利益已经受到了重创，单位本身并没有从单位犯罪中获益，再处罚单位就不合适了。

综上所述，本题答案为C项。

考点九　罪数论

54. 关于法条竞合和想象竞合，下列说法正确的是？（　　）（单选）

A. 甲虐待自己8岁的女儿，情节恶劣，构成虐待罪与虐待被监护、看护人罪的法条竞合

B. 乙在抢劫财物过程中为了劫取财物而故意将被害人杀死，构成抢劫罪基本犯和抢劫致人死亡的想象竞合，从一重罪处罚

C. 丙盗窃毛毛随身携带的价值数万元的急救药，导致毛毛疾病发作无法服药而死亡，丙构成盗窃罪和故意杀人罪的想象竞合，从一重罪处罚

D. 军人丁故意泄露国家军事秘密的行为，构成故意泄露国家秘密罪和故意泄露军事秘密罪的想象竞合，从一重罪处罚

[试题解析]

A项错误。想象竞合与法条竞合均是一行为触犯了两罪或多罪名。但是，在法条竞合的情况下，适用其中的一个罪名能够实现对行为的全面评价而不会有遗漏，例如，保险诈骗行为，既触犯了保险诈骗罪，也触犯了诈骗罪，认定为保险诈骗罪既能评价行为诈骗的属性，也能评价行为破坏保险制度的属性。两罪是包容关系。

但是，想象竞合的情况下，以其中的任何一罪论处，都会有遗漏。例如，盗窃正在使用中的电线，既触犯了盗窃罪，也触犯了破坏电力设备罪。认定为盗窃罪就忽略了行为对电力安全的破坏，认定为破坏电力设备罪，就忽略了对行为侵犯财产权利的破坏。两罪是交叉关系。

首先，虐待罪是指虐待家庭成员，情节恶劣的行为；而虐待被监护、看护人罪是指对未成年人、老年人、患病的人、残疾人等负有监护、看护职责的人虐待被监护、看护的人，情节恶劣的行为。

其次，从构成要件分析，家庭成员与被监护、看护的人之间，并不是包容关系，而是交叉关系。比如说，配偶或者成年子女，虽然是家庭成员但未必是被监护、看护人；而孤儿院的未成年人，虽然需要被监护、看护，但不是家庭成员。即使罪名中都有"虐待"二字，也不能当然地认为两者之间有法条竞合关系。

最后，对于甲虐待自己未成年的女儿这一行为，如果仅适用《刑法》第260条评价为虐待罪，就没有评价对未成年被监护人这一特定对象进行虐待的不法内容；如果仅适用《刑法》第260条之一评价为虐待被监护人罪，也就没有评价虐待家庭成员这一不法内容。因此，二者不属于法条竞合，而是想象竞合。

B项错误。首先，法条竞合关系，并不限于形式上的此条（第X条）与彼条（第X条）之间的关系；同一法条内的不同款项之间，乃至同一款项内的不同构成要件之间，都有可能存在法条竞合关系。①就拿本选项而言，《刑法》第263条规定了八项加重情形，这些情形相对于基本犯罪（普通法条）而言，就是特别法条。

"抢劫致人重伤、死亡"作为抢劫罪的结果加重犯，既可以评价抢劫行为，也可以评价致人重伤、死亡的行为，能够实现对行为性质的全面评价而不会有遗憾（漏）。

C项正确。首先，丙的盗窃行为确实触犯了两个罪名，既触犯了盗窃罪，亦触犯了故意杀人罪。故意杀人罪的保护法益是生命而不包括财产，盗窃罪的保护法益是财产而不包括生命，可上述行为侵害了两个犯罪的保护法益，故不是法条竞合而是想象竞合。

其次，如果认定为盗窃罪，就忽略了该行为侵害生命的属性，如果认定为故意杀人罪，就忽略了行为侵犯财产法益的属性。也就是说，无论定其中哪一个罪名，都存在遗憾，两罪属于想象竞合。

D项错误。首先，国家秘密当然包括军事秘密，军事秘密就属于国家秘密的一种。就像中国人，当然包括江西人，江西人就属于中国人的一部分。

其次，丁的行为同时触犯了故意泄露国家秘密罪和故意泄露军事秘密罪，认定为故意泄露军事秘密罪（特别法）不会有遗漏。或者说，认定为故意泄露军事秘密罪能够全面评价行为。故两罪就是法条竞合。

生活道理也可以解释：徐光华既是江西人，也是中国人，但如果仅说江西人，也没有问题，因为江西人就是中国人的一个部分。生活中，也没有必要说，既是江西人，又是中国人，说徐光华是江西人就能实现全面评价。但反过来，江西人与好人这两个概念就是交叉关系，而非包容关系，江西人中有些是好人，可能也有些是坏人。好人中有些是江西人，有些是其他省份的人。如果仅说徐光华是江西人，没有评价徐光华的好

---

① 参见张明楷：《刑法学》（第六版），法律出版社2021年版，第622页。

人属性,如果仅说徐光华是好人,又忽略了徐光华的籍贯(江西),故江西人和好人就是想象竞合。

综上所述,答案为C。

55.关于法条之间的关系,下列说法错误的是?(　　)(多选)

A. 二人以上轮奸的,构成强奸罪(基本犯)和强奸罪(情节加重犯)的法条竞合

B. 明知是现役军人的配偶却仍然与之结婚的,构成重婚罪与破坏军婚罪的法条竞合

C. 通过盗窃电力设备的零件等方式破坏电力设备的,由于电力设备也可以看作特殊的财物,因此构成破坏电力设备罪与盗窃罪的法条竞合

D. 冒充国家机关工作人员招摇撞骗,骗取他人财物的,构成招摇撞骗罪与诈骗罪的法条竞合

[试题解析]

A项正确。首先,特殊法条与普通法条之间存在包容关系时,才能构成法条竞合。即,当触犯A法条必然触犯B法条,而触犯B法条未必触犯A法条时,两者存在包容关系,构成法条竞合。

其次,"二人以上轮奸"属于强奸罪的加重情节,而存在加重情节的前提是基本犯的成立。也就是说,欲成立强奸罪的加重情节,则必须先成立强奸罪的基本情节;但同时,仅仅构成强奸而不构成轮奸的情况也是完全有可能出现的。因此,"二人以上轮奸"属于特别法条,与基本犯构成法条竞合。

B项正确。重婚罪表现为"有配偶而重婚的,或者明知他人有配偶而与之结婚的"行为;而破坏军婚罪则表现为"明知是现役军人的配偶而与之同居或者结婚的"行为。很显然,若符合"明知是现役军人的配偶而与之结婚"的构成要件,必然符合"明知他人有配偶而与之结婚"的构成要件。适用破坏军婚罪更能准确、全面地评价行为。

C项错误。首先,法条竞合在于,一行为触犯两罪名,法条之间存在包容关系,适用其中一个罪能够全面评价行为的性质而不会有遗漏。例如,保险诈骗行为既触犯了保险诈骗罪,同时亦触犯了诈骗罪,但认定为保险诈骗罪既能评价行为的诈骗属性,又能评价行为侵犯保险秩序的属性,不会有遗漏,所以,保险诈骗罪与诈骗罪是法条竞合。

其次,想象竞合虽是一行为触犯了两罪名,但两罪的竞合(交叉)程度很低。并且,适用其中一个罪,无法全面评价行为的性质而有遗漏。比如,盗窃正在使用中的电力设备,既触犯了盗窃罪,亦触犯了破坏电力设备罪,但是,如果认定为盗窃罪,会忽略掉行为破坏电力设备、危害电力安全的属性,如果认定为破坏电力设备罪,会忽略掉行为侵犯财产法益的属性。故想象竞合是有遗憾的竞合,认定其中任何一罪都会出现对

行为性质评价的不完整。故本选项是想象竞合。

最后,不能因为"电力设备是特殊的财物",就认为"破坏电力设备罪是盗窃罪的特别法条"。因为电力设备除了具有财物的属性,还承载了公共安全(电力安全)的属性,即财物所不具备的属性,因此,二者是交叉关系,而非包容关系,故属于想象竞合。因此,C项错误。

D项错误。首先,法条竞合时,虽然行为同时违反了数个罪刑规范,但仅侵害了其中一个罪刑规范的保护法益,因为规范之间存在包容关系,不需要也不应当认定其行为触犯数罪,适用法条竞合评价。想象竞合时,因为行为触犯了数个罪刑规范,实质上也侵害了数个罪刑规范的保护法益,需要认定其行为触犯数罪,因为只有一个行为,同样为了避免重复评价,适用想象竞合。

其次,本选项中,招摇撞骗罪保护的法益是国家机关的公共信用,诈骗罪保护的法益是他人的公私财物,从形式标准上看,两者不存在包容关系,也就并非特殊法条与普通法条的关系。

诚然,当行为人冒充国家机关工作人员招摇撞骗,骗得财物时,《刑法》第266条(诈骗罪)与第279条(招摇撞骗罪)存在交叉关系。但如果对上述行为仅适用其中一个法条,就没有对不法内容进行全面评价。如果仅认定为招摇撞骗罪,就没有评价行为对财产的不法侵害内容;如果只认定为诈骗罪,就没有评价行为对国家机关公共信用的不法侵害内容。因此,两罪是想象竞合关系。

综上,本题为选非题,答案为CD。

56. 关于罪数的认定,下列说法正确的是?(　　)(多选)

A. 法官甲收受请托人的财物后,明知被告人系被诬告,仍应请托人的要求而判决被告人有罪。甲成立徇私枉法罪与受贿罪,应当数罪并罚

B. 甲绑架乙并向乙的家人索取赎金,在拿到赎金后,甲将乙杀害。甲成立绑架罪与故意杀人罪,应当数罪并罚

C. 国家工作人员甲利用职务之便,在公务员招录工作中违规操作,帮助他人冒名顶替。甲成立滥用职权罪与冒名顶替罪的想象竞合犯,应当择一重处

D. 甲明知乙心脏病发作,依旧扒窃了乙身上携带的急救药物,导致乙因不能及时服药而死亡。甲成立故意杀人罪与盗窃罪的想象竞合犯,应当择一重处

[试题解析]

A项错误。《刑法》第399条第1、2、3款分别规定了徇私枉法罪,民事、行政枉法裁判罪,执行判决、裁定失职罪,执行判决、裁定滥用职权罪。该条第4款规定,司法工作人员收受贿赂,有前三款行为的,同时又构成本法第385条规定之罪(受贿罪)的,依照

处罚较重的规定定罪处罚。因此,法官甲收受请托人的财物后徇私枉法的,应当择一重处而非数罪并罚。

需要说明的是,虽然这一规定并非特别合理,将两行为认定为一罪。但这是刑法的明文规定,从罪刑法定的角度看,应坚持。

B 项错误。《刑法》第 239 条第 1 款规定了绑架罪的基本犯与减轻刑,第 2 款规定犯前款罪,杀害被绑架人的,或者故意伤害被绑架人,致人重伤、死亡的,处无期徒刑或者死刑,并处没收财产。因此,甲在拿到赎金后将人杀害的行为不应当单独评价,而是以绑架罪一罪论处。

需要说明的是,绑架过程中杀害被绑架人的,根据《刑法》第 239 条的规定,仅认定为绑架罪一罪。对于这一规定,应理解为只要是在绑架的过程中即可。绑架罪是继续犯,只要绑架行为还没有结束,杀害被绑架人的,就应认定为绑架罪一罪。当然,如果绑架释放人质后,再杀害人质的,应以绑架罪与故意杀人罪并罚。

C 项正确。首先,甲身为国家工作人员,超越职务权限违规操作,帮助他人冒名顶替,成立滥用职权罪。

其次,冒名顶替罪是指盗用、冒用他人身份,顶替他人取得的高等学历教育入学资格、公务员录用资格、就业安置待遇的行为。本选项中,甲帮助他人实施了冒名顶替的行为,成立冒名顶替罪的帮助犯。

最后,甲实施了一个行为触犯数罪,属于想象竞合犯,应当择一重处。

D 项正确。甲明知乙心脏病发作,依旧扒窃了乙身上携带的急救药物,导致乙因不能及时服药而死亡,成立故意杀人罪。同时,甲扒窃了乙的急救药物并据为己有,成立盗窃罪。甲的一个行为触犯数罪,成立想象竞合犯,应当择一重处。需要说明的是,故意杀人罪与盗窃罪虽然在一般情形下不可能存在竞合,但本选项的情形下,亦存在竞合。

综上所述,本题答案为 CD 项。①

57. 关于想象竞合与法条竞合,下列说法错误的是?(　　)(单选)

A. 甲向乙开枪,将乙打死的同时,子弹贯穿乙致乙死亡,并打碎了乙旁边的名贵花瓶(文物)。甲成立故意杀人罪与过失损毁文物罪的想象竞合犯

B. 甲以杀人的故意向乙开枪,将乙打成重伤的同时,子弹又击中了乙身旁的丙,致丙死亡。甲成立故意杀人罪与过失致人死亡罪的想象竞合犯

C. 在法条竞合的场合,当认定一个人的行为构成抢劫罪时,就无须另评价该行为

---

① 参见张明楷:《论"依照处罚较重的规定定罪处罚"》,载《法律科学(西北政法大学学报)》2022 年第 2 期,第 59-73 页。

构成抢夺罪

D. 已婚的甲明知乙是现役军人的配偶,却仍与之结婚。甲构成重婚罪与破坏军婚罪的想象竞合犯

[试题解析]

A项正确。甲实施了一个开枪的行为,同时造成了致人死亡与毁坏文物两个结果,侵犯两个法益,应当成立想象竞合犯,应择一重罪处罚。

B项正确。当一行为侵犯两个法益主体的个人专属法益时,属于同种的想象竞合。需要说明的是,"专属法益"属于类似于民法上的"特定物",需要分别评价。不同于"非专属法益",对于"非专属法益",同种类的可以合并评价。例如,普通财物就是非专属法益,甲进入徐某的宿舍盗窃,既盗窃了徐某的财物,又盗窃了与徐某合租的肖某的财物,甲仅认定为盗窃罪一罪即可,不需要区分徐某的财物与肖某的财物。

而在本选项中,甲实施了一个开枪的行为,同时造成了乙和丙的死亡结果,虽然侵犯的都是生命法益,但乙、丙的生命法益属于个人专属法益。因此,甲的一行为同时触犯故意杀人罪(对乙)与过失致人死亡罪(对丙),应当成立想象竞合犯。

C项正确。在一个行为同时触犯两个法条时,只适用其中一个法条就能够充分、全面评价行为的所有不法内容时,成立法条竞合。抢劫罪与抢夺罪具有相同的法益内容,并且抢劫罪属于更严重的犯罪。因此,抢劫罪完全能够包含抢夺罪的不法内容,行为已经评价为抢劫罪的,不必再评价为抢夺罪。

D项错误。重婚罪与破坏军婚罪之间属于法条竞合。法条竞合是必然的竞合,法条本身的竞合。即便不看具体案件,我们都应该知道,这两个法条之间存在一定的重合。破坏军婚罪属于特别法,应优先适用。而想象竞合是偶然的竞合,竞合的两罪之间毫无任何关联,只是出现了具体的案件才导致两罪之间偶然存在一些竞合。例如,盗窃正在使用中的电线,既触犯了盗窃罪,也触犯了破坏电力设备罪,但盗窃罪与破坏电力设备罪完全是风马牛不相及的两罪,只是因为行为人的行为(盗窃正在使用中的电线)才使得两罪之间存在竞合,一行为会同时触犯这两罪。破坏军婚罪是重婚罪的特殊条款,二者属于法条竞合。

另外,就本选项而言,虽然行为触犯了两罪:破坏军婚罪与重婚罪。但是,仅认定为破坏军婚罪,能够实现对行为的全面评价,既能评价其行为的重婚属性,又能评价"军婚"的属性,故属于法条竞合。

综上所述,本题是选非题,答案为 D 项。①

---

① 参见张明楷:《洗钱罪的保护法益》,载《法学》2022年第5期,第69-83页。

58. 徐某是一名毒贩,为了在收取毒资时不被发现,徐某与吸毒人员付某商量,付某将自己的微信收款二维码交给徐某。徐某利用付某的二维码收取毒资后,再从微信中将毒资进行提现到自己的账户。徐某利用这一方法收取了18000元毒资。关于徐某的行为定性,下列说法正确的是?(　　　　)(多选)①

A. 如果认为洗钱罪必须在上游犯罪完成后才能实施,则徐某利用付某的微信二维码收取毒资的行为不成立洗钱罪

B. 如果认为洗钱罪与上游犯罪之间是互斥(对立)关系,则徐某的行为不成立洗钱罪

C. 如果认为洗钱罪与上游犯罪之间是想象竞合的关系,则付某的行为不成立洗钱罪

D. 如果认为洗钱罪与赃物犯罪(掩饰、隐瞒犯罪所得罪)之间是想象竞合,那么,付某的行为应以洗钱罪与掩饰、隐瞒犯罪所得罪择一重罪论处

[试题解析]

A项正确。关于洗钱罪的成立是否以上游犯罪完成为必要,存在不同观点:

观点一:洗钱罪的成立以上游犯罪的完成为必要。根据这种观点,洗钱罪只能是上游犯罪的"事后行为",也就是必须在上游犯罪完成,拿到赃款之后,继续实施掩饰、隐瞒赃款的行为,才能成立洗钱罪。②

【实务案例】

观点一具有实务案例的支持。在马某益受贿案中,马某益的哥哥马某军是某国有石化公司的经理,马某益按照马某军的授意,直接利用马某益的账户收受请托人现金、银行卡等贿款。对于马某益上述行为的定性,法院认为,洗钱罪是在上游犯罪完成、取得或控制犯罪所得及其收益后实施的新的犯罪活动,与上游犯罪分别具有独立的构成。**在上游犯罪实行过程中提供资金账户、协助转账汇款等帮助上游犯罪实现的行为,是上游犯罪的组成部分,应当认定为上游犯罪的共犯,不能认定洗钱罪。上游犯罪完成后掩饰、隐瞒犯罪所得及其收益的来源和性质的行为,才成立洗钱罪**。因此,马某益的上述行为属于受贿罪共犯而非洗钱罪。③

观点二:洗钱罪的成立不以上游犯罪的完成为必要。根据这种观点,洗钱罪可以

---

① 本题源自张明楷:《洗钱罪的争议问题》,载《政法论坛》2025年第1期,第16-32页。

② 参见何荣功:《洗钱罪司法适用的观察、探讨与反思》,载《法学评论》2023年第3期,第129页。

③ 参见《最高人民检察院发布5件检察机关惩治洗钱犯罪典型案例之四:马某益受贿、洗钱案》,载最高人民检察院官网,https://www.spp.gov.cn/xwfbh/wsfbt/202211/t20221103_591486.shtml#2,2025年1月23日访问。

与上游犯罪同时进行,即使上游犯罪没完成,赃款还没有到手,也可以实施掩饰、隐瞒赃款的行为,成立洗钱罪。①

在本题中,徐某利用他人账户收取毒资时,上游的毒品犯罪虽然尚未结束,赃款还没有到手,但是徐某的行为同样掩饰、隐瞒了犯罪所得,所以徐某的行为成立洗钱罪。

B项正确、C项错误。

关于洗钱罪与上游犯罪之间的关系,存在不同观点:

观点一:洗钱罪与上游犯罪之间形成的是互斥(对立)关系。根据这种观点,一个行为如果属于上游犯罪的组成部分之一,那么就不可能再将这种行为认定为洗钱罪。②

在本选项中,徐某利用他人账户收取毒资的行为,本身就是毒品交易过程中的收款行为,因此属于贩卖毒品行为的一部分。因此,徐某收取毒资的行为已经成立了贩卖毒品罪。由于一个行为无法同时成立贩卖毒品罪与洗钱罪,因此对于徐某不能再认定为洗钱罪。据此,B正确。

观点二:洗钱罪与上游犯罪可以并存,成立想象竞合。根据这种观点,即使一个行为是上游犯罪的组成部分之一,只要这个行为依然能够掩饰、隐瞒上游犯罪所得的来源和性质,那么就应当成立洗钱罪,与上游犯罪成立想象竞合,择一重罪处罚。③

在本选项中,虽然徐某利用他人账户收取毒资的行为是贩卖毒品行为的一部分,但是这一行为同样起到了掩饰毒品交易的效果,应当成立洗钱罪。徐某的行为同时成立洗钱罪与贩卖毒品罪,应当择一重罪处罚。

对于付某的行为,如果认为洗钱罪与上游犯罪可以并存,则付某提供账户的行为同时成立洗钱罪与贩卖毒品罪的帮助犯,想象竞合应当择一重处。据此,C错误。

D项正确。关于洗钱罪与赃物犯罪之间的关系,存在不同观点:

观点一:洗钱罪与赃物犯罪之间是法条竞合的关系,2024年司法解释持此观点。

根据这种观点,洗钱罪是针对七种通常可能有巨大犯罪所得的严重犯罪,而为其掩饰、隐瞒的行为所作的特别规定,因此洗钱罪是掩饰、隐瞒犯罪所得罪的特殊法条,在上游犯罪是七种犯罪时,不再认定行为成立掩饰、隐瞒犯罪所得罪。④

在本选项中,徐某从事的毒品犯罪是洗钱罪的七种上游犯罪之一,因此徐某利用他人账户收取毒资的行为已经成立洗钱罪,与掩饰、隐瞒犯罪所得罪是法条竞合关

---

① 参见张明楷:《洗钱罪的争议问题》,载《政法论坛》2025年第1期,第22页。
② 参见张磊:《洗钱罪的成立应当以上游犯罪人实际控制犯罪所得为前提》,载《政治与法律》2023年第11期,第73页。
③ 参见张明楷:《洗钱罪的争议问题》,载《政法论坛》2025年第1期,第22页。
④ 参见蒲阳:《准确把握洗钱罪与掩饰、隐瞒犯罪所得罪竞合关系》,载《检察日报》2020年10月9日第3版,第1页。

系,应坚持特别法优先而认定为是洗钱罪。

观点二:洗钱罪与赃物犯罪之间是想象竞合关系,张明楷教授持此观点。

根据这种观点,洗钱罪与赃物犯罪之间是交叉关系,并不是所有的洗钱行为都能包含在掩饰、隐瞒犯罪所得罪中。例如,由于"自掩饰、自隐瞒"并不成立赃物罪(掩饰、隐瞒犯罪所得罪),所以,自洗钱的行为就不符合赃物罪的成立条件。亦即,自洗钱的行为只符合洗钱罪这一个犯罪的成立条件,而不符合赃物罪的成立条件。因此,洗钱罪与赃物犯罪之间是想象竞合而非法条竞合。①

在本题中,徐某的行为虽然成立洗钱罪,但徐某的行为同样是属于掩饰、隐瞒犯罪所得的行为,因此应当成立洗钱罪与掩饰、隐瞒犯罪所得罪的想象竞合,择一重罪处罚。

综上所述,本题答案为 ABD 项。

59. 关于罪数,下列说法错误的是?(　　)(多选)

A. 徐市长明知某私企董事长肖某所在企业提交的申请国家农业补贴的材料不符合规范,该企业完全不符合申请补贴的条件,仍然签字同意批准给该企业补贴 500 万元。徐市长的行为仅构成滥用职权罪

B. 乙明知肖某患有严重哮喘病,仍窃取肖某的昂贵特效药,肖某因突发哮喘,未能及时用药死亡,对乙应以盗窃罪与故意杀人罪数罪并罚

C. 丙暴力绑架徐某后,向徐某的妻子勒索人民币 100 万元,在徐某妻子答应筹钱过程中,丙再次对徐某实施暴力,劫取徐某随身携带的手机。对丙应以绑架罪与抢劫罪数罪并罚

D. 丁为了牟取超额补偿,长期通过以进京信访、缠访、闹访等方式相要挟,迫使镇政府向其支付超额补偿。丁进京信访是实现敲诈勒索目的的手段行为,二者具有牵连关系,丁不成立寻衅滋事罪,仅成立敲诈勒索罪

[试题解析]

A 项错误。徐某的行为既构成滥用职权罪,亦是贪污罪。贪污罪所要求的非法占有目的应作扩大解释,包括为他人(本选项中的肖某),即并非需要国家工作人员本人获得公共财产,包括为他人获得公共财产。徐某只有一个行为,属于滥用职权罪与贪污罪的想象竞合,应以重罪贪污罪论处。

B 项错误。首先,乙秘密窃取肖某的昂贵特效药,构成盗窃罪。

其次,乙明知肖某患有严重哮喘病,仍窃取其药品,导致肖某患病时无药可用,应

---

① 参见张明楷:《洗钱罪的争议问题》,载《政法论坛》2025 年第 1 期,第 31 页。

当认为乙对肖某的死亡持间接故意。故乙成立故意杀人罪。由于乙仅实施了一个行为,属于想象竞合,应以故意杀人罪一罪论处,不需要数罪并罚。

C项错误。2005年最高人民法院《关于审理抢劫、抢夺刑事案件适用法律若干问题的意见》指出:"绑架过程中又当场劫取被害人随身携带财物,同时触犯绑架罪和抢劫罪两罪名,应择一重罪定罪处罚。"本选项中,丙在绑架过程中,又当场劫取徐某随身携带财物,应择一重罪论处,不需数罪并罚。

【延伸阅读】有观点认为,该案应以抢劫罪与绑架罪并罚,即绑架与抢劫属于性质不完全相同的犯罪,前者侵犯的是他人的人身自由与安全,后者侵犯的是财产与人身权利,司法解释对上述行为仅评价为一罪,不能实现全面评价。换言之,不能因为徐某已经被丙控制,就对后面的抢劫行为不予评价;也不能因为丙后来实施了抢劫行为,就对前面的绑架行为不予评价。丙在绑架徐某后,绑架罪就已经既遂,之后丙在绑架过程中实施的抢劫行为,另外触犯了抢劫罪,应当数罪并罚。

D项错误。首先,成立牵连犯,要求原因行为与结果行为、手段行为与目的行为之间存在牵连关系,即只有当某种原因行为通常会导致某种结果行为时,或者某种手段通常被用于实施某种犯罪,才可以认定为牵连犯。但事实上,非法信访行为并非敲诈勒索罪的通常手段。因此,对丁的行为不能按照牵连犯论处。

其次,2013年最高人民法院、最高人民检察院《关于办理寻衅滋事刑事案件适用法律若干问题的解释》第7条:"实施寻衅滋事行为,同时符合寻衅滋事罪和故意杀人罪、故意伤害罪、故意毁坏财物罪、敲诈勒索罪、抢夺罪、抢劫罪等罪的构成要件的,依照处罚较重的犯罪定罪处罚。"本选项中,丁利用信访相要挟,索取政府财物成立敲诈勒索罪。采取的进京信访、闹访等手段,严重扰乱了社会公共秩序,构成寻衅滋事罪,属于想象竞合,择一重罪处罚。

综上所述,本题为选非题,答案为ABCD项。

60. 关于罪数,下列说法正确的是?(　　)(单选)

A. 甲为乙运输毒品200克,过了几天甲又为丙运输毒品50克。甲分别就200克与50克毒品成立运输毒品罪,应当数罪并罚

B. 甲运输毒品后,将运输的毒品贩卖给乙。甲构成运输毒品罪与贩卖毒品罪,应当数罪并罚

C. 甲在国外制造毒品后,将制造的毒品走私进国内。甲仅构成走私、制造毒品罪一罪

D. 甲居住在A地,在B地出差期间购买了毒品,然后将毒品带回A地。甲构成运输毒品罪与非法持有毒品罪,数罪并罚

[试题解析]

A项错误。甲分别为乙、丙运输毒品的行为均成立运输毒品罪。由于同种数罪不并罚,故甲仅成立运输毒品罪一罪。可以认为,甲实施了两次运输毒品行为,故仅成立运输毒品罪一罪。

在司法实践中,大量的运输毒品犯罪的行为人,实施了多次运输毒品行为,也应该构成运输毒品罪一罪,不可能并罚。并且,运输毒品罪的法定最高刑为死刑,认定为运输毒品罪一罪也能够实现罪刑相适应。

特别需要指出的,部分同学误解了张明楷教授的观点,认为该案需要数罪并罚。张明楷教授确实曾经指出,同种数罪,如果认定为一罪"无法实现罪刑相适应"的情况下,可以考虑数罪并罚。但是,如果仅认定为一罪能够实现罪刑相适应的,则不需要数罪并罚。张明楷教授的教材原文如下:"法定最高刑为无期徒刑或者死刑的同种数罪,原则上不需要并罚。这是因为,一般来说,对于法定最高刑为无期徒刑或者死刑的犯罪,以一罪论处,也能够做到罪刑相适应。"①

最高司法机关亦赞同这一观点,对同种数罪原则上不并罚。也就是说,行为人多次实施触犯同一罪名的行为,如果认定为一罪,可以体现罪责刑相适应原则的情况下,没有必要并罚。②

在审判实践中,对于与本选项类似的行为,无一例外地认定为运输毒品罪一罪,而非数罪并罚。例如,2022年12月11日至2023年4月12日,被告人刘东驾驶轿车,先后12次将毒品冰毒从成都市城区运送至蒲江县。法院以运输毒品罪判处其有期徒刑三年六个月,并处罚金人民币5000元。

B项错误、C项正确。《全国法院毒品案件审判工作会议纪要》指出:刑法第347条规定的走私、贩卖、运输、制造毒品罪是选择性罪名,对同一宗毒品实施了不同种犯罪行为且有确凿证据证明的,应当按照犯罪行为的性质并列确定罪名,毒品数量不重复计算,不实行数罪并罚。

B选项中,甲对同一宗毒品先运输、后贩卖,应当认定为贩卖、运输毒品罪,而非数罪并罚。因此,B选项错误。

C选项中,甲对同一宗毒品先制造、后走私,应当认定为走私、制造毒品罪,而非数罪并罚。因此,C选项正确。

有同学提出,被告人属于先制造、后走私,罪名应为制造、走私毒品罪。但《全国法

---

① 张明楷:《刑法学》(第六版),法律出版社2021年版,第780页。
② 参见张军主编:《刑法(总则)及配套规定新释新解》(第二版),人民法院出版社2011年版,第512页。

院毒品案件审判工作会议纪要》明确指出,罪名不以行为实施的先后、毒品数量或者危害大小排列,一律按照刑法条文规定的顺序表述。《刑法》第347条罪名为走私、贩卖、运输、制造毒品罪,故B选项应为贩卖、运输毒品罪,C选项应为走私、制造毒品罪。

D项错误。仅成立运输毒品罪一罪。走私、贩卖、运输、制造毒品的犯罪人,都会非法持有毒品。如果行为人是因为走私、贩卖、运输、制造毒品而非法持有毒品的,应认定为走私、贩卖、运输、制造毒品罪,不能将该罪与非法持有毒品罪实行并罚。刑法中,所有的"持有型"犯罪,都是无法查清该持有对象的来源或去向,才作为兜底罪名使用的,如果能查明的话,就按查明的罪名定罪。如本选项查明了行为人在运输毒品,则应认定为运输毒品罪。

综上所述,本题答案为C项。

61. 下列选项中,关于甲的行为性质认定正确的是?(   )(单选)

A. 班主任甲使用暴力手段迫使14周岁的学生乙与自己发生性关系。由于负有照顾职责人员性侵罪与强奸罪是法条竞合关系,因此甲的行为应当成立负有照顾职责人员性侵罪

B. 甲是某村的村委会主任。乙欲租用该村一块土地用于建造、经营广告牌,甲以村委会不配合办理相关手续相要挟,要求乙交"保护费"。乙被迫按甲要求给其6万元才得以顺利经营广告牌。甲成立敲诈勒索罪与非国家工作人员受贿罪的想象竞合,应择一重罪处罚

C. 甲与妻子乙吵架后,妻子乙回到娘家。甲的岳母丙前来看望甲,甲借机将岳母关在房间里,要求妻子乙早日从娘家返回。一周后乙从娘家回来,甲将岳母丙释放。甲的行为成立绑架罪

D. 甲为某公司经理,为了组织7名农民外出非法务工,制作虚假公司文书,证明7名农民为其公司员工,从而使7名农民得以顺利办理出境签证。甲成立骗取出境证件罪与组织他人偷越国(边)境罪。由于骗取出境证件罪与组织他人偷越国(边)境罪是法条竞合的关系,因此甲成立骗取出境证件罪

[试题解析]

A项错误。甲成立负有照护职责人员性侵罪与强奸罪的想象竞合犯。

首先,甲强迫乙与自己发生性关系的行为成立强奸罪。强奸罪是指违背妇女意志,使用暴力、胁迫或者其他手段,强行与妇女发生性交的行为。在本选项中,甲强迫乙女与自己发生性关系,成立强奸罪。

其次,甲与14周岁的学生乙发生性关系的行为成立负有照护职责人员性侵罪。在本选项中,甲作为乙的班主任,对乙具有看护、教育职责,与乙发生性关系成立负有

照护职责人员性侵罪。

再次，负有照护职责人员性侵罪与强奸罪之间是想象竞合而不是法条竞合。刑法增设负有照护职责人员性侵罪，是为了使少女的身心健康成长不受负有照护职责人员对之实施性交行为的妨害。因此，负有照护职责人员性侵罪的保护法益不是少女的性自主决定权。而强奸罪的保护法益是性自主决定权。因此，负有照护职责人员性侵罪与强奸罪的法益内容并不相同，二者成立想象竞合而非法条竞合。

最后，行为人同时构成负有照护职责人员性侵罪与强奸罪的，应当按照处罚较重的规定定罪处罚。《刑法》第236条之一第1款规定了负有照护职责人员性侵罪，第2款规定，行为人成立负有照护职责人员性侵罪的同时，又构成强奸罪的，依照处罚较重的规定定罪处罚。

B项正确。甲的行为成立非国家工作人员受贿罪与敲诈勒索罪，应当择一重罪处罚。

首先，甲的行为成立敲诈勒索罪。敲诈勒索罪是指以非法占有为目的，对他人实行威胁或者要挟等方法，强行索要公私财物较大或者多次强行索要公私财物的行为。

在本选项中，甲以村委会不配合办理相关手续向乙索要"保护费"，成立敲诈勒索罪。

其次，甲的行为成立非国家工作人员受贿罪。非国家工作人员受贿罪是指公司、企业或者其他单位的工作人员利用职务上的便利，索取他人财物或者非法收受他人财物，为他人谋取利益，数额较大的行为。根据全国人民代表大会常务委员会《关于〈中华人民共和国刑法〉第九十三条第二款的解释》第二条的规定，村委会成员只有在从事如下工作时才属于国家工作人员：（一）救灾、抢险、防汛、优抚、移民、救济款物的管理；（二）社会捐助公益事业款物的管理；（三）国有土地的经营和管理；（四）土地征收、征用补偿费用的管理；（五）代征、代缴税款；（六）有关计划生育、户籍、征兵工作；（七）协助人民政府从事的其他行政管理工作。

在本选项中，甲身为村委会主任，为乙办理经营广告牌手续的职权不属于上述七项，即不是"公务"活动。甲利用职权强行索要财物的行为，成立非国家工作人员受贿罪。

最后，敲诈勒索罪与非国家工作人员受贿罪之间是想象竞合。敲诈勒索罪是侵犯财产的犯罪，而非国家工作人员受贿罪是侵害公司、企业及其他单位的正常管理制度的犯罪，二者的法益既不重合，也没有包容关系，无论如何都不可能属于法条竞合，只能认定为想象竞合。

【实务案例】该选项源自真实案例。彭某是某市某镇A村党支部书记、村委会主任。2020年，陈某租用A村一块土地用于建造、经营广告牌，彭某以村委会不配合办理相关手续要挟陈某,并指使多名治安队员前往现场闹事、骚扰、阻挠陈某施工,要求陈某交"保护费",陈某被迫按彭某要求给其6万元才得以顺利经营广告牌。

对于彭某的行为性质,法院认为,彭某为达到索取财物的目的,既利用了村委会主任的职务便利,以不配合办理手续对陈某进行要挟,又通过指使他人闹事等暴力、胁迫手段迫使陈某交付财物。从陈某的自身意愿来看,既为了顺利经营广告牌,又基于恐惧暴力的心理而向彭某交付了财物。彭某的行为既侵犯了非国家工作人员职务的不可收买性和村委的管理制度,又侵犯了公民的财产所有权。因此,彭某的行为同时构成敲诈勒索罪与非国家工作人员受贿罪,属于想象竞合犯,应择一重罪处罚。①

C项错误。首先,甲的行为不成立绑架罪。绑架罪是指利用被绑架人的近亲属或者其他人对被绑架人安危的忧虑,以勒索数额较大的财物或满足其他不法要求为目的,使用暴力、胁迫或者麻醉方法劫持或以实力控制他人的行为。因此,如果行为人仅"索取微不足道的财物"或者"提出其他轻微不法要求"的,不应当认定为绑架罪。

在本选项中,甲让妻子乙回家的要求不是不法要求。因此甲的行为不成立绑架罪。

其次,甲将岳母丙关进房间时间长达一周,其行为应当成立非法拘禁罪。

D项错误。首先,甲构成骗取出境证件罪。骗取出境证件罪,是指行为人以劳务输出、经贸往来或者其他名义,弄虚作假,骗取护照、签证等出境证件,为组织他人偷越国(边)境使用的行为。

在本选项中,甲以虚假资料虚构事实,为7名农民成功骗取签证,成立骗取出境证件罪。

其次,甲组织7名农民非法外出务工的行为成立组织他人偷越国(边)境罪。根据最高人民法院《关于审理组织、运送他人偷越国(边)境等刑事案件适用法律若干问题的解释》第一条的规定,组织他人偷越国(边)境罪是指领导、策划、指挥他人偷越国(边)境或者在首要分子指挥下,实施拉拢、引诱、介绍他人偷越国(边)境的行为。

在本选项中,甲组织7名农民非法外出务工,成功骗取签证将7人送出国境,已经侵犯国家对出入国(边)境的正常管理秩序,成立组织他人偷越国(边)境罪。

再次,骗取出境证件罪与组织他人偷越国(边)境罪之间不是法条竞合的关系。从法益来看,组织偷越国(边)境罪侵犯的是国家对出入国(边)境的正常管理秩序;骗取出境证件罪侵犯的是国家对出境证件的管理制度。两罪的保护法益是交叉而不是重合的关系。因此两罪不成立法条竞合。

---

① 参见周玥:《索取型非国家工作人员受贿罪与敲诈勒索罪之辨》,载《中国纪检监察报》2021年7月7日,第6版。

最后，骗取出境证件罪与组织他人偷越国(边)境罪之间成立牵连犯。牵连犯是指两罪之间是手段行为和目的行为的关系，或者两罪是原因行为与结果行为的关系。当骗取出境证件后，行为人又实际组织他人偷越国(边)境，则组织他人偷越的行为是实现其骗取出境证件之目的行为，"骗证"与组织他人"偷越"的行为间显然是手段行为与目的行为的关系。

因此，对甲的行为同时成立骗取出境证件罪与组织他人偷越国(边)境罪，属于牵连犯，应当从一重罪处罚。

【实务案例】该选项源自实务案例。顾国均、王建忠共同出资10万元注册成立了通州区三盟经济技术合作有限公司(以下简称三盟公司)。公司成立后，顾国均、王建忠在明知公司无对外劳务合作经营权和签约权及我国政府与马来西亚无劳务合作关系的情况下，从2002年10月31日起至2003年4月8日止，擅自招收和通过他人招收赴马来西亚的出国劳务人员，先后11次组织140余人以旅游的形式出境赴马来西亚非法务工，收取每人人民币2.8万元至3.5万元不等的费用，并通过伪造外国企业邀请函件、国内企业虚假证明的方式为非法务工人员骗取出境证件。

对于顾国均、王建忠的行为定性，法院认为，王建忠、原审被告人顾国均等人为谋取非法利益，在明知三盟公司无对外劳务经营权及我国与马来西亚无劳务合作关系的情况下，伙同他人，以骗取出境证件的形式，非法大量招收、组织人员赴马来西亚务工，同时构成骗取出境证件罪与组织他人偷越国(边)境罪。由于骗取出境证件为组织他人偷越国(边)境为手段行为与目的行为的关系，符合牵连犯的特征，因此，应根据牵连犯"从一重罪处罚"的原则，以组织他人偷越国(边)境罪论。①

【知识拓展】与实务认定不同，张明楷教授认为，虽然行为人以骗取的方式获得了出境证件，但是这个出境证件是国家颁发的，因此在使用时具有法律效力。行为人持有效证件出境的，不应当属于"偷越"国境。

在选项D中：

首先，甲虽然骗取了出境证件，但是这一出境证件在出境使用时是有效的，因此7名农民不属于"偷越"国境，甲就不成立组织他人偷越国(边)境罪。

其次，成立骗取出境证件罪，要求行为人具有"为组织他人偷越国(边)境使用"的目的。由于7名农民不属于"偷越"国境，因此甲不具有"为组织他人偷越国(边)境使用"的目的，也不成立骗取出境证件罪。

综上，根据张明楷教授的观点，选项D中甲的行为无罪。

综上所述，本题答案为B项。

---

① 参见《刑事审判参考》(总第38集)第304号指导案例：顾国均、王建忠组织他人偷越国境案。

62. 关于罪数的判断,下列说法正确的是?（　　）(多选)

A. 甲潜入卖淫女蒋某的出租房内(亦是蒋某卖淫场所)实施抢劫。甲进入该出租屋后,对蒋某口头谎称其是警察,来实施抢劫。蒋某并不相信其是警察,并且明显感觉到甲不是警察。但蒋某无法抵抗甲的暴力,最终被迫交付了10万元钱。甲的行为成立抢劫罪的加重犯

B. 乙为报复徐某,某日夜里,在一小巷将徐某打成重伤。乙临走之前随手将自己的烟头扔在地上,不料引起火灾将徐某烧死。乙的行为成立故意伤害(致人死亡)罪

C. 中学生丙在楼道口欺凌低年级的学生夏某,丙对夏某的身体进行轻微的冲撞,夏某因为没有站稳而向身后的栏杆退去,但是夏某身后的栏杆却因为年久失修变得非常不牢固,夏某因此从楼上摔落致死。丙的行为不成立故意伤害致人死亡的结果加重犯

D. 丁为向肖某索要债务,便将肖某打晕并捆绑,欲带至农村老家逼迫肖某的家人还钱。途中,为防止肖某苏醒,便隔两个小时为肖某注射安眠药一支。待丁将肖某带到老家,放在地下室时,肖某呼吸已经非常微弱。一日后,肖某死亡。后查明,肖某的死亡是由于药物反应、低血糖、地下室缺氧等因素综合作用的结果。丁的行为成立结果加重犯

[试题解析]

A项错误。首先,甲不构成入户抢劫。《刑法》第263条所规定的加重构成——入户抢劫,主要是为了保护住宅安宁。"户"应具备两个特征:(1)供他人家庭生活——功能特征(主要是考虑户是一个涉及隐私、住宅安宁的地方)。(2)与外界相对隔离——场所特征(被害人得到救助的可能性较小)。必须是侵犯了被害人的隐私权;被害人得到救助的可能性比较小。而在本选项中,抢劫的场所是非法"经营场所"——卖淫场所。不能认定为是入户抢劫。

其次,甲不构成冒充军警人员抢劫。审判实践中亦对"冒充军警人员抢劫"进行了限制解释,对于仅仅是"口头宣称"是警察的,不属于冒充军警人员抢劫。《刑事审判参考》(总第109集)第1184号指导案例:二被告人在抢劫时自称是派出所的便衣民警,虽然具有冒充军警人员的行为,但二人仅仅是口头宣称系警察,既没有穿着警察制服,也没有驾驶警用交通工具或使用警用械具等,更没有出示警察证件,以普通人的辨识能力能够轻易识破其假警察身份。被害人在案发当时根本不相信二被告人是警察,二被告人的冒充行为明显没有达到应有的程度和效果,也没有损害警察的形象,社会危害性与一般抢劫无异,不认定"冒充军警人员抢劫"为宜。

综上,甲的行为不成立抢劫罪的加重犯。

B项错误。结果加重犯要求基本犯罪行为与加重结果之间具有"直接"因果关系。

"直接"强调加重结果是基本犯罪行为本身所导致的,如抢劫的手段行为或者目的行为所导致的。并且,加重结果是基本行为内在的高度危险的直接现实化。行为在实施基本犯罪行为之外,其他异常的、不合乎规律的介入因素导致了加重结果的,不能将加重结果归责于基本犯罪行为,不能认定为是基本犯罪的结果加重犯。

本选项中,乙的故意伤害行为本身并没有导致徐某的死亡结果,基本行为与死亡结果之间不存在因果关系,不能认定为故意伤害致死,只能认定为故意伤害罪与失火罪(或过失致人死亡罪)。

C项正确。结果加重犯中行为人对基本犯罪一般持故意,但也有可能是过失;对加重结果至少有过失。同时,成立结果加重犯,要求基本犯罪行为具有导致加重结果的高度可能性、通常性。

本选项中,丙的行为导致夏某死亡结果的,并不具有高度盖然性。同时,夏某的死亡是出于护栏年久失修,丙不可能预见到自己的行为会造成夏某死亡的结果。故,夏某即使对伤害行为本身具有故意,也不能认定为故意伤害致死的结果加重犯,只能认定为故意伤害罪的基本犯与过失致人死亡罪的想象竞合。

D项正确。首先,本选项中,丁为索取债务而绑架肖某,成立非法拘禁罪。

其次,丁不属于《刑法》第238条第2款后半段非法拘禁他人,使用暴力致人死亡,以故意杀人罪论处的情形。在客观上,丁为将肖某顺利押到目的地,多次强行给肖某注射安眠药致其昏睡,这种强行注射安眠药致人昏睡,不能反抗的方法,虽有一定程度的"暴力"性质,但又不同于殴打、捆绑等典型的暴力形式。而是介乎于"胁迫""其他方法"与"暴力"之间。

再次,丁的非法拘禁行为本身过失导致了被害人死亡,应成立非法拘禁致人死亡的结果加重犯。该选项中,丁给被害人注射安眠药,事实上就是一种拘禁、控制被害人的行为,包括将被害人关押至地下室,都是"拘禁"行为本身,拘禁行为导致被害人死亡的,应认定为是非法拘禁罪的结果加重犯。

综上,丁成立非法拘禁罪,是非法拘禁致人死亡的结果加重犯。①

综上所述,本题答案为CD项。

63. 关于罪数的判断,下列说法错误的是?(　　)(多选)

A. 身材瘦小的甲经常遭到蒋某欺凌,甲便潜入警察肖某的家中,将肖某的配枪偷走后,开枪将蒋某杀害。甲是盗窃枪支罪与故意杀人罪的牵连犯,从一重罪处罚

B. 乙长期虐待妻子夏某,造成夏某精神抑郁。但在最后一次的伤害行为造成了夏某重伤的后果。乙的行为成立虐待罪与故意伤害罪,应数罪并罚

---

① 参见《刑事审判参考》(总第26集)第180号指导案例:田磊等绑架案。

C. 丙家新房装修后无钱买电视机,丙便到某仓库中盗窃一台电视机回家使用。一周之后,丙觉得该型号电视机不错,再次产生犯意,到仓库又偷了一台装在了主卧。丙的行为成立连续犯

D. 丁在停车场看到仇人肖某欲殴打自己,便将汽车反锁躲在车中。肖某便将丁的汽车砸毁,将丁拉出汽车后殴打致重伤。肖某的行为属于吸收犯,以故意伤害罪论处

[试题解析]

A项错误。在牵连犯中,行为人实施了两个行为,二者之间存在手段与目的(或者原因与结果)之间的牵连关系,以一罪论处。但毕竟行为人实施了两个行为,仅以一罪论处在一定程度上违反了罪刑均衡。因此,理论上主张严格限制牵连犯的范围,主张对"牵连关系"进行限制解释,牵连的两罪之间在实践中应具有高度伴随性。所谓的高度伴随性,是指在现实生活中,前后两个牵连的行为之间具有通常性,只有当某种手段通常用于实施某种犯罪,或者某种原因行为通常导致某种结果行为时,才宜认定为牵连犯。

本选项中,虽然枪支经常用于杀人,但盗窃枪支并不是杀人的通常手段行为,二者之间不具有类型性(高度伴随性),故二者之间不是牵连关系,应以盗窃枪支罪与故意杀人罪数罪并罚。

B项正确。犯罪行为是一个过程,对一个犯罪过程中的行为,一般认定为一罪。但在某些情况下,行为人在犯罪过程中的不法行为,超出了原犯罪的范围,另成立其他独立的犯罪。本选项中,乙在虐待妻子的过程中,最后一次的伤害行为造成妻子夏某重伤的后果,这种致人重伤的行为已经超出了虐待罪的范围。对此,应认定为虐待罪与故意伤害罪,数罪并罚。换言之,即便没有后续的故意伤害行为,乙的行为也构成虐待罪。在此基础上,乙又实施了故意伤害行为,应数罪并罚。

C项错误。连续犯,是指在一段时间之内,基于同一或概括的故意,连续实施性质相同的数个行为。要成立连续犯,必须满足三个条件:第一,主观上是基于同一或概括的故意;第二,实施性质相同的数个行为;第三,数行为之间具有连续性。

本选项中,丙的第一个行为与第二个行为之间间隔了一周,同时,丙的第二个盗窃行为是另起犯意而实施的。不具有时间上的接近性。因此,不能认定两个行为具有连续性,不成立连续犯。① 丙的前后两行为均构成盗窃罪,是数罪,根据我国实务的做法,同种数罪不并罚。

D项正确。所谓吸收,是指一个行为包容其他行为,只成立一罪,其他行为构成的

---

① 参见黎宏:《刑法学总论》(第二版),法律出版社2016年版,第327页。

犯罪失去其存在意义,不再予以定罪。吸收犯中,两罪之间的联系非常密切,分也分不开。本选项中,肖某共实施了两个犯罪行为,即砸毁丁的汽车,构成故意毁坏财物罪;殴打丁致重伤,又构成故意伤害罪。

应当指出,肖某砸毁丁汽车是其实施故意伤害行为所伴随的,两个行为之间具有非常密切的联系。如果肖某不砸毁该汽车,根本就不可能进一步对丁实施伤害行为。可以认为,肖某的两行为存在吸收关系。因为故意伤害致人重伤行为属于重行为,破坏财物行为属于轻行为,重行为吸收轻行为,以故意伤害罪论处。①

类似的道理是,甲欲杀害乙,乙在家中。甲冲入乙的家中杀害乙,甲构成故意杀人罪,同时也触犯了非法侵入住宅罪,但如果不非法侵入住宅怎么杀害乙呢?所以,两罪非常紧密,是吸收关系,仅成立故意杀人罪一罪。

综上所述,本题答案为 AC 项。

---

① 参见黎宏:《刑法学总论》(第二版),法律出版社 2016 年版,第 329 页。

专题三 刑罚论

考点一 刑罚的体系

64. 关于死刑,下列说法错误的是?(　　)(单选)

A. 甲以特别残忍的手段致他人重伤,公安机关在侦查的过程中发现其已满75周岁,对其不能适用死刑

B. 乙因故意杀人罪被法院判处死刑立即执行,在交付刑场执行时发现其怀有身孕,对其不能继续执行死刑

C. 丙在死刑缓刑执行期间,先有重大立功表现,后又故意犯罪情节恶劣,该后罪本身应该被判处6年有期徒刑。对丙不宜执行死刑

D. 丁因故意杀人罪被判处死刑缓期二年执行,在死缓服刑期间,人民法院可以根据其在执行过程中的表现决定对其是否限制减刑

[试题解析]

A项正确。《刑法》第49条第2款规定,审判的时候已满75周岁的人,不适用死刑,但以特别残忍手段致人死亡的除外。本选项中,甲以特别残忍的手段仅致他人重伤,没有造成死亡的后果。而且,甲已满75周岁。故,对其不能适用死刑。

B项正确。司法解释对审判的时候怀孕的妇女,作了扩大解释。其中,将"审判的时候"扩大解释为"羁押期间",包括侦查阶段、提起公诉期间、审判结束后,执行前发现妇女怀孕的,也不适用死刑。

C项正确。首先,在死刑缓刑执行期间,如果确有重大立功表现,2年期满以后,减为25年有期徒刑。其中重大立功表现,应根据《刑法》第78条予以确定。而在死刑缓刑执行期间,如果故意犯罪,情节恶劣的,由最高人民法院核准,执行死刑。

其次,既然刑法规定了罪刑法定原则,而该原则旨在限制国家权力,故在丙"先有重大立功表现,后又故意犯罪情节恶劣"的情形下,应先限制死刑执行权的适用,即不得执行死刑。况且,规定死缓制度本身就是为了减少死刑执行,既然出现了可以不执行死刑的机遇,就不应执行死刑。而从法条的表述来看,只有在没有重大立功表现且

故意犯罪情节恶劣时,才应执行死刑。但由于犯罪人在有重大立功表现的同时又有故意犯罪情节恶劣,故不应执行死刑。

综上,对先有重大立功表现,后又故意犯罪情节恶劣的情况,不宜执行死刑。换言之,有重大立功表现后,就应被减为有期徒刑。后续再实施被判处有期徒刑的新罪,也是作为新罪而并罚。

D项错误。《刑法》第50条第2款规定:"对被判处死刑缓期执行的累犯以及因故意杀人、强奸、抢劫、绑架、放火、爆炸、投放危险物质或者有组织的暴力性犯罪被判处死刑缓期执行的犯罪分子,人民法院根据犯罪情节等情况可以同时决定对其限制减刑。"由此可以看出,"限制减刑"是法院根据犯罪人的犯罪性质与再犯罪的可能性在"判决时"作出的,而不是根据执行过程中的表现作出的。因此,"限制减刑"并不是真正意义上的刑罚执行制度,而是量刑制度。

综上所述,本题为选非题,答案为D项。

65. 关于非刑罚处罚措施,下列说法正确的是?(　　)(单选)

A. 甲因醉酒驾车,被法院以危险驾驶罪判处拘役6个月。同时,法院考虑到其曾多次醉酒驾车的犯罪事实,同时对甲宣告禁止令,禁止其在拘役执行完毕后的1年内驾驶机动车

B. 乙为销售伪劣商品而设立公司。法院判处其有期徒刑1年,缓刑两年,同时禁止其在缓刑考验期内设立公司

C. 小学老师丙,在酒吧喝酒时,寻衅滋事,严重扰乱公共秩序,被判处有期徒刑3年。在刑罚执行2年后,法院根据其服刑期间的表现,决定对丙进行假释。同时法院考虑到其犯罪行为影响师德师风,可以同时对其适用禁止其在2年内从事与教育相关工作的从业禁止

D. 2015年《刑法修正案(九)》规定了从业禁止。丁因利用职业便利实施犯罪,在2014年12月被判处有期徒刑6年,在刑罚执行的第4年,法院根据其服刑期间的表现,决定对丁进行假释,同时可以对其适用从业禁止

[试题解析]

A项错误。禁止令是一种非刑罚处罚措施,仅适用于管制犯和缓刑犯。本选项中,甲被判处拘役6个月,不符合禁止令适用的对象条件。故而,不能对其适用禁止令。

B项正确。对于被判处缓刑的犯罪分子,人民法院可以结合其犯罪特点及犯罪后的表现,适用禁止令。本选项中,乙的行为是为销售伪劣商品而设立公司,适用禁止令禁止其在缓刑考验期限内设立公司是适当的。

此外,司法解释对此也有明确规定。最高人民法院、最高人民检察院、公安部、司法部《关于对判处管制、宣告缓刑的犯罪分子适用禁止令有关问题的规定(试行)》第3条规定:"人民法院可以根据犯罪情况,禁止判处管制、宣告缓刑的犯罪分子在管制执行期间、缓刑考验期限内从事以下一项或者几项活动:(一)个人为进行违法犯罪活动而设立公司、企业、事业单位或者在设立公司、企业、事业单位后以实施犯罪为主要活动的,禁止设立公司、企业、事业单位……"

C项错误。适用从业禁止的条件之一为,因利用职业便利实施犯罪,或者实施违背职业要求的特定义务的犯罪被判处刑罚。本选项中,丙的行为并未利用职业便利或者违背职业要求的特定义务,不能对其适用从业禁止。此外,从业禁止是法院作出判决时就应决定的,而不是在刑罚执行期间视情况决定的。

D项错误。最高人民法院认为,从业禁止不同于禁止令。从业禁止是在对犯罪分子判处刑罚之外,新增保安处分措施,明显限制了其权利,加重了其义务。根据从旧兼从轻原则,不具有溯及力。故,从业禁止只能适用于《刑法修正案(九)》生效之后的犯罪行为,即2015年11月1日以后的犯罪行为。本选项中,丁在2014年12月被判处刑罚,故其实施犯罪行为是在2015年11月1日之前,不应对其适用从业禁止。

此外,从业禁止是在法院第一次作出判决时就应作出的,而非考察罪犯在服刑期间的表现而作出的。

综上所述,本题答案为B项。

考点二 累犯

66. 关于累犯,下列选项正确的是?(　　)(单选)

A. 甲于2009年2月至2009年9月间(作案时已满16周岁不满18周岁),先后盗窃7次,窃得财物共计4580元。于2010年7月8日(作案时已满18周岁)窃得其伯父3180元(就该第8起案件单独而言,不足以判处有期徒刑),被发现后,甲积极退赃、自愿认罪。2010年12月6日法院以盗窃罪对前述8次盗窃行为判处甲有期徒刑9个月,2011年4月17日刑满释放。2012年1月11日,甲又犯抢劫罪。甲构成累犯

B. 甲因犯强奸罪被判处有期徒刑9年,2016年9月5日被假释,假释考验期至2019年5月2日止。后甲又在2019年3月至2020年5月期间抢劫作案10余起,于2020年6月2日被逮捕,甲构成累犯

C. 甲因盗窃被判处拘役6个月,因过失致人死亡罪被判处有期徒刑2年,数罪并罚决定执行有期徒刑2年;甲在刑罚执行完毕后经过了4年时又犯抢劫罪。甲构成累犯

D. 中国公民甲在 M 国因犯强奸罪,被 M 国法院判处有期徒刑 7 年,在刑罚执行完毕后的第 3 年,甲在我国又犯抢劫罪,甲构成累犯

[试题解析]

A 项错误。首先,甲前罪盗窃罪共有 8 起,虽然被判处有期徒刑,但是,前 7 起是犯罪时不满 18 周岁时犯的,不能作为评价累犯的依据。

其次,甲前罪中的第 8 起盗窃,是在已满 18 周岁的时候犯的,似乎可以作为认定累犯的依据。但问题是,该第 8 起盗窃案件,不足以判处有期徒刑,而累犯是要求前、后罪均被判处有期徒刑以上刑罚。所以,该第 8 起盗窃,也不能作为评价累犯的依据。

综上,甲的行为不构成累犯。本题的实质在于,对于甲的前罪(盗窃罪)应如何理解?(1)该前罪部分发生在不满 18 周岁,部分发生在已满 18 周岁(第 8 起)。(2)前罪中的第 8 起也不足以判处有期徒刑。所以,前罪就不能作为认定累犯的依据,故,甲的行为不构成累犯。

本选项来源于实务案例:就第 8 起盗窃犯罪而言,甲具有全部退赃、自愿认罪、盗窃亲属财物等从轻情节,且根据最高人民法院于 2010 年发布的《人民法院量刑指导意见(试行)》(现已失效)的规定,构成盗窃罪,达到数额较大起点的,可以在 3 个月拘役至 6 个月有期徒刑幅度内确定量刑起点,因此,甲应判处的刑罚为有期徒刑 6 个月以下,或者拘役 6 个月以下。鉴于甲实施的多起盗窃跨越 18 周岁年龄段,而 18 周岁后实施的盗窃犯罪应判处的刑罚处于有期徒刑与拘役的临界点,不是必然应当判处有期徒刑,因此,应从《刑法》第 65 条排除不满 18 周岁的人犯罪构成累犯的规定精神出发,认定甲不构成累犯。①

B 项错误。根据《刑法》第 65 条的规定,累犯是指被判处有期徒刑以上刑罚的犯罪分子,刑罚执行完毕或赦免以后,在 5 年以内再犯应当判处有期徒刑以上刑罚之罪的。同时,该条第 2 款又规定,所谓"刑罚执行完毕",对于被假释的犯罪分子,从假释期满之日起计算。

首先,甲的后罪,有一部分是在假释考验期内犯的,有一部分是在假释考验期满后犯的。从形式上看,对于后半部分的抢劫行为,也就是 2019 年 5 月 2 日以后(假释考验期满以后)所实施的抢劫罪,可以认定为累犯,从重处罚。

其次,上述理解存在问题:(1)不可能将甲的 10 起抢劫行为割裂开来,部分(2019年 5 月 2 日以前实施的)不认定为累犯,部分(2019 年 5 月 2 日以后实施的)认定为累犯。毕竟,实务中也不可能对抢劫罪进行割裂,或者说,不可能判处两个抢劫罪。(2)既然甲的前部分抢劫罪(2019 年 5 月 2 日以前实施的)是在强奸罪的假释考验期内

---

① 参见《刑事审判参考》(总第 108 集)第 1173 号指导案例:钟某抢劫案。

犯的,那就意味着强奸罪的假释应被撤销,而非强奸罪执行完毕。只要在强奸罪的假释考验期内犯新罪,无论该新罪是何时发现的,强奸罪的假释都应该被撤销,而非强奸罪的刑罚执行完毕。

基于以上认识,甲的强奸罪并没有执行完毕,不符合累犯的前罪"刑罚执行完毕"这一前提条件,故,甲不构成累犯。

本选项中,甲在假释考验期满前又犯新罪,其连续犯罪中的一部分罪行是在假释考验期满后所犯,似乎可以构成累犯。但本选项的特殊性在于,甲的连续犯罪中又有一部分罪行是在假释考验期内所犯,对此应首先依法撤销假释。假释是附条件的提前释放,犯罪分子因犯新罪被撤销前罪的假释后,其前罪的余刑仍须执行,而不是前罪的刑罚已经执行完毕。因此,甲的连续犯罪缺乏构成累犯的前提条件。甲的犯罪行为一直处于连续状态,作为连续犯,对其进行处罚时,从整体上考虑其社会危害性较为妥当,不宜分为假释期满前后两个阶段再按两个同种罪分别定罪量刑。同时,按照《刑法》第71条的规定,对甲新犯之罪要按"先减后并"的方式进行并罚,这已体现了从重处罚的精神,无须再按累犯对待。

C项错误。构成累犯要求前后犯罪都是故意犯罪,且均应当是判处有期徒刑以上刑罚的犯罪。需要特别注意的是,前罪因为数罪并罚而宣告有期徒刑以上刑罚的,只有其中的故意犯罪被判处有期徒刑以上刑罚,才符合成立累犯所要求的"前罪"条件。本选项中,甲前罪合并执行的刑罚虽然为有期徒刑2年,但其中的故意犯罪(盗窃罪)仅判处拘役6个月,故甲不构成累犯。

需要说明的是:

第一,本选项不能机械地理解为,前罪整体上已经被判处有期徒刑,在此基础上,认为后罪也是有期徒刑的,所以构成累犯。

第二,前判决是数罪并罚,而其中,过失致人死亡罪是过失犯罪,不能作为认定累犯的依据。

第三,前判决中的盗窃罪,也仅被判处6个月的拘役,不能成为认定累犯的依据,累犯要求前罪被判处有期徒刑以上刑罚。

D项正确。本选项的特殊之处在于甲的前罪是在M国实施,且被M国法院判处刑罚。虽然我国对国外的刑事判决采取消极承认的态度,但仍应承认甲构成累犯。因为消极承认的前提是考虑到行为人在国外受到刑罚处罚的事实,而免除或减轻处罚;同样,在行为人于我国犯新罪时,我国法院也应该考虑到行为人在国外受到刑罚处罚的事实,如果符合我国刑法规定的累犯条件,就应以累犯论处。

综上所述,本题答案为D项。

考点三　自首和立功

67. 关于自首,下列说法错误的是?(　　　)(单选)

A. 甲因盗窃被抓捕归案后,被取保候审。在取保候审期间脱逃,经多次传讯未到案,被公安机关追逃 1 年后自动投案。甲对盗窃罪成立自首

B. 甲与乙因争抢道路发生争执,甲要求乙给自己让路,乙谩骂并动手打甲,甲被打后便拿着铁棍打乙,并拨打了报警电话,称自己被打伤。派出所出警后,将二人带至派出所,民警对甲进行询问,甲主动陈述自己拿着铁棍殴打乙的事实。经鉴定,乙的伤情构成轻伤。甲成立自首

C. 甲故意杀人后经亲友规劝,产生投案意愿,但想回家看一下生病的母亲后再去自首。在返回其家的胡同口看到前来抓捕的警察,在警察尚未采取抓捕措施、尚未确认他就是甲之前,甲称:"我是甲,我要自首。"后警察将甲带上警车,闻讯赶来的甲的父母和亲属对警察进行围困,并企图抢回甲,在此期间,甲没有任何劝阻言行。归案后,甲如实供述自己的罪行。甲成立自首

D. 2013 年 7 月 25 日,甲在 A 地将妻子杀害后,电话告诉其岳父乙,其将妻子杀害并准备自杀,后乙向当地 A 派出所报警,A 派出所勘察至同年 7 月 26 日中午正式立案。同年 7 月 26 日清晨,当地 B 派出所民警接到有人投湖自杀的报警电话,到达现场后,投湖的甲已被群众救起。民警询问其投湖原因,甲称其将妻子杀害。甲成立自首

[试题解析]

A 项错误。本选项甲不满足"自动投案"的条件,不成立自首。

首先,刑法上的自动投案有其时间限制,逃跑后再次投案,不符合"自动投案"对时点的要求。根据最高人民法院《关于处理自首和立功具体应用法律若干问题的解释》第 1 条的规定,自动投案,是指犯罪事实或者犯罪嫌疑人未被司法机关发觉,或者虽被发觉,但犯罪嫌疑人尚未受到讯问、未被采取强制措施时,主动、直接向公安机关、人民检察院或者人民法院投案。这表明,自动投案必须发生在犯罪之后,被动归案之前。甲在取保候审阶段,已经被采取强制措施,此后潜逃再主动归案已经不属于《刑法》第 67 条第 1 款意义上的"自动投案"①。

---

① 有人可能以该解释第 1 条中关于"犯罪后逃跑,在被通缉、追捕过程中,主动投案的"应当视为自动投案的规定为依据,认为甲投案的时间处在"犯罪后""被通缉、追捕过程中",应视为自动投案。笔者不赞同这种观点。该解释先指出自动投案的要求,再列举规定几种可以视为自动投案的情形,对此应当作整体的理解。视为自动投案的几种情形只是原则规定的具体运用或拟制,对自动投案的定义,具有总括和(转下页)

其次,自动投案有其具体行为指向,对某一犯罪行为的自动投案只能是一次行为,不可反复。投案与供述不同,是否如实供述,法律允许有所反复,但是投案情况针对的是犯罪分子归案的最初状态,不允许反复。"自动投案"必须结合具体行为加以解释。甲的投案,实际不是针对盗窃犯罪行为,而是针对其逃跑行为展开。如果甲不是被取保候审,而是在被关押期间逃跑,则可能更好理解——其逃跑行为构成脱逃罪,之后的投案可以针对脱逃罪评价为刑法上的"自动投案"。也就是说,对已经因某一犯罪事实被动归案的犯罪嫌疑人,其已经失去了对此罪进行自首的机会,不再有自动投案的问题。综上,甲不成立自首。①

B项正确。本选项的特殊之处在于甲是以"被害人"身份报警,能否认定为自动投案。

首先,甲对其在案件中的身份认识错误,不影响自首的成立。当甲被打后反击,当时情形下甲没有认识到自己的行为构成犯罪,以被害人身份报警是该情形下的正常行为。在公安机关介入调查后,甲如实供述自己殴打乙的情节,表明其主观上没有逃避审查和裁判的意图。在甲承认自己殴打乙时,其既是被乙殴打的被害人,也是伤害乙的犯罪嫌疑人。双重身份并存,但一个身份的存在,并不影响对另一个身份的认定。

其次,从法律规定上分析甲的行为,也符合自首要件。最高人民法院《关于处理自首和立功具体应用法律若干问题的解释》规定,自首的认定须具备两个条件:一是自动投案;二是如实供述。甲报警后,在公安机关询问时未隐瞒对自己不利的情节。甲虽然是以被害人身份报警,但自首所追求的节约司法资源、提高办案效率、体现行为人主观恶性较小等法律价值,在甲的行为中均得以体现,与作为被告人自首无异。② 综上,甲成立自首。

C项正确。最高人民法院《关于处理自首和立功具体应用法律若干问题的解释》第1条规定,"犯罪后逃跑,在被通缉、追捕过程中,主动投案的;经查实确已准备去投案,或者正在投案途中,被公安机关捕获的,也应当视为自动投案"。本选项中,首先,甲经亲友规劝后,产生投案的意愿,但想回家看一下生病的母亲后再去自首。在返回其家的胡同口看到前来抓捕的警察,在警察尚未采取抓捕措施,甚至在尚未确认他就是甲之前,主动说出"我是甲,我要自首。"因此,甲虽然没有直接去公安机关投案,且是在看到警察后才表示自首,但甲是准备回家看一下生病的母亲后再去自首,具有自首的内心意愿;且甲在看到警察后主动说出自己的身份,并明确说要自首,已经有了投

(接上页)限制下文的作用,否则会造成同一规范文件自相矛盾。因此,"犯罪后逃跑,在被通缉、追捕过程中,主动投案的",应当是指犯罪后一直没有被抓捕归案的在逃犯,而不应包括归案后又脱逃的情形。

① 参见《刑事审判参考》(总第120集)第1303号指导案例:潘平盗窃案。
② 参见山西省晋中市中级人民法院(2015)晋中法刑终字第00093号刑事判决书。

案的具体言行表示。在这一阶段,甲的行为已符合自动投案的情形,无论甲是在回家探母的路上还是在直接去公安机关投案的路上被抓获,均可认定为"确已准备去投案,或者正在投案途中",不影响其"应当视为自动投案"。

其次,在警察将甲带上警车后,闻讯赶来的甲的父母和亲属对民警进行围困,并企图抢回甲,在此期间,甲没有任何劝阻言行,但也没有参与阻挠、围困或直接逃跑,最终还是被警察带回。这种情况下是否仍能认定为自首,要对被告人的主观意志进行深入分析。如果甲此时逃跑,或者被家人抢回后未再主动投案,说明其已放弃了自动投案的想法,当然不能认定为自首。但甲投案后在家人围困、阻挠抓捕的情况下,虽然没有主动劝阻家人,但毕竟没有脱逃,主观上并无逃跑或抗拒抓捕的意思表示,客观上也没有实施配合家人阻挠抓捕的行为,只是态度有些消极,说明被告人当时主观上处于一种较为复杂的内心矛盾之中,就其当时所处情境而言,出现这种想法也是正常的,不能说明他放弃自动投案的想法,不能因为他没有劝阻言行而否定其已作出的投案表示和行为。① 综上,甲成立自首。

D 项正确。2013 年 7 月 25 日,乙虽向当地 A 派出所报案,但公安机关直至 2013 年 7 月 26 日中午,才对该案正式立案。故在此之前,甲的犯罪事实尚未被 A 派出所以外的其他地区公安机关掌握。2013 年 7 月 26 日清晨,B 派出所接到有人投湖自杀的报警电话,B 派出所民警出警时并不知晓投湖男子的身份及其罪行,投湖行为本身亦无法与杀人犯罪建立联系,即行为人与具体案件之间的客观联系尚未被公安机关明确,应属于"犯罪事实尚未被司法机关发现"的情形。甲投湖自杀被救起后,B 派出所的出警民警对其进行盘问的主要内容为投湖原因,属于因形迹可疑而盘问,甲在投湖现场即主动交代了自己的杀人罪行,应当视为自动投案。

因此,甲成立自首。

综上所述,本题为选非题,答案为 A 项。

68. 关于自首,下列说法错误的是?(　　)(单选)

A. 甲故意伤害徐某致徐某重伤。实施该进攻性的伤害行为后,甲主动到公安机关投案自首,但是对于故意伤害徐某的事实供述为失手没有握住手中的工具而将徐某打成重伤。甲的行为不成立自首

B. 乙抢劫郑某后,主动到公安机关投案,如实供述了自己抢劫郑某的事实以及细节,但是隐瞒了自己真实身份,而是冒用了与自己长相相似的发小的姓名,并且隐瞒了自己 15 年前曾犯盗窃罪被判处 1 年有期徒刑的事实。乙成立自首

C. 丙向法官蒋某行贿后,蒋某并未按照承诺为其谋取不正当利益。丙便主动到

---

① 参见《刑事审判参考》(总第 72 集)第 598 号指导案例:张东生故意杀人案。

公安机关自首,如实供述行贿事实及细节,但拒不交代受贿人的真实信息,使司法机关无法查到受贿者身份。丙的行为不成立自首

D. 丁与女朋友肖某发生感情纠纷后,使用水果刀将肖某杀害。后丁主动到公安机关投案自首,如实供述行为事实及细节。但在侦查后期直至一审前,丁为减轻量刑,坚称自己是在肖某向自己捅了两刀后才夺刀将其误杀。丁的行为成立自首

[试题解析]

A项正确。成立自首需要两个条件:第一,自动投案;第二,如实供述自己的罪行。甲主动到公安机关投案自首,符合自动投案的条件。但是,甲将故意伤害致徐某重伤的事实供述为失手将徐某打成重伤,不符合如实供述自己罪行的条件。因为其没有如实交代自己犯罪的"客观事实",将故意伤害他人供述为失手将他人打成重伤,会影响对该故意伤害案件的定罪量刑,不能认为如实供述了自己的犯罪事实,故甲不成立自首。

相反,如果甲如实交代了自己如何进攻徐某的客观事实,甚至将打斗过程的视频带给司法机关,司法机关根据甲的交代认为甲是故意,甲则辩称自己是过失。此种情形下,可以认为甲如实供述了自己的犯罪事实。在供述自己的犯罪事实的基础上,究竟甲的行为在法律上如何评价,是故意还是过失,是对行为性质的辩解,不影响自首的成立。

回到本项的内容,甲连作案的细节、事实都没有说清楚,甚至扭曲事实,而不仅仅是对行为性质的辩解。因此,不能认定为如实供述自己的犯罪事实。

B项正确。乙隐瞒真实身份及前科情况并不影响自首的成立。自首要求如实供述自己的犯罪事实,如何判断行为人是否如实供述自己的犯罪事实,在很大程度上取决于行为人所供述的犯罪事实是否影响了司法机关对其定罪量刑。甲即便不交代自己的真实身份(姓名),也不影响对其行为的定罪量刑。此外,其前科是15年前,也不能作为累犯的认定依据。因此,隐瞒前科也不会影响对乙的定罪量刑。故,乙的行为属于如实供述了自己的罪行,成立自首。

C项正确。丙仅仅交代自己行贿,而不交代受贿人是谁,属于没有如实交代自己的犯罪事实,不成立自首。因为,行贿与受贿属于必要的共犯(对合性犯罪),既然是共犯,那么,行为人自首时就应该交代同案犯(受贿者)的基本信息,否则不成立自首。换个角度亦可理解,如果没有查清受贿人是谁,怎么可以认定是行贿呢?

D项错误。首先,行为人在投案后,即使翻供,只要能够在一审之前如实供述自己的罪行,仍然可以成立自首。就此而言,本选项中,行为人如果能在一审前如实交代罪行,仍然可以认定为自首。

根据最高人民法院《关于处理自首和立功具体应用法律若干问题的解释》第1条

的规定,如实供述自己的罪行,是指犯罪嫌疑人自动投案后,如实交代自己的主要犯罪事实。犯罪嫌疑人自动投案并如实供述自己的罪行后又翻供的,不能认定为自首,但在一审判决前又能如实供述的,应当认定为自首。

其次,本选项中,行为人在一审判决前并没有如实供述自己的犯罪事实。丁将故意杀人行为变更供述为"自己是在肖某向自己捅两刀后才夺刀将其误杀",即否认了客观上的犯罪事实,不能认定为如实供述了自己的罪行。因此,丁不成立自首。

【延伸阅读】本选项中,如果认可丁关于被害人先捅其两刀的供述,则意味着丁的行为性质由故意杀人转为带有防卫性质的行为,由有预谋的恶性杀人行为转为临时的应急行为,意味着刑法对丁的行为性质恶劣程度的评价将发生由重至轻的重大变化。而且,丁的翻供如果成立,意味着必然认定被害人存在严重过错,而认定被害人存在严重过错,将直接导致丁罪责的减轻。显然,被害人是否先持刀捅丁,将对丁行为恶性的认定产生重大影响,对丁刑事责任大小的评价产生重大影响,对丁最终所获刑罚的轻重产生重大影响。因此,丁关于被害人先捅其两刀的供述,是对影响其定罪量刑的重要情节翻供,应当认定其在案件主要犯罪事实上翻供。由于丁在侦查阶段后期推翻了其之前已经供认的故意杀人行为的主要犯罪事实,且在一审判决前仍然坚持该翻供,故不能认定其如实交代了自己的主要犯罪事实,不能认定其行为构成自首。①

综上所述,本题为选非题,答案为 D 项。

69. 关于自首,下列说法正确的是?(　　)(多选)

A. 甲在 A 省实施故意杀人后逃往 B 省,此时,正值 B 省疫情,甲便被工作人员强制隔离在某酒店。甲在隔离期间觉得自己迟早会被抓到,便主动报警,如实供述了自己的罪行。甲的行为属于自动投案

B. 乙在某日清晨实施抢劫后,将所抢财物交给家人,家人便劝说乙向公安机关自首。乙中午报警称自己第二天会去公安机关自首,公安机关在电话中表示同意,并约定了具体的投案时间、地点。但公安机关害怕乙会逃跑,便在当日下午前往乙家将乙抓获。乙的行为属于自动投案

C. 丙犯抢劫罪后被逮捕,在看守所脱逃后,觉得在外面也是无聊,又主动前往公安机关投案。就抢劫罪而言,丙依然属于自动投案

D. 丁告诉妻子肖某自己要去盗窃徐某家财物,肖某多次劝阻,但丁仍不改变想法。某日,丁去徐某家盗窃时,肖某带领派出所民警将丁抓获,丁被抓获时未有拒捕行为。丁的行为成立自动投案

---

① 参见北大法宝:李吉林故意杀人案——如实交待主要犯罪事实与自首的准确认定【法宝引证码】CLI.C.1764895。

[试题解析]

A项正确。自动投案的方式与动机没有限制。甲自愿打电话报警，表明其愿意将自己置于司法机关的控制之下，有归案意愿。应当认定甲的行为属于自动投案。

虽然甲因为疫情被隔离在酒店，但不属于处在司法机关的强制措施之下。换言之，此种情形下，甲的故意杀人事实通常不会被隔离管理的工作人员发现，结束隔离后，甲仍是"自由身"。此时，甲主动向司法机关投案，表明其有归案的意愿，属于自动投案。

B项正确。乙自愿将自己置于司法机关的控制之下，有归案的意愿。司法机关提前来到乙家，将乙抓捕，并不否认乙有自动归案的想法。

自首本质上是要求行为人有归案的意愿。至于何时到司法机关，甚至在前往司法机关的路上被民警抓获，都应该认为是自动投案。

C项错误。被采取强制措施后逃跑然后再"投案"的，相对于被采取强制措施的犯罪（本选项中的抢劫罪）而言，不能认定为自动投案。丙第一次被采取强制措施时，是被抓获的（逮捕），说明其已经浪费了司法资源，与自首是节约国家司法资源的精神是相悖的，不能认定为自首。

试想，如果丙的抢劫罪能认定为自首，那无异于鼓励所有被采取强制措施而未认定为自首的人，从看守所逃出去再回来，进而可以认定为自首。这显然是不合适的。

对于脱逃罪，丙系自动投案，可以成立自动投案。

D项错误。丁在妻子劝说下，仍不改变盗窃想法，且丁是被肖某带领的派出所民警抓获，说明丁并没有归案的意愿。

虽然丁无拒捕行为，但此时民警对其实施抓捕行为时，其已经无路可逃，属于被动归案，不能认定为自动投案。换言之，自动投案的前提是，犯罪行为人处于"自由身"，可进（看守所）可退（回家），本选项中，丁必须归案，无路可走，不能认为是自动投案。

综上，AB项当选。

70. 关于特别自首，下列说法正确的是？（　　）（单选）

A. 甲因受贿被举报后，司法机关将其抓获，但司法机关并不知道行贿人是谁。甲在关押期间，主动交代了行贿人是蒋某，并主动交代了自己另一起收受蒋某巨额财物并为其谋取非法利益的事实。甲的行为成立特别自首

B. 乙杀害陈某后，使用陈某的身份证在银行开户，进行电信诈骗。两个月后，因诈骗案发乙被公安机关抓获。在关押期间，乙向公安机关主动交代自己故意杀害陈某的事实。乙的行为成立特别自首

C. 丙采取体内藏毒的方式走私毒品在海关被抓获。其在接受讯问时,主动向司法机关交代了司法机关尚未掌握的其曾经贩卖毒品的事实。丙的行为成立特别自首

D. 丁因在A省实施抢劫罪被公安机关抓捕。后丁主动交代了5年前曾在B省的盗窃犯罪事实。但事实上,5年前丁因涉嫌盗窃罪,B省公安机关早已签发通缉令对其在B省通缉,但A省公安机关并不知道。丁的行为成立特别自首

[试题解析]

A项错误。首先,甲交代蒋某对其行贿的事实,即交代了行贿人,不属于立功,属于如实交代了自己的犯罪事实。因为行贿与受贿属于对合型犯罪,是共同犯罪。甲属于交代自己参与的犯罪事实,甲没有自动投案,故不成立自首。

其次,根据《刑法》第67条的规定,成立特别自首,必须交代异种罪行。甲交代收受蒋某巨额财物的事实,属于交代同种罪行,不成立特别自首。

B项错误。乙供述的故意杀人罪与司法机关掌握的诈骗罪之间存在事实上的密切关联,乙杀害陈某取得身份证是其进一步实施诈骗犯罪的前提,交代诈骗罪必然涉及先前的故意杀人行为。因此,乙供述故意杀人这一犯罪事实不属于供述司法机关尚未掌握的本人其他异种罪行,因此不成立特别自首。

C项错误。首先,成立特别自首,要求行为人供述的必须是与司法机关已掌握的罪行不同种类的罪行,即异种罪行。

其次,行为人如实供述的其他犯罪与司法机关已掌握的犯罪属于选择性罪名的,属于同种罪行。走私、贩卖、运输、制造毒品罪属于选择性罪名。本选项中,丙如实供述司法机关尚未掌握的贩卖毒品的罪行,与司法机关已经掌握的走私毒品罪属于同种类罪行,亦即,贩卖毒品罪与走私毒品罪,是同一罪名。

可以这样理解,如果丙不交代其贩卖毒品的犯罪事实,那么,法院仅能对其认定为"走私毒品罪"一罪。相反,如果丙交代贩卖毒品的犯罪事实,法院还是对其认定为"走私、贩卖毒品罪"一罪。而成立特别自首,是要交代异种罪行,也就是与前罪分别独立判处的罪名。

因此,丙不成立特别自首。

D项正确。特别自首的成立要求供述的内容必须是司法机关尚未掌握的其他异种罪行。如果行为人已被通缉,"司法机关还未掌握"一般应以该司法机关是否在通缉令发布范围内作出判断,不在通缉令发布范围内的,应认定为还未掌握,在通缉令发布范围内的,应视为已掌握;如果该罪行已录入全国公安信息网络在逃人员信息数据库,应视为全国公安司法机关已掌握。

丁在被采取强制措施期间,如实交代了异种罪行(盗窃罪),行为人因该罪行已被通缉,而B省公安机关仅在B省范围内发布通缉令,应当视为A省司法机关还未掌握。

丁的行为成立特别自首。

综上所述,本题答案为 D 项。

71. 关于立功,下列说法错误的是?(　　　)(单选)

A. 甲因非法拘禁罪被逮捕。在接受讯问时,甲误以为自己向国家工作人员蒋某行贿 10 万元的行为构成行贿罪,便如实交代了相关事实和细节。但事后查明,甲是为了谋取正当利益而被蒋某索取贿赂。甲的行为成立立功

B. 乙在看守所期间,听到与自己一同关押的蒋某讲述其曾经强奸同村幼女肖某的犯罪事实,但该事实司法机关并未知晓,乙便主动向司法机关揭发,后经查证属实。乙的行为成立立功

C. 丙犯抢劫罪被司法机关抓捕。在民警对其讯问时,丙告诉司法机关自己曾发现一处毒品藏匿地点,并协助司法机关查获了该批毒品(约 2 公斤),但无法查清该批毒品所属何人。丙的行为成立立功

D. 丁与邻居徐某产生矛盾后,丁与肖某共同将徐某杀害。丁前往公安机关主动投案自首,并要其父亲去做肖某的思想工作,要求肖某前来投案。丁父给肖某做了很长时间的思想工作,后肖某主动前往公安机关投案。丁父劝说肖某投案,可以认定丁是立功

[试题解析]

A 项正确。首先,甲不构成自首。甲向国家工作人员蒋某行贿 10 万元的行为,是为了谋取正当利益而被蒋某索取贿赂,不成立行贿罪。既然没有犯罪事实,因而甲就不可能构成自首。

其次,由于甲检举、揭发了国家工作人员蒋某的受贿罪事实,因而构成立功。在对甲的非法拘禁罪量刑时,考虑到其有立功表现,可以从轻或者减轻处罚。

B 项正确。乙检举、揭发同监室他人的犯罪事实,且该事实司法机关还未掌握,并经司法机关查证属实。属于检举揭发型立功,应当认定乙的行为成立立功。

立功的本质在于节约国家司法资源,而对于检举揭发型立功,更重要的是强调司法机关获知该犯罪线索来源于何处。本选项中,司法机关获知蒋某强奸罪的犯罪线索来源于乙。故乙的行为构成立功。

可能有同学会问,乙也是"听说"的犯罪线索,能认定为立功吗?答案是肯定的。难道一定要看到这个犯罪事实才可以去检举、揭发而认定为立功?事实上,立功的人是要承担压力的,要"得罪"犯罪分子的。本选项中,乙的检举、揭发行为,会使乙承受一定的压力。

C 项正确。首先,由于该批毒品不能查明所属何人,也无法证实谁对该批毒品具有

犯意,因此,丙提供该批毒品线索的行为不属于供述自己的罪行。因此,不成立自首。

其次,属于检举、揭发他人犯罪行为,成立立功。丙提供的该批毒品线索,内容真实有效,而丙虽然只协助查获毒品,并未抓获毒品的实际控制人,也属于检举、揭发他人的犯罪行为。有大量毒品在某一藏匿地点,可以肯定的是,这是一起犯罪事实。至于是什么犯罪事实,如贩卖毒品、制造毒品或走私毒品,虽然具体的罪名暂时还不清楚,但肯定是犯罪事实。丙的行为属于检举、揭发了一起犯罪事实,应属于立功。

最后,丙的行为也可以认为是"有益于国家和社会的突出行为",这也是立功的情形之一,据此,可以认定为立功。体现在两个方面:一是有效防止了数量巨大的毒品流入社会、危害社会;二是从源头上阻止了毒品的实际控制人继续实施以该批毒品为对象的犯罪的可能性。退一步讲,这批毒品肯定涉嫌犯罪,即便不知道谁以这批毒品为对象实施犯罪。

综上,丙的行为应认定为立功。①

D项错误。立功强调"亲为性"。该选项中,同案犯肖某之所以来到公安机关投案,是因为丁父对其做思想工作,而不是因为其他。换言之,就肖某的归案而言,丁的努力并没有效果,故不能认定丁是立功。

综上所述,本题为选非题,答案为D项。

考点四　数罪并罚

72. 关于数罪并罚,下列说法正确的是?(　　)(单选)

A. 甲犯A罪(故意伤害罪)被判处拘役3个月,附加剥夺政治权利1年。犯B罪被判处有期徒刑2年,附加剥夺政治权利3年。对甲应仅执行有期徒刑,但剥夺政治权利需合并执行4年

B. 乙犯3个罪,分别被判处8年、13年和14年有期徒刑。对乙数罪并罚,应当在14年以上20年以下,决定执行的刑期

C. 丙因A罪被判处拘役6个月,因B罪被判处管制1年。因为管制可以被拘役吸收,故丙仅须执行6个月拘役即可

D. 丁1个月内实施了如下两次行为。月初,丁与郑某轮奸妇女蒋某。月末,丁在公共场所当众强奸妇女夏某。丁触犯了两个不同的加重犯,应当数罪并罚

[试题解析]

A项正确。首先,《刑法》第69条规定,数罪中判处有期徒刑和拘役的,执行有期

---

① 参见《刑事审判参考》(总第84集)第753号指导案例:魏光强等走私运输毒品案。

徒刑。甲所犯数罪中的拘役被有期徒刑吸收,故仅执行有期徒刑。

其次,数罪中判处数个附加刑,附加刑种类相同的,合并执行;附加刑种类不同的,分别执行(附加刑之间的并罚)。所谓的"合并执行",不是指重合执行,而是"相加"执行(并科原则)。对甲虽然主刑只执行有期徒刑,但剥夺政治权利需合并执行4年。

综上,对甲应仅执行有期徒刑,但剥夺政治权利需合并执行4年。

B项错误。根据《刑法》第69条的规定,有期徒刑总和刑期不满35年的,最高不能超过20年;总和刑期在35年以上的,数罪并罚后最高不得超过25年。同时,"以上"应当包括本数。

本选项中,数罪并罚的刑期总和是:8+13+14=35年,应当在14年以上25年以下确定执行的刑期。

C项错误。拘役不能吸收管制,拘役执行完毕后,仍然需要再次执行管制。这主要是考虑到,二者属于不同性质的刑种,拘役是监禁刑、管制是非监禁刑,拘役不能吸收管制。

D项错误。丁与郑某轮奸妇女蒋某的行为成立强奸罪,在公共场所当众强奸妇女夏某的行为亦成立强奸罪。由于同种数罪不并罚,故丁仅成立强奸罪一罪。需要说明的是,无论是轮奸还是在公共场所当众强奸妇女,均是强奸罪,而不是独立于强奸罪之外的罪名,故丁的各次行为均是强奸罪。可以认为,丁实施了两次强奸行为,故仅成立强奸罪一罪,无须数罪并罚。

综上所述,本题答案为A项。

73. 关于数罪并罚,下列说法正确的是?(　　　)(多选)

A. 甲在判决宣告前犯有A、B、C三个罪,但法院只判决A罪有期徒刑3年、B罪有期徒刑4年,数罪并罚决定执行有期徒刑6年。执行5年后,法院发现其漏罪(C罪)应被判处拘役5个月。数罪并罚后,对甲只需执行尚未执行的1年有期徒刑

B. 乙犯A罪被判处有期徒刑9个月,执行8个月时公安机关发现乙曾犯漏罪(B罪)。半个月后,公安机关将案件移送检察机关审查起诉,1个月后检察机关向人民法院提起公诉,人民法院认为对乙犯的B罪应当判处5个月拘役。此时乙的A罪已经执行完毕。如果认为《刑法》第70条规定的"发现"漏罪并罚,是指公安司法机关中任何一个机关的最早发现。本选项中,在其A罪的刑罚执行完毕之前,公安机关已经发现了其B罪,那么,就应该将A罪与B罪并罚,有期徒刑可以吸收拘役。故,乙仅需执行A罪的有期徒刑

C. 丙因抢劫罪被判处有期徒刑8年,在执行第7年时,丙经批准保外就医1年。在保外就医期间,丙又犯盗窃罪。对于丙应将前罪没有执行完的刑罚与后罪所判处的

刑罚,依据"先减后并"的规定并罚

D. 丁犯抢劫罪被判处有期徒刑4年,执行3年后,又犯脱逃罪,被判处3年有期徒刑。期间,又发现应被判处2年有期徒刑的漏罪(故意伤害罪,在抢劫罪判决之前已经实施)。对丁应先将漏罪(故意伤害罪)与脱逃罪并罚,再与抢劫罪"先并后减"

[试题解析]

A项正确。对于漏罪,根据《刑法》第70条的规定,是先并后减。《刑法》第70条规定:"判决宣告以后,刑罚执行完毕以前,发现被判刑的犯罪分子在判决宣告以前还有其他罪没有判决的,应当对新发现的罪作出判决,把前后两个判决所判处的刑罚,依照本法第六十九条的规定,决定执行的刑罚。已经执行的刑期,应当计算在新判决决定的刑期以内。"

本选项中,"先并"意即将原罪6年有期徒刑和漏罪的拘役并罚,而有期徒刑是可以吸收拘役的,故只执行6年有期徒刑。在此基础上"后减",是指减去已经执行的5年,那么,甲只要执行尚未执行的1年有期徒刑。法条依据:《刑法》第69条第2款规定,数罪中有判处有期徒刑和拘役的,执行有期徒刑。数罪中有判处有期徒刑和管制,或者拘役和管制的,有期徒刑、拘役执行完毕后,管制仍须执行。

B项正确。倘若认为,《刑法》第70条的"发现",是指公安司法机关(包括刑罚执行机关)中任何一个机关的最早发现,由于公安机关发现漏罪时,乙的前罪尚未执行完毕,那么,乙就属于在刑罚执行完毕以前发现漏罪的情形。于是,必须根据《刑法》第70条的规定,将前罪的有期徒刑与后罪的拘役实行并罚,结果是仅执行有期徒刑。根据这一前提"是指公安司法机关(包括刑罚执行机关)中任何一个机关的最早发现"。

但是,如果认为《刑法》第70条的"发现"是指人民法院的发现,那么,由于法院受理案件时,乙的前罪有期徒刑已经执行完毕。因为不能适用《刑法》第70条进行数罪并罚,因为A罪已经执行完毕,直接适用B罪即可。于是,在乙执行了A罪的9个月有期徒刑后,仍然需要再执行5个月的拘役。

C项正确。保外就医是指对于被判处有期徒刑或者拘役的罪犯,因具备法定情节,而依照法律规定的程序,经主管机关批准,由监内执行刑罚变更为暂予监外执行刑罚的一种特殊的刑罚执行方式。区别于缓刑、假释等,保外就医是刑期持续计算、罪犯在监狱外治疗疾病的特殊方式。

被告人在保外就医期间重新犯罪,其刑罚的最终认定适用《刑法》第71条,即"先减后并"的刑罚计算原则,即判决宣告以后,刑罚执行完毕以前,被判刑的犯罪分子又犯罪的,应当对新犯的罪作出判决,把前罪没有执行的刑罚和后罪所判处的刑罚,依照

《刑法》第69条的规定,决定执行的刑罚。①

D项错误。对于行为人在判决宣告后,刑罚执行完毕以前,既发现判决宣告前的漏罪,又在刑罚执行期间犯新罪,应当先算老账,再算新账,即先处理漏罪,再处理新罪。

本选项中,首先,应先将漏罪的2年有期徒刑与抢劫罪的4年有期徒刑实行并罚,在4年以上6年以下决定应当执行的刑罚,如果决定执行5年有期徒刑,再减去已经执行的3年刑期,则犯罪人还需执行2年有期徒刑。其次,再将脱逃罪(新罪)的3年有期徒刑与没有执行的2年有期徒刑实行并罚,在3年以上5年以下决定应当执行的刑罚,如果决定执行4年有期徒刑,则犯罪人还需要执行4年有期徒刑。

综上所述,本题答案为ABC项。

考点五　缓刑

74. 关于缓刑,下列说法正确的是?（　　　）(单选)

A. 甲因盗窃罪被判处拘役3个月,因其犯罪情节较轻,且有悔罪表现,对甲应当适用缓刑

B. 乙参与了某黑社会性质组织的一次抢劫罪,法院认定其实施了黑社会性质组织犯罪。即使其符合缓刑的适用条件,对其不能适用缓刑

C. 丙(16岁)因故意杀人罪被判处有期徒刑7年,刑罚执行完毕后1年,又因故意伤害罪被判处有期徒刑2年9个月。对丙不应适用缓刑

D. 丁因盗窃罪被逮捕,在审查起诉期间发现其怀有身孕,其只要符合缓刑条件,就应当宣告缓刑

[试题解析]

《刑法》第72条规定:"对于被判处拘役、3年以下有期徒刑的犯罪分子,同时符合下列条件的,可以宣告缓刑,对其中不满十八周岁的人、怀孕的妇女和已满七十五周岁的人,应当宣告缓刑:

（一）犯罪情节较轻;

（二）有悔罪表现;

（三）没有再犯罪的危险;

（四）宣告缓刑对所居住社区没有重大不良影响。

---

① 参见北大法宝:吴孔成盗窃案——保外就医期间重新犯罪,如何计算前罪未执行的刑罚【法宝引证码】CLI. C. 1751816。

宣告缓刑,可以根据犯罪情况,同时禁止犯罪分子在缓刑考验期限内从事特定活动,进入特定区域、场所,接触特定的人。

被宣告缓刑的犯罪分子,如果被判处附加刑,附加刑仍须执行。"

A项错误。根据《刑法》第72条的规定,适用缓刑除了被判处拘役、3年以下有期徒刑,同时还要符合四项条件:(1)犯罪情节较轻;(2)有悔罪表现;(3)没有再犯罪的危险;(4)宣告缓刑对所居住社区没有重大不良影响。

首先,甲虽然仅被判处拘役,且犯罪情节较轻,有悔罪表现。但是,其缺少没有再犯罪的危险和宣告缓刑对所居住的社区没有重大不良影响两项条件。退一步讲,即使完全符合上述4项条件,也只是"可以"宣告缓刑,而不是"应当"宣告缓刑。

B项错误。首先,根据刑法规定,犯罪集团的首要分子不能适用缓刑,本选项中,即使认为乙是黑社会性质组织成员,也是有可能适用缓刑的。其次,抢劫罪也并非不能适用缓刑,只要判处的刑罚是3年以下有期徒刑或者更低的刑罚,就有可能适用缓刑。因此,认为乙不能适用缓刑是错误的,至少有可能适用缓刑。

需要注意的是,部分同学有一种错误的认识,认为对于抢劫罪、故意杀人罪等绝对不能适用缓刑。事实上,适用缓刑与所犯的罪名没有直接关系,与所判处的刑罚轻重密切相关。抢劫罪、故意杀人罪,只要被判处3年甚至更低刑罚,就有可能适用缓刑。实践中,抢劫罪、故意杀人罪也并非一定判处重刑,完全有可能判处轻刑。

C项错误。根据《刑法》第65条第1款规定:"被判处有期徒刑以上刑罚的犯罪分子,刑罚执行完毕或者赦免以后,在五年以内再犯应当判处有期徒刑以上刑罚之罪的,是累犯,应当从重处罚,但是过失犯罪和不满十八周岁的人犯罪的除外。"本选项中,丙犯前罪时未满18周岁,故不构成累犯。故,丙如果符合缓刑的适用条件,就可以适用缓刑。

D项正确。根据《刑法》第72条的规定,对于"审判的时候"不满18周岁的人、怀孕的妇女和已满75周岁的人符合缓刑适用条件的,应当宣告缓刑。丁在审查起诉期间发现怀有身孕,其只要符合缓刑适用条件,就应当宣告缓刑。换言之,对刑法所规定的"审判的时候"应进行扩大解释,包括"审查起诉"期间。

综上所述,本题答案为D项。

75. 关于缓刑,下列说法正确的是?(　　)(单选)

A. 甲因非法拘禁罪被判处拘役6个月,缓期1年执行,判决生效日期为2017年8月20日。由于法院人员疏忽,同年9月1日才通知甲办理缓刑执行手续,缓刑执行通知上填写的时间也是9月1日,社区矫正部门从9月1日起计算矫正时间,至2018年8月31日缓刑考验期满,甲于2018年8月27日犯新罪。由于按照上述算法,2018年8月27日还在缓刑考验期内,属于在缓刑考验期内再犯新罪,故对甲应当撤销前非法拘

禁罪的缓刑

B. 未成年人乙于 2018 年 9 月 20 日因犯盗窃罪被判处有期徒刑 3 年缓刑 3 年，2019 年 7 月 10 日被裁定特赦。2019 年 10 月发现乙于 2019 年 5 月曾犯抢劫罪。对此，应当撤销盗窃罪的缓刑，并与抢劫罪实行数罪并罚，决定应当执行的刑期

C. 丙于 2017 年 8 月因犯 A 罪被判处有期徒刑 1 年，缓刑 2 年。2018 年 5 月发现丙曾于 2015 年犯交通肇事罪，应当被判处 2 年有期徒刑。因为交通肇事罪为过失犯罪，故不能撤销 A 罪的缓刑

D. 丁于 2019 年 7 月 20 日犯故意伤害罪被判处有期徒刑 6 个月，缓刑 1 年，2020 年 9 月 1 日发现丁曾于 2018 年犯盗窃罪应被刑事处罚。此时，应当撤销丁故意伤害罪的缓刑

[试题解析]

《刑法》第 77 条规定，被宣告缓刑的犯罪分子，在缓刑考验期限内犯新罪或者发现判决宣告以前还有其他罪没有判决的，应当撤销缓刑，对新犯的罪或者新发现的罪作出判决，把前罪和后罪所判处的刑罚，依照本法第 69 条的规定，决定执行的刑罚。

被宣告缓刑的犯罪分子，在缓刑考验期限内，违反法律、行政法规或者国务院有关部门关于缓刑的监督管理规定，或者违反人民法院判决中的禁止令，情节严重的，应当撤销缓刑，执行原判刑罚。

A 项错误。根据《刑法》第 73 条的规定，缓刑的考验期从判决确定之日起计算，而不是法院实际执行交付日。判决生效日期为 2017 年 8 月 20 日，此时即为判决确定之日，缓刑考验期至 2018 年 8 月 19 日结束。甲在 2018 年 8 月 27 日犯新罪，其没有在缓刑考验期内犯罪，不能撤销前罪（非法拘禁罪）的缓刑，只能单独对后罪定罪量刑。

B 项正确。根据《刑法》第 77 条的规定，被宣告缓刑的犯罪分子，在缓刑考验期内犯新罪的，应当撤销缓刑，对新犯的罪作出判决，将前罪和后罪所判处的刑罚，依照《刑法》第 69 条的规定，决定执行的刑罚。

乙在缓刑考验期内犯新罪，应当撤销盗窃罪的缓刑并与抢劫罪实行数罪并罚，决定应当执行的刑期。此时，特赦裁定也应撤销。①

换言之，2019 年 7 月 10 日对乙特赦就是错误的决定。因为在此之前的 2019 年 5 月，乙还犯了新罪，不可能给一个犯了新罪同时还隐瞒自己所犯新罪的乙进行特赦。同学们也可以比较一下，如果乙于 2019 年 5 月犯抢劫罪（新罪），当天就主动告诉司法机关，都要撤销他前罪的缓刑，那本选项情形更应该撤销缓刑。

C 项错误。被宣告缓刑的犯罪分子，在缓刑考验期内发现判决宣告以前还有"其

---

① 参见张明楷：《刑法学》（第六版），法律出版社 2021 年版，第 792 页。

他罪"没有判决的,应当撤销缓刑,对新发现的罪作出判决,把前罪和后罪判处的刑罚,依照《刑法》第69条的规定,决定执行的刑罚(符合缓刑条件的,仍可再次宣告缓刑)。其中,缓刑考验期内"发现判决宣告以前还有其他罪",无论该罪是故意犯罪还是过失犯罪,均应撤销缓刑。丙在缓刑考验期内发现判决宣告以前还有交通肇事罪(过失犯罪),也应撤销前罪的缓刑。

D项错误。根据《刑法》第77条的规定,在缓刑考验期内发现漏罪,才需要撤销缓刑。而丁是在故意伤害罪的缓刑考验期满后才被发现漏罪,则不需要撤销故意伤害罪的缓刑。理由在于,隐瞒自己的过去(漏罪)在一定程度上可以说是人的本能,如果该漏罪(很早的罪)经过很长时间(缓刑考验期满后)才被发现,直接追究漏罪的刑事责任就可以了。①

综上所述,本题答案为B项。

76. 关于缓刑,下列说法正确的是?(　　)(多选)

A. 任何性质的犯罪(罪名),只要所判处的刑罚在3年以下,都有可能被宣告缓刑

B. 甲犯有A、B两罪,法院对A罪判处有期徒刑2年,对B罪判处有期徒刑2年,对甲仍有可能宣告缓刑

C. 甲因盗窃罪被判处有期徒刑2年,缓刑3年,在缓刑考验期满前3个月,因为妻子重病,无力承担医药费而抢夺他人财物,被判处拘役6个月,数罪并罚后仍可对甲适用缓刑

D. 甲犯有A、B两罪,法院对A罪判处有期徒刑2年,缓刑3年,对B罪判处有期徒刑3年,最终将两罪并罚,决定在执行完3年有期徒刑后,再缓刑3年

[试题解析]

A项正确。缓刑的适用对犯罪性质没有限制,只是对刑种和刑度有限制,即拘役或3年以下有期徒刑。因此,任何性质的犯罪,都有可能被宣告缓刑,因为任何犯罪都有最轻微的犯罪形态,加上可能存在的法定与酌定量刑情节,有可能在3年以下有期徒刑内判处刑罚。例如,故意杀人罪,犯罪情节较轻的,处3年以上10年以下有期徒刑,犯故意杀人罪的行为人有可能被判处有期徒刑3年,那么若满足其他条件,便可能被宣告缓刑。(缓刑要求的3年以下有期徒刑包括3年)。

B项正确。如果一人判决前犯数罪,实行数罪并罚后,决定执行的刑罚为3年以下有期徒刑或拘役的,仍可以适用缓刑。甲的A、B罪并罚后,应在2~4年内决定应执行

---

① 徐光华编著,觉晓法考组编:《法考应试薄讲义(主客一体)——14天搞定刑法》,西南大学出版社2024年版,第194页。

的刑期,因此,甲仍有可能被宣告缓刑。

C 项错误。甲因犯盗窃罪被宣告缓刑后,在缓刑考验期内再犯新罪,撤销缓刑后实行并罚,尽管甲最终被执行的刑罚在 3 年以下,但不得再适用缓刑,因为事实已经表明,甲有再犯罪的危险,不符合缓刑适用的实质条件。因此,C 项错误。

D 项错误。一人判决前犯数罪的,不应就其中的一个罪先行宣告缓刑,然后再与其他罪并罚,只能先并罚,后决定能否判处缓刑。因此,应首先将 A 罪的有期徒刑 2 年与 B 罪的有期徒刑 3 年,采取限制加重原则并罚后,再决定是否适用缓刑。因为缓刑是对"判决"的"缓",而不是对某一个罪的"缓"。

另外,从 D 选项的内容看,既然第二个罪不能判处缓刑,也不能因为还有一个罪,就在并罚时适用缓刑。

综上所述,本题答案为 AB 项。

考点六　减刑与假释

77. 关于减刑,下列说法正确的是?（　　　　）(单选)

A. 甲因抢劫罪被判处有期徒刑 8 年,执行 6 年后被假释。在假释期间,因甲有立功表现,对此,法院决定对其减刑,直接缩短其假释考验期

B. 乙以特别残忍的手段杀害蒋某,被判处死刑缓期二年执行,同时法院决定对其限制减刑。乙缓期执行期满后依法减为无期徒刑。因为减刑无禁止性规定,故对乙可以减刑,从无期徒刑减为有期徒刑,但总共执行的刑罚不能少于 15 年

C. 丙因故意伤害罪被判处有期徒刑 2 年,刑罚执行完毕后第 3 年,又犯走私毒品罪被判处有期徒刑 6 年。在刑罚执行期间,丙协助司法机关抓获特大制毒窝点犯罪嫌疑人。对丙应当减刑

D. 丁因贪污罪被判处有期徒刑 3 年,并处罚金 50 万元。但其在判决后,拒不退赃,也不缴纳罚金。对丁在任何情况下都不应当适用减刑

[试题解析]

A 项错误。减刑只能对判处(包括裁定)管制、拘役、有期徒刑、无期徒刑的犯罪分子适用。被假释的罪犯,除有特殊情况,一般不得减刑,其假释考验期也不能缩短。1991 年最高人民法院《关于办理减刑、假释案件具体应用法律若干问题的规定》(已失效)中,关于对假释后的罪犯能否再减刑的问题规定:假释是对被判处有期徒刑、无期徒刑的犯罪分子,在执行一定刑期后,附有条件地提前释放,因此,除有特殊情况,经假释的罪犯一般不得减刑,其假释考验期也不能缩短。在此之后,2017 年施行的最高人民法院《关于办理减刑、假释案件具体应用法律的规定》也未规定对假释的犯罪

分子可以减刑。

B项错误。首先,根据《刑法》第50条第2款的规定:"对被判处死刑缓期执行的累犯以及因故意杀人、强奸、抢劫、绑架、放火、爆炸、投放危险物质或者有组织的暴力性犯罪被判处死刑缓期执行的犯罪分子,人民法院根据犯罪情节等情况可以同时决定对其限制减刑。"故,法院对乙判处死刑缓期二年执行,并决定限制减刑是适当的。

其次,根据《刑法》第78条第2款的规定,对于"限制减刑的死刑缓期执行"的犯罪分子,缓期执行期满后依法减为无期徒刑的,不能少于25年(不含死缓2年的考验期),缓期执行期满后依法减为25年有期徒刑的(即有重大立功表现),不能少于20年(不含死缓2年的考验期)。故,本项中,关于不能少于15年的说法是错误的。

C项正确。首先,减刑并无禁止性规定,即便丙是累犯,只要符合减刑的条件,就可以对其适用减刑。

其次,根据《刑法》第78条第1款的规定,丙属于有重大立功表现,符合应当减刑的条件。①

D项错误。减刑的前提是要求行为人有悔改表现,或者有立功表现。首先,对于不履行财产性判决,可以认为是犯了"小错误",只要有悔改表现或者立功表现,均可以减刑,但减刑的幅度会受到一定的限制。

其次,对于不退赃,可以认为是犯了"大错误",不能认为有悔改表现,但是如果有立功表现,可以减刑。

丁不退赃且不履行财产性判决的表现,可以认定其不具有悔改表现,但是其如果有立功表现,则还可以减刑。

综上所述,本题答案为C项。

78. 关于减刑,下列说法正确的是?(　　)(单选)

A. 甲因犯盗窃罪被判处有期徒刑2年,缓刑3年,在缓刑考验期间,因甲具有重大立功表现,法院依据《刑法》第78条(减刑)的规定,直接缩减甲的缓刑考验期至1年

B. 甲因故意杀人罪被判处有期徒刑10年。甲从被采取强制措施直至服刑期间,一直拒绝认罪、悔罪,也不履行对被害人家属的附带民事赔偿义务。尽管甲在服刑期间具有立功表现,也不可对甲减刑

---

① 《刑法》第78条第1款规定:"被判处管制、拘役、有期徒刑、无期徒刑的犯罪分子,在执行期间,如果认真遵守监规,接受教育改造,确有悔改表现的,或者有立功表现的,可以减刑;有下列重大立功表现之一的,应当减刑:(一)阻止他人重大犯罪活动的;(二)检举监狱内外重大犯罪活动,经查证属实的;(三)有发明创造或者重大技术革新的;(四)在日常生产、生活中舍己救人的;(五)在抗御自然灾害或者排除重大事故中,有突出表现的;(六)对国家和社会有其他重大贡献的。"

C. 甲因抢劫罪被逮捕,1年后被判处有期徒刑10年,甲在服刑期间认真遵守监规,自觉接受教育改造。在甲服刑后的第4年3个月,法院考虑到其先前被羁押1年,折抵刑期1年,加上已服刑的4年3个月,已满原判刑期的一半,可以经减刑后释放

D. 甲因犯盗窃罪被判处有期徒刑3年,在刑满释放后的第4年,甲又犯强奸罪被判处有期徒刑8年,在服刑期间,因甲认真遵守监规,具有立功表现,法院依法裁定对其减刑

[试题解析]

A项错误。根据最高人民法院《关于办理减刑、假释案件具体应用法律的规定》的规定,对判处拘役或3年以下有期徒刑并宣告缓刑的犯罪分子,一般不适用缓刑。如果在缓刑考验期内,有重大立功表现的,可以参照《刑法》第78条(减刑)的规定予以减刑,同时应依法缩减其缓刑考验期限。由此可见,甲在缓刑考验期内具有重大立功表现,可对甲参照适用《刑法》第78条,对甲所判处的有期徒刑2年依法减刑,再根据减刑后的刑期,相应地依法缩减甲的缓刑考验期限,而非直接依据《刑法》第78条的规定,缩减甲的缓刑考验期限。

B项错误。根据《刑法》第78条的规定,被判处管制、拘役、有期徒刑、无期徒刑的犯罪分子,在执行期间,如果认真遵守监规,接受教育改造,确有悔改表现的,或者有立功表现的,可以减刑。由此可见,"立功"与"认真遵守监规,接受教育改造,确有悔改表现"是并列关系,二者具备其一,即可减刑。虽然有立功表现的人通常以"认真遵守监规,接受教育改造"为前提,但也不排除没有这种前提的立功表现。因此,即便甲不认罪、悔罪,但考虑到其有立功表现,仍可以对其减刑。

C项错误。《刑法》第78条第2款规定,减刑以后实际执行的刑期,判处管制、拘役、有期徒刑的,不能少于原判刑期的二分之一;判处无期徒刑的,不能少于13年。此处的"减刑以后实际执行的刑期"不包括先前羁押日期折抵的刑期。

先前羁押日期折抵的刑期根本不是实际执行的刑罚,且无期徒刑没有折抵刑期的问题。减刑的根据是受刑人在刑罚执行期间的悔改表现及立功表现,将先前羁押期限折抵的刑期包括在实际执行的刑期中,并不合适。

因此,甲实际执行的刑期未满5年(有期徒刑10年的一半)。

D项正确。减刑并无禁止性规定,即便甲是累犯,只要其符合减刑的条件,就可以对其适用减刑。

综上所述,本题答案为D项。

79. 关于假释,下列说法正确的是?(　　　)(多选)

A. 甲因故意伤害(致人重伤)罪被判处有期徒刑5年,因绑架罪被判处有期徒刑7

年,数罪并罚决定执行11年有期徒刑。对于甲不能适用假释

B. 乙因盗窃罪被判处有期徒刑3年,刑罚执行完毕后的第4年,乙又因抢劫罪被判处有期徒刑8年。在抢劫罪的有期徒刑执行至第6年时,乙有重大技术革新,且确有悔改表现,不致再危害社会。对乙能够适用假释

C. 丙因受贿罪被司法机关对其审查期间,积极退赃,最终被法院判处有期徒刑8年,并处罚金80万元。但其在判决后有能力缴纳而不缴纳罚金。对于丙不能假释

D. 丁犯A罪被判处有期徒刑8年,犯B罪被判处管制1年6个月。执行有期徒刑6年后被假释,假释考验期满后,开始执行管制。执行1年管制后,发现丁在假释考验期内犯C罪应当判处有期徒刑2年。对丁应当将A罪没有执行的2年有期徒刑、B罪没有执行的6个月管制,与C罪的2年有期徒刑实行并罚

[试题解析]

A项错误。根据《刑法》第81条第2款的规定:"对累犯以及因故意杀人、强奸、抢劫、绑架、放火、爆炸、投放危险物质或者有组织的暴力性犯罪被判处十年以上有期徒刑、无期徒刑的犯罪分子,不得假释。"上述列举的犯罪中一罪或数罪被判处10年以上有期徒刑、无期徒刑的,都不得假释。

虽然甲所犯故意伤害(致人重伤)罪与绑架罪数罪并罚的刑罚达到10年以上有期徒刑,但故意伤害(致人重伤)不属于上述列举的犯罪之一,而绑架罪仅被判处7年有期徒刑,不符合上述规定。因此,对甲可以适用假释。换言之,在数罪并罚的场合,如果数罪中只有一罪是上述暴力性犯罪且该罪刑罚低于10年有期徒刑,即使总刑期在10年以上,也可以对其假释。①

B项错误。虽然乙有期徒刑执行至第6年时,有重大技术革新,且确有悔改表现,不致再危害社会,符合适用假释的条件。但是,乙为累犯,其在前罪(盗窃罪)刑罚执行完毕后5年以内,再犯抢劫罪,成立累犯。根据《刑法》第81条第2款的规定,累犯不得假释。故,对乙不能适用假释。

C项正确。与减刑不同,假释对于罪犯有较高的要求。对于生效裁判中有财产性判项,罪犯确有履行能力而不履行或者不全部履行,以及没有悔改表现的,都不能适用假释。② 虽然丙积极退赃,但是其在判决后有能力缴纳而不缴纳罚金,不能适用假释。

---

① 参见周光权:《刑法总论》(第三版),中国人民大学出版社2016年版,第460页。
② 最高人民法院《关于办理减刑、假释案件具体应用法律的规定》第3条第2款的规定:对职务犯罪、破坏金融管理秩序和金融诈骗犯罪,组织(领导、参加、包庇、纵容)黑社会性质组织犯罪等罪犯,不积极退赃、协助追缴赃款赃物、赔偿损失,或者服刑期间利用个人影响力和社会关系等不正当手段意图获得减刑、假释的,不认定其"确有悔改表现"。

D 项正确。被假释的犯罪人,在假释考验期限内犯新罪的,应当撤销假释,按照《刑法》第 71 条规定的先减后并的方法实行并罚。需要说明的是,只要是在假释考验期内犯新罪,即使在假释考验期满后才发现新罪,也应当撤销假释,按照先减后并的方法实行并罚。故,丁在假释考验期内犯 C 罪,应当撤销假释,将因假释没有执行的 A 罪的 2 年有期徒刑、B 罪没有执行的 6 个月管制与新罪(C 罪)2 年有期徒刑实行并罚。

综上所述,本题答案为 CD 项。

考点七　追诉时效

80. 关于追诉时效,下列说法正确的是?(　　)(多选)

A. 甲在 2018 年 7 月 8 日至 2021 年 10 月 5 日之间,连续盗窃五十余笔,总金额为 100 万元。对于甲的追诉时效应从 2021 年 10 月 5 日开始计算

B. 乙与蒋某共同犯故意杀人罪,根据案件情况对乙应适用"死刑、无期徒刑或者十年以上有期徒刑"的法定刑,对蒋某(从犯)应适用"三年以上十年以下有期徒刑"的法定刑。经过 15 年后,只能追诉乙,不能追诉蒋某

C. 丙犯故意杀人罪(适用"死刑、无期徒刑或者十年以上有期徒刑"的法定刑)与强奸罪(适用"三年以上十年以下有期徒刑"的法定刑),两罪均经过了 20 年,最高人民检察院核准追诉故意杀人罪的,下级法院不得同时追诉强奸罪

D. 丁与徐某一同在甲地打工,二人共同犯罪后,公安机关拘留了丁,由于丁不交代徐某的真实身份,公安机关一直没有对徐某采取任何措施。在检察院对丁提起公诉期间,徐某前往邻省打工。经过追诉时效后,公安机关发现并抓获了徐某。不能认定徐某"逃避侦查与审判"而延长对徐某的追诉

[试题解析]

A 项正确。犯罪行为有连续或者继续状态的,追诉期限从犯罪行为终了之日起计算。本选项中,甲的行为属于连续犯,应当从犯罪行为终了之日即 2021 年 10 月 5 日起开始计算。

B 项正确。共同犯罪中,不同的犯罪人,结合其自身的法定刑,分别计算追诉时效。如果一部分人超过了追诉时效,另一部分人没有超过追诉时效的,只能对后者追诉。本选项中,蒋某的追诉时效已过,其法定最高刑是 10 年,追诉时效是 15 年。而乙的法定最高刑为死刑,追诉时效是 20 年,经过 15 后,还应追诉乙。

C 项正确。根据《刑法》第 87 条规定,只有法定最高刑为无期徒刑、死刑的,20 年以后认为必须追诉的,经过最高人民检察院核准,才能追诉。如果法定刑最高刑为有期徒刑的,经过 15 年以后即使认定必须追诉的,也不得追诉。本选项中,最高人民检

察院仅核准了故意杀人罪,下级法院不能同时追诉其他犯罪。此外,在此情形下,由于丙所犯强奸罪适用的法定最高刑为 10 年有期徒刑,故最高人民检察院也无权核准强奸罪的追诉。

需要说明的是,最高人民检察院虽然有延长核准的权力,但这是针对法定最高刑为无期徒刑的案件,追诉时效是 20 年的。针对其他案件,最高人民检察院没有核准权。

D 项正确。《刑法》第 88 条规定,在人民检察院、公安机关、国家安全机关立案侦查或者在人民法院受理案件以后,逃避侦查或者审判的,不受追诉期限的限制。其中,"逃避侦查与审判"应限于积极的、明显的致使侦查、审判工作无法进行的逃避行为,主要是指在司法机关已经告知其(点名道姓)不得逃跑、藏匿甚至采取强制措施后逃跑或者藏匿。而不能简单地理解为,只要公安机关立案后,案件就可以无限延长追诉期。

本选项中,虽然徐某参与的共同犯罪案件已经立案,并将同案犯丁抓获并审判,但是司法机关并不知道徐某实施了该犯罪。同时,徐某也没有实施积极的、明显的致使侦查、审判工作无法进行的逃避行为。故,不能认定徐某"逃避侦查与审判",因而不能追诉。进而不能延长对其的追诉时效。

综上所述,本题答案为 ABCD 项。

81. 关于追诉时效,下列说法错误的是?(　　)(单选)

A. 甲犯故意杀人罪,司法机关对甲立案侦查,但甲逃避侦查与审判。在逃跑期间,甲又犯了抢劫罪。对此,甲的故意杀人罪虽然不受追诉期限的限制,但抢劫罪仍然受追诉期限的限制

B. 乙与蒋某共同实施盗窃罪(情节一般,应被判处 3 年有期徒刑)。4 年 6 个月后,乙单独又实施盗窃罪。此时,蒋某盗窃罪的追诉期限也同时中断,1 年后法院仍可以对蒋某进行追诉

C. 丙于 2010 年 1 月 1 日犯一般情节的抢劫罪,法定最高刑为 10 年有期徒刑,但丙在 2021 年 1 月 1 日又犯了一般情节的强奸罪。此时,抢劫罪的时效中断

D. 丁于 2016 年 1 月 1 日伪造国家机关证件(情节一般,法定最高刑为 3 年有期徒刑),2016 年 6 月 1 日利用该伪造的证件骗取数额较大的财物(法定最高刑为 3 年有期徒刑)。如果法院于 2021 年 3 月 1 日审理此案,则应将丁的行为以牵连犯论处,两罪均没有经过追诉期限,而不能仅追诉诈骗罪

[试题解析]

A 项正确。虽然对于行为人犯罪后,司法机关已经立案或者受理的案件,行为人

逃避侦查或者审判,不受追诉时效期间的限制。但是,其后的犯罪行为仍然受追诉时效的限制。

B项错误。《刑法》第89条第2款规定,在追诉期限以内又犯罪的,前罪追诉的期限从犯后罪之日起计算。本选项中,乙在追诉期限以内又犯盗窃罪,乙前罪的追诉期限应当从犯后罪之日起计算。但是对于蒋某而言,其没有再实施犯罪,故其追诉期限从第一次实施盗窃罪之日起计算。如果蒋某的追诉时效重新开始计算的话,显然对蒋某来说是不公平的,因为蒋某本人并没有重新实施犯罪。

C项正确。《刑法》第89条第2款规定:"在追诉期限以内又犯罪的,前罪追诉的期限从犯后罪之日起计算。"即在追诉期限以内又犯罪的,前罪的追诉时效便中断,其追诉时效从后罪成立之日起重新计算。本选项中,丙在抢劫罪的追诉时效内又犯强奸罪,此时抢劫罪的时效就中断,即先前的抢劫罪的追诉时效从2021年1月1日起重新开始计算,还需要再经过15年,才不追诉。

D项正确。本选项中,由于丁在伪造国家机关证件后又犯了诈骗罪,所以,伪造国家机关证件罪的诉讼时效中断,其追诉时效也应从2016年6月1日起开始计算。如果在2021年3月1日审理此案,则应以伪造国家机关证件罪和诈骗罪为牵连犯论处,而不能以伪造国家机关证件罪已过诉讼时效为由作单一的诈骗罪处理。

综上所述,本题为选非题,答案为B项。

82. 关于追诉时效,下列说法正确的是?(　　)(单选)

A. 甲与丈夫乙诉讼离婚,但后因故未离。1年后,甲与丙结婚。二人结婚14年后,乙发现甲、丙重婚的事实,遂向公安机关告发。因已过14年,超过追诉时效,公安机关不予受理

B. 甲于2006年1月1日犯抢劫罪(一般情节),法定最高刑为有期徒刑10年,2010年1月1日,甲实施盗窃行为(数额较大),法定最高刑为有期徒刑3年。2020年5月31日案发,由于两罪已过追诉时效,故不得对甲追究刑事责任

C. 甲、乙共同故意重伤他人,甲为主犯,适用"3年以上10年以下有期徒刑"的法定刑,追诉期限为15年。乙为从犯,适用"3年以下有期徒刑、拘役或者管制"的法定刑,追诉期限为5年。7年后案发,只能对甲的故意伤害罪进行追诉

D. 甲于2009年1月1日犯抢劫罪,在公安机关对其立案侦查后,并打电话告知甲不要逃跑,甲后来逃避侦查,并于2012年1月1日犯故意伤害罪。甲抢劫罪的追诉时效于2012年1月1日重新起算

[试题解析]

A项错误。重婚罪属于继续犯,尽管过了14年,甲重婚的事实仍然存在。意即,犯

罪行为仍在继续进行中。根据《刑法》第89条的规定，犯罪行为有连续或者继续状态的，从犯罪行为终了之日起计算。因此，本选项由于甲的重婚行为还在继续，追诉时效还没开始计算，不存在超过追诉时效的问题。

B项错误。根据《刑法》第89条第2款的规定，在追诉期限以内又犯罪的，前罪追诉的期限从犯后罪之日起计算。本选项中，抢劫罪的追诉时效为15年，甲的抢劫罪在其2010年犯新罪盗窃罪时，重新计算，再经过15年，才超过追诉时效，即2025年。盗窃罪的追诉时效为5年，2015年5月31日，甲的盗窃罪超过追诉时效，但抢劫罪未超过追诉时效。因此，仍需追究甲抢劫罪的刑事责任。

C项正确。共同犯罪中，不同的犯罪人，结合其自身的法定刑，分别计算追诉时效。如果一部分人超过了追诉时效，另一部分人没有超过追诉时效的，只能对后者追诉。本选项中，乙的追诉时效已过，只能对甲进行追诉。

D项错误。在追诉时效的中断与追诉时效延长相竞合（或结合）时，应适用追诉时效延长的规定。本选项中，甲在公安机关立案侦查后逃避侦查，对于抢劫罪直接适用追诉时效延长的规定，不受追诉期限的限制，无须适用追诉时效中断的规定。

综上所述，本题答案为C项。

专题四 财产犯罪

考点一 侵犯财产罪中的几个共性的问题

83. 关于财产犯罪，下列说法错误的是？（　　）（多选）

A. 清洁工甲在办公室进行打扫时，发现办公桌底下有一张存折，打开后发现是同事徐某丢失的，甲将该存折拿走。次日，甲持该存折在储蓄所柜台取出 2 万元。甲构成盗窃罪

B. 乙购买了一辆奔驰汽车，总价 60 万元，其中 30 万元通过银行抵押贷款，并将机动车登记证书抵押在银行。后乙利用伪造的机动车登记证书，隐瞒车辆已经抵押给银行的事实，将该车"质押"给蒋某，从蒋某处借取人民币 20 万元。几日后，乙利用备用车钥匙，将"质押"的汽车从蒋某处偷偷开走。对乙应以诈骗罪与盗窃罪数罪并罚

C. 丙在银行柜台办理取款业务，营业员按照丙的要求从丙的卡中取出 1 万元现金交给了丙。丙拿到钱后偷偷将 2000 元藏起来，将剩余的 8000 元交还给营业员，要求兑换成新版人民币。营业员误以为收到的仍是刚才的 1 万元，未加清点就从钱柜取出 1 万元新版人民币给丙。丙成立盗窃罪

D. 刘某借用丁的淘宝账号全款购买了一部苹果手机（价值 8000 元），刘某将收货人设为自己、收货地址设为刘某自家住址。卖家发货前，丁瞒着刘某登录自己的淘宝账号，联系卖家更改了收货人和收货地址。后卖家将刘某购买的手机寄送给了丁。丁成立诈骗罪，是特殊的三角诈骗

[试题解析]

A 项正确。首先，盗窃罪所要求的秘密窃取是针对财物所有人而言的，只要行为人采取自认为不会被财物所有人发觉的方法，暗中将财物取走，即为窃取。本选项中，甲已经发现该存折是同事徐某的，仍将其拿走，属于以捡取的方式掩盖了秘密窃取的本质，属于盗窃存折。

其次，甲后续使用存折从柜台取钱的行为，属于盗窃行为的延伸，应整体评价为盗窃罪。根据 2013 年最高人民法院、最高人民检察院《关于办理盗窃刑事案件适用法律若干问题的

解释》规定,盗窃金额应为甲实际取出的金额 2 万元。①

B 项错误。首先,乙伪造的机动车登记证书,隐瞒车辆已抵押给银行的事实,将该车"质押"给蒋某,蒋某产生错误认识,向乙支付了 20 万元,乙成立诈骗罪。

其次,乙违反蒋某意志,将蒋某合法占有的车辆转为自己占有,成立盗窃罪。

最后,由于本选项中,被害人蒋某最终只有一个财产损失,即蒋某只是损失了 20 万元现金,车辆"质押"给蒋某只是为了帮助蒋某实现债权。对于乙的诈骗罪和盗窃罪可以作为包括的一罪处理,即从一重罪论处。②

C 项错误。首先,营业员第一次将 1 万元现金交给丙的时候,这 1 万元就是从丙的银行卡中取出,应当交付给丙的,丙从中扣留 2000 元,这属于将自己占有、所有的现金扣留,不构成盗窃罪。

其次,丙扣留 2000 元后,将 8000 元冒充 1 万元交还给营业员,营业员产生错误认识,基于错误认识处分了财产(10000 元),丙成立诈骗罪,诈骗金额为 2000 元。③

D 项正确。首先,虽然刘某已经全部支付了手机款项,但在手机没有发货之前,应当承认卖家对于手机仍然享有处分权。

其次,丁对卖家实施了欺骗行为,卖家基于错误认识,处分了刘某的财产,丁构成诈骗罪,属于三角诈骗。但是,与普通的三角诈骗不同的是,本选项中,丁虽然欺骗了卖家,卖家处分的是自己占有之下的手机,但损失却应由刘某承担。因为卖家的做法完全符合规范,不应由卖家来承担损失。

综上所述,本题为选非题,答案为 BC 项。

84. 甲让乙用乙的名义办理四张信用卡并交给丙。丙拿到四张信用卡后开始实施网络诈骗活动。丙在一次诈骗活动中,发现银行卡出现了支付障碍。于是丙要求乙对信用卡进行挂失,并且重新办理信用卡。办理完成后,丙要求乙将卡里的 11 万元现金(系丙电信诈骗所得)转给丙。但是乙见财起意,在挂失并补办信用卡后,将钱全部取出并据为己有。甲、丙多次要求乙返还,但被乙拒绝。关于乙的行为性质,下列说法正

---

① 2013 年最高人民法院、最高人民检察院《关于办理盗窃刑事案件适用法律若干问题的解释》第 5 条第 2 项规定:"盗窃记名的有价支付凭证、有价证券、有价票证,已经兑现的,按照兑现部分的财物价值计算盗窃数额;没有兑现,但失主无法通过挂失、补领、补办手续等方式避免损失的,按照给失主造成的实际损失计算盗窃数额。"

② 参见张明楷:《刑法分则的解释原理》,高等教育出版社 2024 年版,第 527 页。

③ 参见张明楷:《盗窃还是诈骗?——"调包"案件的犯罪认定问题》,载《民主与法制》2021 年第 31 期。也有观点认为诈骗金额是 10000 元,这种观点主要是考虑银行工作人员处分了 10000 元。但考虑案件发生在同一空间,欺骗行为与处分行为在时空上比较接近,理论界与实务界绝大多数还是主张诈骗犯罪数额为 2000 元。

确的是?(　　)(多选)

A. 如果认为卡内资金归乙占有,乙的行为成立侵占罪
B. 如果认为卡内资金归银行占有,并且银行对取款行为有实质审查义务,乙的行为成立诈骗罪
C. 如果认为卡内资金归丙占有,乙的行为成立盗窃罪
D. 如果乙明知丙进行网络诈骗活动仍向丙提供信用卡,对乙仅应以帮助信息网络犯罪活动罪论处

[试题解析]

ABC项正确。对于乙取走该11万元的行为,究竟是以诈骗罪、侵占罪论处,还是以盗窃罪论处,本质上在于该11万元归谁占有。

观点一:如果认为卡内资金归银行占有,那么,乙欺骗了银行工作人员,将不属于自己所有,但归银行占有的现金取出,成立诈骗罪。该观点认为,如果认为银行工作人员对取款行为具有"实质审查"义务,对于取款行为,即便是卡的名义人乙来取款,都需要问清楚卡内资金的来源是否属于自己、是否合法等,那么,可以认为乙欺骗了银行工作人员,隐瞒了真相,成立诈骗罪。

换言之,如果银行知道真相,就会阻止乙的取款行为。银行卡内的资金,无论是用卡人,还是供卡人,当卡内资金可能涉嫌电信诈骗款项的时候,银行均会对取款行为有更严格的"实质审查"义务。

观点二:如果认为卡内资金归丙占有,因为乙、丙之间已经就租用、借用信用卡达成了一致意见,就可以认为信用卡内资金归丙占有,或者说,卡内资金的提款权归丙。乙在丙不知情的情况下,取走了该11万元,可以认为是侵犯了丙的财产性利益(11万资金的提款权)。故乙的行为成立盗窃罪。

最高人民法院与最高人民检察院就相关案件的处理也明确指出:行为人出售、出租本人名下银行卡给上游犯罪分子后,又起犯意通过挂失补卡等方式截留卡内资金的行为构成盗窃罪。

观点三:如果认为卡内资金归卡的名义人(乙)占有,这种观点主要是考虑到,虽然形式上卡内的资金(现金)由银行保管、占有,但银行并不对取款行为进行实质的、具体的审查,只要提供身份证、银行卡号、密码,即可取得该款。换言之,乙的取款权、挂失卡并补办卡的权利是不受限制的,可以认为卡内资金归乙占有,乙取走自己占有的财物,成立侵占罪。

虽然卡内资金存放在银行,但银行事实上无法对该资金进行实质审查,需要肯定供卡人乙对资金的占有。实践中,只要持卡、输入正确的密码,就可以取款,银行在追求金融业务效率时,一般不会也不可能对取款行为进行更多的实质审查。

D 项错误。2011 年最高人民法院、最高人民检察院《关于办理诈骗刑事案件具体应用法律若干问题的解释》第 7 条规定："明知他人实施诈骗犯罪，为其提供信用卡、手机卡、通讯工具、通讯传输通道、网络技术支持、费用结算等帮助的，以共同犯罪论处。"

本题中，如果乙明知丙进行网络诈骗活动，仍为其提供信用卡，既成立帮助信息网络犯罪活动罪，也成立诈骗罪，属于想象竞合，应以重罪诈骗罪论处。①

综上所述，本题答案为 ABC 项。

85. 关于财产犯罪，下列说法错误的是？（　　）（单选）

A. 甲明知是毒品而实施了盗窃行为，甲盗窃毒品的行为成立盗窃罪

B. 乙持仿真玩具枪抢劫他人，乙仅成立普通抢劫罪

C. 丙将徐某挟持至郊区并要求徐某偿还赌债，丙成立绑架罪

D. 丁的面包车因从事非法营运被办案机关暂扣，深夜丁将车偷偷开回。如果认为财产罪的保护法益为占有权，丁的行为成立盗窃罪

[试题解析]

A 项正确。首先，2013 年 4 月最高人民法院、最高人民检察院《关于办理盗窃刑事案件适用法律若干问题的解释》第 1 条第 4 款规定："盗窃毒品等违禁品，应当按照盗窃罪处理的，根据情节轻重量刑。"根据该司法解释，甲盗窃毒品，成立盗窃罪。

其次，盗窃普通财物与盗窃毒品的行为，均成立盗窃罪。但是，对于后者，考虑到对象是毒品这一特殊对象，认定为盗窃罪也应适度从严处罚。在盗窃毒品后，另行持有毒品的，无须认定为非法持有毒品罪，因为盗窃罪的内容中已经包容了毒品。

最后，如果行为人在盗窃时不知对象是毒品，即使所盗之物为毒品的，也只能认定为盗窃罪，处罚时也只能依据其主观上欲盗窃普通财物的故意给其量刑。事后持有毒品的，由于盗窃行为并没有评价毒品这一要素，另成立非法持有毒品罪。

本选项中，无论如何理解，仅就盗窃毒品的行为，当然成立盗窃罪。

B 项正确。"持枪抢劫"，是指行为人使用枪支或者向被害人展示其持有、佩戴的枪支进行抢劫的行为。其中，"枪支"的概念和范围应当根据《枪支管理法》加以确定，即必须是真枪。

换言之，这是对枪支进行了缩小解释。考虑到我国《刑法》对抢劫罪所规定的法定刑较重，刑法理论与实务对于包括持枪抢劫在内的加重犯进行了缩小解释。

因此，乙持仿真玩具枪抢劫他人，不成立"持枪抢劫"，仅成立普通抢劫罪。

C 项错误。2000 年 7 月最高人民法院《关于对为索取法律不予保护的债务，非法

---

① 参见张明楷：《帮助信息网络犯罪活动罪的再探讨》，载《法商研究》2024 年第 1 期。

拘禁他人行为如何定罪问题的解释》指出:"行为人为索取高利贷、赌债等法律不予保护的债务,非法扣押、拘禁他人的,依照刑法第二百三十八条的规定定罪处罚。"

司法解释之所以将"索债"解释为包括赌债、高利贷等法律不予保护的债务,进而将其认定为非法拘禁罪,主要是基于中国刑法中的绑架罪的法定刑过重,需要限制绑架罪的成立范围。绑架罪与非法拘禁罪在手段上基本相似,其差别在于目的上是否具有正当性。据此,司法解释规定,只要找到一定的理由拘禁他人,如索取非法债务,就肯定其目的上的正当性,也以非法拘禁罪论处。①

D项正确。关于盗窃罪的保护法益,存在以下两种观点:

(1)所有权说(通说)。这种观点认为,盗窃罪侵犯的法益是公私财产的所有权,而且是对所有权全部权能的侵犯,是对所有权整体的侵犯。这种观点主要是考虑到,将盗窃自己所有财产的行为以盗窃罪论处,可能会处罚过重,并不合适。

(2)占有权说(法考观点)。这种观点认为,财产犯罪的保护法益,不仅保护财产所有权,还保护其他权利,典型的如占有权。意即,自己所有的财物若处于他人的合法占有之下,行为人通过非法的方式取回来的行为,由于破坏了他人对财物的合法占有(占有权),该行为也成立财产犯罪。

D选项中,丁的汽车处于国家机关的管理过程中,如果认为财产罪的保护法益为占有权,丁将本属于自己所有的汽车偷回来,侵犯了国家机关对该汽车当前的合法占有,可以成立盗窃罪。相反,认为财产罪的保护法益为所有权,丁作为汽车的所有权人,偷偷将汽车开回的行为不成立盗窃罪。

综上所述,本题为选非题,答案为C项。

考点二 抢劫罪

86. 关于抢劫罪,下列说法错误的是?(　　　)(单选)

A. 甲携带菜刀至某超市内,持刀威胁超市营业员,勒令营业员交出钱款,因营业员不给钱,甲便劫走超市内相机一部(价值800元)后逃逸。甲成立抢劫罪既遂

B. 乙得知徐某对自己手中的一对玉镯(价值5000元)非常感兴趣,便联系徐某并表示欲出售给徐某。二人约定于次日在乙即将到期的承租房内交易。次日,徐某携带5000元来到乙所租住的房屋,欲购买玉镯。乙在接到徐某交付的5000元后,佯装打开抽屉取玉镯,趁机迅速跑出房间,并将房门从外面锁上,然后乘车离开。乙成立抢劫罪

---

① 参见徐光华:《"以刑制罪"视阈下绑架罪的定性与量刑——对大样本绑架释放人质案件的实证考察》,载《政法论坛》2018年第5期,第17页。

C. 丙在某 ATM 机旁,见蒋某掏卡准备取钱,立即上前持刀抢劫蒋某的银行卡,并逼迫蒋某说出银行卡密码。待蒋某说出密码,丙验证无误后,丙为防止蒋某事后报警,持刀将蒋某杀害。后丙正准备用银行卡取钱,瞥见附近巡逻的民警恰巧经过,丙立即逃跑,慌乱逃跑中,银行卡掉落。丙成立抢劫罪(未遂)与故意杀人罪,数罪并罚

D. 丁基于报复动机伤害肖某,将肖某打成重伤后欲离开。但肖某误以为丁将要继续伤害自己,为避免进一步受到伤害,主动提出给丁 5000 元,并要求丁马上离开,不得对他再实施伤害。于是,丁在拿到肖某给的 5000 元后离开。丁拿走肖某 5000 元的行为,成立抢劫罪

[试题解析]

A 项正确。本选项中,甲在劫取钱款不成的情况下并没有彻底放弃犯罪,转而劫走相机。甲获得相机并非被害人赠与,而是暴力威胁手段延续下的劫财行为,因此,甲成立抢劫罪既遂。抢劫罪作为侵犯财产与人身双重法益的犯罪,一般认为只要抢到了财物,或者造成被害人轻伤以上,就是抢劫罪既遂。

B 项正确。首先,乙在徐某将 5000 元交付给自己,等待其交付玉镯时,趁机跑出房间,并将徐某锁在房间内,从而使徐某陷入被取走财物时不能抗拒,也不能当场采取夺回财物控制权的有效措施的状态,乙的行为属于抢劫罪中的利用"其他手段"劫取被害人财物的情形。因此,乙成立抢劫罪。

其次,乙不成立诈骗罪。乙虽然有欺骗行为(佯装将玉镯出售给徐某),导致徐某将 5000 元交予自己,但此时徐某还在现场,等待乙交付玉镯,交易未停止,徐某可以随时停止交易,要回那 5000 元,因此乙此时并没有真正意义上的取得那 5000 元,乙后来取得那 5000 元并非基于欺骗行为,故不成立诈骗罪。

C 项正确。首先,丙以非法占有为目的,持刀抢劫蒋某的银行卡,成立抢劫罪。但抢劫到银行卡并不等于掌握了银行卡里面的资金,由于蒋某后来慌乱逃跑,银行卡掉落,导致未成功取得银行卡里的现金,因此丙成立抢劫罪未遂。

其次,丙虽然是在取得卡里资金之前杀害蒋某,但不能因此认定丙构成抢劫罪致人死亡。成立抢劫罪致人死亡要求行为人带着非法占有他人财物的目的。而本选项中,当丙抢劫到银行卡并获取密码后,便具有了支配蒋某银行卡里资金的条件和可能性,之后丙杀害蒋某的目的也只是防止蒋某事后报警,而不是非法占有蒋某的财物。因此丙不构成抢劫罪致人死亡,而构成单独的故意杀人罪。

D 项错误。首先,丁不构成抢劫罪。丁在对肖某实施暴力时并非基于非法占有肖某财物的目的,而是基于报复伤害目的重伤肖某。直至丁结束对肖某的暴力欲离开时,也没有产生取财目的。

其次,丁之所以取得肖某财物是因为肖某主动提出给予,丁只是单纯地应肖某要

求拿走肖某提供的5000元并离开,而并没有进一步实施新暴力威胁。换言之,丁获得财物并非因丁对肖某的暴力威胁使其无法反抗而交付。

最后,丁成立敲诈勒索罪。丁利用先前对肖某实施暴力伤害,导致肖某陷入恐惧状态,在明知肖某之所以主动给丁5000元是因为恐于自己继续对肖某实施暴力的情况下,仍接受肖某给的5000元,本质上是基于非法占有目的,利用他人对于自己的恐惧(恐慌)心理而勒索他人财物的行为,成立敲诈勒索罪。

综上所述,本题为选非题,答案为D项。

87. 关于抢劫罪,下列说法正确的是?(　　)(多选)

A. 甲深夜携带水果刀,乘坐徐某驾驶的出租车。至某高速路段时,甲让徐某在应急车道上停车,随即在车内手握水果刀对准徐某胸部,强迫徐某交出财物,致徐某右侧肩部被刺伤。徐某情急之下,打开车门下车逃跑并呼救,被蒋某正常驾驶的轿车撞倒,经抢救无效死亡。甲成立抢劫致人死亡

B. 乙为肖某入户盗窃望风,在肖某进入夏某家窃取财物后,乙发现正要回家的夏某。为了使肖某成功盗得财物,乙将夏某打至重伤。乙成立抢劫致人重伤,肖某成立入户盗窃

C. 丙盗窃刘某身上的手机被刘某发现后,为抗拒抓捕,向刘某腹部猛踢一脚。在旁边目睹上述经过的孙某接受丙的请求,向刘某的腹部又猛踢一脚,刘某因脾脏破裂流血过多而死亡,但不能查明谁的行为导致刘某脾脏破裂而死亡。丙、孙某皆成立抢劫致人死亡

D. 丁与钱某合伙抢劫李某,在压制李某反抗过程中,丁与钱某同时对李某分别使用刀具、铁棍进行伤害。后丁误将刀具捅入钱某腹部,致钱某重伤。一种观点认为,丁成立抢劫致人重伤。另一种观点认为,丁的行为成立偶然防卫,丁的行为客观上确实起到了保护李某的效果

[试题解析]

A项正确。首先,甲选择深夜在来往车辆高速行驶的高速公路上持刀实施抢劫,在这种情形下,其应当预见到徐某为逃生有可能慌不择路而导致车祸伤亡事故结果的发生。因此,可认定甲对徐某死亡结果的发生在主观上具有罪过。

其次,甲深夜在来往车辆高速行驶的高速公路上持刀抢劫,并刺伤了徐某。在该特定时空,甲的暴力抢劫行为促使徐某出于本能而仓皇逃生求救,并正巧被正常行驶的汽车所撞,最终产生了徐某死亡的结果。可以说,甲在高速公路上出租车内的暴力抢劫行为是致使徐某死亡结果得以发生的内在支配因素。在本选项的特定情形下,不能苛求徐某在生命遭到重大现实紧迫的威胁前仍保持理性和镇定,即使没有蒋某驾驶

因素的介入,照样存在徐某发生交通伤亡事故的危险。换言之,蒋某驾驶车辆撞死徐某这一介入因素不异常,是合乎规律的,不中断甲的抢劫行为与徐某死亡结果之间的因果关系。

B项正确。首先,肖某进入夏某家盗窃,乙为肖某望风,肖某成立入户盗窃,乙成立入户盗窃的帮助犯。

其次,乙在帮助肖某盗窃而望风时,将夏某打致重伤,既侵犯了财产权,也侵犯了人身权,成立抢劫罪(致人重伤)。肖某对乙的故意伤害行为并不知情,不需要对该伤害行为负责。

最后,乙与肖某在盗窃的范围内成立共犯。

C项错误。首先,丙盗窃刘某被发现后,为抗拒刘某抓捕对刘某使用暴力,成立转化型抢劫。孙某在知道事情前因后,仍帮助丙对刘某实施暴力,成立转化型抢劫的承继的共犯。

其次,丙成立抢劫致人死亡。丙与孙某构成转化型抢劫的共同正犯,但死亡结果只能由丙承担。一方面,不管死亡结果由谁造成,丙都要承担责任,因为丙参与了犯罪的全程,即使是孙某造成了该死亡结果,孙某也是应丙的要求而加入的,丙应对此负责。

最后,孙某不需要对该死亡结果承担责任,仅成立抢劫罪。中途加入进来的人不对前行为人先前所造成的加重结果(重伤、死亡)承担刑事责任。如果该死亡结果是孙某加入进来之前丙造成的,孙某对该死亡结果不承担责任。如果死亡结果是孙某加入进来之后,孙某造成或者丙造成的,孙某需要对死亡结果承担责任。但是,现在无法查清是孙某加入进来之前还是之后造成的,孙某不需要对该结果承担责任。

D项正确。一种观点认为,丁的行为属于打击错误,根据法定符合说(通说),这种错误不影响行为的定性。丁的行为属于抢劫致人重伤的结果加重犯。2009年、2020年法考真题也坚持这一观点。

另一种观点认为,丁的行为属于偶然防卫。丁误将刀具捅入钱某腹部致钱某重伤的行为,客观上起到了保护被害人李某的效果,丁属于偶然防卫。①

综上所述,本题答案为 ABD 项。

88. 关于转化型抢劫,下列说法正确的是?(　　　)(多选)

A. 甲潜入徐某家盗窃后,被徐某发现而逃离现场,徐某在后紧追。在逃至楼下时,甲回头对徐某实施打击,徐某边回击边呼喊抓小偷,此时甲的老乡蒋某路过,得知

---

① 在抢劫过程中误伤、误杀同伙,属于偶然防卫的,不成立抢劫致人重伤、死亡。即使是偶然防卫过当,也不成立抢劫致人重伤、死亡。参见张明楷:《刑法学》(第六版),法律出版社2021年版,第1294页。

真相的蒋某担心甲被抓而过来帮忙打击徐某,蒋某将徐某打倒在地致徐某轻伤,甲和蒋某遂逃离现场。甲与蒋某成立转化型抢劫的共同犯罪

B. 乙抢夺肖某财物后,肖某抓住乙的手腕不放。乙为了脱身,顺势甩开肖某的手而逃离,造成肖某轻微伤。乙成立转化型抢劫

C. 丙深夜携带管制刀具潜入某政府办公大楼窃取国家机关印章。在得手准备逃走时,被值班人员发现,遂为抗拒抓捕,将值班人员殴打致轻伤。丙成立转化型抢劫

D. 丁驾车在某户人家院门口发现一只黄狗,即将事先备好的拌有毒药的碎骨头扔给狗吃,欲将狗毒死后卖给他人。黄狗被毒死后,丁下车捡拾,被黄狗主人刘某发现,并上前揪住丁。丁为挣脱刘某,将刘某殴打致轻微伤。经鉴定,黄狗的价值为150元。丁成立转化型抢劫

[试题解析]

A项正确。首先,甲在实施盗窃后为抗拒徐某抓捕,对徐某使用暴力,成立转化型抢劫。

其次,蒋某虽然没有实施先前的盗窃行为,但其在明知甲实施盗窃后受徐某抓捕的情况下,参与了抗拒抓捕行为,实施了转化抢劫行为,故与甲成立转化型抢劫共同犯罪。或者说,蒋某参与了甲的抢劫行为的一个组成部分,成立抢劫罪的共犯。

B项错误。2016年最高人民法院《关于审理抢劫刑事案件适用法律若干问题的指导意见》规定,以"摆脱"方式逃避抓捕,即以"被动"的"摆脱"方式使用暴力,必须造成"轻伤"以上,才能转化成抢劫。本选项中,乙抢夺肖某财物后,因被肖某抓住手腕,为了脱身,顺势甩开肖某的手,属于以"被动"的"摆脱"方式使用暴力,危害性较小,仅造成肖某轻微伤,因此乙不能转化为抢劫。

C项正确。丙盗窃国家机关印章,印章具有财产价值,虽然无法达到"数额较大"标准,但由于丙系"携带凶器盗窃",也符合盗窃罪的要件。故符合转化型抢劫中的"犯盗窃、诈骗、抢夺罪"这一前提条件,后来丙为了抗拒抓捕,将值班人员殴打致轻伤,成立转化型抢劫。

有同学可能认为,丙的前行为"盗窃国家机关印章"并不具有侵犯财产权利的特点,因此不是刑法意义上的盗窃罪。这种理解是错误的。虽然盗窃国家机关印章本身,构成刑法上的盗窃国家机关印章罪,由于印章不具有财物属性,而与盗窃罪之间不存在竞合。但是,本选项中行为人"携带凶器盗窃",即便未得分文,也构成盗窃罪。故丙的前行为符合转化型抢劫的前提条件——"犯盗窃罪"。

D项错误。首先,丁不具有转化型抢劫的前提条件——"犯盗窃罪"。丁通过毒药将黄狗(价值仅150元)毒死的行为只是小偷小摸的行为,不能评价为盗窃行为,不满

足转化型抢劫中的"犯盗窃、诈骗、抢夺罪"的前提条件,因此丁不成立转化型抢劫。①

其次,即便其后续使用暴力将被害人打成轻微伤,由于前行为不符合"犯盗窃罪"的标准,因此,也不能转化为抢劫。

有同学可能认为,司法解释规定,如果前行为没有达到"盗窃罪、抢夺罪、诈骗罪"的定罪标准(通常情形是要求"数额较大"),那么,后行为要"补充",即后行为应造成被害人轻微伤以上(即先天不足,后天补),也可以成立转化型抢劫。根据该规定,本选项中的前行为即便没有达到盗窃罪的数额标准,由于后行为造成了被害人轻微伤,也应该转化为抢劫罪。这是错误地理解了司法解释的规定。普通抢劫罪、转化型抢劫罪对暴力的要求仅仅是要求压制被害人的反抗,不要求必须造成轻微伤或者轻伤结果。但是,如果在转化型抢劫中,前行为未达到"犯盗窃罪"的前提条件,后行为达到了轻微伤,也可以转化为抢劫。司法解释的规定虽然对于前行为"犯盗窃罪"作了扩大化的理解,但也不能过于扩大。如果前行为未达到盗窃罪的标准(假定盗窃的数额要求是1500元,但达到了900元),只要后续使用暴力造成了被害人轻微伤的,也可以成立转化型抢劫。而本选项中的盗窃金额只有150元,远未达到盗窃罪的标准,甚至可以认为该行为与盗窃罪毫无关系,因此,后续无论使用多么严重的暴力抗拒抓捕,也仅能评价后面的暴力行为,不能转化为抢劫罪。

综上所述,本题答案为 AC 项。

考点三 盗窃罪

89. 徐某将自己的银行卡提供给朋友张某正常使用,在得知银行卡汇入款项后,徐某挂失旧卡补办新卡(俗称"掐卡"),并随后将卡内资金取出。对于徐某的行为,下列解释合理的是?(　　)(多选)

A. 如果认为银行管理者在为供卡人(徐某)补办新卡、提取现金时,正常情况下并不关心卡内资金的真实来源,只进行身份信息核对等形式审查,不能认为银行管理者产生了"错误认识"。徐某的"掐卡""取款"行为不成立诈骗罪

B. 如果认为徐某的行为对象是现金,由于现金是银行管理者在占有,因此徐某的"掐卡""取款"行为不可能成立侵占罪

---

① 虽然成立转化型抢劫不要求盗窃、诈骗、抢夺行为一定既遂或达到数额较大标准,但要求行为人着手实行的盗窃、诈骗、抢夺行为,具有取得数额较大财物的危险性,行为人主观上具有盗窃、诈骗、抢夺数额较大财物的故意。而客观上不可能有盗窃、诈骗、抢夺数额较大财物的情形,以及主观上没有盗窃、诈骗、抢夺数额较大财物的故意的情形,都不符合"犯盗窃、诈骗、抢夺罪"的条件。参见张明楷:《刑法学》(第六版),法律出版社2021年版,第1253页。

C. 如果认为行为对象是存款债权,由于银行只会将名义存款人作为存款债权人,徐某的"掐卡"行为不可能成立盗窃罪

D. 如果认为行为对象是用卡人(张某)的"随时取款或者转账"这一财产性利益,则徐某以非法占有为目的,违反实际用卡人张某的意志实施的"掐卡"行为,窃取了用卡人张某这一"财产性利益",可能构成盗窃罪

[试题解析]

A项正确。首先,银行管理者在为供卡人挂失旧卡补办新卡时,通常不会对卡内资金的真实来源进行实质审查,除非银行卡被用于实施违法犯罪行为的支付结算活动。

其次,由于徐某是将银行卡提供给张某正常使用,银行管理者通常并不关心卡内资金的真实来源,对徐某后续挂失旧卡补办新卡的行为也不会进行实质审查,也即,银行管理者没有产生认识错误。

最后,由于徐某的"掐卡"行为并没有使银行管理者产生认识错误,不符合诈骗罪的构成要件——"被害人基于错误认识而处分财产",所以徐某不可能成立诈骗罪。

B项正确。首先,如果认为"掐卡"、取款行为的对象是现金,由于现金由银行管理者占有,徐某和张某并未在客观上占有该现金。

其次,成立侵占罪的前提是行为人将代为保管的他人财物非法占为己有,或者将他人的遗忘物或者埋藏物非法占为己有。既然徐某没有占有现金,现金也并非遗忘物等脱离他人占有的财物,故其取出现金的行为就不可能成立侵占罪。①

最后,如果认为徐某的行为对象是"现金",而现金归银行占有,徐某使用欺骗手段、不正当手段,使银行工作人员交付现金的,可能成立诈骗罪。

C项正确。首先,如果说行为对象是"存款债权",那么,在供卡人提供银行卡后,不管用卡人是否修改密码,也不管供卡人是否"掐卡",都是由供卡人(本选项中的徐某)享有对银行的存款债权。

其次,盗窃罪的成立要求行为人以非法占有为目的,将他人占有的财物转移为自己占有,也即,盗窃罪保护的是他人对财物的占有权。而按C选项的说法,假定本选项的对象不是他人(银行)占有的现金,而是徐某本人对银行的"存款债权"。那么,徐某侵犯其本人的"存款债权",并不成立盗窃罪。

同时,因为徐某是名义上的存款债权人,所以其"掐卡"行为不可能侵犯他人(张某)对"存款债权"的占有,不会成立盗窃罪。徐某后续的取款行为属于将他人(张某)所有、自己占有的"存款债权"非法占为己有,可能成立侵占罪。

D项正确。首先,如果承认财产犯罪的对象可以包括"随时取款或转账"这一财产

---

① 参见张明楷:《供卡人掐卡、取款的行为性质》,载《法学评论》2024年第1期,第3页。

性利益,则这一财产性利益最初应当归属于实际用卡人张某。

其次,徐某违反用卡人的意志实施的"掐卡"行为,破坏了张某对这一财产性利益的占有,使张某不能再随时将卡内资金进行取款或转账,并且导致这一财产性利益转移给自己占有。就此而言,供卡人徐某单纯的"掐卡"行为,就已经构成盗窃罪的既遂。至于徐某"掐卡"后实施的取款行为,与此前的"掐卡"行为侵害的法益具有实质的同一性,因而属于包括的一罪,只能认定为一个盗窃罪。

综上所述,本题答案为 ABCD 项。

90. 徐某将自己的银行卡提供给朋友陈某实施电信诈骗后的支付结算活动,在得知银行卡有款项汇入之后,徐某挂失旧卡补办新卡(俗称"掐卡"),并随后将卡内资金取出,对于徐某的行为,下列解释合理的是?(　　)(单选)

A. 在电信诈骗型"掐卡"行为中,如果认为银行管理者在为供卡人补办新卡时,关心卡内资金的真实来源,需要对身份信息核对、资金来源等进行形式与实质审查,则徐某的"掐卡"行为成立对银行的诈骗罪

B. 如果认为,徐某的"掐卡"行为在客观上阻止了电信诈骗犯陈某最终取得财产,或者说对挽回电信诈骗被害人的财产损失起到了积极作用。那么,可以将其"掐卡"行为视为违法性阻却事由,不成立犯罪

C. 如果认为,徐某的"掐卡"行为在客观上阻止了电信诈骗犯陈某最终取得财产,或者说对挽回电信诈骗被害人的财产损失起到了积极作用。那么,可以将其"掐卡""取款"的行为都视为违法性阻却事由,不成立犯罪

D. 如果徐某主观上并非基于阻止电信诈骗犯陈某最终取得财产的目的而实施"掐卡"行为,同时认为成立违法性阻却事由不要求行为人主观上要具有正当性。则不可能将徐某行为视为违法性阻却事由,应当成立犯罪,按照相关罪名论处

[试题解析]

在陈某实施电信诈骗后,徐某提供银行卡给陈某而帮助其支付结算活动,徐某与陈某在"电信诈骗"这一问题上不成立共同犯罪。

A 项错误。首先,如果认为银行管理者在为供卡人补办新卡时,需要对身份信息核对、资金来源等进行形式与实质审查。那么徐某后续隐瞒真相实施的"掐卡"行为,使得银行管理者事实上产生了认识错误,换言之,如果银行管理者能够查明银行卡被用于电信网络诈骗,就不可能会同意为徐某挂失旧卡补办新卡。①

---

① 根据《反电信网络诈骗法》第 15 条的规定,银行业金融机构应当采取相应风险管理措施,防范银行账户、支付账户等被用于电信网络诈骗活动。因此,银行对银行卡是否被用于电信网络诈骗,具有实质审查义务,即银行需要审查资金的来源、去向是否合法,从而决定是否同意补办卡、取款等。

其次，诈骗罪的成立要求行为人以非法占有为目的，实施欺骗行为使对方产生认识错误进而处分了财物，被害人因此遭受财产损失。徐某的"掐卡"行为对银行管理者具有欺骗性质，但由于"掐卡"行为本身并没有侵犯银行的财产，银行不是被害人。所以，"掐卡"行为不会对银行成立诈骗罪。

B项正确。首先，在刑法理论上，即使行为人客观上实施了形式上侵害法益的行为，但如果这一行为在侵害某一法益的同时，还保护了另一更为优越的法益，则可能被认定为违法性阻却事由而不认定为犯罪。

其次，徐某的"掐卡"行为在客观上阻止了电信诈骗犯陈某最终取得财产，或者说对挽回电信诈骗被害人的财产损失起到了积极作用，换言之，徐某的"掐卡"行为，除了侵害用卡人（电信诈骗的行为人）的财产法益，还保护了第三者（电信诈骗的被害人）的财产法益与其他法益，降低了法益侵害的危险，因而存在违法性阻却事由，不成立犯罪。

C项错误。在电信诈骗型案件中，供卡人实施的"掐卡"行为本身保护了电信诈骗被害人的财产，可以认为存在违法性阻却事由，不成立犯罪。但供卡人徐某在"掐卡"后实施的取款行为，则会对电信诈骗被害人的财产产生侵害，因而会成立相关的财产犯罪（如诈骗罪、盗窃罪等不同观点），不宜再以存在违法性阻却事由为由主张不构成犯罪。

D项错误。首先，成立违法性阻却事由是否需要具备主观的正当化要素，在国内外刑法理论上均存在争议。如果认为成立违法性阻却事由需要具备主观的正当化要素，则徐某主观上并非基于阻止电信诈骗犯陈某最终取得财产而实施"掐卡"行为，因此不符合违法性阻却事由的成立条件。如果认为成立违法性阻却事由不需要具备主观的正当化要素，或者只需要行为人认识到自己的行为能够阻止不法事实，则徐某的"掐卡"行为在客观上能够阻止电信诈骗犯最终取得财产，因此符合违法性阻却事由的成立条件。

类似的道理，对于偶然防卫，行为人在客观上保护了无辜的第三者的利益，但主观上并没有正当化的想法（没有防卫意识）。例如，甲基于报复而开枪射杀乙，但此时的乙正在对丙实施杀害行为，甲对乙的行为并不知情。甲开枪射杀乙之后，保护了丙的生命。如果认为成立正当防卫这一违法性阻却事由要求行为人主观上的正当性（要有防卫意识），那么，甲的行为不成立正当防卫；反之，如果认为成立正当防卫不需要行为人主观上的正当性，甲的行为成立正当防卫。

因此，倘若认为违法性阻却事由的成立不需要具备主观的正当化要素，或者认为只要求行为人的行为能够阻止不法事实，则徐某的"掐卡"行为属于违法性阻却事由，不成立犯罪。

综上所述,本题答案为 B 项。

91. 下列行为中构成盗窃罪的是?(　　)(多选)
   A. 甲趁李某熟睡拿走其手机,后通过该手机中绑定银行卡的微信给自己转账
   B. 甲趁王某熟睡拿走其手机,后使用该手机中绑定银行卡的微信进行消费
   C. 甲借用徐某手机,后偷偷使用徐某手机中的微信零钱给自己转账
   D. 甲捡到蒋某手机,后使用该手机中的微信零钱进行消费

[试题解析]
AB 项正确。AB 两个选项中的甲分别实施了两个盗窃行为。首先,甲趁李某或王某熟睡拿走其手机的行为成立盗窃罪。

其次,甲虽然使用了他人微信绑定的银行卡,但是需要肯定微信的独立支付地位,微信本身不是银行卡,乙通过微信取走他人财物的,应成立盗窃罪。同时,甲使用手机中"绑定银行卡的微信"无论是进行转账还是消费,都属于"盗窃微信中的财产",不影响对盗窃罪的认定。

综上,甲实施了两次盗窃行为(盗窃手机及后续使用行为),由于同种数罪不并罚,故甲成立盗窃罪一罪。

CD 项正确。CD 两个选项中的甲分别实施了两个行为。第一个行为是甲借用或捡到他人的手机,第二个行为是使用他人微信零钱进行转账或消费。

首先,甲借用或捡到他人手机的行为并不构成犯罪,同时也不影响后行为的认定。

其次,甲使用他人微信中的零钱进行转账或消费的行为,并没有经过他人的同意,他人对此不知情,甲取走或使用该财物的,成立盗窃罪。

综上,虽然甲的第一个行为不构成犯罪,但是其盗窃他人微信中财物的行为成立盗窃罪,故甲成立盗窃罪一罪。

综上所述,本题答案为 ABCD 项。

92. 关于盗窃罪,下列说法错误的是?(　　)(单选)
   A. 甲边开车边物色取财对象,车内携带小型刀具以备不时之需。在经过一路口时,甲见一对男女在激烈争吵,争吵过程中女生的钱包从口袋滑落至地面。甲在距离该对男女 15 米之外的位置将车停下,独自来到该对男女附近,趁二人激烈争吵而未注意时,将钱包"捡"走。甲属于携带凶器盗窃
   B. 乙与徐某合租一套二室一厅的房子,二人各住其中一室。二人平时经常互窜彼此卧室,进出自由。一日,徐某上班后,乙进入徐某的房间,窃走徐某放置在床尾柜鞋盒内的 2000 元。乙属于入户盗窃
   C. 丙见 82 岁独居老人肖某家二楼窗户未关,即翻窗进入,被邻居夏某看见。夏某

打电话报警,并与另一名邻居刘某守候在门口。10分钟后,丙窃得现金1549元出来后,被守候在门外的夏某、刘某抓获。丙成立盗窃罪既遂

D. 丁逛街时拾到章某手机,该手机未设置锁屏密码。后丁在使用章某手机时,发现手机短信里有章某的身份证、银行卡号等信息,且章某的微信号没有退出,遂用短信提示的方式更改了章某的手机微信支付密码,并绑定了章某的银行卡。而后,丁通过章某微信将绑定的银行卡内资金转移至丁的本人微信。丁成立盗窃罪

[试题解析]

A项正确。首先,甲"捡"走钱包的行为属于盗窃行为。该钱包虽从主人口袋遗落到地面,但在主人可控范围内,应当认定仍由主人占有,不属于遗忘物。

其次,甲的行为属于携带凶器盗窃。盗窃罪中的"携带凶器盗窃"如何理解?将凶器带在身上或置于身边附近,将其置于现实支配下即可。如本选项中尽管甲将凶器(小型刀具)放置距自己15米之外的车内,但仍认为其有支配、使用凶器的现实可能,应认定为携带凶器盗窃。

B项错误。乙不属于入户盗窃。孤立地看,合租房中的房间,可以认为是刑法上的"户"。合租房中的房间是承租人日常起居的场所,尽管与其他租户具有共用的面积,但是就房间本身而言,房间是给特定的人居住的,并非集体活动的场所,具有独立的生活特质,而且与外界相对隔离,属于私人生活的空间。因此,合租房既具有供他人家庭生活的功能特征,也具备私人生活领域和相对隔离的特点,因此可以评价为刑法意义上的"户"。乙进入徐某卧室的行为属于入户。但成立"入户"盗窃,强调"入户"本身的非法性,即未经他人允许。本选项中,乙与徐某系合租室友,二人平时经常互窜彼此卧室房间,进出自由,换言之,乙进入徐某房间的行为并没有违背其意愿,故而难以认定乙进入徐某卧室具有非法性。因此,乙不属于入户盗窃。①

---

① 《刑法》之所以特别规定入户盗窃,是因为"入"这一行为在一定程度上会给居住人的人身安全造成潜在的威胁,也侵犯了居住人的住宅安宁权。另外,从居住人的角度而言,行为人进入其房屋的行为是违背其意愿的,未经他人同意进入他人的住所就具有非法性。在这种情况下,行为人实施"入"的行为就具有刑法评价的必要性,具有非法的特质。一般情况下,住所相对于他人都是封闭的,未经同意擅自进入自然是违法的,何况以实施抢劫、抢夺、盗窃犯罪为目的。

而本选项中,乙与徐某二人平时经常互窜彼此卧室房间,进出自由,乙进入徐某的房间并未对徐某的居住安宁权造成侵害,其"入"的行为并不违背徐某的意愿,同时也未对徐某的人身安全造成潜在的危险。从这个意义上来说,乙的入户行为不具有非法性的特征,不能评价为非法入户。如果乙进入徐某的房间后,没有实施盗窃行为,则不能认定为入户盗窃中的入户行为。

入户盗窃中非法进入的认定应该是独立于盗窃而存在的,换言之,客观评价被告人入户的行为即应该具备非法进入的特征,而不应该将盗窃的行为作为非法进入的评价条件。综上所述,不能认定乙的行为属于入户盗窃。参见江苏省南京市中级人民法院(2015)宁刑二终字第178号刑事判决书。

C 项正确。丙成立盗窃罪既遂。关于盗窃罪的既遂标准,一般认为采控制说,即只要行为人取得(控制)了财物,就是盗窃既遂。本选项中,丙进入被害人家中窃得形状、体积较小的现金放于口袋内,走出房门后就已取得了对被窃财物的控制,而被害人则失去了对被窃财物的控制,财产所有权已受到实质侵害。

虽然丙在实施盗窃的过程中被群众发现,之后处于群众的监视之下,但是群众在户外的监视并不能替代被害人对财物的控制;虽然最终丙被人赃俱获,但是并不影响之前他已取得了对被窃财物的控制。也即,不影响盗窃罪既遂的认定。

可能有同学会认为,夏某、刘某在户外进行了更大范围的控制,进而认为丙没有控制财物,丙的行为成立盗窃罪未遂。这种理解是错误的,本选项中,虽然夏某、刘某在户外,但是两个人的力量通常而言,不能等同于警察的全面控制,仍然可以认为丙控制了财物,丙成立犯罪既遂。如果本选项是多名警察在户外控制,则可以认为丙难以实现对财物的支配、控制,成立犯罪未遂。

D 项正确。丁成立盗窃罪。本选项中,丁将章某的银行卡与微信绑定,虽然使用了章某银行卡的账号和密码与微信绑定,但绑定行为本身并不会导致转移章某的财产,章某的财产法益没有受到侵害。如果行为到此为止,丁不可能构成任何犯罪。

后续丁将章某微信内的"钱"转到自己微信中非法占有的行为,才是一个盗窃行为。但这个行为本身并没有使用章某银行卡的账号与密码,而是破坏了微信的使用规则,是典型的盗窃行为,不属于信用卡诈骗行为。

综上所述,本题为选非题,答案为 B 项。

考点四　诈骗罪

93. 某网约车 APP 的规则是:乘客下车后一定时间如果未付款,网约车公司就代替乘客付款给司机。网约车司机甲从陈某处购买了一款软件,陈某开发的该软件可以制作虚假出行订单,使 APP 错误地认为甲接到了乘客,从而支付车费垫付款。甲利用陈某所制作的软件,制作了大量虚假出行订单,使网约车公司"代为垫付"了诸多款项给甲。关于甲和陈某的行为性质,下列说法正确的是?(　　)(多选)

A. 因为甲和网约车公司已经签订了合同,故甲对网约车公司构成合同诈骗罪

B. 甲构成诈骗罪

C. 陈某构成非法侵入计算机信息系统罪

D. 陈某构成提供侵入计算机信息系统工具罪,与诈骗罪存在竞合

[试题解析]

A 项错误,B 项正确。

首先,甲的行为构成诈骗罪。诈骗罪的基本构造是:虚构事实、隐瞒真相的欺诈行为→被害人陷于认识错误(或维持错误认识)→被害人"自愿处分"财物→被告人受益→被害人受损。在本选项中,甲利用陈某的软件制作虚假出行订单,使得网约车APP陷入错误认识进而支付车费垫付款,甲因此获利而网约车平台遭受了损失。

需要注意的是,不能以"APP属于机器,不能陷入错误认识"为由否定诈骗罪的成立。"机器不能成为被骗的对象"这一观点应被修正,"欺骗"机器的,仍然可以成立诈骗罪。命题人在此也是刻意回避本题中甲的行为究竟属于盗窃罪还是诈骗罪的观点争议,没有设置盗窃罪的选项。实务中,也不要求诈骗罪必须是对人实施欺骗行为。例如,北京市海淀区人民法院经公开审理查明:被告人王彩坤利用北京骏网在线电子商务有限公司网络交易平台的技术漏洞,采用虚报商品利润、自买自卖进行虚假交易的手段,欺骗骏网公司,在其账户内虚增骏网交易资金76万元(折合人民币76万元)。后王彩坤将该笔虚增资金转入张娟的私人账户。后被告人张娟将76万元骏币全部用于从骏网公司购买游戏点卡,再将游戏点卡出售以兑换现金。后王彩坤将人民币53万元用于个人挥霍。张娟分得人民币23万元。法院认定:被告人王彩坤犯诈骗罪,张娟犯销售赃物罪(现为掩饰、隐瞒犯罪所得罪)。另外,类似本题的实务案例,也均是以诈骗罪论处的。例如,网约车司机董某等人通过购买、租赁未实名登记的手机号注册网约车乘客端,并通过这些手机号虚构订单以骗取网约车平台垫付款。最终法院认定董某等人构成诈骗罪。①

其次,甲的行为不构成合同诈骗罪。合同诈骗罪与诈骗罪的区别在于,合同诈骗罪的保护法益还包括市场秩序,市场秩序法益的特征是"公共性"。在本题中,甲与网约车平台之间有关"乘客逃单由平台垫付"这一合同约定的性质与直接的市场交易无关。尽管学界对网约车司机与网约车平台之间的法律关系目前尚未形成定论(主要存有居间关系说、劳务关系说、雇佣关系说),但无论采用何种说法,"逃单垫付"之约定只涉及网约车平台与司机之间的双方关系,难以认定其具有公共性,对市场秩序的影响较小。② 因此,甲的行为不构成合同诈骗罪。

C项错误。根据《刑法》第285条的规定,只有侵入"国家事务、国防建设、尖端科学技术领域"的计算机信息系统,才能成立本罪。本题中,网约车平台不属于以上三种领域的计算机信息系统,陈某的行为不成立非法侵入计算机信息系统罪。

D项正确。首先,提供侵入、非法控制计算机信息系统程序、工具罪所针对的计算

---

① 参见董亮等四人诈骗案(检例第38号),载《最高人民检察院公报》2017年第6期(总第161号)。
② 参见于改之:《行为人骗取网约车平台车费垫付款行为解析》,载《人民检察》2021年第8期,第43—44页。

机系统,并不限于上述国家事务、国防建设、尖端科学技术领域的计算机信息系统。

其次,陈某提供的软件属于能够非法侵入计算机信息系统的工具,构成提供侵入计算机信息系统工具罪。本选项中,由于陈某开发的软件可以通过伪造虚假的订单,绕开网约车平台的防护措施,使得甲得以通过伪造订单和网约车平台后台服务器之间进行数据响应和数据交换,最终实现诈骗功能。因此,陈某的软件属于能够非法侵入计算机信息系统的工具,陈某将其提供给甲用于诈骗的,成立提供侵入计算机信息系统工具罪。如果陈某明知甲将软件用于诈骗,则同时构成诈骗罪,是两罪的竞合。

综上所述,本题答案为BD项。

【阅读案例】上海市高级人民法院2020年第三批参考性案例第97号,古某、李某提供侵入计算机信息系统工具案:2018年12月,被告人古某、李某二人通过网络结识并经事先商议,由古某编写名为"水滴子"的计算机软件(其中包含"翼支付重置双密软件""翼支付加入常用设备软件""翼支付扫商家二维码软件"等一系列应用程序)并架设远程服务器用于软件的日常运营;李某则负责通过QQ及微信将古某开发的"水滴子"软件销售给他人,所售钱款由二人均分。该款名为"水滴子"的软件可供他人在计算机环境中运行,同时使用数量巨大的手机卡针对被害单位天翼电子商务有限公司上海分公司(以下简称天翼公司)旗下"翼支付"APP及平台批量生成电子凭证参码、手机型号等数据,从而模拟出正常"翼支付"用户进行注册、登录、修改密码、扫描商家二维码等操作,进而实现虚假交易套取天翼公司营销立减、代金券交易等活动的营销资金。两名被告人通过网络向祁某(已判决)出售"水滴子"软件,非法获利人民币5000元;通过网络向徐某(已判决)出售"水滴子"软件,非法获利人民币1000元。最终法院认定被告人古某和李某犯提供侵入计算机信息系统工具罪,各判处有期徒刑1年3个月,并处罚金人民币10000元。

94. 关于盗窃罪与诈骗罪,下列说法正确的是?(　　　)(多选)

A. 甲通过欺骗手段使乙同意并签字免除了自己10万元的债务。甲成立诈骗罪

B. 甲嫖宿卖淫女后,以欺骗方法骗免嫖宿费用。甲骗免嫖资的行为不成立诈骗罪

C. 甲通过互联网发送虚假的"1元钱"支付链接,欺骗被害人进行点击,实则点击后被害人银行卡内的三万元全部被支付到甲的账户中。甲的行为成立诈骗罪

D. 甲桌上的一个信封中装有一枚贵重的邮票,但甲误认为是空信封,乙发现后就让甲把"空信封"给自己使用,甲同意乙拿走信封。乙的行为成立诈骗罪

[试题解析]

区分盗窃罪与诈骗罪的关键在于,受害人是否有意识到转移了自己的财产,即犯

罪行为人与被害人就财物的处分、转移有没有进行过"沟通"。

A 项正确。甲通过欺骗手段使乙免除了自己的债务,"免除债务"同样属于财产处分的样态之一。因此,乙是有意识地使自己的财产减少了,属于因甲的欺骗行为陷入错误认识而处分财产,甲的行为成立诈骗罪。

B 项正确。嫖资属于非法债务,使用欺骗手段免除非法债务的,不成立诈骗罪。因此,甲的行为不成立诈骗罪。质言之,这属于"骗色"。

需要注意的是,如果甲已经支付了嫖资,而后采取欺骗手段将"嫖资"骗回的,成立诈骗罪。①

C 项错误。甲欺骗用户点击虚假的支付链接获取存款,但用户并没有因此产生错误认识并基于错误认识处分财产。换句话说,用户对财产的转移并不知情,更何谈处分财产。因此,甲的行为成立盗窃罪而非诈骗罪。

本选项的原型案件——臧进泉等盗窃、诈骗案。法院在判决中认为,臧进泉、郑必玲获取财物时起决定性作用的手段是秘密窃取,诱骗被害人点击"1元"的虚假链接系实施盗窃的辅助手段,只是为盗窃创造条件或作掩护,被害人也没有"自愿"交付巨额财物,获取银行存款实际上是通过隐藏的事先植入的计算机程序来窃取的,符合盗窃罪的犯罪构成要件。②

D 项错误。甲主观上并不知道信封中的邮票,不能认为甲处分了邮票。也就是说,甲主观上并没有处分意识。故乙的行为成立盗窃罪。

综上所述,本题答案为 AB 项。③

考点五　侵占罪

95. 有关不法原因给付能否成立侵占罪,下列解释不合理的是?(　　)(单选)

A. 吸毒者张三用微信将"毒资"转给李四,让李四代购毒品。后李四直接将张三的毒资据为己有,拒不返还。从法秩序统一性的角度考虑,如果认为民法上不保护的财产,刑法上也不应该保护,则李四将毒资据为己有、拒不返还给张三的行为不成立侵占罪

B. 张三窃取了李四的摩托车并藏匿在家中,被王五发现后,王五趁张三不注意将其摩托车挪回自己家中。从民法、刑法保护目的一致的角度考虑,如果肯定盗窃他人

---

① 参见张明楷《刑法学》(第六版),法律出版社 2021 年版,第 1310 页。
② 参见浙江省杭州市中级人民法院(2011)浙杭刑初字第 91 号刑事判决书。
③ 参见张明楷:《刑法学中的概念使用与创制》,载《法商研究》2021 年第 1 期,第 3—22 页。

不法占有的财物能成立盗窃罪,那么"侵吞"他人不法原因给付物的行为也应该成立侵占罪

C. 徐毛毛为谋取不正当利益,委托朋友刘某将 50 万元交给国家机关工作人员丁某,刘某在受领徐毛毛的行贿款后,并没有将其转交给丁某,而是在事后据为己有,拒不返还。如果认为侵占罪的成立,关键在于行为是否侵犯了他人财产的所有权,因为徐毛毛对行贿款不具有所有权,所以刘某不成立侵占罪

D. 徐毛毛为谋取不正当利益,委托朋友刘某将 50 万元交给国家机关工作人员丁某,刘某在受领徐毛毛的行贿款后,并没有将其转交给丁某,而是在事后据为己有,拒不返还。如果能肯定侵占罪的保护法益包括委托信赖关系,刘某在事实上侵害了与徐毛毛之间的委托信赖关系,所以可能成立侵占罪

[试题解析]

A 项正确。法秩序统一性强调刑法的判断要从属于民法的判断,对于不法原因给付行为,由于在民法上否认了给付者(张三)的返还请求权,也即,如果受领人(李四)将不法原因给付物(毒资)据为己有,民法上也不会保护给付者张三。此时倘若刑法全面肯定受领人将给付物据为己有的行为成立侵占罪,就相当于承认了给付者(张三)属于受害人,其财产遭受了损失,承认给付者(张三)具有对财物的返还请求权,因而有违法秩序统一性的原理。

所以,为保持法秩序的统一性,刑法上的判断应与民法上的判断保持一致性,对于李四将张三毒资据为己有、拒不返还的行为不应当以侵占罪论处。

B 项错误。首先,张三窃取了李四的摩托车,对摩托车所有权人李四而言,民法应当保护李四的合法财产,李四对张三具有占有物返还请求权。王五趁张三不备,将张三事实上占有的摩托车转移为自己占有,符合刑法上盗窃罪的构成要件,且将王五的行为认定为盗窃罪,最终也有利于保护李四的财产所有权,因而刑法与民法的保护目的完全一致。也就是说,认定王五的行为构成盗窃罪,在法律价值判断上不会有矛盾。

换言之,此时存在三方主体。王五针对张三不构成犯罪,但王五针对李四构成犯罪,李四的财产法益值得刑法保护。

其次,在不法原因给付的场合,如果将受领人的行为认定为侵占罪,实际上是认可了不法原因给付者的返还请求权,这便会与民法的保护目的产生冲突。对于不法原因给付,民法不仅不保护给付者的返还请求权,而且肯定了给付行为的不法性,刑法将受领人的行为认定为侵占罪,等同于对不法的给付行为进行保护(对给付者保护),就可能导致刑法鼓励一般人实施这种不法行为。① 也就是说,将该类行为认定为侵占罪,在

---

① 参见张明楷:《不法原因给付与侵占罪的成否》,载《东方法学》2024 年第 1 期,第 132 页。

法律的价值判断上会有矛盾。

换言之,此时存在两方主体,不法原因给付者的行为不法,其财产法益不值得刑法保护。

综上,不能因为肯定"盗窃他人不法占有的财物能成立盗窃罪",就肯定"'侵吞'他人不法原因给付物的行为也应该成立侵占罪"。

C项正确。首先,在不法原因给付的场合,由于不法原因给付制度事实上否认了给付者的所有权。换言之,徐毛毛完成不法原因给付后,其不法行为使其丧失了对给付财物的财产所有权。

其次,徐毛毛作为不法原因给付物的给付者,在民法上不再对不法原因给付物享有所有权,那么,刘某将徐某某委托的贿赂款据为己有的行为,便没有侵犯他人的所有权。

最后,如果认为成立侵占罪需要侵犯他人的财产所有权,刘某的行为不成立侵占罪。

D项正确。首先,如果肯定侵占罪的保护法益包括"委托信赖关系",那么,在受领人的行为没有侵犯给付者的所有权等法益时,刑法就能以其侵害了委托信任关系为由,认定受托人的行为成立侵占罪。

其次,徐毛毛将50万元贿赂款委托刘某转交给国家工作人员丁某的行为,显然在徐毛毛和刘某之间建立起了事实上的委托信赖关系,因此,刘某"辜负"徐毛毛的信赖,将不法原因给付物据为己有的行为,侵害了委托信赖关系,成立侵占罪。

综上所述,本题为选非题,答案为B项。

96. 关于侵占罪,下列说法正确的是(不考虑数额)?(　　)(多选)

A. 肖某将一批电脑交给甲,委托甲捐给贫困地区的一所学校。甲假意答应,事实上想将该电脑据为己有,甲拿到该批电脑后便将电脑转卖他人。甲成立侵占罪

B. 徐某乘坐乙驾驶的出租车到达目的地后,徐某下车。乙将车停在原地等待下一名乘客上车。乙四处张望时,发现徐某的钱包遗落在后座。一抬头见徐某仍在前方路上行走,于是不待下一名乘客上车便将车开走。乙成立侵占罪

C. 丙开车中途发现汽车即将没油,于是来到加油站加油。在业务员徐某对丙的汽车加满油后,丙发现没有带钱,便驾驶汽车扬长而去。徐某追赶了200米,未能追上。根据通说观点,丙的行为成立抢夺罪

D. 刘某在京东上订购冰箱。第二天,快递员夏某将冰箱送至刘某家,恰巧刘某有事外出不在家,便打电话给刘某,刘某说十分钟后就到家,叫夏某将冰箱放置家门口即可,夏某照办。后丁经过刘某家门口时看见冰箱,便叫家人合力将冰箱抬走。丁成立盗窃罪

[试题解析]

A 项错误。甲在占有电脑前即具有非法占有目的,通过虚假欺骗方式(假意答应肖某委托要求)占有电脑并将电脑转卖他人,成立诈骗罪。

B 项错误。乘客徐某刚下车时,将钱包"遗忘"在车内,在短暂的时间内,只要出租车尚未离开,该钱包仍由徐某占有。乙在徐某下车不久后,发现车内留有钱包而迅速逃离,成立盗窃罪。

C 项正确。本选项系《刑事审判参考》(总第 92 集)第 868 号指导案例:李培峰抢劫、抢夺案。该案中,同学们可以将加油的行为等同于在商店购买商品行为,丙拿了商品(汽油)后不付款,然后公然逃离,其行为当然成立抢夺罪。少数观点认为这是盗窃,只能当法考考查两种观点的时候,才能认为抢夺或盗窃罪。否则,原则上以通说观点做题。

D 项正确。快递员夏某将冰箱放置于刘某家门口,尽管刘某不在家,也不妨碍刘某对冰箱的占有。丁趁刘某不在家时,将他人占有的冰箱抬走,成立盗窃罪。

综上所述,本题答案为 CD 项。

97. 下列选项中,关于甲的行为性质认定正确的是?(　　)(单选)

A. 乙携带海洛因 3000 余克至甲住处,要求甲为其藏匿毒品。甲同意后,将这些毒品藏匿于自己家里的天花板上。甲成立窝藏毒品罪

B. 甲为某公司出纳,甲的朋友乙欲购房缺少资金,甲得知后,将该公司现金转出 50 万元直接给了某房地产公司用于乙购房,对此乙不知情。因为甲没有将资金非法占为己有,因此不成立职务侵占罪

C. 甲在某超市捡到失主乙遗失在该超市中的取包牌(取包牌不记名)之后,拿着取包牌从超市的管理人员丙那里将乙存放在寄存处的一台笔记本电脑取出。如果认为丙没有处理笔记本电脑的权限,则甲成立侵占罪

D. 15 周岁的甲绑架乙后,使用暴力过失致乙死亡,但甲既没有杀人故意,也没有伤害的故意。如果认为《刑法》第 238 条第 2 款(非法拘禁)所规定的"使用暴力致人死亡,成立故意杀人罪"在罪过形式上是法律拟制规定,甲成立故意杀人罪

[试题解析]

A 项错误。首先,甲不成立窝藏毒品罪。《刑法》第 349 条第 1 款(包庇毒品犯罪分子罪;窝藏、转移、隐瞒毒品、毒赃罪)规定,"包庇走私、贩卖、运输、制造毒品的犯罪分子的,为犯罪分子窝藏、转移、隐瞒毒品或者犯罪所得的财物的,处三年以下有期徒刑、拘役或者管制;情节严重的,处三年以上十年以下有期徒刑。"因此,只有为"走私、贩卖、运输、制造毒品"的犯罪分子窝藏毒品的,才成立窝藏毒品罪。

在本选项中,乙只是非法持有毒品,并没有走私、贩卖、运输、制造毒品。因此甲为其窝藏毒品,并不构成窝藏毒品罪。

其次,甲成立非法持有毒品罪。非法持有毒品并不要求物理上的握有,只要行为人认识到毒品的存在,能够对之进行管理和支配,就是持有。

在本选项中,甲将毒品藏匿于自家的天花板上,在事实上支配着这些毒品。因此,甲成立非法持有毒品罪。

【实务案例】实务中也认为,为非法持有毒品的人员藏匿毒品的,不构成窝藏毒品罪,应当以非法持有毒品罪论处。例如,许琴在兰州市七里河区二手车交易市场门口从他人处购来约110克海洛因,分为五小包后于当晚22时许交给杨某藏匿在家中。杨某被认定为非法持有毒品罪。①

B项错误。甲成立职务侵占罪。职务侵占罪要求公司、企业或者其他单位的人员,利用职务上的便利,将本单位财物非法占为己有。非法占为己有应当解释为行为人非法以所有人的身份处分单位财物。不能从形式上理解"非法占为己有"为行为人"本人占有"财物。行为人将本单位财物转移为"他人所有"时,实际上行为人已经将自己作为单位财物的所有人,认为自己可以随意处分单位财物。因此,行为人将本单位财物转移为他人所有也应当属于行为人将单位财物"非法占为己有"。

在本选项中,甲将本公司现金转出50万元用于乙购房,此时甲已经将自己作为50万元资金的所有人,对这50万元按照自己的意思进行处置,属于"非法占为己有"。因此,即使最终甲没有自己拿到50万元,依然成立职务侵占罪。

C项错误。首先,甲不构成侵占罪。侵占罪是指以非法占有为目的,将代为保管的他人财物、遗忘物或者埋藏物非法占为己有,数额较大,拒不交还。因此,侵占罪的对象是代为保管的他人财物、遗忘物或者埋藏物。

本选项中,虽然甲取得了超市的取包牌,但是取得取包牌并不等于取得了笔记本电脑,甲是在捡到取包牌后另外实施了其他违法行为才取得笔记本电脑的。因此,甲取得的笔记本电脑并非代为保管的他人财物、遗忘物或者埋藏物。甲的行为不成立侵占罪。

其次,对于甲欺骗管理人员丙并取走笔记本电脑这一行为的认定,存在不同观点:

(1)一种观点认为,甲的行为构成诈骗罪(三角诈骗)。三角诈骗是指,由受骗人处分被害人(第三者)的财产,受骗人本人没有财产损失,被害人则没有受骗。

在本选项中,管理人员丙临时管理被害人乙的电脑,可以认为管理人员具有处分

---

① 参见甘肃省高级人民法院(2014)甘刑二终字第22号刑事判决书。

该电脑的权限。① 甲欺骗管理人员丙,使丙基于错误认识处分了乙的电脑。因此,甲成立诈骗罪。

(2)另一种观点认为,甲的行为构成盗窃罪的间接正犯。这种观点认为,取包处的管理员对财物没有处分权限,行为人只是利用了管理员的行为窃取了财物,因此成立盗窃罪的间接正犯。

【实务案件】实务中认为,取包处的管理人员对财物没有处分权限,行为人利用取包牌取走财物的行为成立盗窃罪。例如,2014年8月25日晚10时30分左右,姚某某去昆区华夏迪厅蹦迪时,在舞池捡到一个取包牌,后姚某某用该取包牌到吧台取走被害人杜某背包一个,包内有现金1500元,白色酷派7296S手机一部,鉴定价值为713元,身份证一张、驾驶证一张、银行卡五张。法院认定姚某某犯盗窃罪,单处罚金人民币3000元。②

D项正确。甲成立故意杀人罪。首先,15周岁的甲不成立绑架罪和过失致人死亡罪。已满14周岁不满16周岁的未成年人,仅对故意杀人、故意伤害致人重伤或者死亡、强奸、抢劫、贩卖毒品、放火、爆炸、投放危险物质罪等八种罪名承担刑事责任。在本选项中,虽然15周岁的甲绑架了乙并过失致其死亡,但15周岁的未成年人不对绑架罪和过失致人死亡罪承担刑事责任。

其次,甲的行为属于在绑架过程中致人死亡,绑架行为也可以评价为非法拘禁行为,即甲是非法拘禁致人死亡。

最后,甲成立故意杀人罪。《刑法》第238条规定,非法拘禁使用暴力致人死亡的,应以故意杀人罪论处。如果认为这一规定在罪过形式上是法律拟制规定,无论甲基于何种罪过形式,只要造成被害人死亡,均成立故意杀人罪。

综上所述,本题答案为D项。

考点六 敲诈勒索罪

98. 关于敲诈勒索罪,下列说法错误的是?( )(单选)

A. 甲将自己的孩子带至外地,利用前妻对孩子疼爱的心理,给前妻打电话,谎称孩子被绑架,绑匪索要50万元,叫前妻出25万元。前妻听后立即给甲转账25万元,让甲与"绑匪"交涉赎人。甲成立敲诈勒索罪

B. 乙得知肖某在经营砂场,便认为肖某可以非法挖砂,那么自己也可以挖。后乙

---

① 参见张明楷:《刑法分则的解释原理》,高等教育出版社2024年版,第249页。
② 参见内蒙古自治区包头市昆都仑区人民法院(2014)昆刑初字第507号刑事判决书。

在挖砂时被肖某阻止,乙心里不服,便以举报肖某非法采砂为由,向肖某索取1万元"补偿费"。肖某害怕自己无证采砂被制裁,便将1万元交于乙。乙的行为成立敲诈勒索罪

C. 丙经营的公司参加公办学校食堂物资配送的招投标活动,但未中标,蒋某的公司中标了。丙认为招投标不公平导致其落选,遂向相关部门实名举报蒋某经营的公司在竞标中评分不实,招标单位评分不公,并在网络发布。蒋某心知自己公司确实存在问题,便私下找丙协调此事。丙以赔偿精神损失费为由,要求蒋某支付100万元,蒋某害怕中标结果被取消,迫于无奈答应给付丙100万元。丙成立敲诈勒索罪

D. 丁于深夜驾驶车辆,用事先准备的弹弓将橄榄弹向夏某(女)驾驶车辆的右后车门附近,发出类似于车辆碰撞声音,接着打开应急灯,强令夏某下车。丁对夏某说夏某违章驾驶撞到了他的车,要求夏某付修车费。夏某心知自己被"碰瓷",但顾虑到对方是男生又正值黑夜,就给了钱。丁成立敲诈勒索罪

[试题解析]

A项错误。首先,虽然本选项中,甲谎称自己孩子被绑架的行为使前妻陷入了恐惧,但这种恐惧并非对于甲本人,而是对于不存在的"绑匪"。甲主观上也不具有敲诈勒索的故意,其通过谎称孩子被绑架,利用前妻对孩子的疼爱,进而削弱前妻心理防线,只是为了更加方便、顺利地使前妻受骗,从而交付财物。故甲不构成敲诈勒索罪。

其次,甲的行为本质上属于虚构事实,使前妻产生错误认识,进而处分财产,构成诈骗罪。

B项正确。首先,敲诈勒索罪中,威胁、要挟的内容可以是非法的,也可以是合法的。本选项中,向相关部门举报这一合法方式,亦可成为敲诈勒索罪的手段行为。

其次,虽然乙有举报的权利,但没有向肖某索要财物的权利。乙基于此举报而使肖某产生恐惧心理,进而取得肖某财物,其行为成立敲诈勒索罪。

C项正确。本选项中,丙的行为属于通过维权手段,借机勒索他人财物。丙因所经营的公司参与招投标没有中标,通过网络或者向有关部门反映招投标中存在的问题及中标公司竞标评分和招标单位评分不公问题,本属依法有据的维权行为。

但是,其抓住蒋某的不想中标结果被取消的"软肋",借机向蒋某索要巨额财物的行为,显然已经超出了合法行为的边界,侵害了他人的财产权,明显具有借机敲诈勒索财物的主观故意和客观行为。换言之,丙无权向蒋某索要100万元。因此,丙的行为超出维权边界,成立敲诈勒索罪。

D项正确。丁成立敲诈勒索罪。夏某在识破丁故意"碰瓷"骗局的情况下,仍将钱给丁,说明其处分财产不是因为受到了欺骗,而是看到丁是男生又正值深夜,基于害怕、恐惧心理才处分了财物,故丁的行为成立敲诈勒索罪。

综上所述,本题为选非题,答案为 A 项。

考点七　职务侵占罪

99. 甲是某公司的工作人员,公司提供门面出租,甲负责收租金。甲伪造公司公章加盖文件,私自与商家订立租赁合同,并收取商家租金 8 万元。关于甲的行为,下列说法正确的是?（　　）(多选)

A. 即使认为甲构成职务侵占罪,也不影响甲诈骗罪的认定
B. 如果认为职务侵占罪的手段不包括骗取、窃取,仅包括侵吞,即使认为甲利用了职务之便,也不影响甲诈骗罪的认定
C. 即使认为甲构成表见代理,也不影响甲诈骗罪的认定
D. 即使商家未再向公司重新缴纳租金,也不影响甲诈骗罪的认定

[试题解析]

A 项正确。按照刑法理论的通说与司法实践的通行做法,职务侵占罪的行为方式包括利用职务上的便利窃取、骗取、侵吞公司财产的行为。[①]

张明楷教授认为,在不考虑诈骗罪与职务侵占罪入罪数额的情况下,职务侵占罪与诈骗罪不是对立关系,而是特别关系。亦即,骗取型的职务侵占罪均符合诈骗罪的构成要件。[②]

故即使认为甲构成职务侵占罪而侵吞了公司的门面租金,也不影响甲诈骗罪的认定。

B 项正确。如果认为职务侵占罪的手段不包括骗取、窃取,仅包括侵吞,那么行为人利用职务上的便利实施的窃取、骗取公司财物的行为,应直接以盗窃罪、诈骗罪论处。

本题中,即使认为甲利用了职务之便,也仅仅是利用了职务之便骗取公司财产,而并非基于职务之便"侵吞"自己保管之下的公司财产,不构成职务侵占罪,应以诈骗罪论处。

C 项正确。本题中,商家基于错误认识,处分了自己的财产,由于代理人甲成立表见代理,最终的损失由公司承担,所以公司是最终被害人。所以部分同学可能认为,本题中,商家没有损失,公司也没有基于错误认识处分自己的财产,所以甲不成立诈骗罪。

---

① 参见高铭暄、马克昌主编:《刑法学》(第十版),北京大学出版社、高等教育出版社 2022 年版,第 517 页。
② 参见张明楷:《通过职务行为套取补偿款的行为性质》,载《法学评论》2021 年第 2 期,第 26 页。

事实上,表见代理骗财案,从其行为构造来看,其本质上仍是一种诈骗。此类案件中,基于代理人的欺骗行为,相对人陷入错误认识而向代理人交付财产,被代理人对相对人享有的债权因此予以消灭。然而,被代理人交付了财产或者发生了债务,但未获得财产,因此遭受了财产损失。因此甲应当成立诈骗罪。

对犯罪行为的定性,仅存在于"行为当时",甲在当时实施了欺骗行为,骗取了商家的租金,当然成立诈骗罪(当然,也可能成立职务侵占罪)。而民法上的表见代理,是一种"事后追认权",其目的是针对一些无权代理,甚至欺诈类的行为,事后肯定其民法上的效力,以保证民事交易的顺利进行,尊重各方的事后意愿。即便民法上通过表见代理的追认,肯定该民事行为在民法上的效力,但也不能否认其刑法上的犯罪性质。换言之,刑法上已经构成犯罪的行为,不可能通过他人的"事后追认"而否定犯罪的成立,例如,甲强奸乙之后,乙爱上了甲,甲仍然构成强奸罪。

司法实务中也有类似判决:被告人何某超于2012年在被害单位深圳市富某塑胶制品有限公司(以下简称"富某公司")担任跟单员,主要负责该公司的进出货物,包括去客户公司合一电器(深圳)有限公司(以下简称"合一公司")领取塑胶原料。2012年3月至2012年7月,何某超利用其职务上的便利,先后多次私自从合一公司领取塑胶原料并转卖,共非法获取富某公司的塑胶原料34844千克(共价值人民币400833元)。法院认为,被告人何某超采取虚构领料的事由从合一公司处骗取了物料,该领取行为本身系何其个人非法意思表示,并无富某公司的授权,故不属于被告人履行职责的行为,因此,本案被欺骗的对象系合一公司,被告人构成诈骗罪。虽然基于表见代理的缘由,该货物损失的责任最后由富某公司承担,但民事责任的承担不影响刑事责任的认定,因此,公诉机关关于被告人成立职务侵占罪的指控不当。①

D项正确。首先,如果商家再次向公司支付租金,那么商家就是被害人,甲虚构合同,商家基于错误认识,处分自己的财产。甲成立诈骗罪。

其次,即使商家不再向公司支付租金,换言之,公司追认该无权处分合同有效,或甲成立表见代理。此时,商家已然基于错误认识支付了租金,虽然商家得到了相应的对价(房屋的使用权),没有造成实际损失,但诈骗罪是针对个别财产的犯罪,甲仍然成立诈骗罪。

再次,由于甲的欺骗行为,使得本应由公司享有的对商家的债权消灭,造成了公司的损失。张明楷教授也认为这是一种特殊的三角诈骗,构成诈骗罪。

总而言之,无论商家是否需要重新缴纳租金,都不影响甲诈骗罪的认定。

综上所述,本题答案为 ABCD 项。

---

① 参见广东省深圳市宝安区人民法院(2018)粤0306刑初1643号刑事判决书。

专题五　人身犯罪

考点一　自杀　故意杀人罪　故意伤害罪　过失致人死亡罪

100. 关于自杀,下列说法正确的是?(　　)(单选)

A. 甲与网友汤某相约烧炭自杀未果,两人约定将尼龙绳打成一个八字环,分别套在二人的脖子上,二人背向用力,致一人先死亡,没被勒死的人再自杀。甲用力拉致汤某当场窒息死亡后,甲用头撞墙自杀未果,昏睡至次日被他人救活。甲不成立故意杀人罪

B. 网红乙欲喝农药自杀,直播间的网友钱某跟风起哄,不断留言"快喝、快喝",乙喝完后经抢救无效死亡。钱某成立故意杀人罪

C. 丙企图杀害丈夫,于是假意与丈夫相约一起服毒自杀。在丈夫服下致死的毒药之后,丙拒绝服毒。由于丈夫明知服用毒药的后果,因此,丙无罪

D. 丁怀疑初中生徐某(女,15岁)在其经营的服装店试衣服时偷了一件衣服,在该店的视频截图上配上"穿花花衣服的是小偷"等字幕后,上传至微博上,并以"人肉搜索"等方式对徐某进行侮辱。20个小时内,徐某全部信息遭到曝光,网络上对徐某的各种批评甚至辱骂开始蔓延。徐某不堪受辱跳河自杀。丁成立侮辱罪,其侮辱行为、"人肉搜索"行为与被害人的自杀结果之间存在刑法上的因果关系

[试题解析]

A项错误。甲与汤某不仅仅是相约自杀,二人通过八字环绳索连环套在一起背靠背用力拉的自杀方式,一方的行为对另一方的死亡结果形成了法律上的必然因果关系,即甲亲手实施了杀人的实行行为。因此,甲构成故意杀人罪。

B项错误。本选项中,钱某只是教唆、怂恿乙自杀,是否自杀的决定权在乙手中。钱某的行为并没有支配、决定死亡的风险,钱某不构成故意杀人罪。

C项错误。本选项名为相约自杀,实为欺骗他人自杀。如果是相约自杀(各方都有自杀的意愿),各方均不构成故意杀人罪。但是,本选项中,丙没有自杀的意愿,其欺骗丈夫自己也有自杀的意愿,属于欺骗他人自杀,成立故意杀人罪。

D项正确。首先,丁构成侮辱罪。丁利用不确定的事实,在网络上公然对他人进行侮辱,造成的影响大,范围广,其行为构成侮辱罪。

其次,丁的行为与徐某的死亡结果之间存在刑法意义上的因果关系,可以认为侮辱行为"情节严重"。徐某作为一个尚未步入社会的在校未成年少女,面对"人肉搜索"的网络放大效应及众多网民先入为主的道德审判,对未来生活产生极端恐惧,最终导致了自杀身亡的严重后果,故丁发微博的行为与徐某的自杀具有刑法上的因果关系,即被害人的自杀在此种情形下是合乎规律的。①

需要说明的是,一般认为,涉及被害人自杀的案件,行为人的行为与被害人的自杀结果没有刑法上的因果关系。但是,如果犯罪行为对被害人的自杀起到了较为直接的影响,可以认为其行为与自杀结果之间存在刑法上的因果关系。

综上所述,本题答案为D项。

101. 甲欲杀丙,在丙的茶杯中投放了足以致死量的毒药。甲在投毒的过程中被乙发现,乙也要杀丙,欲在茶杯中投放毒性更强的毒药,甲表示同意乙的行为。最终,两种毒剂因"中和"而失去毒性,丙喝下后没有死。关于甲、乙的行为性质,下列说法正确的是?(　　)(多选)

　　A. 乙的行为降低了危险,不构成犯罪
　　B. 乙的行为构成偶然避险
　　C. 甲的行为构成故意杀人未遂
　　D. 甲、乙构成故意杀人罪的共同犯罪

[试题解析]

A项错误。判断某种行为是否具有紧迫的危险,应当立足于行为时的立场进行考察。在本题中,乙投放毒性更强的毒药的行为,在行为当时看增加了丙死亡的风险。换言之,如果类似行为重复上演,那么造成被害人死亡的概率将大大增加。因此,投毒行为值得作为类型化的危害行为加以认定,应受刑法惩罚。

乙本次的行为从事后的角度看降低了丙的死亡风险,但这完全是偶然的,从预防犯罪的角度,不能鼓励民众学习乙这样的投毒行为。因此,乙的行为虽然客观上偶然降低了风险,但该类行为本身有创造死亡风险的可能性,依然构成犯罪。乙已经着手实施了投毒行为,但由于意志以外的因素未能得逞,成立故意杀人罪的未遂。换言之,本题中的案件没有既遂是因为乙意志以外的原因造成的,如果仅因未造成死亡结果就认定为不构成犯罪,那大量的未遂犯将会以无罪处理,显然不利于发挥刑法的行

---

① 参见《刑事审判参考》(总第101集)第1046号指导案例:蔡晓青侮辱案。

为规制机能。

B 项错误。紧急避险行为的本质是为了保护特定的利益而损害了无辜第三者的利益,偶然避险也应符合紧急避险的这一基本要求。偶然避险:是指行为人主观上无避险意识,行为符合紧急避险的客观要件的行为。例如,甲故意砸破乙的车窗(无避险意识),但乙的孩子丙被闷在车内(丙自己玩耍被关在车内),甲的行为偶然地保护了丙。

本题中,乙的行为并无损害其他第三人的利益,不构成紧急避险、偶然避险。乙具有杀人的故意而投放毒药,不具有避险意识,毒药中和完全是偶然结果,因此不成立偶然避险。

C 项正确。本题中,甲已经向杯中投放了毒药,属于已经着手实行了杀人行为,但由于甲、乙的药剂意外中和导致丙未能死亡。因此,甲成立故意杀人罪的犯罪未遂。

D 项正确。甲与乙合谋向杯中投放更加猛烈的毒药,具有杀人的共同故意,并最终投放了毒药。因此,二人在故意杀人罪的范围内成立共同犯罪。

综上所述,本题答案为 CD 项。

考点二　组织出卖人体器官罪

102. 关于组织出卖人体器官罪,下列哪项是正确的?(　　　)(单选)

A. 医生甲欺骗一位患者李小某(13 周岁)的父亲李某,声称只有移植肾脏给李小某才能使其免于死亡的危险。李某同意后,该肾脏后来实际被移植给医生甲的好朋友张某。甲成立故意伤害罪

B. 殡仪馆管理人员乙,私下建立了多个器官买卖群,摘取尸体的器官卖给急需器官移植网友,从中获取巨额利益。乙成立组织出卖人体器官罪

C. 丙招聘女大学生有偿捐卵,后丙把廉价收买到的卵子高价卖给地下代孕公司。丙成立组织出卖人体器官罪

D. 丁在表弟赵某(16 周岁)自愿出卖肾脏的情况下,将赵某一颗肾脏摘取并卖得 10 万元,钱款全部给赵某,丁未赚取任何费用。丁仅成立组织出卖人体器官罪

[试题解析]

A 项正确。父亲李某移植肾脏的目的是救助自己的孩子,如果李某知道这个目的不能实现,其就不可能自愿捐献肾脏。甲一开始就知道李某的目的,因此,李某被甲欺骗后所作出的承诺无效,不阻却甲伤害行为的违法性,甲的行为构成故意伤害罪。

B 项错误。乙的行为成立盗窃、侮辱、故意毁坏尸体罪。组织出卖人体器官罪的对象是活人的器官,"尸体"显然不属于"人体"。因此,乙不可能成立组织出卖人体器官罪,乙私下利用尸体的器官进行交易,应当成立盗窃、侮辱、故意毁坏尸体罪。

C项错误。丙的行为不构成组织出卖人体器官罪。组织出卖人体器官罪的犯罪对象是人体器官,但卵子只是女性体内的生殖细胞,不属于人体器官。如果将卵子解释为器官就超出了器官本来的含义,属于类推解释,违反罪刑法定原则。①

D项错误。首先,组织出卖人体器官罪不是经济犯罪、财产犯罪,不需要以营利为目的,只需要"出卖"目的。同时,本罪属于侵犯公民人身权利的犯罪,行为人主观上是否出于牟利、营利的目的都不影响本罪的成立。注意,"出卖"目的不同于"营利""牟利"目的,出卖只要求有交易的目的就可以,无论是否营利。

其次,摘取未成年人的器官,即使经过未成年人同意,也成立故意伤害罪。《刑法》第234条之一第2款规定:未经本人同意摘取其器官,或者摘取不满十八周岁的人的器官,或者强迫、欺骗他人捐献器官的,依照本法第二百三十四条(故意伤害罪)、第二百三十二条(故意杀人罪)的规定定罪处罚。

综上所述,本题答案为A项。

考点三 强奸罪 负有照护职责人员性侵罪
　　　　强制猥亵、侮辱罪 猥亵儿童罪

一、强奸罪

103. 关于强奸罪,下列说法正确的是?(　　)(多选)

A. 某日下午,王某(女,11周岁)同其亲戚卞某到高某经营的游乐场玩耍,其间王某大腿被蚊虫叮咬。高某为帮助王某喷花露水将王某喊至游乐场的一间透明玻璃屋内(可以被在房间外的他人看到),高某对王某实施了奸淫行为。在此期间,该游乐场内有包括卞某在内的多名儿童在游玩。高某的行为属于当众奸淫幼女,适用加重处罚情节

B. 李某事先在家中挖好地窖,将张某(女,16周岁)骗至家中,在地窖里用铁链缠住张某的脖子并用5把铁锁锁住后实施奸淫行为。因发现及时,张某被关半天后即被解救。因此,李某的行为成立强奸罪,但不适用加重处罚情节

C. 张某在明知自己患有梅毒的情况下,对初中生牛某(女,12周岁)实施奸淫行为,导致牛某感染梅毒。张某的行为成立强奸罪,应当适用加重处罚情节

---

① 张明楷教授认为,只要某种人体组织的丧失会侵害被害人的身体健康,该人体组织可以移植于他人身体且能够被评价为"器官",就应包含在本罪的对象之内。因此,本罪的人体器官不仅包括上述条例所称的器官,而且包括眼角膜、皮肤、肢体、骨头等,但血液、骨髓、脂肪、细胞不是器官。参见张明楷:《刑法学》(第六版),法律出版社2021年版,第1127页。

D. 刘某明知周某是一名学生,但不清楚周某的具体年龄。刘某与周某强行发生性关系,事后查明周某只有11周岁。刘某不构成奸淫幼女型的强奸罪

[试题解析]

A项正确。首先,2023年最高人民法院、最高人民检察院、公安部、司法部《关于办理性侵害未成年人刑事案件的意见》第18条规定,在校园、游泳馆、儿童游乐场等公共场所对未成年人实施强奸犯罪,只要有其他多人在场,不论在场人员是否实际看到,均可认定为在公共场所"当众"强奸。

其次,本选项中,高某实施犯罪的房间为透明玻璃所建,游乐场内有卞某等多名儿童在游玩,高某的奸淫行为随时可能被他人看见,故应认定为在公共场所"当众"强奸。因此,高某违背女童意志,在公共场所当众奸淫幼女,其行为构成强奸罪的结果加重犯。①

B项错误。首先,2023年最高人民法院、最高人民检察院《关于办理强奸、猥亵未成年人刑事案件适用法律若干问题的解释》第2条第3项规定,强奸已满十四周岁的未成年女性或者奸淫幼女,并且非法拘禁或者利用毒品诱骗、控制被害人的,应当认定为"强奸妇女、奸淫幼女情节恶劣"。

其次,本选项中,李某将16周岁的张某囚禁在自家地窖中,并且实施了奸淫行为,属于非法拘禁被害人。因此,李某的行为属于强奸妇女情节恶劣,应当加重处罚。

需要注意的是,虽然实际拘禁时间短暂,但行为人控制被害人的具体情形足以反映其意图长期拘禁被害人以便奸淫,例如,事先挖好地窖、购置铁笼等予以拘禁,也应认定为本项规定的"非法拘禁",依法予以加重处罚。在本选项中,虽然被害人张某只被拘禁了半天时间,但从李某事先挖地窖并且用铁链和铁锁对张某进行捆绑可以看出,李某意图长期对张某进行拘禁和奸淫。因此,即使拘禁时间较短,李某的行为依然应当被认定为"非法拘禁",依法予以加重处罚。

【案例来源】2017年5月2日下午3时许,在聊城市东昌府区聊郑路王庄村路口,被告人李源驾驶黑色轿车将路边搭车的被害人张某带至一干渠河堤旁的空地上,强行用手铐、尼龙绳、胶带将张某捆绑,后将其带至郑家镇齐家村李源家中的地窖内实施控制。在地窖内,李源使用手铐将张某控制在床上并脱去其衣物,强行与其发生性关系。次日早晨6时许,被告人李源使用被害人张某的电话,向其家人索要十万元赎金。8时许,被害人张某趁李源外出之际,挣脱捆绑的绳子,戴手铐从地窖中逃出后报警。最终,法院以李源构成绑架罪、强奸罪,判处有期徒刑十四年零六个月,并处

---

① 参见山东省冠县人民法院(2020)鲁1525刑初260号刑事判决书。

罚金人民币30000元。①

C项正确。首先,2023年最高人民法院、最高人民检察院《关于办理强奸、猥亵未成年人刑事案件适用法律若干问题的解释》第3条规定,奸淫幼女,具有下列情形之一的,应当认定为刑法第二百三十六条第三款第五项规定的"造成幼女伤害":(一)致使幼女轻伤的;(二)致使幼女患梅毒、淋病等严重性病的;(三)对幼女身心健康造成其他伤害的情形。

其次,本选项中,张某在明知自己患有梅毒的情况下,对12周岁的牛某实施奸淫行为,导致牛某感染梅毒。故张某的行为应当认定为奸淫幼女,造成幼女伤害,应当加重处罚。

【案例来源】被告人张楷嵩患有梅毒,通过手机快手APP发现被害人牛某(女,12周岁)的微信号后遂添加其为微信好友进行聊天。2019年新年前的一个星期天下午、2019年2月7日上午、2019年3月8日晚上,被告人张楷嵩先后三次通过微信邀约的方式驾驶其晋K×××某某蓝色轿车到和顺县接上被害人牛某,分别在和顺县5号楼2单元自家地下室内、和顺县顺鑫源宾馆105房间内、和顺县中和街小苹果快捷酒店106房间内,在不采取任何安全措施的情况下,与被害人牛某发生性关系。后牛某被查出感染梅毒。法院以张楷嵩构成强奸罪,判处有期徒刑六年。②

D项错误。首先,2023年最高人民法院、最高人民检察院、公安部、司法部《关于办理性侵害未成年人刑事案件的意见》第17条第2款规定,对不满十二周岁的被害人实施奸淫等性侵害行为的,应当认定行为人"明知"对方是幼女。

其次,本选项中,周某只有11周岁,因此应当认定刘某明知周某是幼女。刘某对11周岁的周某实施奸淫行为的,成立奸淫幼女型的强奸罪。

综上所述,本题答案为AC项。

104. 关于强奸罪的加重情节,下列说法正确的是?(　　)(单选)

A. 张某强奸妇女毛毛(21周岁),如果造成毛毛轻伤,或者致使毛毛患梅毒、淋病等严重性病的,或者对毛毛身心健康造成其他伤害的,均不属于强奸罪的加重情节

B. 甲(17周岁)与乙(12周岁)共同强奸妇女,二人均强行与妇女刘某发生了性关系。由于乙未达到刑事责任年龄,甲仅成立强奸罪的既遂,不属于轮奸

C. 纪某与胡某原系男女朋友关系,二人分手后,纪某多次纠缠,以吃散伙饭为由要求与胡某见最后一面。晚上,胡某至纪某住处后,纪某使用暴力强行与胡某发生了性关系。次日12时,纪某采用塑料袋套头、电线勒颈的方式致胡某机械性窒息死亡。

---

① 参见山东省聊城市东昌府区人民法院(2017)鲁1502刑初503号刑事判决书。
② 参见山西省晋中市中级人民法院(2020)晋07刑终52号刑事裁定书。

纪某成立强奸(致人死亡)罪

D. 郭某翻墙进入同村梁某家,见张某(11周岁)独自在家,便强行将其拖至西屋床上,张某欲用手机报警被郭某抢走,张某呼救时被郭某捂嘴,后郭某对张某实施奸淫行为。郭某的行为成立强奸罪的加重犯

[试题解析]

A项正确。首先,刑法对幼女的保护会更严格于对妇女的保护。如果强奸妇女造成伤害而升格法定刑的,必须是重伤或者死亡以上的严重后果。本选项中,没有造成妇女重伤以上伤害结果的,不能适用强奸罪的加重情节。只能酌情从重,而非适用加重情节。故A正确。

其次,刑法对幼女的保护更为严格。根据《刑法》规定,造成幼女"伤害"的,即属加重情节。而对于该"伤害",司法解释作了扩大解释,包括:致使幼女轻伤的;致使幼女患梅毒、淋病等严重性病的;对幼女身心健康造成其他伤害的情形。①

B项错误。首先,轮奸作为一种加重情节,是指二人以上客观上的共同强奸行为,即便有人没有达到刑事责任年龄,也不影响轮奸的认定。之所以要对轮奸作扩大解释,一方面是为了严惩犯罪行为人、保护被害人;另一方面,对加重构成要件的解释不能脱离法益保护思想,无论是两个成年人,还是一个成年人和一个未成年人,共同强奸女性,对被害人的影响并没有本质上的差异。因此,本选项中,二人构成"轮奸"。

其次,乙未达到刑事责任年龄,不构成强奸罪,不影响客观上共同轮奸的成立。乙不构成犯罪,甲成立强奸罪的既遂,适用轮奸的法定刑。

C项错误。纪某成立强奸罪和故意杀人罪,数罪并罚。

首先,"强奸致人死亡"指的是强奸行为本身导致被害人死亡。本选项中,纪某系强奸行为结束后,另起犯意,对胡某实施杀害行为,不属于强奸行为致人死亡的情形。

其次,本选项中,纪某违背妇女意愿,强行与胡某发生性关系;又使用暴力故意勒他人脖颈致其窒息死亡从而非法剥夺他人生命,其行为已构成强奸罪和故意杀人罪,应数罪并罚。

D项错误。首先,"奸淫不满十四周岁的幼女的"只是从重情节,不是加重情节。故郭某的行为只构成普通的强奸罪,从重处罚。

其次,容易混淆的是,根据《刑法修正案(十一)》修正后的《刑法》第236条的规定,"奸淫不满十周岁的幼女"属于加重情节。

综上所述,本题答案为A项。

---

① 参见最高人民法院、最高人民检察院《关于办理强奸、猥亵未成年人刑事案件适用法律若干问题的解释》第3条。

105. 关于性犯罪,下列说法错误的是?（　　）(单选)

A. 甲系肖某(女,15周岁)的初中班主任,在下课期间,甲多次强迫肖某与其发生性关系。甲成立强奸罪,应当适用加重处罚情节

B. 张某(女,15周岁)从小被诊断为精神发育迟滞,系精神病患者。乙明知张某存在精神问题的情况下仍与之发生性关系,导致张某怀孕。乙成立强奸罪,应当适用加重处罚情节

C. 丙对刘某(男,12周岁)实施猥亵行为,致使刘某自杀身亡。丙成立猥亵儿童罪,但由于刘某是自杀,因此不适用加重处罚情节

D. 丁在对王某(男,12周岁)实施猥亵行为的过程中录制淫秽视频,并以此视频为要挟多次对王某实施猥亵。丁成立猥亵儿童罪,适用加重处罚情节

[试题解析]

A项正确。首先,甲作为肖某的班主任,对肖某具有特殊的照护职责,符合负有照护职责人员性侵罪的主体条件。因此,甲与肖某发生性关系的行为成立负有照护职责人员性侵罪。

其次,负有照护职责的甲,违背肖某意志,强行与肖某发生性关系,成立强奸罪。

再次,甲成立负有照护职责人员性侵罪和强奸罪的想象竞合,按重罪强奸罪处罚。

最后,2023年最高人民法院、最高人民检察院《关于办理强奸、猥亵未成年人刑事案件适用法律若干问题的解释》第2条第1项规定,负有特殊职责的人员多次实施强奸、奸淫的,属于"强奸妇女、奸淫幼女情节恶劣",应当加重处罚。本选项中,甲作为肖某的班主任,多次奸淫肖某,应当适用加重处罚情节。

B项正确。首先,2023年最高人民法院、最高人民检察院《关于办理强奸、猥亵未成年人刑事案件适用法律若干问题的解释》第2条第6项规定,强奸已满十四周岁的精神发育迟滞的未成年女性,致使被害人怀孕的,属于"强奸妇女情节恶劣",应当加重处罚。

其次,本选项中,乙明知未成年女性张某是精神发育迟滞的精神病患者,仍与其发生性关系,致使张某怀孕,其行为成立强奸罪,并且属于情节恶劣,应当加重处罚。

C项错误。首先,2023年最高人民法院、最高人民检察院《关于办理强奸、猥亵未成年人刑事案件适用法律若干问题的解释》第7条规定,猥亵儿童,具有下列情形之一的,应当认定为刑法第二百三十七条第三款第三项规定的"造成儿童伤害或者其他严重后果":(一)致使儿童轻伤以上的;(二)致使儿童自残、自杀的;(三)对儿童身心健康造成其他伤害或者严重后果的情形。

其次,本选项中,丙对12周岁的刘某实施猥亵行为,致使刘某自杀,属于猥亵儿童"造成儿童伤害或者其他严重后果"的加重情节,应当加重处罚。

D项正确。首先,2023年最高人民法院、最高人民检察院《关于办理强奸、猥亵未

成年人刑事案件适用法律若干问题的解释》第 8 条规定，猥亵儿童，具有下列情形之一的，应当认定为刑法第二百三十七条第三款第四项规定的"猥亵手段恶劣或者有其他恶劣情节"：（一）以生殖器侵入肛门、口腔或者以生殖器以外的身体部位、物品侵入被害人生殖器、肛门等方式实施猥亵的；（二）有严重摧残、凌辱行为的；（三）对猥亵过程或者被害人身体隐私部位制作视频、照片等影像资料，以此胁迫对被害人实施猥亵，或者致使影像资料向多人传播，暴露被害人身份的；（四）采取其他恶劣手段实施猥亵或者有其他恶劣情节的情形。

其次，本选项中，丁在对 12 周岁的王某实施猥亵行为的过程中录制淫秽视频，并以此视频为要挟多次对王某实施猥亵，属于"猥亵手段恶劣"，应当加重处罚。

综上所述，本题为选非题，答案为 C 项。

二、负有照护职责人员性侵罪

106. 少女甲未满 14 周岁，长期去非法行医的乙处看病。甲对乙谎称自己已经 15 周岁，乙在一次治疗过程中，征得甲同意后与甲发生性关系。下列说法正确的是？（　　）（多选）

　　A. 因为甲不满 14 周岁，即使获得甲的同意，乙仍然构成强奸罪
　　B. 非法行医的医护人员也可作为负有照护职责人员性侵罪的行为主体
　　C. 乙不构成强奸罪，也不构成负有照护职责人员性侵罪
　　D. 乙构成负有照护职责人员性侵罪

[试题解析]

A 项错误。我国《刑法》第 236 条规定，奸淫不满十四周岁的幼女的，以强奸论，从重处罚。与不满 14 周岁的幼女发生性关系，即使得到幼女同意，依然成立强奸罪。但是，要成立"奸淫幼女型"的强奸罪这一故意犯罪，要求行为人主观上能够认识到被奸淫的女性不满 14 周岁。

本题中，虽然甲实际上没有达到 14 周岁，但是其谎称自己已经 15 周岁，乙没有认识到甲属于不满 14 周岁的幼女，因此不构成"奸淫幼女型"的强奸罪。

B 项正确。负有照护职责人员性侵罪是指对已满十四周岁不满十六周岁的未成年女性负有监护、收养、看护、教育、医疗等特殊职责的人员，与该未成年女性发生性关系的行为。

本罪的犯罪主体是对未成年女性负有监护、收养、看护、教育、医疗等特殊职责的人员。这种特殊职责的本质在于，14 至 16 周岁的未成年女性因为行为人的特殊职责而与行为人形成了较为稳定的依赖关系。因此，只要未成年女性在较长时间的生活中

都依赖于某个特定人员,该人员就成立本罪的主体。

在本题中,虽然乙属于非法行医,但是乙在较长的时间内为甲提供治疗,甲的治疗活动长时间依赖乙,因此乙具有了对甲进行看护、医疗的职责,就从主体这一层面来看,乙属于负有照护职责人员性侵罪的主体。注意,该选项仅是问"是否可以构成本罪的行为主体",这是可以的。

C项错误,D项正确。

首先,乙不构成强奸罪。因为乙没有采用暴力、胁迫等违反被害人意志的手段与其发生性关系,不构成强奸罪。即便认为被害人不满14周岁,没有性同意能力,但因为乙没有认识到被害人的年龄不满14周岁,主观上没有奸淫幼女的故意,也不能认为构成强奸罪。

其次,乙构成负有照护职责人员性侵罪。乙主观上想和其照顾对象"15周岁的未成年人"自愿发生性关系,即主观上有犯负有照护职责人员性侵罪的故意,如果本题中的行为对象事实上就是15周岁的未成年人,那么,乙当然构成本罪。但是,本题中的行为对象,是年龄更小的(不满14周岁),从当然解释的角度看,更应该构成负有照护职责人员性侵罪。或者说,行为人主观上想犯50分的错,客观上犯了100分的错,应认定为50分的错(负有照护职责人员性侵罪)。

张明楷教授指出,负有照护职责人员性侵罪的行为对象是已满14周岁不满16周岁的少女,如果具有特殊职责的人员与不满14周岁的幼女性交,但确实以为对方已满14周岁的,也成立本罪。[①]

综上所述,本题答案为BD。

三、强制猥亵、侮辱罪 猥亵儿童罪

107. 关于强制猥亵、侮辱罪,下列说法正确的是?(　　　)(单选)

A. 妇女甲在大街上遇到丈夫的情人赵某,愤怒不已,遂强行扒光妇女赵某的衣服,引起他人围观。由于甲不是为了满足性欲的目的,甲不成立强制猥亵罪

B. 丈夫乙在公共场所强行扒光妻子衣裤的,由于存在夫妻关系,既然一般情形下丈夫强奸妻子的都不认定为强奸罪,所以,乙的行为也不宜认定为强制猥亵罪

C. 丙(男)站在许多妇女逛街的马路边显露生殖器,诸多女性纷纷逃跑,部分女性对其谴责。丙成立强制猥亵、侮辱罪

D. 丁在校门口的街道上,"当众"隔着羽绒服抚摸余某(12周岁)胸部后离开。即便猥亵行为轻微,属于《治安管理处罚法》上的猥亵行为,但由于其是"当众"实施,也应

---

① 参见张明楷:《刑法学》(第六版),法律出版社2021年版,第1144页。

构成猥亵儿童罪,但仅适用基本罪,不能适用"在公共场所当众实施"这一加重情节

[试题解析]

A项错误。首先,成立强制猥亵罪,只要侵犯了对方性意义上的决定权即可,不要求必须出于刺激或者满足性欲的目的,故不能以甲没有性的意图或者倾向为由,不认定为强制猥亵罪。

其次,甲的行为侵犯了妇女赵某的性羞耻心,当然成立强制猥亵罪。

B项错误。即使在具有夫妻关系的前提下,这种可以使他人有目共睹的行为,明显伤害了其妻子的性行为自己决定权。因此,对于丈夫在公共场所强行扒光妻子衣裤的行为,仍应认定为强制猥亵罪。

【延伸阅读】丈夫可否成为强制猥亵妻子的主体?对此应分清不同情形回答。首先,对于公然强制猥亵妻子的部分行为,仍应认定为本罪。如本选项中,丈夫在公共场所强行扒光妻子衣裤的,仍应认定为强制猥亵罪。这么做的原因是,即使在具有夫妻关系的前提下,这种可以使他人有目共睹的行为,明显伤害了其妻子的性行为自己决定权(妻子同意的除外)。其次,对于非公然强制猥亵妻子的行为,一般不宜认定为强制猥亵罪。将丈夫强制猥亵妻子的行为分为公然与否来认定是否构成强制猥亵妇女罪,是因为在具有夫妻关系这种特殊场合,丈夫的行为是否侵害了妻子的性行为自己决定权,主要取决于是否公然这一因素,而不是认为强制猥亵、侮辱罪以公然为前提。换言之,"公然"并不是强制猥亵、侮辱罪的构成要件要素,但为了限制处罚范围,在丈夫强制猥亵妻子的情况下,不得不将"公然"作为限制条件,而这一限制条件又是以本罪的性质为根据的。最后,在离婚诉讼期间、因为感情破裂分居期间以及妻子长期受丈夫虐待期间,丈夫对妻子实施的强制猥亵行为,也可能构成强制猥亵罪。

C项错误。首先,丙显露生殖器时没有使用暴力、胁迫等强制手段强迫妇女观看,只是公然猥亵行为,不构成强制猥亵、侮辱罪。换言之,其没有"强制"行为。

其次,丙的行为虽然尚未达到犯罪程度,但违反了《治安管理处罚法》的规定。当然,丙如果以暴力、胁迫等强制方法迫使他人当场观看的,则构成强制猥亵罪。

需要注意:侮辱行为并不是独立于猥亵行为之外的一种行为,猥亵行为与侮辱行为具有同一性,因为猥亵行为包括了侵害他人性的决定权的一切行为,而侮辱行为不可能超出这一范围。因此,要认定案件中的侮辱行为,必须实施与猥亵行为性质相同的行为,即侵害他人的性行为自己决定权的行为。例如,多次偷剪妇女的发辫、衣服,向妇女身上泼洒腐蚀物、涂抹污物的行为,如果没有侵害到妇女的性行为自己决定权,不可能与强制猥亵相提并论,只能认定为《刑法》第246条的侮辱罪。倘若偷剪妇女衣服、向妇女身上泼洒腐蚀物,导致妇女身体裸露,当然属于强制猥亵。

D项正确。首先,尽管丁的猥亵行为本身轻微,属于《治安管理处罚法》上的猥

行为,但由于在公共场所"当众"实施行为,加重了对猥亵儿童罪的保护法益的侵害,达到了可罚的程度,故在公共场所当众实施这一加重情节,就可能变更评价为基本犯的构成事实,丁的行为应认定为猥亵儿童罪。

其次,由于"在公共场所当众实施"这一加重情节已被评价为基本犯的构成事实,故不能再适用加重犯的法定刑,否则会重复评价。

综上,丁成立猥亵儿童罪,适用基本犯的法定刑。①

综上所述,本题答案为 D 项。

考点四　非法拘禁罪与绑架罪

108. 关于非法拘禁罪,下列哪些说法是正确的?(　　)(多选)

A. 甲晚上将徐某反锁在房间里,徐某欲外出时发现门被锁了,徐某心想反正也出不去,也到了睡觉时间,遂放弃出门。次日,甲在徐某醒来之前就打开锁。不考虑拘禁时间,如果认为非法拘禁罪保护法益为现实的人身自由,甲也成立非法拘禁罪

B. 乙因疏忽,下车时忘记蒋某在车内,关车门时将蒋某反锁在车内,48 小时后乙打开车门时发现蒋某已被冻死。乙成立非法拘禁(致人死亡)罪

C. 李某因经济纠纷邀集张某等 5 人一起至管某所在地,找管某谈债务相关事宜,遭管某拒绝。在李某的授意下,5 人强行将管某拖至一辆轿车上。管某奋力反抗,李某在该车右后车门没有关闭的情况下便驾车向前行驶。导致管某与张某一同从轿车右后车门跌落,管某倒地摔成重伤一级。李某等人成立非法拘禁(致人重伤)罪

D. 张某、芦某、程某等 7 人成立传销组织。杨某被骗至该传销窝点,其间,程某以借看手机为由没收杨某的手机。张某安排芦某等人看管杨某并给其讲课洗脑,因杨某始终不愿意加入传销组织,在非法拘禁期间,张某等人为管教杨某,以扇其耳光、用书本、钱包打其面部以及将其头部撞墙等方式对杨某实施暴力,杨某被殴打后出现痉挛、神志不清的状况,于次日死亡。张某等人成立非法拘禁(致人死亡)罪

[试题解析]

A 项正确。首先,如果认为非法拘禁罪的保护法益是"现实的人身自由",就要求被害人实际认识到了自己被剥夺人身自由,行为人才能被认定为非法拘禁罪。关于非法拘禁罪的保护法益,存在可能的人身自由说和现实的人身自由说。其中,"可能的人身自由"说认为,无论被害人是否实际被剥夺人身自由,或者是否认识到自己被剥夺人身自由,只要有可能剥夺被害人的人身自由,就构成非法拘禁罪。根据"可能的人身自

---

① 参见张明楷:《加重情节的作用变更》,载《清华法学》2021 年第 1 期,第 41 页。

由"说,被害人深夜在宾馆房间熟睡,甲将被害人房门反锁,在被害人醒来之前将房门打开,没有现实地侵犯被害人的人身自由,只是有可能侵犯其人身自由,也应构成非法拘禁罪。当然,如果持"现实的人身自由"说,则不构成非法拘禁罪。

其次,本选项现实地侵犯了被害人的人身自由,即便持"现实的人身自由"说,也构成非法拘禁罪。不同于被害人一开始就在睡觉没有意识到被锁(根据"现实的人身自由"说,此种情况不成立非法拘禁罪),本选项中,徐某是在认识到自己不能外出的情况下,才放弃外出想法决定睡觉的,甲的行为依然侵害了徐某的现实的人身自由,成立非法拘禁罪。

B项错误。首先,乙不构成非法拘禁罪。非法拘禁罪是故意犯罪,乙主观上没有剥夺他人身体活动自由的意思,即没有故意,而是因为过失将蒋某锁在车里,不成立非法拘禁罪。

其次,乙的过失行为导致蒋某死亡,应成立过失致人死亡罪。①

C项正确。首先,李某等人的行为成立非法拘禁罪。一般来说,李某等人强行将被害人拖至车内,此刻被害人即已丧失人身自由,犯罪已达既遂状态。

其次,李某等人在非法拘禁过程中,因为拘禁、关押行为过失导致被害人重伤的,应成立非法拘禁致人重伤的结果加重犯,即非法拘禁(致人重伤)罪。

再次,成立非法拘禁(致人重伤)罪这一结果加重犯,并不要求前行为(非法拘禁罪)达到犯罪既遂的标准。本选项中,由于拘禁时间没有达到司法解释的规定,认定李某等人成立非法拘禁罪既遂可能存在歧义,但结果加重犯的成立并不以基本犯既遂为前提,只要行为人着手实行基本犯的构成要件行为,并且由该行为造成加重结果,就成立结果加重犯。

综上,李某等人在实施非法拘禁过程中"拘禁行为本身"过失造成管某重伤的,成立非法拘禁罪的结果加重犯,系非法拘禁(致人重伤)罪。②

D项错误。首先,非法拘禁致人死亡要求在非法拘禁过程中,由于拘禁行为本身过失致人死亡的,才成立非法拘禁罪的结果加重犯。本选项的案件确实发生在非法拘禁过程中,但并不是拘禁行为本身导致被害人死亡,而是张某等人在拘禁行为之外使用暴力。因此,张某等人不成立非法拘禁(致人死亡)罪。

其次,张某等人在非法拘禁过程中,使用暴力,致杨某死亡,其行为转化为故意杀人罪。根据《刑法》第238条第2款后半段规定,使用暴力致被拘禁人伤残、死亡的,分别依照故意伤害罪、故意杀人罪定罪处罚,故本选项中,张某等人应以故意杀人罪定罪处罚。

---

① 参见周光权:《刑法各论》(第三版),中国人民大学出版社2016年版,第42页。
② 参见北大法宝:李杰等非法拘禁案【法宝引证码】CLI.C.7259103。

综上所述,本题答案为 AC 项。

109. 关于绑架罪,下列哪一选项是正确的?(　　)(单选)

A. 甲邀请好友毛毛外出野营,甲在野营期间关闭了毛毛的电话,然后打电话给毛毛的父亲徐某,谎称绑架了毛毛,若不给赎金20万元,便杀害毛毛。后徐某将20万元汇到甲指定的账户,毛毛对此毫不知情,野营结束后开心回家。甲成立绑架罪

B. 乙绑架苏某后,欲给苏某的家人打电话索要钱财。乙在等待电话接通过程中,心生悔悟,放弃索要钱财,且主动将苏某释放。鉴于乙未实现勒索财物目的,其行为不成立绑架罪的既遂,系犯罪中止

C. 丙为索取财物,欲绑架富商蒋某,欺骗肖某自己是向蒋某索要工程款。肖某便答应同丙一块将蒋某"绑架",向蒋某家属索要虚假债务20万元。丙、肖某成立绑架罪的共同犯罪

D. 丁为勒索财物,在用皮带捆绑赵某时,遭到赵某激烈反抗,丁用皮带直接勒死赵某。丁构成绑架罪中的"杀害被绑架人"这一加重犯

[试题解析]

A项错误。甲的行为成立诈骗罪和敲诈勒索罪,想象竞合,择一重罪处罚。

首先,甲的行为并没有侵犯毛毛的人身自由与身体安全,不构成绑架罪。

其次,毛毛实际上并没有被绑架,甲虚构了毛毛被绑架的事实,电话威胁内容具有欺骗性质,使得徐某产生了认识错误,并基于错误认识将20万元汇到甲指定的账户。因此,甲的行为成立诈骗罪。

再次,甲实施了胁迫行为。甲电话威胁徐某,若不给钱便杀人,徐某因此产生了恐惧心理,进而将20万元汇到甲指定的账户。因此,甲的行为成立敲诈勒索罪。

综上,甲只存在一个行为,该行为同时触犯了诈骗罪、敲诈勒索罪,属于想象竞合犯,应择一重罪处理。

B项错误。只要完成绑架行为就是犯罪既遂,不需要实现了勒索财物的目的,乙的行为成立绑架罪的既遂。

首先,绑架罪是侵犯人身自由的犯罪,原则上,只要控制人质(即完成绑架行为),就是犯罪既遂。本选项中,乙为索取财物,已经将苏某实际控制,绑架行为已经完成,至此乙的行为已构成绑架罪既遂。无论其是否实现勒索财物的目的或者其他目的,均不影响其犯罪既遂的认定。

其次,犯罪既遂之后,主动放弃索财、将人质释放的,也不可能再成立犯罪中止。也就是说,事后实施的其他"补救"行为,不影响故意犯罪既遂的成立。

C项错误。丙成立绑架罪,肖某的行为成立非法拘禁罪。二人在非法拘禁罪的范

围内构成共同犯罪。

首先,丙预谋绑架,并利用肖某的不知情行为,虚构债务,绑架他人为人质,进而勒索财物的行为,成立绑架罪。

其次,肖某主观上为索取债务,非法剥夺了他人人身自由,成立非法拘禁罪。

最后,绑架罪与非法拘禁罪之间有包容关系,根据部分犯罪共同说,丙、肖某在非法拘禁罪范围内构成共同犯罪。

D项正确。首先,丁以勒索财物为目的,已经着手实施绑架行为,成立绑架罪。

其次,绑架罪的加重情节"杀害被绑架人"要求行为人在绑架的过程中,故意杀害被绑架人。本选项中,丁主观上存在杀害赵某的"故意",客观上实施了"杀害"行为,且该行为发生在绑架过程之中,丁构成绑架罪中的"杀害被绑架人"。

最后,丁因遭到被害人的激烈反抗,基于杀人故意直接勒死被绑架人,属于"杀害被绑架人"这一加重情节。

综上所述,本题答案为D项。

考点五 拐卖妇女、儿童罪 收买被拐卖的妇女、儿童罪 拐骗儿童罪等

一、拐卖妇女、儿童罪与收买被拐卖的妇女、儿童罪

110. 关于拐卖妇女、儿童罪,下列说法正确的是?（　　）(单选)

A. 吕某以出卖儿童牟利,某夜,吕某潜入戴某的卧室欲抢走其男婴戴某甲,戴某和岳母华某发现后呼救。为制服两人以抢走婴儿,吕某持匕首捅刺戴某和华某,致两人死亡。后吕某抢走男婴戴某甲,以27500元卖出。吕某的行为构成拐卖儿童罪的结果加重犯

B. 甲想要儿子,奈何妻子生育一女后不愿再生。甲通过各种渠道找到人贩子乙,乙表示自己已经金盆洗手十几年,绝对不做这种伤天害理之事。甲便日日登门拜访,乙被甲的真情打动,便出发帮甲在小山村买来一名男婴,甲给予乙重金。甲的行为成立收买被拐卖的儿童罪,乙的行为成立拐卖儿童罪

C. 崔某花高价从人贩子手上买来妇女范某,不顾范某的反抗,使用暴力与范某多次发生性关系。半年多来,范某始终未能怀上孕,崔某便将范某低价卖给同村的光棍李某。崔某的行为构成收买被拐卖妇女罪、强奸罪和拐卖妇女罪,数罪并罚

D. 农村妇女郑某生了三个女儿(最大的女儿5岁),丈夫整日游手好闲、不务正业。三个女儿终日食不果腹,郑某望着骨瘦如柴的女儿,找到人贩子胡某,让其帮女儿

找到收养的人家,郑某收取了3000元的感谢费。郑某的行为不成立拐卖儿童罪

[试题解析]

A项错误。吕某的行为构成拐卖儿童罪和故意杀人罪,数罪并罚。首先,吕某以出卖为目的,实施了绑架儿童的行为,侵害了男婴戴某甲在本来生活状态下的身体健康和行动自由,其行为构成拐卖儿童罪。

其次,"造成被拐卖妇女、儿童的亲属重伤、死亡"这一结果加重犯,要求由于犯罪分子的拐卖行为或者拐卖过程中的侮辱、殴打等行为引起其亲属自杀、精神失常或者其他严重后果。本选项中,吕某在实施绑架行为时,积极主动地实施了持刀捅刺的行为,致两名被害人死亡,其行为构成故意杀人罪。①

B项错误。甲的行为成立拐卖儿童罪(教唆犯)和收买被拐卖的儿童罪,数罪并罚。乙的行为成立拐卖儿童罪。倘若行为人唆使他人拐卖儿童,又收买该儿童的,应当以拐卖儿童罪(教唆犯)和收买被拐卖的儿童罪,数罪并罚。乙的犯意是由甲引起的,甲当然成立拐卖儿童罪的共犯,且系教唆犯。

C项错误。行为人收买被拐卖的妇女、儿童之后,对其实施了强奸、非法拘禁等行为,后来又将其出卖的,应当认定为拐卖妇女罪一罪。拐卖妇女、儿童罪的行为包括了非法拘禁行为,法定刑升格情节中包括了强奸行为,故仅认定拐卖妇女、儿童罪即可,没有必要实行数罪并罚。

本选项中崔某一开始收买妇女范某,又对其实施了强奸行为。后又因为范某迟迟未能怀孕,崔某另起犯意出卖妇女,其行为最后只定为拐卖妇女罪,可以适用拐卖妇女罪的加重处罚情节:"奸淫被拐卖的妇女的",对崔某加重处罚。

D项正确。虽然任何人都无权出卖儿童,但是要注意民间送养和拐卖儿童罪的区分。依照最高人民法院、最高人民检察院、公安部、司法部2010年发布的《关于依法惩治拐卖妇女儿童犯罪的意见》第17条的规定,迫于生活困难,或者受重男轻女思想影响,私自将没有独立生活能力的子女送给他人抚养,包括收取少量"营养费""感谢费"的,属于民间送养行为,不能以拐卖妇女、儿童罪论处,因为这种行为本身就不是出卖行为。

综上所述,本题答案为D项。

111. 关于拐卖妇女、儿童罪与收买被拐卖的妇女、儿童罪,下列说法正确的是?(　　)(单选)

A. 甲假装将自己的1岁的儿子小甲卖给徐某,得到徐某给付的10万元后,暗中尾

---

① 选自最高人民法院关于拐卖妇女儿童犯罪案件的三起典型案例之一,参见《刑事审判参考》(总第82集)第728号指导案例:吕锦城等故意杀人、拐卖儿童、黄高生拐卖儿童案。

随抱着小甲的徐某,然后乘徐某不备打伤徐某(轻伤),将小甲抢回。甲的行为成立拐卖儿童罪既遂

B. 乙从人贩子手上收买幼儿蒋某,后乙发现蒋某智力低下,遂将蒋某卖给同村的薛某。乙的行为应以收买被拐卖的儿童罪与拐卖儿童罪实行数罪并罚

C. 丙以出卖为目的,将同村的妇女赵某、肖某带至外省,将其安排在出租屋内居住,待后续出卖。后丙因形迹可疑被民警抓,遂案发。由于丙并未成功将妇女卖出,不成立拐卖妇女罪

D. 丁单身多年,遂决定从人贩子夏某处购买一名妇女共同生活,但夏某告诉丁自己已经不从事这一"行当"很多年了。在丁多次劝说下,夏某从外地带来一名妇女卖给丁。丁成立拐卖妇女罪和收买被拐卖妇女罪,应数罪并罚

[试题解析]

A项错误。首先,甲不构成拐卖儿童罪。甲从始至终都没有"出卖"目的,其只是假借出卖小甲的名义以骗取他人钱财,不成立拐卖儿童罪。

其次,甲以非法占有为目的,骗取他人钱财后,又故意实施了伤害行为,甲成立诈骗罪与故意伤害罪,数罪并罚。

再次,该选项案件不构成《刑法》第269条的转化型抢劫罪,因为甲使用暴力的目的不是为了"窝藏赃物、抗拒抓捕,或者毁坏罪证"。

B项错误。根据《刑法》第241条第5款的规定,收买被拐卖的儿童又出卖的,依照本法第二百四十条(即拐卖儿童罪)的规定定罪处罚。

本选项中,乙收买儿童蒋某后,再行出卖的行为属于犯意提升,对乙的行为不需要数罪并罚,只需要以拐卖儿童罪一罪定罪处罚即可。

C项错误。丙以出卖为目的,实施了控制妇女的行为,即便没有将妇女卖出的,也认为侵犯了妇女的人身自由,应以犯罪既遂论处。因此,丙成立拐卖妇女罪既遂。

D项正确。丁实施了两个行为,第一个行为是教唆无犯罪故意的夏某拐卖妇女,丁成立拐卖妇女罪的教唆犯;第二个行为是丁收买了被拐卖的妇女,成立收买被拐卖的妇女罪。因此,丁既是教唆者又是收买者,应以拐卖妇女罪(教唆犯)和收买被拐卖的妇女罪,两罪并罚。①

可能有同学会认为,拐卖妇女罪与收买被拐卖的妇女罪保护的是同一类型的法

---

① 对于行为人为了收买妇女、儿童,教唆或者帮助他人拐卖妇女、儿童,随后又收买了该被拐卖的妇女、儿童的问题。首先应当肯定的是,行为人实施了两个行为,分别构成拐卖妇女、儿童罪的共犯与收买被拐卖的妇女、儿童罪(正犯)。但是张明楷教授认为,根据《刑法》第241条第5款的规定,认定为包括的一罪可能更为合适。参见张明楷:《刑法学》(第六版),法律出版社2021年版,第1173页。

益,以一罪论处即可。这种理解是错误的。如果行为人单纯地只是收买该妇女,之后又将该妇女卖出的,仅定拐卖妇女罪一罪。但是,本选项中,行为人是唆使没有犯意的夏某实施拐卖妇女的行为,这一行为成立拐卖妇女罪,同时,自己又收买该妇女,当然应数罪并罚。

综上所述,本题答案为 D 项。

二、拐骗儿童罪,组织残疾人、儿童乞讨罪,组织未成年人进行违反治安管理活动罪

112. 关于拐骗儿童罪,组织残疾人、儿童乞讨罪,组织未成年人进行违反治安管理活动罪,下列说法正确的是?（　　）(单选)

A. 林某因身体原因,无法生育,但特别想要一个孩子。林某便让在医院当护士的妹妹帮忙偷得徐某的儿子。养育一段时间后,觉得带小孩太劳累,以 2000 元给了谭某。林某的行为构成拐骗儿童罪和拐卖儿童罪,应数罪并罚

B. 赵某以到丙市卖化妆品,月薪两三千元为由,诱骗未成年少女(儿童)同意后,先让她们到甲市生活数月,后由谭某及其弟谭某某、弟媳蔡某将被骗少女运送至乙市,然后再组织她们在该市文化宫内的 KTV 从事有偿陪酒、陪唱。赵某的行为成立拐骗儿童罪和组织未成年人进行违反治安管理活动罪,应数罪并罚

C. 单某以帮助流浪儿童找到收养的家庭为借口,组织流浪儿童每天去地铁、天桥、广场等公共场所乞讨。单某的行为成立组织儿童乞讨罪

D. 虞某组织未成年人实施盗窃、诈骗、敲诈勒索等活动时,未成年人的盗窃、诈骗、敲诈勒索的财物数额较大或者特别巨大时,对于虞某应当以组织未成年人进行违反治安管理活动罪,从重处罚

[试题解析]

A 项错误。林某成立拐卖儿童罪。以抚养为目的偷盗婴幼儿或者拐骗儿童,之后予以出卖的,以拐卖儿童罪一罪处罚。故本选项中,林某偷得婴儿后又卖出的行为仅构成拐卖儿童罪,属于犯意提升,仅认定为一罪。

B 项正确。赵某拐骗不满十四周岁的未成年人,使其脱离家庭、监护人,其行为已构成拐骗儿童罪。另外,赵某组织未成年人在娱乐场所从事以营利为目的的陪侍,严重影响未成年人身体健康,使未成年人在陪侍过程中面临人身被侵害的现实风险,其行为成立组织未成年人进行违反治安管理活动罪。[①]

---

① 参见北大法宝:未成年人权益保护与少年司法制度创新典型案例之六;赵某等人组织未成年人在娱乐场所进行违反治安管理活动案【法宝引证码】CLI.CR.45933820。

C项错误。单某的行为成立拐骗儿童罪。组织残疾人、儿童乞讨罪,要求使用的行为手段必须是暴力、胁迫。如果以利诱、欺骗等非强制手段组织儿童乞讨的,不成立本罪,成立拐骗儿童罪。本选项中,单某欺骗流浪儿童,以帮助他们找到收养的家庭为借口,进而组织乞讨活动的,构成拐骗儿童罪。

D项错误。虞某的行为构成组织未成年人进行违反治安管理活动罪和盗窃罪或者诈骗罪或者敲诈勒索罪的想象竞合,应从一重罪处罚。组织未成年人进行违反治安管理活动罪中,组织的内容是从事"违反治安管理活动"的行为,不包括犯罪行为。如果组织未成年人进行犯罪活动,就要成立相应的犯罪,比如盗窃罪、诈骗罪、敲诈勒索罪。

综上所述,本题答案为 B 项。

考点六 诬告陷害罪

113. 关于诬告陷害罪,下列说法正确的是?(　　　)(多选)

A. 某小区近来频频失窃,乙前几年因盗窃罪坐过牢,甲怀疑是四楼的乙所为。某天小区里一个住户被偷一条金项链,甲就去公安局告发乙。后公安机关抓到真正的盗窃犯丙。甲的行为成立诬告陷害罪

B. 甲因为赌博欠下巨额赌债,每天被高利贷到处追打。为了躲债,甲让乙去司法机关报案,说甲抢了乙钱包和手机。乙来到司法机关,不仅告发甲抢劫罪还添油加醋地说甲对其实施了强奸行为。后甲因抢劫罪和强奸罪被关进监狱。乙的行为构成诬告陷害罪

C. 甲意外获得一堆资料,这些资料是他人捏造乙犯罪的证据,甲明知是他人捏造的,依然将这些资料提供给有关国家机关。甲的行为构成诬告陷害罪

D. 路人甲目睹了乙拿木棍和丙互殴的行为,后丙死亡。民警丁在给甲做笔录时,甲因为下雨没太看清就说看到乙拿大刀砍丙。甲的行为属于诬告陷害罪

[试题解析]

A项错误。甲的行为不构成诬告陷害罪。诬告陷害罪的本质在于行为人主观上认为被害人是无罪的,还要捏造他人犯罪事实进行告发。本选项中,甲不是有意诬告,而是错告,况且甲并没有捏造事实。本选项中,甲没有捏造具体的事实(证据),只是向司法机关提供一种线索。

B项正确。即便对于抢劫罪而言,甲是同意被诬告的,不构成诬告陷害罪。但是,对于强奸罪,乙主动告发,乙的行为构成诬告陷害罪。注意,本选项中,乙不仅实施了虚假告发强奸行为,而且以自己作为受害人的身份进行告发,就此而言,乙亦在此强

奸案中处于被害人(证人)的角色,亦可能同时触犯伪证罪。

C项正确。诬告陷害罪只要求一个单一行为,即向公安、司法等机关作虚假告发。哪怕不是甲捏造的事实,只要甲实施了虚假告发行为,即成立本罪。

D项错误。甲的行为不属于诬告陷害罪。甲的确目睹了整个案件的发生过程,只是因为认识错误而不是基于诬告陷害的意思,即不是有意诬告,向司法机关指控了乙拿刀砍人的犯罪事实,不属于捏造事实。

综上所述,本题答案为BC项。

考点七　侮辱罪　诽谤罪

114. 关于侮辱、诽谤罪,下列选项说法正确的是?(　　)(多选)

A. 快递员甲偷拍等待取快递的女子乙,出于刺激、博取关注的目的,甲伙同丙,捏造乙出轨事实并将虚假聊天记录扩散至网络上,引发大量点击、阅读以及低俗评论。乙备受折磨,被诊断为抑郁症。甲、丙的行为构成诽谤罪

B. 某杂志刊发洪某撰写的《"狼牙山五壮士"的细节分歧》一文,亦发表于《炎黄春秋》杂志网站。文章以历史细节考据、学术研究为幌子,以细节否定英雄,企图达到抹黑"狼牙山五壮士"英雄形象和名誉的目的。一时间,引发全网关注。洪某的行为构成侮辱、诽谤罪

C. 一帮人在歌厅唱歌,甲欲对提供正常服务的女性工作人员乙实施猥亵行为,乙表示反对。甲对其说:"你不就是个卖淫女嘛,给你钱还不行吗?"乙仍然表示强烈拒绝,甲便使用暴力对乙实施猥亵行为。甲的行为成立强制猥亵、侮辱罪和侮辱罪的竞合

D. 甲、乙二人素来不合。某日,二人在街头互骂,甲捏造乙出轨事实,并捏造乙有多次嫖娼行为,引发周围人唏嘘不已,乙气不过心脏病发作死亡。甲构成诽谤罪的结果加重犯

[试题解析]

A项正确。侮辱的本质在于揭短、露丑。诽谤的本质在于说假话,即造谣。最高人民法院、最高人民检察院《关于办理利用信息网络实施诽谤等刑事案件适用法律若干问题的解释》中规定了,"捏造损害他人名誉的事实,在信息网络上散布,或者组织、指使人员在信息网络上散布的"应当认定为《刑法》第246条第1款规定的"捏造事实诽谤他人"。

本选项中,甲、丙故意捏造并散布乙出轨的虚假事实,引发网络上不明事实的吃瓜群众信以为真,对乙进行抨击,甲和丙的行为属于诽谤,其严重损害了乙的人格、破坏

了乙的名誉,并对乙的生活、身体健康产生很大负面影响。故,甲、丙的行为构成诽谤罪。

B项错误。洪某的行为成立侵害英雄烈士名誉、荣誉罪。侮辱、诽谤罪的对象是活人。《刑法修正案(十一)》增设299条之一,侵害英雄烈士名誉、荣誉罪的对象是英雄烈士,洪某在刊物和网站上发不实之文恶意引导读者对"狼牙山五壮士"这一英雄烈士群体英勇抗敌事迹和舍生取义精神产生怀疑,在全网引发大量关注,给社会公共利益造成损害。故,洪某的行为成立侵害英雄烈士名誉、荣誉罪。①

C项正确。强制猥亵罪要求使用强制手段严重侵犯被害人的性行为自己决定权。侮辱罪可以口头公然贬低、损害他人人格。本选项中,甲在实施强制猥亵行为的过程中,同时对乙有毁坏其名誉的侮辱言语,其侮辱乙为卖淫女的言语可以视为为了更好地实施猥亵行为的手段行为,一行为同时触犯侮辱罪和强制猥亵罪,故,对甲应评价为强制猥亵、侮辱罪和侮辱罪的想象竞合。

D项错误。刑法对侮辱、诽谤罪没有规定结果加重犯。

综上所述,本题答案为AC项。

考点八　遗弃罪　虐待罪　虐待被监护、看护人罪

115. 下列有关遗弃罪,虐待罪,虐待被监护、看护人罪,说法正确的是?（　　）(多选)

A. 马某因不满母亲王某经常大小便失禁致使房间臭烘烘,将王某推至废弃坟墓,用废棺材板、破损石碑、旧薄被将墓口封住,并用随身携带的铁锹将墓坑口用沙土封堵、堆成坟堆形状,随后马某离开。后马某妻子报警,三日后王某获救。马某的行为构成遗弃罪

B. 亲生父亲甲和继母乙将6岁的儿子丙赶出门外,将门反锁致其不能进屋。夜晚室外最低气温3.2摄氏度,后甲、乙在睡觉前出门查看时,发现丙已经睡着却放置不管。第二天早晨发现丙冻死在家门外。父亲甲、继母乙的行为成立遗弃罪与过失致人死亡罪的想象竞合

C. 中学体育教练甲为了在本年度的校运会中取得好成绩,不顾为学生周某的拒绝,多次强迫周某(15周岁)服用兴奋剂。教练甲的行为构成虐待被监护、看护人罪

D. 甲、乙二人系夫妻关系。甲无业,整日游手好闲,经常对乙谩骂殴打。乙因此

---

① 参见《指导案例99号:葛长生诉洪振快名誉权、荣誉权纠纷案》,载最高人民法院官网,https://www.court.gov.cn/shenpan/xiangqing/136381.html,访问日期2025年5月20日。

整日精神压力巨大,觉得生活无望,不堪忍受折磨,遂服毒自杀。甲的行为构成虐待罪的结果加重犯

[试题解析]

A项错误。马某的行为成立故意杀人罪。马某将王某带到废弃坟墓,并且用废棺材板、破损石碑、旧薄被将墓口封住,并用随身携带的铁锹将墓坑口用沙土封堵、堆成坟堆形状,马某的行为具有造成王某死亡的高度紧迫性,其并不是消极地不履行赡养义务,而是积极地实施极大可能导致王某死亡的行为,应当成立故意杀人罪(未遂)。①

B项错误。父亲甲、继母乙的行为成立故意杀人罪。遗弃类案件中也有可能导致被害人重伤或者死亡,但是造成死亡的紧迫性、可能性较低。本选项中,在室外最低气温3.2摄氏度的夜晚,男孩睡着后冻死的可能性很大,甲、乙置之不顾,主观上至少有间接故意,年幼的丙最后也确实因为甲、乙的不管不顾被冻死,甲、乙的行为成立故意杀人罪。

C项正确。2019年最高人民法院《关于审理走私、非法经营、非法使用兴奋剂刑事案件适用法律若干问题的解释》规定,对未成年人、残疾人负有监护、看护职责的人组织、强迫、引诱、欺骗未成年人、残疾人在体育运动中非法使用兴奋剂,严重损害未成年人、残疾人身心健康的,以虐待被监护、看护人罪定罪处罚。中学体育教练甲作为对周某具有看护职责的人员,多次强迫15周岁的周某服用兴奋剂的行为,构成本罪。需要说明的是,本选项不构成妨害兴奋剂管理罪,该罪要求发生在国际、国内重大赛事中。

D项正确。考虑到虐待行为具有持续性、长期性,对被害人造成的精神压力较大,被害人不堪忍受而自杀与虐待行为的关联性较为直接,可以认为二者具有因果关系。因此,由于被害人经常受到虐待,身体和精神受到严重的损害或者导致死亡,或者不堪忍受而自杀,属于虐待罪的结果加重犯。甲的行为即属于此。

综上所述,本题答案为CD项。

考点九 侵犯公民个人信息罪

116. 下列哪些行为构成侵犯公民个人信息罪(不考虑情节)?(　　)(多选)

A. 某卫生所的护士甲将50名确诊新冠阳性的患者的姓名、联系方式、身份证号、住址等与防疫无关的资料拍照,私发至各个群以及社交平台,遭到网民转发,导致该50人遭受网民谩骂、电话骚扰等网络暴力

B. 乙明知表弟丙通过批量创设网络账号,再卖给别人实施网络犯罪来进行牟利。

---

① 参见陕西省靖边县人民法院(2020)陕0824刑初244号刑事判决书。

乙多次向丙提供自己获得的真实的个人信息和身份资料（包括身份证照片、营业执照照片等）。乙的行为成立侵犯公民个人信息罪

C. 丁租用便利店的共享充电宝，发现有人在共享充电宝内部设置芯片，植入"木马"程序，经由共享充电宝，获取用户手机里的所有的信息。丁多次操作，复制出里面的个人信息再卖给他人，后被他人用于犯罪

D. 戊丁痴迷于某男团成员，为了更了解自己的"爱豆"，长期每晚都躲在窗外偷窥"爱豆"的夜间活动

[试题解析]

A项正确。《刑法》253条之一第2款规定，将在履行职责或者提供服务过程中获得的公民个人信息，出售或者提供给他人的，依照前款规定从重处罚。

为了疫情防控，确诊病例的轨迹相关信息已经公开，但是真实姓名、联系方式等与防疫无关的资料仍然是"公民个人信息"，护士甲私自转发提供服务过程中获得的信息，并导致网民大量转发，致使多名被害人遭受网络暴力等严重结果。护士甲的行为构成侵犯公民个人信息罪。

B项正确。在我国刑法中，侵犯公民个人信息罪的行为可以分为两种情形：第一种是向他人出售或者提供公民个人信息；第二种是盗窃或者非法获取公民个人信息。

本选项中，乙为丙的恶意注册提供公民个人信息的行为，完全符合侵犯公民个人信息罪的构成要件，属于第一种"向他人出售或者提供公民个人信息"，应当以本罪论处。①

C项正确。凡是非法获得公民个人信息的行为，均属于"以其他方法非法获取"。丁复制他人安装的木马程序获得的个人信息，再出卖给他人的行为成立侵犯公民个人信息罪。

D项错误。戊的行为不构成侵犯公民个人信息罪。公民个人信息不是单纯的隐私信息，而是与特定的自然人相关联的可识别信息，戊的行为最多构成侵犯隐私权的民事侵权。此外，侵犯公民个人信息罪所要求的信息应有"载体"，这才容易传播，本选项中，戊只是看看的行为，不构成犯罪。

综上所述，本题答案为ABC项。

---

① 参见陈兴良：《互联网帐号恶意注册黑色产业的刑法思考》，载《清华法学》2019年第6期，第16页。

专题六　危害公共安全罪

考点一　以危险方法危害公共安全罪

117. 关于以危险方法危害公共安全罪,下列说法正确的是?（　　）（多选）

A. 2020年1月至5月期间,甲利用凌晨时段,假扮成清扫路面的环卫工人,多次盗窃人行道和非机动车道窨井盖80余个。经查明,被盗窨井盖大多处于行人过往频繁的人行道、非机动车道,足以危害公共安全。甲成立以危险方法危害公共安全罪

B. 两个月间,乙多次在多个城市主干道盗窃窨井盖200余个。经查明,案发路段为城市主干道路,系机动车道,车流量大,足以造成汽车、电动车发生倾覆、毁坏危险。乙成立以危险方法危害公共安全罪

C. 丙将停在某美食广场停车场的越野车砸坏,后将点燃物扔进车内,致使该越野车燃烧毁损,被毁损的越野车价值33万余元。案发时该美食广场厨房墙上的多扇窗户被烧坏,玻璃被震碎,上面的一个路灯也被烧坏。丙成立放火罪

D. 某日凌晨1时,丁在与父母争执过程中,将手边的平板电脑、手机、水果刀等物品扔出窗外。丁父母家住14楼,窗户下方是小区公共道路,丁扔出的部分物品砸落在小区公共道路上(案发时无人经过),还砸坏了楼下停放的3辆机动车,损失合计4293元。丁成立以危险方法危害公共安全罪

[试题解析]

A项正确。甲成立以危险方法危害公共安全罪。根据最高人民法院、最高人民检察院、公安部发布的《关于办理涉窨井盖相关刑事案件的指导意见》第2条第1款的规定,盗窃、破坏人员密集往来的非机动车道、人行道以及车站、码头、公园、广场、学校、商业中心、厂区、社区、院落等生产生活、人员聚集场所的窨井盖,足以危害公共安全的,以以危险方法危害公共安全罪定罪处罚。根据这一规定,针对非机动车道、人行道的窨井盖实施盗窃行为的,成立以危险方法危害公共安全罪。

本选项中,甲盗窃处于行人过往频繁的人行道、非机动车道上的窨井盖,足以危害

公共安全,成立以危险方法危害公共安全罪。① 审判实务与2020年的法考真题均采纳了此观点。

【延伸阅读】张明楷教授提出了反对意见,但并没有得到法考真题及审判实务的支持。他认为《关于办理涉窨井盖案相关刑事案件的指导意见》第2条第1款以以危险方法危害公共安全罪来定罪并不合适。理由在于:一方面,即使在上述地点盗窃窨井盖,也不可能产生后果不能控制的公共危险,认定为以危险方法危害公共安全罪并不合适。另一方面,如果盗窃窨井盖的行为致人伤亡,可认定为故意杀人罪、故意伤害罪或者过失致人死亡罪、过失致人重伤罪;在没有造成人员伤亡的情况下,首先考虑按盗窃罪处罚;如果不符合盗窃罪的构成要件,也属于对道路的毁坏(道路当然属于财物),因而成立故意毁坏财物罪。②

B项错误。乙成立破坏交通设施罪。根据最高人民法院、最高人民检察院、公安部发布的《关于办理涉窨井盖相关刑事案件的指导意见》第1条的规定,盗窃、破坏正在使用中的社会机动车通行道路上的窨井盖,足以使汽车、电车发生倾覆、毁坏危险,尚未造成严重后果的,以破坏交通设施罪定罪处罚。根据这一规定,机动车道上的窨井盖属于交通设施,盗窃该类窨井盖的,成立破坏交通设施罪。注意,位于机动车道上的窨井盖属于交通设施,对其实施破坏行为的,也会危及公共安全。但考虑到破坏交通设施罪是特别法,因此认定为破坏交通设施罪。

本选项中,乙把正在使用中的城市主干道(社会机动车通行道路)上的窨井盖偷走,足以造成汽车、电车发生倾覆、毁坏危险,进而可能发生严重交通事故。因此,乙成立破坏交通设施罪。③

C项正确。丙成立放火罪。丙在停车场放火烧车的行为,会导致周边汽车、建筑物发生火灾,进而足以导致不特定的人或者多数人伤亡,已经形成了具体的公共危险,因而成立放火罪。④

D项错误。丁成立高空抛物罪。首先,以危险方法危害公共安全罪是具体危险犯,"危害公共安全"是指行为已经给公众的生命、身体等造成实害的具体危险,而不是

---

① 参见《最高检发布涉窨井盖犯罪典型案例:二、陕西马某兴等人以危险方法危害公共安全、掩饰、隐瞒犯罪所得案》,载最高人民检察院官网,https://www.spp.gov.cn/spp/xwfbh/wsfbh/202103/t20210302_510346.shtml,访问日期2025年5月20日。

② 参见张明楷:《刑法学》(第六版),法律出版社2021年版,第890—891页。

③ 参见《最高检发布涉窨井盖犯罪典型案例:五、安徽宋某崇等人破坏交通设施、掩饰、隐瞒犯罪所得案》,载最高人民检察院官网,https://www.spp.gov.cn/spp/xwfbh/wsfbh/202103/t20210302_510346.shtml,访问日期2025年5月20日。

④ 参见张明楷:《高空抛物案的刑法学分析》,载《法学评论》2020年第3期,第16页。

指可能造成的危险。

本选项中,首先,丁高空抛物时楼下没有人,就不能认为丁的行为已经产生了造成实害的具体危险,没有达到足以"侵害"不特定或者多数人的生命、身体的程度,只是足以"威胁"人的生命、身体(仅存在抽象的危险),因而不能评价为《刑法》第114条所称的"危害公共安全"。

其次,丁所抛物品不具有扩张性、蔓延性,危害性相对较小,不足以危害公共安全。

最后,丁从高空扔下平板电脑、手机、水果刀等物品,属于高空抛物,并导致了4293元的财产损失,属于"情节严重",成立高空抛物罪。

综上所述,本题答案为 AC 项。

118. 关于下列需要经过许可的行为,说法错误的是?①（　　）（单选）

A. 甲未取得药品相关批准证明文件,擅自从国外进口未经国内批准上市的某种药品,事后发现该药品确实对某种疾病具有疗效。甲的行为成立销售假药罪

B. 乙取得危险化学品的运输许可后从事液氯运输业务,在运输过程中因超载导致车辆侧翻,液氯泄漏造成多人死亡。乙的行为成立危险物品肇事罪

C. 丙未取得成品油的销售许可,擅自在居民区内储存、销售汽油。丙的行为成立危险作业罪

D. 丁未取得相关规划与建设手续,擅自在市中心开工建设四层建筑物并且违规改变楼体结构,后因建筑物质量不合格发生坍塌,造成多人死亡。丁的行为成立重大责任事故罪

[试题解析]

A项错误。2019年修订后的《药品管理法》第98条规定,假药包括:所含成份与国家药品标准规定的成份不符的药品;以非药品冒充药品或者以他种药品冒充此种药品的药品;变质的药品;所标明的适应症或者功能主治超出规定范围的药品。根据这一规定,假药应限定为内容(效用)上的假药,即害人的药。程序上未经批准的,但具有疗效的药,不属于刑法上的"假药"。故本选项中,具有疗效的药品不属于假药,行为人的行为不构成销售假药罪。

甲的行为,由于没有经过许可,根据《药品管理法》的规定,可以考虑对其进行行政处罚。当然,如果该行为达到了"足以危害人身健康"的危险程度,可构成妨害药品管理罪。

B项正确。危险物品肇事罪规制的是违反爆炸性、易燃性、放射性、毒害性、腐蚀性

---

① 本题改编自张明楷:《重刑化与轻刑化并存立法例下的刑法适用》,载《法学论坛》2023年第3期。

物品的管理规定,在生产、储存、运输、使用中,发生重大事故,造成严重后果的行为。

首先,根据《危险化学品目录》(2015版),液氯是剧毒化学品,属于危险物品肇事罪中的毒害性物品。

其次,乙在运输过程中超载行驶,属于在运输过程中违反管理规定的行为。

最后,乙的行为导致液氯泄漏并使多人死亡,造成严重后果。因此,乙的行为成立危险物品肇事罪。

需要注意的是,《刑法》第133条之一规定的危险驾驶罪的表现形式也包括违反危险化学品安全管理规定运输危险化学品,危及公共安全的行为。危险驾驶罪与危险物品肇事罪的区别在于是否存在严重后果,危险物品肇事罪可以看作是违规运输危险化学品类型的危险驾驶罪的结果加重犯。在本选项中,由于乙的行为已经造成多人死亡的严重后果,因此不再认定为危险驾驶罪,而应以危险物品肇事罪论处。

【案例来源】康兆永、王刚驾驶安装报废轮胎的拖挂罐体车,超限超载运输40.44吨液氯,途中因轮胎爆裂导致交通肇事,使液氯大量泄漏。此次事故,造成485人中毒,其中29人死亡,1万余名村民被迫疏散转移,近9000头(只)家畜、家禽死亡,2万余亩农作物绝收或受损,大量树木、鱼塘和村民的食用粮、家用电器受污染、腐蚀,各类经济损失约2000余万元。法院最终认定康兆永、王刚的行为成立危险物品肇事罪。①

C项正确。根据《刑法》第134条之一的规定,危险作业罪的表现形式包括在生产、作业中违反有关安全管理的规定,涉及安全生产的事项未经依法批准或者许可,擅自从事矿山开采、金属冶炼、建筑施工,以及危险物品生产、经营、储存等高度危险的生产作业活动,具有发生重大伤亡事故或者其他严重后果的现实危险。

首先,根据应急管理部发布的《危险化学品目录》(2015版),汽油属于危险化学品。

其次,根据《危险化学品安全管理条例》第33条的规定,国家对危险化学品经营实行许可制度,未经许可,任何单位和个人不得经营危险化学品。在本选项中,丙未经许可擅自出售汽油,属于违反安全管理规定的行为。

最后,丙未经许可在居民区内储存、销售汽油,因此丙的行为具有危害不特定多数人的人身、财产安全的现实危险。因此,丙的行为成立危险作业罪。

【案例来源】2021年6月起,高某海为谋取非法利益,在未经相关机关批准的情况下,通过熊某华租用熊乙位于贵州省贵阳市白云区沙文镇扁山村水淹组136号的自建房屋,擅自存储、销售汽油。后熊某华、熊甲和熊乙见有利可图,便购买高某海储存的

---

① 参见淮安市人民检察院诉康兆永、王刚危险物品肇事案,载《最高人民法院公报》2006年第8期。

汽油并分装销售，赚取差价。法院最终认定高某海的行为成立危险作业罪。①

D项正确。根据《刑法》第134条第1款的规定，重大责任事故罪规制的是在生产、作业中违反有关安全管理的规定，因而发生重大伤亡事故或者造成其他严重后果的行为。

第一，根据《建筑法》第7条第1款的规定，建筑工程开工前，建设单位应当按照国家有关规定向工程所在地县级以上人民政府建设行政主管部门申请领取施工许可证。同法第49条规定，涉及建筑主体和承重结构变动的装修工程，建设单位应当在施工前委托原设计单位或者具有相应资质条件的设计单位提出设计方案；没有设计方案的，不得施工。在本选项中，丁没有办理相关的建设手续，并且擅自改变建筑结构，属于违反安全规定的行为。

第二，在本选项中，建筑因质量不合格发生坍塌导致多人死亡，属于发生重大伤亡事故。因此，丙的行为成立重大责任事故罪。

【案例来源】杨某锵在未取得相关规划和建设手续的情况下，在福建省泉州市鲤城区开工建设四层钢结构建筑物，其间将项目以包工包料方式发包给无钢结构施工资质的人员进行建设施工，并委托他人使用不合格建筑施工图纸和伪造的《建筑工程施工许可证》骗取了公安机关的消防设计备案手续。后建筑物因质量不合格坍塌，造成29人死亡、50人不同程度受伤，直接经济损失5794万元。经事故调查组调查认定，旅馆等事故单位及其实际控制人杨某锵无视法律法规，违法违规建设施工，弄虚作假骗取行政许可，安全责任长期不落实，以上是事故发生的主要原因。法院最终认定杨某锵的行为成立重大责任事故罪、伪造国家机关证件罪、行贿罪，数罪并罚。②

综上所述，本题为选非题，答案为A项。

119. 关于以危险方法危害公共安全罪，下列说法正确的是？（　　）（多选）

A. 甲大量饮酒后驾车，与1车发生追尾。甲继续驾车超速行驶，后又长时间逆行，先后与4辆轿车相撞，造成4人死亡、1人重伤。经鉴定，甲血液中的乙醇含量为135.8毫克/100毫升，且甲系无证驾驶。甲成立以危险方法危害公共安全罪

B. 乙驾驶未年检的机动车行驶在高速公路上，因车辆突发故障，撞向前车，致3人死亡。乙成立以危险方法危害公共安全罪

---

① 参见《人民法院、人民检察院依法惩治危害生产安全犯罪典型案例：案例4 高某海等危险作业案——贯彻宽严相济刑事政策依法惩处违法经营存储危化品犯罪》，载最高人民检察院官网，https://www.spp.gov.cn/xwfbh/dxal/202212/t20221215_595675.shtml，访问日期2025年5月20日。

② 参见《人民法院、人民检察院依法惩治危害生产安全犯罪典型案例：案例1 杨某锵等重大责任事故、伪造国家机关证件、行贿案——依法严惩生产安全事故首要责任人》，载最高人民检察院官网，https://www.spp.gov.cn/xwfbh/dxal/202212/t20221215_595675.shtml，访问日期2025年5月20日。

C. 丙与好友在高速公路上逆向追逐竞驶20公里，由于其他车辆避让，没有造成损失。丙仅构成危险驾驶罪

D. 丁醉酒驾驶机动车当场撞死1名行人。为逃逸，丁在繁华路段以闯红灯、逆行、强占人行道的方式高速行驶。丁成立交通肇事罪和以危险方法危害公共安全罪，数罪并罚

[试题解析]

在司法实践中，对于驾驶机动车行为，可能涉及危险驾驶罪、交通肇事罪、以危险方法危害公共安全罪三罪。上述三罪的危害性是递增关系，一般认为，车辆驾驶过程中，客观危险性越高、造成危害结果的可能性越大、违章程度越严重，越有理由认为行为人主观罪过程度更重，更应定重罪。

更有争议的是，如何区分交通肇事罪与以危险方法危害公共安全罪。两罪均是危害公共安全的犯罪，区分二者的关键之处在于认定行为人肇事时主观上对危害结果的发生是故意还是过失，如果是故意，则定以危险方法危害公共安全罪；如果是过失，则定交通肇事罪。然而，在司法实践中，认定行为人主观上的罪过形式本身就是一个比较复杂而困难的问题。一般认为，行为人实施的是"超级危险的事情"，就可以推定其主观上对危害结果的发生至少持一种放任的态度。比如，重度醉酒后在高速公路上超速驾驶机动车的行为，应认定为以危险方法危害公共安全罪。

A项正确。最高人民法院《关于印发醉酒驾车犯罪法律适用问题指导意见及相关典型案例的通知》中规定，行为人明知酒后驾车违法、醉酒驾车会危害公共安全，却无视法律醉酒驾车，特别是在肇事后继续驾车冲撞，造成重大伤亡，说明行为人主观上对持续发生的危害结果持放任态度，具有危害公共安全的故意。对此类醉酒驾车造成重大伤亡的，应依法以危险方法危害公共安全罪定罪。

本选项中，甲在未取得驾驶证的情况下，在醉酒驾车发生交通事故后，继续驾车超速行驶，冲撞多辆车辆，驾驶行为超级危险，且已经造成数人伤亡的严重后果，说明其主观上对危害结果的发生持放任态度，具有危害公共安全的间接故意，其行为已构成以危险方法危害公共安全罪。①

类似的案件比如：被告人陈学建吸食毒品后驾驶机动车，因害怕被警察查处，加速变道闯过检查点，其后不顾警车在后追赶、呼喊停车，连续在道路上闯红灯、剐蹭行人、驶入非机动车道逆向快速行驶、碰撞隔离栏、撞击面包房。该一系列危险驾驶行为已超出危险驾驶罪所包含的抽象危险程度，具有危及不特定或者多数人生命、财产安全

---

① 参见最高人民法院《关于印发醉酒驾车犯罪法律适用问题指导意见及相关典型案例的通知》，被告人孙伟铭以危险方法危害公共安全案。

的现实(具体)危险性,且实际造成了相应损失,以危险方法危害公共安全罪追究被告人的刑事责任是适当的。①

B 项错误。乙成立交通肇事罪。第一,乙违反了交通运输管理法规,导致 3 人死亡的重大伤亡结果,乙主观上存在过失,应成立交通肇事罪。

第二,乙驾驶未年检的车进而发生交通事故的,行为本身不是"超级危险",并没有达到与放火、爆炸等相当的程度。同时,也难以认定乙主观上对该事故是故意的,所以,不能认定为以危险方法危害公共安全罪,只能认定为交通肇事罪。

C 项错误。丙成立以危险方法危害公共安全罪。第一,在高速上逆向追逐竞驶属于"超级危险"的行为,该危险驾驶行为具有与放火、爆炸等相当程度的具体公共危险,且丙对该具体的公共危险具有故意,应当成立以危险方法危害公共安全罪。

第二,丙的行为当然也成立危险驾驶罪,两罪存在竞合,以重罪处罚,即以以危险方法危害公共安全罪论处。

D 项正确。先前的行为构成交通肇事罪,后行为构成以危险方法危害公共安全罪的,应数罪并罚。本选项中,丁实施了两个行为。第一个行为是丙醉酒驾车,违反了交通运输管理法规,致 1 人死亡,此时,丁主观上是过失,成立交通肇事罪。第二个行为是丙在繁华路段以闯红灯、逆行、强占人行道的方式高速行驶,客观上存在与放火、爆炸、投放危险物质相当程度的具体公共危险,成立以危险方法危害公共安全罪。因此,丁的行为成立交通肇事罪和以危险方法危害公共安全罪,数罪并罚。

需要说明的是,对于明显是两个行为构成两个犯罪:前一行为与后一行为所造成的危险内容不同,行为人的故意内容也不同,理当认定为两个犯罪。不能因为行为具有连续性,就以后罪吸收前罪;更不能因为所谓罪质变化,而以重罪吸收轻罪。

综上所述,本题答案为 AD 项。

考点二 交通肇事罪

120. 下列选项中,甲、乙、丙、丁构成交通肇事罪的有?(   )(多选)

A. 甲在公路上拦车乞讨,导致数车相撞、数人伤亡

B. 乙正常行驶在高速公路上,一个行人突然横穿高速公路,乙躲闪不及把行人撞死

C. 丙为公司董事长,明知自己的司机刚喝完酒,仍指令其开车送自己回家,最后

---

① 参见张向东:《危险驾驶罪适用中的若干问题》,载《人民司法(案例)》2016 年第 23 期,第 14—19 页。

造成重大交通事故

D. 丁为公司董事长,发现自己的司机刚喝完酒驾驶公司的车辆,却仍不制止,允许其独自开车回家,途中发生重大交通事故

[试题解析]

A项正确。交通肇事罪不是身份犯,并不是只有交通运输人员才能构成本罪,非交通运输人员也能成为本罪的主体,如行人、非机动车驾驶人、乘车人、对交通运输安全负有职责的其他人员等。一方面,刑法并未对行为主体作出限定。另一方面,没有从事交通运输的人员也完全可能违反交通运输管理法规,造成交通事故,进而满足交通肇事罪的构成要件。所以,甲构成交通肇事罪。

B项错误。乙并没有实施任何违反交通运输法规的行为,不构成交通肇事罪。

C项正确。丙构成交通肇事罪,单位主管人员丙强令自己刚喝完酒的司机违章驾驶造成重大交通事故的,以交通肇事罪定罪处罚。

D项错误。丁不构成交通肇事罪,将机动车交由喝过酒的司机驾驶与指使、强令他人违章驾驶相比,行为人丁的主观故意明显不同于丙,以交通肇事罪追究将机动车交由醉酒者驾驶的人的刑事责任,不符合共同犯罪原理,当事人之间对危害后果不存在共同罪过。法考真题亦坚持了这一观点。

2000年最高人民法院《关于审理交通肇事刑事案件具体应用法律若干问题的解释》规定,单位主管人员、机动车辆所有人或者机动车辆承包人指使、强令他人违章驾驶造成重大交通事故的,以交通肇事罪定罪处罚。C项中,丙"指令"司机送自己回家,应认定为是指使、强令行为,对于司机造成的交通事故,丙亦应负责,丙的行为成立交通肇事罪。需要注意的是,司法解释对于这种情况以交通肇事罪论处,更多是考虑到行为人具有"指使""强令"等积极的行为。

值得探讨的问题是,对于没有"指使""强令"行为,车主仅仅是将机动车交由他人驾驶,进而造成事故的,对于车主,能否以交通肇事罪论处?对此存在两种观点,笔者赞同第二种观点:

一种观点认为,应以交通肇事罪论处。张明楷教授指出,车主将自己的机动车交给醉酒者、无驾驶资格者驾驶,没有防止伤亡结果发生的,驾驶者与车主均成立交通肇事罪。实务中亦有个别案件支持这种观点:2014年6月11日23时许,被告人温明志、李正平和胡旺等人在重庆市开县郭家镇美滋特色烤鱼店用餐,并大量饮用啤酒。次日凌晨2时许,温明志、李正平等商定前往开县汉丰镇玩耍。李正平欲驾驶其轻型普通货车搭乘温明志、胡旺等人,温明志提出自己驾车,李正平在明知温明志当晚饮酒且无驾驶资格的情况下同意温明志驾车。温明志驾车造成事故,致4人死亡、10人受伤。法院以交通肇事罪判处温明志有期徒刑5年,判处李正平有期徒刑3年,缓刑4年。

另一种观点认为,对于此种情形,不宜以交通肇事罪论处。理论上梁根林教授支持此观点,最高人民法院亦持此种观点。最高人民法院指出,若对这种行为以交通肇事罪论处,过于扩大交通肇事罪的主体范围,扩大车主的责任范围。最高人民法院对审判实务中类似案件以交通肇事罪论处指出了反对意见,并指出,从审判实务的角度看,对于有明确司法解释的,不宜简单依据学理解释便绕开司法解释的相关规定作出裁判。最高人民法院亦出台了相关规定对这一问题进行说明,对"纵容他人在道路上醉酒驾驶机动车造成重大交通事故"的,不宜以交通肇事罪追究刑事责任。① 主要理由是,将机动车交由醉酒者驾驶与指使、强令他人违章驾驶相比,行为人的主观故意明显不同,以交通肇事罪追究将机动车交由醉酒者驾驶的人的刑事责任,不符合共同犯罪原理,当事人之间对危害后果不存在共同罪过。法考真题亦坚持了这一观点。

故,C项中丙构成交通肇事罪,而D项中丁不构成交通肇事罪。

综上所述,本题答案为AC项。

121. 关于交通肇事犯罪,下列说法正确的是?(　　　)(多选)

A. 甲醉酒驾车撞倒行人徐某后,为逃避法律责任,甲将徐某转移到偏僻的巷子内藏匿后即逃走,后徐某因未得到及时救助而死亡。甲构成交通肇事罪(因逃逸致人死亡)

B. 乙醉酒驾车撞倒行人蒋某后,蒋某当场死亡。乙误以为蒋某没有死亡,害怕受到法律追究,将蒋某丢入河里。乙构成交通肇事罪

C. 丙醉酒驾车撞倒行人肖某致肖某重伤,丙以为肖某已经死亡,为了隐匿罪迹,丙将肖某抛入公园池塘中,导致肖某溺死。丙成立交通肇事罪和过失致人死亡罪

D. 某日夜间,丁驾车行驶在车流量大的国道上撞倒行人赵某致其重伤。丁离开现场,躺在快车道的赵某因得不到及时救助而死亡。丁成立交通肇事罪(因逃逸致人死亡)

[试题解析]

A项错误。首先,交通肇事罪中的"因逃逸致人死亡",是指行为人违反交通法规撞倒他人后逃走,进而使得受害人没有得到及时救助而发生死亡结果,仅仅是指以消极、不作为的方式致人死亡,是肇事后的风险的延续。

但本选项中,甲不仅实施了逃逸行为,还有积极的、作为的杀人行为,即将徐某带离事故现场藏匿,该行为使得徐某亦无法得到其他人的救助,导致徐某死亡的风险进

---

① 参见最高人民法院研究室《关于纵容他人醉酒驾驶造成重大交通事故定性问题的复函》。甲明知乙喝醉了酒,仍然将自己的车辆借给乙,让其独自开车回家。乙驾车回家途中,不慎撞死了行人丙。甲成立危险驾驶罪,不构成交通肇事罪。【2022年公法卷】

一步明显加剧,故可以认定甲主观上有杀人的故意,成立故意杀人罪。司法解释对此亦有明文规定:2000年最高人民法院《关于审理交通肇事刑事案件具体应用法律若干问题的解释》第6条的规定,行为人在交通肇事后为逃避法律追究,将被害人带离事故现场后隐藏或者遗弃,致使被害人无法得到救助而死亡或者严重残疾的,应当分别依照《刑法》第232条、第234条第2款的规定,以故意杀人罪或者故意伤害罪定罪处罚。

另外,甲醉酒驾车,造成1人死亡的后果,前行为亦成立交通肇事罪,和故意杀人罪并罚。

B项错误。第一,乙醉酒驾车,违反交通运输管理法规,造成1人死亡的结果,乙的行为成立交通肇事罪。

第二,交通肇事当场致人死亡,但乙误以为蒋某没有死亡,将尸体转移并予以遗弃,因主观认识错误而构成故意杀人罪未遂。其主观上有杀人的故意,但被害人在此之前已经死亡,应成立故意杀人罪未遂。

综上,乙成立交通肇事罪和故意杀人罪未遂,数罪并罚。

C项正确。第一,丙醉酒驾车,违反交通运输管理法规,造成1人死亡的结果,丙的行为成立交通肇事罪。

第二,交通肇事后被害人肖某当场没有死亡,但丙误以为肖某已经死亡,将肖某抛至水中进而溺死,丙的行为存在过失,成立过失致人死亡罪。

综上,丙成立交通肇事罪和过失致人死亡罪,数罪并罚。

部分考生有错误的理解,认为这是因果关系的错误,被害人的死亡晚于预期,应成立交通肇事罪。这种理解是错误的,无论是对象错误、打击错误,还是因果关系的错误,其前提都是行为人有犯罪的故意,而本选项中,丙的前一行为是交通肇事罪,不是故意犯罪。

D项正确。第一,丁的逃逸行为导致被害人得不到及时救助而死亡,符合"因逃逸致人死亡"这一加重要件。

第二,本选项中,丁的前行为(肇事行为)仅造成被害人重伤,未达到交通肇事罪基本罪的标准,但这不影响其构成交通肇事罪因逃逸致人死亡的结果加重犯。

【延伸阅读】本题涉及关键问题,即"因逃逸致人死亡"是否以逃逸前的行为已经构成交通肇事罪为前提,存在两种观点:

一种观点是,即张明楷教授认为,需要以逃逸前的行为已经构成交通肇事罪为前提。如果不构成,则只能认定为一般的交通肇事罪(处3年以下有期徒刑或者拘役)。①

另一种观点是,不要求前行为成立交通肇事罪的基本罪。本题中,丁的行为应认

---

① 参见张明楷:《刑法学》(第六版),法律出版社2021年版,第928页。

定为"因逃逸致人死亡"。最高人民法院亦支持该观点。① 具体理由如下：

第一，《刑法》第 133 条先后列明了交通肇事罪的三种类型，且量刑逐步加重，但《刑法》并未明确规定三者系递进关系，认定后两者应以前者为前提。结果加重犯系对犯罪结果这一要素的变更或替代，因而不能简单理解为以基本构成要件为基础。比如，非法拘禁致人死亡的，即使行为人的拘禁行为不构成基本犯（符合时间、方式等要求），但只要与死亡结果存在相当的因果关系，即可成立。而《刑法》所规定的"因逃逸致人死亡"类型中，逃逸为加重情节，"死亡"则为加重结果，因此，其同时存在对基本构成要件的变更和涵盖，也就不能认为其应以交通肇事罪基本构成要件为基础。

第二，实践中，往往发生行为人逃逸后，被害人被后来车辆二次或二次以上碰撞导致死亡的情形。在这种情况下，能够准确认定第一次碰撞构成重伤的可能性微乎其微，因此，也就无法认定第一次碰撞并逃逸的行为是否构成交通肇事罪的一般情形。

因此，丁的行为属于交通肇事"因逃逸致人死亡"。

综上所述，本题答案为 CD 项。

考点三　危险驾驶罪

122. 下列哪一行为成立危险驾驶罪？（　　）（单选）

A. 甲在不知情时喝了被人掺了酒精的饮料，在市区路段驾驶机动车的整个过程中都没有意识到自己已经饮酒。虽然已经感觉到自己不能安全驾驶，却以为是车辆或者道路出现了不安全状况。行驶 20 公里后，经交警检测，血液中酒精含量达 90 毫克/100 毫升

B. 乙饮酒后乘坐出租车回到某小区（小区除业主车辆外，不允许社会车辆通行）的家中。当日 20 时 30 分许，该小区其他住户因乙的车辆所停位置阻挡其车辆通行，通过小区保安联系乙，要求挪动车位，乙将车辆挪至另一停车位后，与该住户发生口角，该住户报警。经鉴定，乙血液酒精含量为 88 毫克/100 毫升

C. 丙在闹市路段高速飙车、多次随意超越其他车辆，因雨天路滑，车辆撞向路边店铺内，造成巨大的声响。路过的老大爷因巨大的声响受到惊吓，导致心脏病发作当场死亡

D. 丁醉酒驾车，因错过高速站出口，遂在高速公路上超速逆行，10 分钟后被交警制止，未发生严重后果

---

① 参见《刑事审判参考》（总第 105 集）第 1118 号指导案例：邵大平交通肇事案。

[试题解析]

A项错误。甲不成立危险驾驶罪。第一,危险驾驶罪(醉酒驾驶型)属于故意犯罪,行为人必须认识到自己是在醉酒状态下驾驶机动车,对醉酒状态只要有大体上的认识即可,即只要行为人知道自己喝了一定量的酒,事实上又达到了醉酒状态,并驾驶机动车的,就可以认定其具有醉酒驾驶的故意。

第二,本选项中,甲没有主动饮酒,也没有意识到自己已经饮酒,应当排除故意的成立。也就是说,尽管甲在客观上实施了醉酒驾驶行为,并且造成了公共安全的抽象危险,但因为甲在醉酒驾驶行为上不存在故意,故不能以危险驾驶罪追究甲的刑事责任。①

B项错误。乙不成立犯罪。本选项系发生在居民小区内的醉酒挪车型驾驶案件。首先,该小区除业主车辆外,不允许社会车辆通行,不属于危险驾驶罪中所要求的"道路"。《道路交通安全法》第119条第(一)项规定,交通肇事罪中的"道路"是指公路、城市街道和虽然在单位管辖范围内但允许社会机动车通行的地方,包括广场、公共停车场等用于公共通行的场所。危险驾驶罪与交通肇事罪同属《刑法》第133条,侵犯的法益是同类,根据刑法用语统一性的解释原理,危险驾驶罪中的"道路"与交通肇事罪中的"道路"的范围应当是一致的。小区内的道路是否属于法律意义上的道路,关键看其是否属于"虽然在单位管辖范围内但允许社会机动车通行"。如果小区是允许社会机动车通行的,那么该小区的道路就是法律意义上的"道路",在该小区道路上醉酒驾驶机动车自然就构成危险驾驶罪。本选项中,案发小区除业主车辆外,不允许社会车辆通行,说明该小区道路不具有公共性,乙并非在"道路"上醉酒驾驶车辆。

其次,乙饮酒后乘坐出租车回家,不具有醉酒驾驶的故意。

最后,乙系应小区其他业主要求,实施在封闭式小区内挪车的行为,并非在"道路"上醉酒驾驶车辆,不构成危险驾驶罪。②

C项正确。丙的行为成立危险驾驶罪,不成立交通肇事罪。第一,丙在闹市路段高速飙车、多次随意超越其他车辆的行为,属于危险驾驶罪的情形之一"在道路上追逐竞驶",且达到"情节恶劣",丙成立危险驾驶罪。

第二,丙的危险驾驶行为与老大爷的死亡结果之间不存在刑法上的因果关系,丙主观上既无故意,也无过失,不需要对该死亡结果承担刑事责任。刑法规定交通肇事

---

① 参见张明楷:《危险驾驶罪的基本问题——与冯军教授商榷》,载《政法论坛》2012年第6期,第135页。

② 参见北大法宝:青海省人民检察院发布10起醉酒型危险驾驶典型案例之二——许某某危险驾驶案典型案例【法宝引证码】CLI.C.409626076。

罪,并不是为了惩罚因交通肇事造成撞击声而导致他人死亡的行为。如果所发生的结果不包括在构成要件的保护范围或者保护目的之内,就不能将结果归责于行为人。也就是说,丙的行为没有造成交通肇事罪所要求的重伤、死亡结果。

综上,对丙的行为应当以危险驾驶罪论处。

D 项错误。丁的行为成立以危险方法危害公共安全罪。当危险驾驶行为具有与放火、爆炸等相当程度的具体的公共危险,行为人对该具体的公共危险具有故意的,应当认定为以危险方法危害公共安全罪。

本选项中,丁不仅存在醉酒驾车行为,且在高速公路上超速逆行,高速公路上通常来往车辆较多,丁的驾驶行为相当危险,足以危害公共安全,因此,成立以危险方法危害公共安全罪。

综上所述,本题答案为 C 项。

123. 关于下列危害公共安全类犯罪,说法正确的是?①（　　）（单选）

A. 甲醉酒驾驶机动车,冲撞同向行驶的轿车后,又逆行且超速行驶,与对面车道正常行驶的 5 辆汽车相撞,导致多人死亡及重伤。甲的行为仅成立危险驾驶罪

B. 乙白天将货车停在马路边后下车小便,后面的小客车飞速驶来,撞到货车尾部,小客车司机当场死亡,乙拨打"110"通知警察后迅速逃离。交警认为乙在事后逃逸,认定乙负事故全部责任,但不据此认为乙的行为成立交通肇事罪

C. 丙醉酒驾驶机动车,过失造成 2 人死亡。丙的行为仅成立危险驾驶罪

D. 乘客丁在公交车缓慢靠站时,因与司机发生口角,抢夺方向盘、扭转点火锁钥匙,导致正在缓慢行驶的公交车失去动力,停在车站旁,但尚未造成严重后果,也未严重危及公共安全。丁的行为成立以危险方法危害公共安全罪

[试题解析]

A 项错误。如果危险驾驶行为具有与放火、爆炸等相当程度的具体的公共危险,行为人对该具体的公共危险具有故意的,应当认定为以危险方法危害公共安全罪。②

本选项中,甲的行为是醉酒驾驶机动车后,逆行且超速,且造成了人员伤亡的严重

---

① 本题改编自张明楷:《重刑化与轻刑化并存立法例下的刑法适用》,载《法学论坛》2023 年第 3 期,第 38 页。

② 2009 年 9 月 11 日公布并施行的最高人民法院《关于印发醉酒驾车犯罪法律适用问题指导意见及相关典型案例的通知》指出:"行为人明知酒后驾车违法、醉酒驾车会危害公共安全,却无视法律醉酒驾车,特别是在肇事后继续驾车冲撞,造成重大伤亡,说明行为人主观上对持续发生的危害结果持放任态度,具有危害公共安全的故意。对此类醉酒驾车造成重大伤亡的,应依法以危险方法危害公共安全罪定罪。"

后果,行为人对该具体的公共危险或者人身伤亡等严重后果具有故意。因此,甲的行为成立以危险方法危害公共安全罪。

B项正确。第一,《道路交通安全法实施条例》第92条规定,发生交通事故后当事人逃逸的,逃逸的当事人承担全部责任。本选项中,据此,乙应"承担全部责任"。但是,这里的"全部责任"是行政法意义上的责任,即交警认定的责任,不是刑法意义上的责任。

第二,成立交通肇事罪,要求行为人负事故的全部责任或主要责任,这其中的"责任"必须是刑法意义上的责任,而不是直接以行政法上认定的责任为参照。法院在审理行为是否构成交通肇事罪时,不能直接采纳交通管理部门的责任认定,而应根据《刑法》所规定的交通肇事罪的构成要件进行实质的分析判断。

就本选项而言,乙在事故发生之后逃逸的,并没有创设新的风险,没有刑法意义上的责任。《道路交通安全法实施条例》所谓的负"全部责任"只是行政责任,司法机关不能据此认定行为人构成交通肇事罪。因此,乙的行为不成立交通肇事罪。

C项错误。首先,根据《刑法》第133条之一的规定,醉驾型危险驾驶罪是指在道路上醉酒驾驶机动车,危及公共安全的行为。本选项中,丙的行为符合危险驾驶罪的构造。

其次,在危险驾驶行为致人伤亡的场合,如果仅以危险驾驶罪论处,明显不符合罪刑相适应原则。而且,刑法第133条之一第3款明文规定,有前两款行为,同时构成其他犯罪的,依照处罚较重的规定定罪处罚。所以,对于危险驾驶行为致人伤亡的行为,应当适用其他处罚较重的规定定罪处罚。

最后,丙醉酒驾驶机动车违反了交通运输管理法规,造成2人死亡,满足了交通肇事罪对结果的要求。因此,丙的行为成立交通肇事罪。或者,可以说丙的行为是危险驾驶罪与交通肇事罪的竞合,应以重罪交通肇事罪论处。

D项错误。首先,根据《刑法》第114条的规定,以危险方法危害公共安全罪是指故意使用放火、决水、爆炸、投放危险物质以外的危险方法危害公共安全的行为。根据同类解释规则的要求,只有与放火、决水、爆炸等相当的方法,才属于其他危险方法。换言之,《刑法》第114条中的"危险方法"应当在行为的危险性质上与放火、决水、爆炸等相当,而放火、决水、爆炸的特点是,一旦发生就无法立即控制结果的数量,行为终了后结果范围还会扩大。

就本选项而言,乘客丁抢夺方向盘、扭转点火锁钥匙的行为虽干扰了大客车正常行驶,但只是造成车辆短时失去动力,而非导致车辆完全失控,且上述行为发生在公交车缓慢靠站时,公交车此时的行驶速度较低,丁的行为的危险性质与放火、决水、爆炸等行为的危险性质并不相同,所以丁的行为并不属于《刑法》第114条中的"危险方法"。

其次,刑法对以危险方法危害公共安全罪所规定的法定刑较重,如果行为对公共安全的侵害程度相对有限,则不应该认定为本罪。同时,部分行为是否危害公共安全,应进行实质判断而非形式判断。本选项中,公交车车速较低,丁的行为仅造成车辆停下而非失控,并且公交车停在了车站旁而非车流量较大的公路上,对公共安全的侵害程度相对有限。因此,丁的行为不成立以危险方法危害公共安全罪。

最后,根据《刑法》第133条之二规定,对行驶中的公共交通工具的驾驶人员使用暴力或者抢控驾驶操纵装置,干扰公共交通工具正常行驶,危及公共安全的行为,是妨害安全驾驶罪的行为方式之一。同时,该罪与以危险方法危害公共安全罪的主要区别在于对公共安全的危害大小不同,妨害安全驾驶罪对公共安全的影响程度相对有限。就本选项而言,丁抢夺方向盘、扭转点火锁钥匙属于抢控驾驶操纵装置,干扰公共交通工具正常行驶,危及公共安全的行为,且对于公共安全的危害程度相对有限。因此,丁的行为成立妨害安全驾驶罪。

【案例来源】2020年5月22日,周某从常州花园站上车乘坐大客车前往金坛。当大客车行驶至金坛区下新河站时,周某因下车地点及车费与该车驾驶员陆某发生矛盾,双方产生争执。周某遂按车辆控制台上的按钮,后又扭转点火锁钥匙,导致正在行驶的大客车失去动力。陆某控制好车辆减速滑行迫停在路边,随即报警。法院最终认定被告人周某的行为已构成妨害安全驾驶罪。①

综上所述,本题答案为B项。

考点四　不报、谎报安全事故罪　重大责任事故罪
　　　　强令、组织他人违章冒险作业罪等

124. 下列选项中构成危险作业罪的有?(　　　)(多选)

A. 甲煤矿为逃避监管,故意将瓦斯检测仪探头放到窗户通风处,并将报警仪电线剪断,险些发生重大事故

B. 乙工厂因存在重大事故隐患被依法责令立即采取排除危险的整改措施,但其拒不执行。几日后便发生了一起爆炸事故,但该事故所造成的危害结果未达到重大责任事故罪的定罪标准

C. 丙建筑工地涉及安全生产的事项未经依法批准,便擅自开始建筑施工活动,没有达到"具有发生重大伤亡事故或者其他严重后果的现实危险"

D. 丁某在未办理任何煤矿经营手续的情况下,与他人合伙经营一家小煤窑。在

---

① 参见《常州法院2021年度十大典型案例发布》,载常州市中级人民法院官网,https://www.china-court.org/article/subjectdetail/id/MzAwNCjKMoABAA.shtml,2025年1月23日访问。

不符合国家安全条件下,该小煤窑非法开采国家煤炭资源。经市、镇职能部门多次制止,仍继续非法开采。某日窑井发生事故,因救援及时未造成人员伤亡

[试题解析]

《刑法修正案(十一)》新增加的第134条之一——危险作业罪中规定,在生产、作业中违反有关安全管理的规定,有下列情形之一,具有发生重大伤亡事故或者其他严重后果的现实危险的,处一年以下有期徒刑、拘役或者管制:

(一)关闭、破坏直接关系生产安全的监控、报警、防护、救生设备、设施,或者篡改、隐瞒、销毁其相关数据、信息的;

(二)因存在重大事故隐患被依法责令停产停业、停止施工、停止使用有关设备、设施、场所或者立即采取排除危险的整改措施,而拒不执行的;

(三)涉及安全生产的事项未经依法批准或者许可,擅自从事矿山开采、金属冶炼、建筑施工,以及危险物品生产、经营、储存等高度危险的生产作业活动的。

A项正确。甲煤矿的行为符合第134条之一(危险作业罪)规定的第(一)种情形且具有现实的危险,应该以危险作业罪定罪处罚。

B项正确。乙工厂的行为符合第134条之一(危险作业罪)规定的情形且造成了严重后果但未达到重大责任事故罪的定罪量刑标准,应当以危险作业罪定罪处罚。

C项错误。丙建筑工地没有达到"具有发生重大伤亡事故或者其他严重后果的现实危险"的标准,不应以危险作业罪定罪处罚。

D项正确。虽然没有造成人员伤亡,但是由于救援及时避免了重大严重后果的发生,应认定为"具有发生现实危险",故应以危险作业罪定罪处罚。

综上所述,本题答案为ABD项。

125. 关于危险作业罪,说法错误的是?[①]（　　）（单选）

A. 甲明知关闭可燃气体报警器会导致生产存在重大安全隐患,为节约生产开支而擅自予以关闭。甲的行为成立危险作业罪

B. 乙未取得烟花爆竹经营(零售)许可,擅自从烟花爆竹有限公司购买大量烟花爆竹后进行运输。乙的行为成立危险作业罪

C. 丙有炸药的使用和储存资格以及相关执照,基于正常业务需要申请购买炸药。但是,丙经常超出正常业务需要的范围而多申报购买数量,以便有少量炸药在供应不上的时候用于继续从事生产经营。而且,运输方式以及储存炸药的地点与方法非常安

[①] 本题改编自张明楷:《重刑化与轻刑化并存立法例下的刑法适用》,载《法学论坛》2023年第3期,第38页。

全。丙的行为成立危险作业罪

D. 丁在安全生产许可证到期后,强行要求工人进入矿洞维修水泵。因矿洞违规使用木板隔断矿渣,致工人被矿渣围困受伤(轻伤一级)。丁的行为成立危险作业罪

[试题解析]

A项正确。第一,根据《刑法》第134条之一(危险作业罪)的规定,在生产、作业中违反有关安全管理的规定,有下列情形之一,具有发生重大伤亡事故或者其他严重后果的现实危险的,构成本罪:(一)关闭、破坏直接关系生产安全的监控、报警、防护、救生设备、设施,或者篡改、隐瞒、销毁其相关数据、信息的。本选项中,甲的行为属于在生产作业中违反有关安全管理规定,关闭直接关系生产安全的报警的情形。

第二,甲擅自关闭可燃气体报警器的行为,具有发生重大伤亡事故或其他严重后果的现实危险。关闭可燃气体报警装置存在重大安全隐患。《建筑设计防火规范》(GB 50016-2014)(2018年版)明确规定,建筑内可能散发可燃气体、可燃蒸气的场所应设置可燃气体报警装置。本选项中的现场虽按规定设置了可燃气体报警装置,但甲为了节省生产开支,直接关闭停用报警装置,导致企业的生产安全面临重大隐患。因此,甲的行为成立危险作业罪。

【案例来源】2020年,雅某公司因安全生产需要,在油漆仓库、危废仓库等生产作业区域安装了可燃气体报警器。2021年10月以来,李某远在明知关闭可燃气体报警器会导致无法实时监测生产过程中释放的可燃气体浓度,安全生产存在重大隐患的情况下,为节约生产开支而擅自予以关闭。2022年5月10日,雅某公司作业区域发生火灾。消防部门对雅某公司进行检查发现该公司存在擅自停用可燃气体报警装置等影响安全生产的问题,且在上述关闭可燃气体报警器区域内发现存放有易燃液体。法院最终认定李某远构成危险作业罪。①

B项正确。第一,根据《刑法》第134条之一(危险作业罪)第(三)项的规定,涉及安全生产的事项未经依法批准或者许可,擅自从事矿山开采、金属冶炼、建筑施工,以及危险物品生产、经营、储存等高度危险的生产作业活动的,具有发生重大伤亡事故或者其他严重后果的现实危险的,属于危险作业罪。同时,结合《危险货物品名表》(GB12268-2012)、《安全生产法》和《危险货物分类和品名编号》(GB6944-2012)的规定,烟花爆竹应属于危险物品。本选项中,乙未取得烟花爆竹经营(零售)许可,擅自购买大量烟花爆竹并进行运输,属于未经许可擅自从事危险物品的储存等高度危险的生

---

① 参见《人民法院、人民检察院依法惩治危害生产安全犯罪典型案例:案例5 李某远危险作业案——关闭消防安全设备"现实危险"的把握标准》,载最高人民检察院官网,https://www.spp.gov.cn/xwfbh/dxal/202212/t20221215_595675.shtml,访问日期2025年5月20日。

产作业活动的行为。因此,乙的行为成立危险作业罪。

第二,可能有人认为,未经批准运输烟花的行为应一律成立非法运输、储存爆炸物罪,这种理解是错误的,因为烟花爆竹并不绝对是刑法意义上的爆炸物。一方面,原国防科工委、公安部于2016年出台的《民用爆炸物品品名表》中明确规定,黑火药属于民用爆炸物,但"用于生产烟花爆竹的黑火药除外"。另一方面,对于爆炸物的判断,必须考虑到本罪危害公共安全的性质,不能将不具有明显杀伤力的物品认定为本罪中的爆炸物,烟花爆竹对于公共安全的危害程度相较于枪支、弹药更低。

需要注意的是,目前在实务中,由于烟花爆竹被普遍接受,所以本身不属于刑法意义上的爆炸物。《刑事审判参考》(总第122集)1336号指导案例就指出,不能将烟花爆竹制品直接认定为刑法意义上的爆炸物,火药经过分装制成烟花爆竹成品后,威力降低、爆炸属性减弱、娱乐属性更强。最高人民法院也曾指出,由于烟花爆竹的普遍被接受性、娱乐性、爆炸力被分散性等特点,将烟花爆竹认定为爆炸物会扩大打击面,也与普通民众的认识观念、传统习俗不符,因此,最高人民法院的司法解释没有将烟花爆竹认定为爆炸物。① 综上,乙的行为不成立非法储存、运输爆炸物罪。

【案例来源】被告人孟某某在未取得烟花爆竹经营(零售)许可证的情况下,于2022年3月17日从铁岭市某烟花爆竹有限公司购买闪光蕾51箱、彩鱼纳福10箱、雅典盛会5箱、大丽花开10箱、开天蕾20箱、金丝银柳24箱、金焰16箱等大量烟花爆竹。后于2022年5月31日雇佣被告人卓某某,将上述烟花爆竹运至抚顺市望花区,在其组织人员卸货过程中被相关人员查获。法院最终认定被告人孟某某、卓某某的行为构成危险作业罪,且系共同犯罪。②

C项错误。根据《刑法》第134条之一(危险作业罪)的规定,危险作业罪要求行为具有发生重大伤亡事故或者其他严重后果的现实危险。这里规定的"现实危险"不仅是指具体危险,而且必须是十分紧迫的危险。最高人民法院经反复慎重研究认为,原则上只有在行为已经导致出现重大险情,或者已经造成了小的事故,但因为某些原因未造成重大事故后果的才属于"现实危险"。换言之,对于这种"千钧一发"的危险才能认定为"现实危险",进而以危险作业罪定罪处罚。③

本选项中,首先,丙有炸药的使用和储存资格以及相关执照,说明其有一定储存炸药的能力;其次,丙虽然多申报炸药数量以储存,但其运输方式以及储存炸药的地点与

---

① 参见最高人民法院研究室《关于生产烟花爆竹配制烟火药行为是否构成非法制造、买卖爆炸物罪的答复》。
② 参见辽宁省抚顺市望花区人民法院(2024)辽0404刑初25号刑事判决书。
③ 参见滕伟、叶邵生、李加玺:《〈关于办理危害生产安全刑事案件适用法律若干问题的解释(二)〉的理解与适用》,载《中国应用法学》2022年第6期,第38页。

方法非常安全，存储的炸药数量也较少，没有达到"紧迫"的危险程度，不符合危险作业罪中对于"现实危险"的认定。因此，丙的行为不成立危险作业罪。

D项正确。第一，根据《刑法》第134条之一（危险作业罪）的规定，在生产、作业中违反有关安全管理的规定，有下列情形之一，具有发生重大伤亡事故或者其他严重后果的现实危险的，构成本罪：……（三）涉及安全生产的事项未经依法批准或者许可，擅自从事矿山开采、金属冶炼、建筑施工，以及危险物品生产、经营、储存等高度危险的生产作业活动的。本选项中，丁的行为属于涉及安全生产的事项未经依法批准或者许可，擅自从事高度危险的生产作业活动。

第二，对于涉及安全生产的事项未经依法批准或者许可，擅自从事矿山开采、金属冶炼、建筑施工等生产作业活动，已经发生安全事故，因开展有效救援尚未造成重大严重后果的情形，可以认定为《刑法》第134条之一（危险作业罪）中"具有发生重大伤亡事故或者其他严重后果的现实危险"。因此，丁的行为成立危险作业罪。

需要注意的是，或许有人会有疑问，对于工人的受伤，丁是否会构成故意伤害罪或者过失致人重伤罪？答案是否定的。一方面，就是否构成故意伤害罪而言，丁要求工人进入矿洞是为了维修水泵，主观上没有伤害工人的故意，也不希望工人受到伤害，所以丁的行为不成立故意伤害罪。另一方面，就过失致人重伤罪而言，要求结果达到重伤的程度。而本选项中，工人只是轻伤，不满足结果要件。综上，丁不会构成故意伤害罪或者过失致人重伤罪。

【案例来源】2021年6月4日，江西省玉山县应急管理局对玉山县某矿开具现场处理措施决定书，收回同年6月6日到期的安全生产许可证，并责令其6月7日前封闭所有地表矿洞。6月12日下午，因矿洞水泵在雨季需要维护，为排出积水使矿点不被淹没，赵某龙经赵某宽同意后，安排王某文拆除封闭矿洞的水泥砖。6月13日16时许，王某文带领程某兴、张某才至矿深150米处维修水泵。因矿洞违规使用木板隔断矿渣，在被水浸泡后木板出现霉变破损，致程某兴在更换水泵过程中被矿渣围困受伤。经鉴定，程某兴伤情被评定为轻伤一级。

检察院经审查认为，赵某宽、赵某龙的行为"具有发生重大伤亡事故或者其他严重后果的现实危险"，符合《刑法》第134条之一第（三）项之规定，构成危险作业罪。鉴于赵某宽、赵某龙案发后积极抢救伤员、取得被害人谅解，且具有自首情节，犯罪情节较轻，对二人作出相对不起诉决定。①

---

① 参见《人民法院、人民检察院依法惩治危害生产安全犯罪典型案例：案例6 赵某宽、赵某龙危险作业不起诉案——矿山开采危险作业"现实危险"的把握标准》，载最高人民检察院官网，https://www.spp.gov.cn/xwfbh/dxal/202212/t20221215_595675.shtml，访问日期2025年5月20日。

综上所述，本题为选非题，答案为 C 项。

126. 关于安全事故犯罪，下列说法错误的是？（　　）（单选）

A. 甲酒后在某建筑工地施工场所（封闭区域）开卡车运输材料，一时疏忽未注意路况，将在棚外休息的工人乙、丙撞死。甲的行为不宜认定为交通肇事罪，应成立重大责任事故罪

B. 拆迁工人甲在操作拆楼机，未注意前方有人的情况下直接启动设备，造成电工乙、丙当场被倒塌的楼房砸死。甲在向上级单位报告事故时隐瞒自己错误启动设备的事实。甲不成立不报、谎报安全事故罪，但成立重大责任事故罪

C. 甲作为安全负责人，组织乙、丙、丁等八人前往下水道从事疏通作业。期间，甲发现所使用的施工设备存在重大事故隐患。为了赶工，甲继续冒险组织作业，导致乙、丙、丁三人脑缺氧死亡。甲成立组织他人违章冒险作业罪

D. 甲从事海鲜批发，因生产作业过程违反安全管理规定，被监管部门两次责令整改，要求其立即停用设备。甲拒不执行，继续作业。一个月后，因冷冻设备内有毒气体发生泄漏，造成五名工人当场死亡。对甲应以危险作业罪定罪处罚

[试题解析]

A 项正确。第一，甲不成立交通肇事罪。甲驾车过失致人死亡的行为发生在封闭的施工场所，并非发生在公共交通管制的领域，因此，甲的行为不成立交通肇事罪。

第二，甲的行为构成重大责任事故罪。《刑法》第 134 条第 1 款（重大责任事故罪）规定，在生产、作业中违反有关安全管理的规定，因而发生重大伤亡事故或者造成其他严重后果的，处 3 年以下有期徒刑或者拘役；情节特别恶劣的，处 3 年以上 7 年以下有期徒刑。本选项中，甲的行为发生在施工场所，即生产作业区。同时，甲违反了有关安全管理规定，造成了工友乙、丙死亡的重大伤亡事故，甲的行为成立重大责任事故罪。

B 项正确。首先，不报、谎报安全事故罪的主体是具有报告义务的人，主要是指领导者、指挥者，不包括直接从事生产作业的人员。拆迁工人甲是具体造成事故的责任人本人，不是负有报告职责的人员。

其次，安全事故已经造成 2 人死亡的结果，不存在需要救助的伤员，危害结果不可能扩大或加重，即甲的行为没有"贻误事故抢救"。因此，甲不成立不报、谎报安全事故罪。

最后，甲在生产作业领域，违反有关安全管理规定，在未注意前方有人的情况下直接启动设备，主观上存在过失。客观上造成 2 人死亡的重大伤亡事故，甲的行为成立重大责任事故罪。

C项正确。第一，组织他人违章冒险作业罪是指，明知存在重大事故隐患而不排除，仍冒险组织作业，因而发生重大伤亡事故或者造成其他严重后果的行为。

第二，甲的行为符合组织他人违章冒险作业罪的构成要件。甲作为安全负责人，主观上明知施工过程中存在重大事故隐患而未予纠正，客观上仍然冒险组织他人进行作业，导致发生3人死亡的重大伤亡事故，甲的行为成立组织他人违章冒险作业罪。

D项错误。对甲应以重大责任事故罪论处。第一，《刑法修正案（十一）》将生产作业过程中，可能造成重大责任事故的隐患的行为规定为危险作业罪。也就是说，危险作业罪属于具体危险犯，实害结果尚未发生，只是具有现实紧迫的危险。同时，危险作业罪在我国《刑法》中是轻罪，法定最高刑仅为1年有期徒刑。

第二，甲确实在设备存在重大事故隐患时，拒不执行整改措施，违反有关安全管理的规定，存在现实危险，符合危险作业罪的要件。但是，该危险作业行为本身已经发生了实害结果，造成了5人死亡的重大伤亡事故，甲的行为是危险作业罪和重大责任事故罪的竞合，应以重大责任事故罪论处。

综上所述，本题为选非题，答案为D项。

考点五　枪支犯罪

127. 关于枪支犯罪，下列说法错误的是？（　　）（单选）

A. 狱警甲为了哄情人赵某开心，私自将公务用枪赠送给赵某做礼物。即使没有发生严重后果，甲亦成立非法出借枪支罪

B. 某日，惯偷乙欲搞点钱花，乘刘某家无人之机，采用翻窗入室的手段，将刘某藏于卧室内的挎包拿走。事后发现包内只有一把手枪，乙害怕不已，遂将手枪藏匿于郊区一废弃房屋内未曾使用。乙成立盗窃罪和非法持有枪支罪

C. 猎民丙明知沈某无持枪证，仍出借其合法持有的猎枪及数十发猎枪弹给沈某用于打猎，沈某狩猎无果后返还枪支。丙成立非法出借枪支罪

D. 警察丁随身携带的枪支被赵某抢走，两周后，丁才决定向单位汇报。经单位排查，赵某于抢劫丁后的第四日使用该枪在出租屋内枪杀他人并自杀。丁成立丢失枪支不报罪

[试题解析]

A项正确。第一，既然将枪支短期出借给他人的行为都成立非法出借枪支罪，那么，将枪支无偿赠与他人，实际上就是无限期地借给他人，从当然解释的角度，无偿赠与枪支的行为当然也成立非法出借枪支罪。这样解释也不违反罪刑法定原则，因为

"送"可以解释为无限次数、无期限的"出借"。

第二,甲属于依法配备公务用枪的人员,只要有出租、出借枪支行为本身,就成立非法出租、出借枪支罪,不要求造成严重后果。因此,甲的行为成立非法出借枪支罪。

B 项正确。行为人主观上欲盗窃一般财物,但实际上盗窃了枪支,并继续持有的,成立盗窃罪(既遂)和非法持有枪支罪,应当数罪并罚。

第一,本选项中,乙并无盗窃枪支的故意,不能认定为盗窃枪支罪。但枪支可以评价为特殊"财物",因此,乙的行为可以认定为盗窃罪。

第二,前罪是盗窃一般财物的故意,不能包容非法持有枪支罪。因此,乙窃得手枪后虽未曾使用但仍处于持有状态,成立非法持有枪支罪。

综上,乙成立盗窃罪、非法持有枪支罪,应当数罪并罚。

C 项错误。根据《刑法》规定,构成非法出借枪支罪,对于依法配置枪支的人员而言,只有出借枪支并造成严重后果,才能定罪。猎民丙属于依法配置枪支的人员,因此,当相对方使用枪支必须造成严重后果时才能定罪处罚,是结果犯。本选项中,沈某使用枪支并未造成严重后果,因此,猎民丙出借枪支的行为不构成犯罪。

D 项正确。首先,警察丁属于依法配备公务用枪的人员,符合丢失枪支不报罪的主体特征。

其次,因为丁没有及时报告,引发了该枪的失控状态,并造成了严重后果,构成丢失枪支不报罪。同时需要说明的是,对"丢失"应作扩大解释,只要枪离开了自己的控制,即便是被他人抢了,也认为是"丢失"。

最后,丁在丢失枪支的两个星期后再报告,不能否认其构成丢失枪支不报罪。至少,本选项中,丁丢失枪支后在长达两个星期的期间内有不报告的故意,同时,丁的不报告行为与造成的严重后果之间具有因果关系。

因此,丁成立丢失枪支不报罪。

综上所述,本题为选非题,答案为 C 项。

128. 关于危害公共安全犯罪的认定,下列说法正确的有?(　　)(多选)

A. 民间枪支爱好者王某有两把左轮手枪,但没有子弹。另一位枪支爱好者杜某有 100 发子弹,却没有枪支。两人商量后,王某用 1 把手枪换了杜某的 50 发子弹。两人构成非法买卖枪支、弹药罪

B. 警察李某外出办案时,突然发现自己的枪支丢失,便立刻准备报告,同事赵某赶紧阻拦,说:"你要报告了,就等着受处分吧,你先去找,我把枪借给你用几天。"李某遂放弃报告。翌日,歹徒毛毛捡到该枪支并用于抢劫杀人。李某构成丢失枪支不报罪,而赵某不构成该罪

C. 章某盗窃高速公路中间的铁质隔离栏(隔离栏中间有绿化带),导致路中央只

有绿化带做间隔。章某构成破坏交通设施罪

D. 某采矿场经理为避免被停工整顿,在矿道内的瓦斯监控设备未修好的情况下,向矿山安全监察局报告已经修好,且采矿工作一直未停止。后矿井内由于瓦斯超标出现爆炸事故,造成28人死亡。经理构成重大责任事故罪

[试题解析]

A项正确。非法买卖枪支、弹药罪的保护法益是公共安全。以枪支换弹药的行为使得枪支和弹药的危险性大幅提升,实际上增加了公共危险,因此应当成立非法买卖枪支、弹药罪。

本选项中,有枪无弹或有弹无枪的行为都无法对公共安全造成威胁。但是,王某用1把手枪换了杜某50发子弹,使得手枪和子弹能够发挥出极大的杀伤力,公共危险极大增加,因此两人成立非法买卖枪支、弹药罪。或者说,通过此种交换,实现了枪支与子弹之间的更好"搭配",加剧了公共危险。

需要说明的是,与本选项中的"以枪易弹"不同,实务中,对于吸毒人员"以毒易毒"用于自己"吸食",不宜认定为是贩卖毒品罪。例如,甲、乙均为吸毒人员,甲手中有海洛因,乙手中有鸦片。甲、乙二人互换毒品用于自己吸食,不宜认定为贩卖毒品罪。主要理由在于:并没有增加毒品流入市场的危险,仅是用于"吸食"。因为以吸食等自用为目的的毒品互易行为,不会造成毒品在社会上的流通和扩散,不会妨碍社会管理秩序,也就不可能对其他公众的身体健康造成实际或者抽象的危险。当然,如果贩毒人员甲、乙单纯将海洛因和鸦片互换而非自己吸食,应成立贩卖毒品罪,这会加剧毒品在社会上的流通和扩散。因为很可能是甲所在地的海洛因销售状况不好,而换成鸦片可能会销售得更好。

B项错误。第一,李某构成丢失枪支不报罪。丢失枪支不报罪,是指依法配备公务用枪的人员违反枪支管理规定,丢失枪支不及时报告造成严重后果的行为。本选项中,警察李某作为依法配备公务用枪的人员,丢失枪支不及时报告,导致枪支被他人用于抢劫杀人造成严重后果。因此李某成立丢失枪支不报罪。

第二,赵某构成丢失枪支不报罪的教唆犯。本选项中,赵某阻拦李某报告枪支丢失的情况,使李某产生了丢失枪支不报的犯意。因此,赵某应当构成丢失枪支不报罪的教唆犯。

【延伸阅读】命题人真实的出题意愿是想让考生知晓,丢失枪支不报罪是故意犯罪。因为该罪中,行为人对于"不报告"是故意的,但对于后续"毛毛捡枪后用于抢劫"这一严重后果可能是故意、过失,甚至既无故意也无过失,故刑法理论上对于该罪是故意犯罪还是过失犯罪,存在一定的争议。张明楷教授认为,该罪的"严重后果"(毛毛捡枪后用于抢劫)不是构成要件要素,属于客观的处罚要件,无论行为人主观上对该严重

后果是故意、过失,甚至既无故意也无过失,只要出现了这一严重后果,就需要予以处罚。如果没有出现这一"严重后果",即使行为人主观上期待该严重后果的出现,也不构成本罪。该罪的构成要件应该是"不报告"这一故意行为,是故意犯罪。

既然是故意犯罪,就可能成立共同犯罪。李某构成该罪,赵某构成该罪的教唆犯,二人成立共同犯罪。需要说明的是,考生不能以交通肇事罪为例,对比解读丢失枪支不报罪。有的考生可能认为,在交通肇事罪中,行为人对于违章、超速驾驶行为是故意的,但对于事故造成人员伤亡的结果是过失的,交通肇事罪是过失犯罪。但需要知道的是,交通肇事罪的"严重后果"是构成要件要素,而非客观处罚条件,要求行为人主观上要有过失,也只能是过失。

而丢失枪支不报罪中,行为人"不报告"是故意的,但是,对于造成严重后果,可以是故意的(期待他人捡到枪用于实施犯罪),也可以是过失的,甚至还可以是既无故意也无过失。但无论行为人主观上对丢失枪支之后的"严重后果"是何种心态,哪怕是故意的、期待的,只要没有发生该严重后果,就不成立本罪。如果主观上是过失的,甚至连过失都没有,比如,枪是丢在几千米深的海里,被他人捡到的概率几乎为零,但只要被他人捞起而用于违法犯罪,仍然构成丢失枪支不报罪。因此,该"严重后果"这一入罪条件,与行为人的主观认知无关,只要客观上发生了,无论主观上有无认知的可能性,均成立本罪。所以,"严重后果"不要求行为人主观上认知到,不是构成要件要素,而是客观的处罚条件。

C项错误。首先,破坏交通设施罪是具体危险犯,破坏行为必须导致具体的危险状态才构成本罪。破坏交通设施罪是指破坏轨道、桥梁、隧道、公路、机场、航道、灯塔、标志或者进行其他破坏活动,足以使火车、汽车、电车、船只、航空器发生倾覆、毁坏危险。

其次,本选项中的行为没有造成具体危险状态。高速公路上的隔离栏、绿化带可以使得来、往两条车道之间的车辆保持较为安全的距离,降低来、往双方互相干扰的可能性,进而降低车辆在高速行驶过程中由于受到对向车辆的影响而发生交通事故的概率。本选项中,章某虽然盗窃了高速公路中间的隔离栏,但是公路中央仍有绿化带,依旧可以使来、往车辆之间保持合理的距离。换言之,章某的盗窃行为并没有显著增加来、往车辆发生倾覆、毁坏的具体危险,因此不构成破坏交通设施罪。

最后,破坏高速公路隔离栏的行为应如何定性,应结合行为是否会造成具体的危险状态,具体分析:(1)盗窃高速公路中央栅栏,如果中间没有其他隔离物的,宜认定为破坏交通设施罪;(2)如果除中央栅栏外,还有花草等隔离物,则宜认定为盗窃罪;(3)盗窃高速公路旁边(外侧)的栅栏,如果栅栏外是没有车辆、行人通行的庄稼地、山地等的,宜认定为盗窃罪;(4)如果栅栏外是车辆、多人通行的辅路,则应认定为破坏交通设施罪。

在司法实践中，盗窃高速公路隔离栏、隔离网的行为，如果没有造成具体危险状态的，一般也是按照盗窃罪定罪处罚的。例如，被告人何某多次盗窃高速公路浸塑隔离网共计123米，四川省眉山市彭山区人民法院认定何某成立盗窃罪。①

D项正确。重大责任事故罪是指在生产、作业中违反有关安全管理的规定，因而发生重大伤亡事故或者造成其他严重后果的行为。在本选项中，采矿场经理在瓦斯监控设备未修好的情况下，依旧违规进行采矿工作，造成重大伤亡事故，成立重大责任事故罪。该选项中，危险作业的"危险"已经"现实化"，应认定为重大责任事故罪。

该选项源自真实案例：煤矿开采经理王光明在明知某矿山系违规开采、不具备瓦斯监测等安全设施，存在重大安全隐患的情况下，仍然组织工人在该工作面进行生产、运输作业，最终造成瓦斯爆炸，致使当时在井下工作的当班工人杨万贵等28人遇难。法院最终认定，王光明犯重大责任事故罪，判处有期徒刑四年。②

综上，本题答案为AD。

---

① 参见四川省眉山市彭山区人民法院(2019)川1403刑初159号刑事判决书。
② 参见四川省泸县人民法院(2013)泸刑初字第136号刑事判决书。

专题七　破坏社会主义市场经济秩序罪

考点一　生产销售伪劣商品罪

129. 关于生产、销售、提供假药罪,下列说法正确的是?(　　)(单选)

A. 甲在电视广告中宣称其所销售的物品可以治疗白血病等疾病,但在该物品的使用说明书中载明,该物品性质为保健品,而非药品,事后查明该保健品对治疗白血病毫无作用。因产品使用说明书中载明其并非药品,所以甲不属于销售假药

B. 乙明知其从国外代购的药品未经国内相关部门批准,仍进行销售,事后查明该药品对于相关疾病具有相应药效、质量合格。因为该药品具有药效,虽未经批准,但乙不构成犯罪

C. 药品使用单位工作人员丙明知是假药,仍无偿提供给患者使用。因为丙是无偿提供药品,所以丙不构成犯罪

D. 丁在未取得相关生产、销售药品资质的情况下,租赁 A 市某处厂房,生产制造质量不合格的假药,被查处时并未开始销售。因未出售,故丁不构成犯罪

[试题解析]

A 项错误。第一,不管是按照一般人的观念,还是按照医学常识,能治疗白血病等疾病的物品当然是药品,既然甲在电视广告中宣称其所销售的物品可以治疗白血病,即表明甲知道自己在销售假药。换言之,虽然甲没有直接说其在"卖药",但其应当、必然知道社会公众认为其在"卖药"。

第二,虽然甲在该物品的使用说明书中注明该物品为保健品,但这只不过是甲为了逃避生产、销售、提供假药罪所作出的掩盖,并不影响该罪的认定。换言之,甲明知这是保健品而冒充药品进行出售,属于销售假药。

B 项正确。第一,该药品质量合格,有相应的疗效,不属于假药。2019 年修订后的《药品管理法》第 98 条规定,假药包括:所含成分与国家药品标准规定的成分不符的药品,以非药品冒充药品或者以他种药品冒充此种药品,变质的药品,所标明的适应症或者功能主治超出规定范围的药品。质言之,假药应限定为内容(效用)上的假药。未经

批准但内容有效的药,不属于假药。

第二,本选项不构成妨害药品管理罪。《刑法》第142条之一(妨害药品管理罪)规定,违反药品管理法规,有下列情形之一,足以严重危害人体健康的,处3年以下有期徒刑或者拘役,并处或者单处罚金。根据这一规定,成立妨害药品管理罪,必须达到具体的危险状态,即"足以严重危害人体健康"。而本选项没有达到这一程度,也不构成该罪。

综上,乙的行为不构成犯罪。但其违反药品管理秩序,未经批准进口药品,应受行政处罚。

C项错误。最高人民法院、最高人民检察院《关于办理危害药品安全刑事案件适用法律若干问题的解释》第6条第2款规定,药品使用单位及其工作人员明知是假药、劣药而有偿提供给他人使用的,应当认定为《刑法》第141条、第142条规定的"销售";无偿提供给他人使用的,应当认定为《刑法》第141条、第142条规定的"提供"。

根据上述规定,本选项中,丙虽是无偿提供药品,但其身为药品使用单位人员且主观上明知该药为假药,构成提供假药罪。

D项错误。生产、销售假药罪为行为犯,即只要丁实施了生产、销售假药的行为就可以定罪,并不需要造成危险状态或严重后果。本选项中,行为人至少实施了生产行为,构成生产假药罪。

综上所述,本题答案为B项。

130. 下列说法正确的是?(　　)(单选)

A. 甲经营一家火锅鸡店,为与周边同行竞争,甲在腌制鸡肉过程中,加入罂粟壳粉末。甲构成生产、销售不符合安全标准的食品罪

B. 乙明知徐某送来的生猪使用含有国家禁止添加于饲料中的药剂喂养,仍为其提供屠宰等加工服务。乙只是提供屠宰等服务,故乙不构成犯罪

C. 丙明知某农场的牛感染疯牛病,仍大肆收购患疯牛病的病死牛肉,冒充合格牛肉在市场上正常销售。丙不构成销售有毒、有害食品罪

D. 丁误以为其所售奶粉只是食品添加剂超标,但该奶粉实际三聚氰胺超标(系禁止添加)。丁构成销售有毒、有害食品罪

[试题解析]

A项错误。甲在生产、销售的食品中主动掺入有毒、有害的非食品原料(罂粟壳粉末),构成生产、销售有毒有害食品罪。同时,由于掺入的系罂粟壳粉末,甲还可能构成欺骗他人吸毒罪,两罪竞合。

B项错误。最高人民法院、最高人民检察院《关于办理非法生产、销售、使用禁止

在饲料和动物饮用水中使用的药品等刑事案件具体应用法律若干问题的解释》第4条规定,明知是使用盐酸克仑特罗等禁止在饲料和动物饮用水中使用的药品或者含有该类药品的饲料养殖的供人食用的动物,而提供屠宰等加工服务,或者销售其制品的,以生产、销售有毒、有害食品罪追究刑事责任。

本选项中,乙虽然只是提供屠宰等加工服务,但仍属于生产有毒、有害食品的行为。可以这样认为,司法解释之所以将提供屠宰的行为认定为是犯罪,主要是对生产行为进行了扩大解释。

C项正确。第一,根据《刑法》第144条规定,生产、销售有毒、有害食品罪是指,在生产、销售的食品中掺入有毒、有害的非食品原料的,或者销售明知掺有有毒、有害的非食品原料的食品的。本选项中,丙显然没有实施"掺入有毒、有害的非食品原料""销售明知掺有有毒、有害的非食品原料"的行为。故丙不构成生产、销售有毒、有害食品罪。

第二,根据《关于办理危害食品安全刑事案件适用法律若干问题的解释》第1条规定,生产、销售不符合食品安全标准的食品,例如,属于病死、死因不明或者检验检疫不合格的畜、禽、兽、水产动物肉类及其制品的,应认定为《刑法》第143条规定的生产、销售不符合安全标准的食品罪。

【延伸阅读】朱某将自有养猪场的病死猪肉在其家中设立摊位销售。经浙江省温岭市食品预防控制中心检测,朱某所售病死猪肉中检出奇异变形杆菌等;经鉴定,人食用病死猪肉后可能导致严重食物中毒或其他严重食源性疾患。浙江省温岭市人民法院认为:被告人朱某生产、销售不符合安全标准的食品,食用后足以造成严重食物中毒或其他严重食源性疾患,其行为已构成生产、销售不符合安全标准的食品罪。[①]

D项错误。第一,丁主观上想要销售不符合安全标准的食品,客观上销售了有毒、有害的食品。换言之,食品添加剂超标的食品属于不符合安全标准的食品,三聚氰胺超标的食品属于有毒、有害食品。因为丁主观上没有销售有毒、有害食品的故意,故不能认定丁构成销售有毒、有害食品罪。

第二,在主客观统一的范围内,可以将丁主观上销售有毒、有害食品的故意降格评价为销售不符合安全标准的食品的故意。

故,可以认定丁构成销售不符合安全标准的食品罪。

综上所述,本题答案为C项。

---

① 参见浙江省温岭市人民法院(2012)台温刑初字第1417号刑事判决书。

考点二　走私罪

131. 关于走私犯罪,下列说法正确的是(　　)(单选)

A. 甲入境后,被海关抽查后在其随身携带的行李内发现有 10 枚未申报入境的纪念银币。经鉴定,该 10 枚银币每枚重 2 千克,面额"300 元"。经价格认证中心鉴定,涉案银币市场价单枚为人民币 76000 元。共计偷逃税款人民币 129200 元。如果认为纪念币属于法定货币(人民币),不考虑其贵重金属这一属性,那么甲不构成犯罪

B. 在 A 选项中,如果认为纪念币属于贵重金属,那么甲构成走私贵重金属罪

C. 丙以走私贵重金属的故意,客观上走私了武器、弹药的,应当根据丙实际走私的物品,认定丙构成走私武器、弹药罪

D. 丁从国外带回大量淫秽光盘,无论丁走私光盘是否出于牟利和传播的目的,丁都构成走私淫秽物品罪

[试题解析]

A 项正确。如果认为纪念币属于法定货币,那么根据法律规定,人民币仅属于限制进出口的物品,即只有达到人民币流通价值限额后,才构成走私犯罪。本选项中,甲所携带的纪念银币的币面价值仅为 300 元,故甲携带其入境不构成犯罪。①

B 项错误。第一,如果认为纪念币属于贵重金属,那么按照纪念币的实际价值,甲偷逃税款近 13 万元,已经构成走私犯罪。

第二,甲不构成走私贵重金属罪,构成走私普通货物、物品罪。根据《刑法》规定,从国外走私贵金属入境,不构成走私贵重金属罪,因为该罪是禁止出口,而本选项是将贵重金属走私入境,因此,构成走私普通货物、物品罪。

C 项错误。第一,如果根据丙客观上实际走私的物品认定其构成走私武器、弹药罪,因超出了丙主观故意内容与客观事实重合的限度,明显违反了责任主义原则。故,丙不构成走私武器、弹药罪。

第二,丙主观上想要走私贵重金属,客观上走私了武器、弹药,根据主客观统一原则,只能认定为走私国家禁止进出口的货物、物品罪。或者说,贵重金属与武器、弹药的重合之处(最大公约数)是国家禁止进出口的货物、物品。

D 项错误。《刑法》规定,走私淫秽物品罪必须要求行为人主观上具有牟利或者传播的目的。本选项中,如果丁从境外带回的大量淫秽光盘只是为了自己观看,其主观并不具有牟利或者传播目的,则丁不构成走私淫秽物品罪。当然,如果走私金额达到

---

① 参见《刑事审判参考》(总第 110 集)第 1199 号指导案例:吕丽玲走私普通物品案。

一定的数额,可能构成走私普通货物、物品罪。

综上所述,本题答案为 A 项。

132. 关于走私犯罪,下列说法正确的是?(　　)(单选)

A. 甲系海关工作人员,积极配合徐某等人先后多次将近千部 iPhone 手机走私入境,偷逃关税 50 余万元。甲的行为构成放纵走私罪

B. 乙从国外携带大量某品牌手表回国,在绕关逃税时,被海关工作人员蒋某发现。乙为了抗拒抓捕,出于杀害的故意,用菜刀猛砍蒋某,致使蒋某死亡。乙的行为应认定为走私普通货物、物品罪一罪

C. 丙因准备为其所在单位购买走私车,经人介绍认识肖某,遂委托肖某代为找车购买。肖某通过私人关系,买来吴某刚刚走私入境的私家车后,交付给丙,并告知了丙该车的来源。丙不构成走私犯罪

D. 丁为逃避海关监管,通过签订真假两套购货合同,采用伪报品名等方式,将限制进口的固体废物"A2"废纸申报为自动许可进口的"欧однако 6 号"废纸申报进口,经鉴定,丁所进口的废物全部为国家禁止进口的固体废物。因丁申报后即被抓获,走私的废物并未污染环境,故丁成立走私废物罪未遂

[试题解析]

A 项错误。海关工作人员甲在放纵徐某走私的过程中,以积极的行为配合徐某逃避海关监管,应以走私犯罪的共犯追究刑事责任。①

走私普通货物、物品罪与放纵走私罪的区别在于:放纵走私罪,一般是消极的不作为。如果是与走私分子积极通谋的,以走私犯罪的共犯论处。如果海关工作人员与走私分子通谋,在放纵走私过程中以积极的行为配合走私分子逃避海关监管或者在放纵走私之后分得赃款的,应以走私犯罪的共犯追究刑事责任。

B 项错误。首先,乙从国外带回大量名牌手表,逃避海关监管不缴税款,构成走私普通货物、物品罪。

其次,乙使用暴力阻碍国家机关工作人员蒋某依法执行公务,构成妨害公务罪。

最后,乙出于杀害的故意使用菜刀杀死蒋某,构成故意杀人罪,与妨碍公务罪构成想象竞合,择一重罪,以故意杀人罪论处。

综上,乙构成走私普通货物、物品罪与故意杀人罪,数罪并罚。

C 项正确。第一,走私类犯罪中要求的"间接走私"仅指"第一手交易",如果不是直接向走私分子收购走私入境的货物、物品,而是经过第二手、第三手甚至更多的收购

---

① 参见北大法宝:高庆亭、刘贵良走私、放纵走私案【法宝引证码】CLI. C. 66858。

环节后收购的,即使收购人明知是走私货物,也不能以走私犯罪论处。①

第二,丙明知该汽车是走私而来,即吴某的走私犯罪所得,仍予以收购的,丙成立掩饰隐瞒犯罪所得罪。

D 项错误。第一,以虚假申报方式走私的走私犯罪的既、未遂以行为人的申报行为是否实施完毕为判断标准。

第二,走私废物罪既遂并不以该废物对环境造成了污染为前提。本选项中,虽然该废物没有造成环境污染,但既然丁已经完成了海关的申报,丁便成立犯罪既遂。

综上所述,本题答案为 C 项。

考点三　妨害对公司、企业的管理秩序罪

133. 下列说法错误的是?(　　)(多选)

A. 国有光华公司领导甲发现公司从 A 公司购进某设备再转手卖给 B 公司后,光华公司即可赚取 200 万元利润。甲便让妻子张美丽成立 C 公司,并利用职权解除了光华公司与 A 公司的合同。C 公司通过将 A 公司的消防设备转卖给 B 公司获得了 200 万元的利润。甲构成非法经营同类营业罪

B. 国有毛毛公司原本直接从 D 公司购买原材料,但毛毛公司负责人乙让其近亲属成立 E 公司,由 E 公司从 D 公司购买原材料后高价卖给毛毛公司,从而使 E 公司获利,毛毛公司受损。乙构成为亲友非法牟利罪和贪污罪,数罪并罚

C. 某私营企业高管丙,利用其职权形成的便利条件,收受了蒋某的贿赂之后,请求业务部的同事徐某为自己的朋友蒋某谋取利益。丙构成非国家工作人员受贿罪

D. 公司股东丁按照公司章程出资 100 万元后,利用职务上的便利将该笔出资转回自己的银行卡上,使用了 2 年后归还公司。丁仅构成抽逃出资罪

[试题解析]

A 项错误。第一,甲虽然让妻子张美丽成立与国有光华公司经营同类业务的 C 公司,但是 C 公司的 200 万元利润,并非从市场经营中获利,因此,甲不构成非法经营同类营业罪。

第二,甲身为国家工作人员,利用职务上的便利,解除了国有公司与 A 公司之间的合同,导致本应获利 200 万元的国有光华公司没有获利,而是由甲的妻子注册的 C 公司获利,甲的行为实际上是变相侵吞公共财产(财产性利益),成立贪污罪。

---

① 参见广东省广州市中级人民法院(2015)穗中法刑二初字第 80 号刑事判决书。

B项错误。第一,乙利用职务上的便利实施为亲友非法牟利的行为,触犯为亲友非法牟利罪。

第二,乙身为国家工作人员,利用职务上的便利,变相侵吞了国有资产,同时触犯了贪污罪。由于乙只有一个行为,想象竞合,择一重罪处罚。因此,构成贪污罪。

C项错误。非国家工作人员受贿罪只有"索取他人财物,为他人谋取利益"和"非法收受他人财物,为他人谋取利益"这两种行为方式,丙的行为属于非国家工作人员"斡旋收受贿赂"。因此,丙不构成非国家工作人员受贿罪。

需要说明的是,如果本选项中的丙是国家工作人员,其利用职权形成的便利条件(并非利用职务上的便利),通过其他国家工作人员的职务行为,为他人谋取利益的,构成受贿罪(斡旋受贿)。这主要是因为,对于国家工作人员,刑法对其要求更为严格。

D项错误。第一,股东丁出资后,抽逃出资,数额巨大,成立抽逃出资罪。

第二,丁利用职务上的便利,转移了公司的财产,成立挪用资金罪。想象竞合,择一重罪处罚。

综上所述,本题为选非题,答案为ABCD项。

考点四　破坏金融管理秩序罪

134. 关于洗钱罪,下列说法正确的是?（　　）(多选)

A. 甲明知徐某欲走私汽车,而为其提供资金账户以将走私汽车的获利款转出至境外,甲成立走私普通货物、物品罪与洗钱罪,应当数罪并罚

B. 国家工作人员乙利用职务上的便利,直接将公款从其所在的国有单位账上汇往其个人在境外的银行账户,成立贪污罪与洗钱罪的想象竞合

C. 丙向国家工作人员王某行贿,应王某要求,丙将行贿款直接汇往王某在境外的银行账户,王某的行为是受贿罪与洗钱罪的想象竞合,丙的行为是行贿罪与洗钱罪的想象竞合

D. 丁将自己上个月贩卖毒品所得的现金换成股票的,不仅成立贩卖毒品罪,还成立洗钱罪,应当数罪并罚

[试题解析]

A项错误。首先,甲明知徐某走私汽车而提供资金账户的,成立走私普通货物、物品罪的共犯。

其次,甲为徐某的走私行为提供资金账户的行为,亦可评价为洗钱行为。经《刑法修正案(十一)》修正后,自洗钱的行为也构成洗钱罪。故甲的行为也构成洗钱罪。

最后,由于甲仅实施了一个行为(提供资金账户),系走私普通货物、物品罪与洗钱

罪的竞合,择一重罪处罚,不需要数罪并罚。

B 项正确。首先,乙的行为成立贪污罪。乙利用职务上的便利,将国有单位的钱款转移至其个人账户,构成贪污罪。

其次,乙将自己的贪污犯罪所得汇往境外的,该自洗钱的行为,也成立洗钱罪。

最后,由于乙仅有一个行为,系贪污罪与洗钱罪的想象竞合。如果本选项中,乙是先将单位账上的钱转移至自己家中,然后再汇往境外,乙分别实施了贪污与洗钱两个行为,应数罪并罚。

C 项正确。王某使用境外账户收受贿赂,既成立受贿罪,亦成立洗钱罪,其自洗钱的行为也构成犯罪。由于其仅有一个行为,系受贿罪与洗钱罪的想象竞合,应择一重罪处罚。

丙行贿至他人的境外账户,既是行贿行为,也是将他人受贿犯罪所得汇往境外而成立洗钱罪,由于丙仅实施了一个汇款行为,是行贿罪与洗钱罪的想象竞合,应择一重罪处罚。

此外,就 ABC 三个选项,还需要进一步说明的是:洗钱罪的对象,并非只有上游犯罪既遂所得,还包括上游犯罪进行过程中,实施洗钱行为的,也构成洗钱罪。例如,C 项中,王某的受贿行为与洗钱行为同时既遂,并非受贿后再洗钱,也应该构成洗钱罪。张明楷教授对此曾指出:"洗钱罪的行为对象似乎是犯罪所得及其收益,应该以犯罪既遂为前提。但是,洗钱罪主要是破坏金融管理秩序的犯罪,即使上游犯罪没有既遂,但如果洗钱行为侵害了金融管理秩序,就可能成立洗钱罪。就许多犯罪而言,在既遂之前就能确定其来源和性质,因而在既遂之前的掩饰、隐瞒行为,就破坏了金融管理秩序。"①

D 项正确。第一,丁自洗钱的行为,成立洗钱罪。本选项中,"毒品所得的现金换成股票"的行为也成立洗钱罪。根据《刑法》第 191 条的规定,成立洗钱罪的五种行为类型之一为"将财产转换为现金、金融票据、有价证券的"。其中,"转换"既包括将实物(包括不动产)转换为现金、金融票据、有价证券,也包括将现金、有价证券转换为金融票据或者将金融票据、有价证券转换成现金,还包括将此种现金(如人民币)转换为彼种现金(如美元),将此种金融票据(如外国金融机构出具的票据)转换为彼种金融票据(如中国金融机构出具的票据),将此种有价证券转换为彼种有价证券。本选项中,丁将自己贩卖毒品所得的现金换成股票的,触犯了洗钱罪。②

第二,丁还实施了贩卖毒品犯罪,系实施了两行为,应以贩卖毒品罪与洗钱罪

---

① 张明楷:《自洗钱入罪后的争议问题》,载《比较法研究》2022 年第 5 期,第 100—102 页。
② 参见张明楷:《刑法学》(第六版),法律出版社 2021 年版,第 1022 页。

并罚。

综上所述,本题答案为 BCD 项。

135. 下列关于洗钱犯罪,说法错误的是?（　　）（多选）

A. 甲通过贩毒所得近 200 万元,因担心钱存放在国内不安全,遂将该笔资金通过逃避监管的方式转移至国外,兑换成外币。甲转移资金的行为属于事后不可罚,不成立洗钱罪

B. 蒋某窃得路人的银行卡后,前往银行取款 20 万元,并请求知情的乙将这笔钱汇往境外。如果认为洗钱罪所要求的上游犯罪是指犯罪行为,那么乙成立洗钱罪

C. 国家工作人员丙利用职务上的便利挪用公款后欲在境外开公司,丙请求知道真相的肖某将这笔钱汇往境外。对丙应以挪用公款罪与洗钱罪数罪并罚

D. 丁将好友徐某的贪污犯罪所得误以为是走私犯罪所得,通过海外投资的方式将徐某的犯罪所得予以转移出境。丁不成立洗钱罪

[试题解析]

《刑法》第 191 条(洗钱罪)规定:"为掩饰、隐瞒毒品犯罪、黑社会性质的组织犯罪、恐怖活动犯罪、走私犯罪、贪污贿赂犯罪、破坏金融管理秩序犯罪、金融诈骗犯罪的所得及其产生的收益的来源和性质,有下列行为之一的,没收实施以上犯罪的所得及其产生的收益,处五年以下有期徒刑或者拘役,并处或者单处罚金;情节严重的,处五年以上十年以下有期徒刑,并处罚金:

(一)提供资金账户的;

(二)将财产转换为现金、金融票据、有价证券的;

(三)通过转帐或者其他支付结算方式转移资金的;

(四)跨境转移资产的;

(五)以其他方法掩饰、隐瞒犯罪所得及其收益的来源和性质的。

单位犯前款罪的,对单位判处罚金,并对其直接负责的主管人员和其他直接责任人员,依照前款的规定处罚。"

A 项错误。第一,洗钱罪的对象不仅仅限于"他人的犯罪所得",而且包括"自己的犯罪所得"。也就是说,针对本人的犯罪所得,实施转移的,即自洗钱行为,也构成洗钱罪。

第二,贩毒属于洗钱罪所要求的上游犯罪,因此甲成立洗钱罪。

B 项正确。第一,虽然蒋某的行为最终按照刑法规定是以盗窃罪论处的,《刑法》第 196 条第 3 款规定,盗窃信用卡并使用的,成立盗窃罪这一"罪名"。但蒋某盗窃信用卡后,冒用了他人信用卡。就冒用他人信用卡这一"行为"本身而言,蒋某构成信用

卡诈骗罪(系金融诈骗犯罪的一种)。

第二,如果认为洗钱罪的上游犯罪是指"犯罪行为",而不是指具体"罪名",那么洗钱罪的上游犯罪包括金融诈骗犯罪,信用卡诈骗罪属于金融诈骗犯罪。蒋某实施了金融诈骗行为(信用卡诈骗行为),故知情的乙后续将赃款转移到国外的行为构成洗钱罪。

需要补充说明的是,如果对洗钱罪的上游犯罪限定为具体罪名,蒋某最终的罪名是盗窃罪,而盗窃罪不在洗钱罪的上游犯罪之列。所以,乙的行为不成立洗钱罪,成立掩饰隐瞒犯罪所得罪。

C项错误。挪用公款只是临时使用公款,主观上并没有据为己有之意。因此,挪用的公款并不属于洗钱罪所要求的"上游犯罪的所得及其产生的收益"这一对象。因此,丙不成立洗钱罪。换言之,挪用公款罪的对象"公款"并不属于"犯罪所得及其产生的收益"。

D项错误。虽然丁对上游犯罪产生了认识错误,但无论是走私犯罪所得,还是贪污贿赂犯罪所得,都属于洗钱罪的对象,这种认识错误属于同一构成要件内的对象错误,不影响洗钱罪的成立。

综上所述,本题为选非题,答案为 ACD 项。

136. 关于洗钱罪,下列说法错误的是?(　　　)(单选)

A. 甲走私毒品后,将走私毒品所得的赃款藏在家里。甲的行为应以洗钱罪论处

B. 乙有求于国家工作人员甲,甲收受贿赂款 5 天之后,将贿赂款直接汇往境外的银行账户。甲的行为成立受贿罪与洗钱罪,应当数罪并罚

C. 甲明知光华公司以外汇理财业务为名进行非法集资,仍向该公司财务人员提供多张银行卡,接收转入的非法集资款。甲的行为成立集资诈骗罪与洗钱罪的想象竞合

D. 黑社会性质组织的首要分子甲利用黑恶势力活动取得违法所得后,将违法所得转入国外账户中。甲的行为成立组织、领导黑社会性质的组织罪与洗钱罪,应当数罪并罚

[试题解析]

A项错误。洗钱罪的本质在于逃避金融监管。如果本犯事后实施的掩饰、隐瞒行为,没有侵犯金融管理秩序的,不成立洗钱罪,属于不可罚的事后行为。在本选项中,甲只是将犯罪所得藏匿在家中,并没有通过金融方式逃避监管,因此不构成自洗钱犯罪,属于真正的不可罚的事后行为,只能按走私毒品罪一罪论处。

B项正确。首先,甲作为国家工作人员,收受贿赂款的行为构成受贿罪。

其次，贪污贿赂犯罪是洗钱罪的上游犯罪之一。甲通过将贿赂款转移至国外账户，掩饰隐瞒自己的贪污贿赂所得，成立洗钱罪。

最后，甲实施了两个行为，触犯两个罪名，因此应当数罪并罚。需要注意的是，本选项中甲的行为属于自洗钱行为，我国刑法认为自洗钱不再属于不可罚的事后行为，而是应当与上游犯罪并罚。

C项正确。首先，甲的行为成立集资诈骗罪的帮助犯。光华公司以外汇理财业务为名进行非法集资，成立集资诈骗罪。甲在明知该公司以外汇理财业务为名进行非法集资，仍向该公司财务人员提供多张银行卡，接收转入的非法集资款，甲成立集资诈骗罪的帮助犯。

其次，甲的行为成立洗钱罪。根据《刑法》第191条的规定，洗钱罪的上游犯罪包括金融诈骗犯罪，而本选项中的集资诈骗罪亦属于金融诈骗犯罪，甲帮助掩饰、隐瞒乙的集资诈骗所得，其行为构成洗钱罪。

最后，甲实施了一个行为同时触犯了集资诈骗罪与洗钱罪，成立想象竞合犯，应当择一重罪处罚。

D项正确。首先，甲成立组织、领导黑社会性质的组织罪。首要分子，是指在犯罪集团或者聚众犯罪中起组织、策划、指挥作用的犯罪分子。甲作为黑社会性质组织的首要分子，成立组织、领导黑社会性质的组织罪。

其次，甲成立洗钱罪。洗钱罪的上游犯罪包括黑社会性质的组织犯罪。本选项中，甲掩饰、隐瞒黑社会性质的组织犯罪所得，成立洗钱罪。

最后，甲实施了两个行为，分别触犯了组织、领导黑社会性质的组织罪与洗钱罪，应当数罪并罚。

综上所述，本题为选非题，答案为A项。

137. 下列说法正确的是？（　　）（多选）

A. 如果认为洗钱罪的保护法益是国家金融管理秩序，国家工作人员甲用受贿款项从朋友处购买名画一幅，甲不成立洗钱罪

B. 如果认为侵犯知识产权罪的保护法益首先是竞争秩序，乙在得到权利人允许的情况下使用其注册商标，乙不成立假冒注册商标罪

C. 如果认为负有照护职责人员性侵罪的保护法益是性自主权，15周岁的刘某主动与养父丙发生性关系，丙的行为成立负有照护职责人员性侵罪

D. 丁在未取得《药品经营许可证》的情况下收购合格的进口感冒药加价倒卖，既不成立妨害药品管理罪，也不成立非法经营罪

[试题解析]

A项正确。关于洗钱罪的保护法益，存在以下两种观点：

(1)国家金融管理秩序说(法考观点)。这种观点认为,洗钱罪被规定在"破坏金融管理秩序罪"中,只有扰乱金融秩序的洗钱行为才会被定罪处罚。

(2)司法机关正常活动说。这种观点在认定洗钱罪时,更注重上游犯罪的性质,只要上游犯罪属于《刑法》所规定的洗钱罪的范围,即成立洗钱罪,而不考虑行为是否扰乱了金融秩序。

本选项中,如果认为洗钱罪的保护法益是国家金融管理秩序,国家工作人员甲用受贿款项从朋友处购买名画的行为并没有侵犯到这种秩序法益,故不成立洗钱罪。

但如果认为洗钱罪的保护法益是司法机关的正常活动,即使没有通过金融手段,不影响金融秩序,甲用受贿款项从朋友处购买名画的行为也会影响司法机关的追赃工作,成立洗钱罪。

B项错误。关于侵犯知识产权罪的保护法益,存在以下两种观点:

(1)通说认为,侵犯知识产权罪的保护法益首先是国家对知识产权的管理秩序,其次才是权利人的财产权利。[1] 这是因为侵犯知识产权犯罪是作为破坏社会主义市场经济秩序罪的一类被规定在《刑法》分则第三章第七节之中,所以此类犯罪首先是针对公共法益的犯罪。

(2)张明楷教授认为,侵犯知识产权罪的保护法益仅是权利人的财产权利。"凡是权利人同意的行为,就不可能成立侵犯知识产权罪。"[2]这足以说明,侵犯知识产权罪是对个人法益的犯罪,而不是对公共法益的犯罪。

本选项中,如果侵犯知识产权罪的保护法益首先是竞争秩序,则属于对公共法益的犯罪,被害人同意或承诺的有效范围仅包括被害人有处分权的个人法益,故即使得到权利人同意,该同意也是无效的,乙仍然成立假冒注册商标罪。相反,如果认为侵犯知识产权罪的保护法益是个人利益,即权利人的知识产权,那么得到权利人同意的行为就不构成犯罪。

C项错误。关于负有照护职责人员性侵罪的保护法益,存在以下两种观点:

(1)一种观点认为,本罪的保护法益是已满14周岁未满16周岁的未成年女性的性自主权。或者说,应该尊重14—16周岁女性的性自我决定权,根据该说,只有与14-16周岁的女性发生性关系,会导致对被害女性明显不利,或者说被害女性受到了一定程度的压力时,才构成本罪。[3] 本选项中,该女性是自愿的,并没有感受到压力,所

---

[1] 参见高铭暄、马克昌主编:《刑法学》(第十版),北京大学出版社、高等教育出版社2022年版,第440、444页。

[2] 张明楷:《具体犯罪保护法益的确定方法》,载《现代法学》2024年第1期,第14页。

[3] 参见付立庆:《负有照护职责人员性侵罪的保护法益与犯罪类型》,载《清华法学》2021年第4期,第79页。

以,丙的行为不构成负有照护职责人员性侵罪。

(2)另一种观点认为,本罪的保护法益是已满14周岁未满16周岁的未成年女性的身心健康。为了加强对14—16周岁的女性的保护,不应赋予其更多的性自决权。根据该说,只要负有照护职责的人与14—16周岁女性人发生性关系,哪怕是自愿发生性关系,也构成本罪。① 如果根据该说,丙即使是自愿与14—16周岁的女性发生性关系,也构成本罪。

生活道理也能说明这个问题。笔者的女儿15岁了,她在学校谈恋爱,笔者该不该批评她呢?笔者认为,应该批评她,笔者认为自己是为她好,怕她被骗,保护她的身心健康。而她认为,她都15周岁了,有自我决定权,要尊重她的自由决定权,笔者无权批评她。笔者批评她的理由是为了她的身心健康,她认为笔者无权批评的理由是她有自己的独立自主权,笔者应少管闲事。

D项正确。第一,妨害药品管理罪以"足以严重危害人体健康"为要件,本选项中,丁倒卖的是合格药品,不会对人体健康造成损害,故不成立妨害药品管理罪。

第二,未经许可倒卖进口药品,同样不构成非法经营罪。在《刑法修正案(十一)》增设"妨害药品管理罪"之后,如果对这种行为以非法经营罪处罚就会出现明显的不协调现象。亦即,倒卖合格进口药品足以危害人体健康的,成立妨害药品管理罪,最高只能处7年有期徒刑;不足以危害人体健康的,成立非法经营罪,反而最高可以处15年有期徒刑。

【实务案例】王某某、张某某等非法经营案②

被告人王某某为获取非法利益,在未取得《药品经营许可证》等相关资质的情况下从他人处收购各类药品后加价倒卖给魏某某(另案处理)、张某某、曹某等人分别收取购药款19万余元、58万余元、63万余元。

法院认为,为了防止《刑法》第225条第(四)项作为兜底条款被扩大使用,最高人民法院公布的第97号指导案例(王力军非法经营再审改判无罪案)明确,对于第(四)项规定的"其他严重扰乱市场秩序的非法经营行为"的适用,应当根据相关行为是否具有与《刑法》第225条前三项规定的非法经营行为相当的社会危害性、刑事违法性和刑事处罚必要性进行判断,对于虽然违反行政管理有关规定,但尚未严重扰乱市场秩序的经营行为,不应当认定为非法经营罪。本案中,未经许可经营合法合规的药品,即使存在非法经营也只侵犯了市场经济秩序,并未侵犯药品犯罪所保护的生命健

---

① 参见张明楷:《具体犯罪保护法益的确定标准》,载《法学》2023年第12期,第80页。
② 参见宋文健:《未经许可经营普通药品是否构成非法经营罪?》,载微信公众号"上海二中院",2024年2月6日。

康法益,不具有与其他药品犯罪相当的社会危害程度。该案例入选了《人民法院案例选》2023 年第 8 辑。

综上所述,本题答案为 AD 项。

138. 下列关于假币犯罪,说法正确的是?(　　)(单选)

A. 甲伪造货币后又将该货币运输后出售给徐某,对甲应以伪造货币罪与出售、运输假币罪数罪并罚

B. 乙使用真实有效的信用卡,通过 ATM 机成功存入假币,然后从其他 ATM 机中取出真币。乙仅构成使用假币罪

C. 丙欲以假币诈骗蒋某的 10000 元现金,便欺骗蒋某说:"能否借 10000 元给我,我两小时后就还给你 10500 元。"蒋某信以为真,当场借给丙 10000 元。两小时后,丙将 10500 元假币归还蒋某,蒋某并未发现。丙的行为成立诈骗罪与使用假币罪的竞合,应择一重处罚

D. 丁为了向朋友证明自己的"孝心",并无使用目的,伪造了足以使一般人误认为是假币的货币,但立即当作冥币烧掉。如果认为伪造货币罪应以使用为目的,则丁的行为构成伪造货币罪

[试题解析]

A 项错误。行为人伪造货币之后通常会有出售、运输行为,行为之间具有连贯性、必然性。《刑法》第 171 条第 3 款规定,伪造货币之后又出售或者运输伪造的货币,直接以伪造货币罪从重处罚。

本选项中,甲伪造假币后又出售、运输自己伪造的假币的,以伪造货币罪从重处罚即可,不另行成立出售、运输假币罪。

B 项错误。第一,乙将假币存入 ATM 机中,存在着被他人取走的高度可能性,他人取走后,必然会流入市场。因此,乙的存款行为因侵害了货币的公共信用而触犯了使用假币罪。

第二,乙存入假币后,由于货币占有即所有的特性,乙丧失了对假币的所有,从而获得了不应有的与假币面额相对应的银行债权,乙利用不应有的债权,从 ATM 机中取出真币的行为属于秘密窃取银行财产,触犯盗窃罪。

有观点认为,乙实施了前后两个行为,应以使用假币罪与盗窃罪并罚。也有观点认为,乙仅仅最终获取了假币对应数额的财物(真币),前后行为具有同一法益性,应以使用假币罪、盗窃罪择一重罪处罚。

C 项正确。首先,丙骗取蒋某真币的行为成立诈骗罪。

其次,丙将假币冒充真币退还给蒋某的行为,也可以看作诈骗行为的一部分,但该

行为也使得假币流入市场,故丙也成立使用假币罪。

最后,应认为其是一行为触犯了数罪名,是想象竞合,择一重罪处罚。

D项错误。丁伪造货币时,主观上并没有使用目的,客观上伪造后立即烧掉,也不会使伪造的货币落入他人之手或最终流向市场,不能认定为伪造货币罪。

可能有考生会认为,成立伪造货币罪,只要行为人制造出了假币就构成犯罪既遂。但是,这一观点的前提是,行为人主观上有使用假币的目的,如果行为人没有使用假币的目的,即便客观上伪造了货币,也不构成犯罪既遂。

综上所述,本题答案为C项。

139. 关于下列犯罪的成立与否,说法正确的是?① (　　　)(单选)

A. 甲事实上伪造了大量硬币(纪念币)并置入流通,但银行也不能分辨其真伪,不得不承认这批硬币也有效。甲的行为不成立伪造货币罪

B. 乙出于骗取保险金的动机,与戊经共谋后对戊造成轻伤以骗取保险金。乙的行为成立故意伤害罪

C. 丙为了解救被拐卖妇女而先将其收买,收买后又让其回家,使其恢复了自由。丙的行为不成立收买被拐卖的妇女、儿童罪

D. 丁冒用肖某的身份证件去银行办理存款,但得到了肖某的同意。如果认为盗用身份证件罪的保护法益是身份证件的公共信用,丁的行为不成立盗用身份证件罪

[试题解析]

A项错误。第一,刑法规定伪造货币罪,是为了保护作为经济交易重要手段的货币的公共信用。本选项中,甲的行为导致国民对货币的真实性产生疑问,依然侵犯了货币的公共信用。伪造货币侵犯的是真实货币的公共信用,而不是伪造的货币的公共信用,不能因为伪造的货币不得不有效,就否认该行为侵害了货币的公共信用。

第二,需要明确的是,货币犯罪的成立,不以任何个人遭受财产损失为前提。换言之,可能有人认为,对于伪造货币的行为,在银行不得已承认其有效的情况下,不知情的受害者根本没有受到财产损失,因为交易来的假币已经被承认有效,进而认为甲的行为不成立伪造货币罪。这种理解是错误的。因为伪造货币罪的保护法益是货币的公共信用,属于集体法益,个人的财产权并不是本罪的保护法益,所以即使没有造成个人财产的损失,也不影响本罪的成立。

因此,甲的行为成立伪造货币罪。

---

① 本题改编自张明楷:《公共法益与个人法益混同立法例下的刑法解释》,载《比较法研究》2024年第4期,第1—18页。

B 项错误。被害人承诺要求承诺者对被侵害的法益具有处分权限(承诺范围),承诺侵害自己的法益,也有一定限度。以故意伤害为例,一般认为,对基于被害人承诺造成轻伤的,不应认定为故意伤害罪。本选项中,乙与戊通谋,戊实际上是承诺了乙可以将自己伤害至轻伤以内。因此,乙不成立故意伤害罪。

可能有人会认为,乙的伤害行为虽然经过了戊的同意,但是,其同意的前提、动机是为了骗取保险金,进而认为这种同意是无效的,故认为乙的行为成立故意伤害罪。这种理解是错误的,基于错误动机的承诺,承诺仍然是有效的,不成立故意伤害罪。例如,女士毛毛为了得到提拔,同意和上级徐某发生性关系,但事实上徐某并不愿意提拔毛毛。毛毛同意是基于提拔的动机,即使该动机不对,该同意也是有效的,徐某的行为不构成强奸罪。

C 项正确。第一,刑法之所以将收买妇女、儿童的行为规定为犯罪,主要是因为收买行为严重侵犯了被害妇女、儿童的人身自由与身体安全,主要表现在将妇女、儿童当作商品置于自己的非法支配范围内。这里的支配,是指通过对妇女、儿童产生物理的或者心理的影响,将妇女、儿童置于自己可以左右其意思的状态,使其难以摆脱收买者的影响。① 而本选项中,丙的行为是为了恢复被害人的自由,并没有将妇女置于自己的非法支配之下。

第二,本罪的责任形式为故意。行为人一方面明知自己所收买的是被他人拐卖的妇女、儿童,另一方面也明知自己的收买行为侵犯了妇女、儿童的人身自由与身体安全,并且希望或者放任这种结果发生。而本选项中,丙并没有侵犯妇女人身自由与身体安全的故意。因此,丙的行为不成立收买被拐卖的妇女、儿童罪。

D 项错误。第一,根据《刑法》第 280 条之一规定,盗用身份证件罪中,盗用他人的身份证件,是指将他人的身份证件当作证明自己身份的证件而使用。违反身份证件持有人的意志而使用的,显然属于盗用。但是,征得持有人同意或者与持有人串通而冒用持有人的身份证件的,也不能排除在盗用之外。

第二,本罪的设立是为了保护身份证件的公共信用,而不只是为了保护身份证件持有人的利益。即便征得身份证件持有人的同意,也会侵害身份证件的公共信用。所以,身份证件持有人的同意,并不阻却本罪的违法性。② 本选项中,丁冒用肖某的身份证件去银行办理存款,虽然得到了肖某的同意,但也依然损害了身份证件的公共信用。因此,丁的行为成立盗用身份证件罪。

需要补充说明的是,也有观点认为,经过身份证件持有人本人同意或者与其串

---

① 参见[日]山口厚:《刑法各论》(第 2 版),有斐阁 2010 年版,第 101 页。
② 参见张明楷:《刑法学》(第六版),法律出版社 2021 年版,第 1365 页。

通,冒用证件所有人名义从事相关经济活动的,行为因为不存在盗用本人名义的情况,因而不属于本款规定的"盗用"。① 如果法考只考一种观点,则对于上述情况,坚持成立盗用身份证件罪。如果考观点展示,两种观点都需要掌握。

综上所述,本题答案为 C 项。

140. 下列关于甲行为性质的认定,说法不正确的是?（　　）（单选）

A. 甲伪造货币后使用了该伪造的货币。如果认为伪造货币罪与使用假币罪的法益完全相同,都是国家的货币管理制度,则对甲仅以一罪论处即可

B. 甲诬告陷害乙,但事后查明现实中不存在乙这个人,是甲凭空捏造的。如果认为诬告陷害罪侵犯的是国家法益,则甲成立诬告陷害罪既遂

C. 甲出于贩卖的目的购买了大量毒品,但由于意志以外的原因,没有出卖给任何人。如果认为贩卖毒品罪侵犯的是国家对毒品的管制,则甲成立贩卖毒品罪的既遂

D. 甲盗窃了乙的摩托车(4000 元),后借给丙使用。由于丙违章驾驶,摩托车被警察丁扣下。丙将真相告知甲后,甲将被扣押的摩托车窃回。如果认为盗窃罪的法益是所有权,则甲的盗窃数额是 8000 元

[试题解析]

A 项正确。第一,甲伪造货币后,又使用了货币,同时构成伪造假币罪与使用货币罪。

其次,对于伪造货币罪与使用假币罪的法益内容是否相同,存在不同观点:

(1)一种观点认为,伪造货币罪与使用假币罪的保护法益并不完全相同。伪造货币罪的保护法益是国家的货币发行权,而使用假币罪的保护法益是货币的公共信用。在本选项中,丙伪造、使用假币这两个行为同时侵犯了国家的货币发行权与货币的公共信用,因此应当认定为伪造货币罪与使用假币罪,数罪并罚。②

(2)另一种观点认为(法考观点),伪造货币罪与使用假币罪的法益完全相同,都是国家的货币管理制度。在本选项中,甲由于只侵犯了一个法益,故以伪造货币罪处罚就可以完全评价甲造成的法益侵害。

【实务案例】实务中认为伪造货币罪与使用假币罪应当数罪并罚。例如,刘雄购买制作假币需要的防伪纸、打印机、油墨、印鉴等材料后,于 2018 年 8 月至 2018 年 9 月 29 日伪造 20 元面额的人民币 1960 张供自己使用。法院认为刘雄伪造货币,面额超过 30000 元,系数额特别巨大,其行为构成伪造货币罪;其明知是伪造的货币,仍然出

---

① 参见全国人民代表大会常务委员会法制工作委员会编,郎胜主编:《中华人民共和国刑法释义》(第六版·根据刑法修正案九最新修订),法律出版社 2015 年版,第 476—477 页。

② 参见张明楷:《刑法分则的解释原理》,高等教育出版社 2024 年版,第 343 页。

售,面额超过 4000 元,系数额较大,其行为构成出售假币罪;其明知是伪造的货币,仍然使用,面额超过 4000 元,系数额较大,其行为构成使用假币罪,依法应当数罪并罚。①

需要注意的是,如果行为人购买并使用假币的行为已经有司法解释明确规定,按照购买假币罪一罪论处即可。最高人民法院《关于审理伪造货币等案件具体应用法律若干问题的解释》第 2 条第 1 款规定,行为人购买假币后使用,构成犯罪的,依照刑法第 171 条的规定,以购买假币罪定罪,从重处罚。

B 项正确。对于诬告陷害罪的保护法益,存在不同观点:

(1)如果认为诬告陷害罪的保护法益是公民个人的人身权利,那么由于现实中不存在乙这个人,因此没有任何人的个人权利受到侵犯,甲不成立诬告陷害罪的既遂。

(2)如果认为诬告陷害罪的保护法益是国家的刑事司法制度,那么无论现实中是否存在乙这个人,甲的行为都已经侵害了国家的刑事司法制度。因此甲的行为成立诬告陷害罪既遂。②

C 项正确。对于贩卖毒品罪的保护法益,存在不同观点:

(1)一种观点认为,贩卖毒品罪侵犯的是"国家对于毒品的管制制度"。在本选项中,乙购买毒品本身就已经侵害了国家对毒品的管制,因此成立贩卖毒品罪的既遂。

(2)另一种观点认为,贩卖毒品罪侵犯的是"公众健康"。本选项中,乙尚未将毒品出售给公众,因此只能成立贩卖毒品罪的预备。③

【实务案件】司法实务中认为,即使毒品尚未售出,也构成贩卖毒品罪的既遂。例如,马某某在网络上发布信息,称有三唑仑及其他违禁品出售。2021 年 4 月 20 日至 25 日,马某某以名为"李医生"的 QQ 账号,与"阳光男孩"等多名 QQ 用户商议出售三唑仑、咪达唑仑等精神药品,马某某尚未卖出即于同年 7 月 15 日被民警抓获。

辩护人提出,马某某尚未卖出毒品,因此应当成立贩卖毒品罪的未遂。但法院认为,出于非法用途,以贩卖为目的非法购买国家管制的麻醉药品、精神药品的,即使尚未售出,也应当认定为贩卖毒品罪既遂。认定马某某犯贩卖毒品罪,判处有期徒刑 8 个月,并处罚金人民币 5000 元。④

D 项错误。对于盗窃罪的保护法益,存在不同观点:

(1)一种观点认为,盗窃罪的保护法益是财物的所有权。这种观点认为,即使行为人实施了多次盗窃,只要多次盗窃行为针对的是同一财产,那么多次盗窃仅侵犯一个所有权,按照财产的价值计算一次数额即可。

---

① 参见江西省萍乡市安源区人民法院(2019)赣 0302 刑初 284 号刑事判决书。
② 参见张明楷:《刑法分则的解释原理》,高等教育出版社 2024 年版,第 343 页。
③ 参见张明楷:《刑法分则的解释原理》,高等教育出版社 2024 年版,第 343 页。
④ 参见北大法宝:检例第 151 号:马某某走私、贩卖毒品案【法宝引证码】CLI.C.418270010。

在本选项中,虽然甲实施了两次盗窃行为,但是两次盗窃行为的对象始终是一辆价值4000元的摩托车,乙对该摩托车有所有权。因此,如果认为盗窃罪的法益是所有权,甲仅侵犯了乙对摩托车的所有权,其盗窃数额只有4000元。

(2)另一种观点认为,盗窃罪的保护法益是财物的占有。这种观点认为,行为人实施的多次盗窃即使针对的是同一财物,但是分别侵犯不同人对财物的占有,则应当累积计算数额。

在本选项中,甲的两次盗窃行为分别侵害了摩托车所有者乙的占有与警察丁的占有,因此其盗窃数额应当为8000元。

综上所述,本题为选非题,答案为D项。

考点五　金融诈骗罪

141. 下列关于信用卡诈骗罪,说法错误的是?(　　)(多选)

A. 甲以办理某项活动为名,向被害人发送虚假的银行网站二维码链接,被害人扫描后输入银行卡账号、密码等信息登录,甲通过上述信息登录真实的银行网站转走被害人卡内款项。甲成立盗窃罪

B. 乙因公司资金周转困难,便以其本人名义在银行办理了一张信用卡。乙使用该信用卡进行透支消费且主要用于维持公司运营。后因新冠疫情,公司倒闭,乙无力偿还信用卡,经银行多次电话催收,半年后仍未归还。乙成立信用卡诈骗罪

C. 徐某将手机、身份证和信用卡交给丙,请求丙帮忙激活信用卡并绑定于徐某的微信账号。丙在徐某不知情的情况下,将徐某的信用卡绑定在朋友蒋某的微信,并通过蒋某的微信消费8000元。丙成立信用卡诈骗罪

D. 丁在路边捡拾到他人社保卡后,盗刷他人社保卡内社保金。丁成立信用卡诈骗罪

[试题解析]

A项错误。最高人民法院、最高人民检察院《关于办理妨害信用卡管理刑事案件具体应用法律若干问题的解释》规定"冒用他人信用卡",包括以下情形:窃取、收买、骗取或者以其他非法方式获取他人信用卡信息资料,并通过互联网、通讯终端等使用的。所以,甲的行为属于冒用他人信用卡,构成信用卡诈骗罪。

需要比较的两种情形是:(1)《刑法》第196条第3款规定,盗窃信用卡并使用的,成立盗窃罪。(2)上述司法解释规定,窃取信用卡信息资料再使用的,成立信用卡诈骗罪。本选项中要解决的关键问题是,甲究竟是盗窃"信用卡",还是盗窃"信用卡信息资料"。本选项中,甲只是获取了信用卡的相关账号、密码等,宜认为其是获取了信

用卡信息资料,系窃取信用卡信息资料再使用的,构成信用卡诈骗罪。

B项错误。2018年最高人民法院、最高人民检察院《关于办理妨害信用卡管理刑事案件具体应用法律若干问题的解释》第6条第1款规定,持卡人以非法占有为目的,超过规定限额或者规定期限透支,并且经发卡银行两次有效催收后超过三个月仍不归还的,应当认定为刑法第196条规定的"恶意透支"。上述规定明确了恶意透支型信用卡诈骗罪所要求的"恶意透支",必须同时具备两个条件:第一,主观上行为人"以非法占有为目的";第二,客观上行为人实施了"超额或者超限透支"且"经两次以上催收不还"的行为。以上两个条件缺一不可。

本选项中,乙在透支当时没有非法占有目的,仅仅是经催收不还,不是"恶意透支"而是"善意透支"。故乙不构成信用卡诈骗罪。① 应该认为,"善意透支"就是"借钱",借钱不还是一种民事纠纷,不宜以犯罪论处。如果一开始就是恶意透支,说明行为人主观上有非法占有目的,那就是"骗钱",构成诈骗罪。

C项错误。丙的行为构成盗窃罪。首先,激活、绑定信用卡本身不会造成持卡人的财产损失,因此丙单纯的绑定行为不构成犯罪。

其次,由于丙通过蒋某的微信消费徐某信用卡的行为,徐某对此并不知情,即违反了持卡人徐某的意志,因此丙成立盗窃罪。

最后,丙在使用微信付款时,并没有直接使用徐某信用卡的卡号、密码等,而是直接使用微信的相关资料,因此不能认定为使用、冒用他人信用卡,故丙不构成信用卡诈骗罪。

需要补充说明的是,对于本选项,法考的客观题认为成立盗窃罪,但如果考观点展示型的试题,可能存在两种观点。一种观点认为成立盗窃罪,另一种观点认为成立信用卡诈骗罪。两种观点对立的基础在于,如果承认微信支付的独立支付地位,丙是通过微信转走被害人款项的,成立盗窃罪;如果否认微信的独立地位,认为微信只是信用卡的一个附属支付方式,行为人最终是破坏了信用卡的使用制度,则成立信用卡诈骗罪。

D项错误。第一,社保卡的发放主体不是金融机构而是人力资源和社会保障部门,卡内余额也只能在定点医院和药店就医、购药时使用,不允许提取现金。因此不能将社保卡解释为信用卡。故丁不构成信用卡诈骗罪。

第二,丁冒名使用他人的社保卡,医院的收费员产生错误认识,基于错误认识处分他人社保卡内资金,丁构成诈骗罪。当然,也有观点认为,未经持卡人许可,使用他人社保卡的,应构成盗窃罪。

综上所述,本题为选非题,答案为ABCD项。

---

① 参见《刑事审判参考》(总第105集)第1120号指导案例:梁保权、梁博艺信用卡诈骗案。

142. 关于信用卡诈骗罪,下列说法错误的是?（　　）(多选)

A. 甲将本人的信用卡借给徐某使用,一个月后,甲发现徐某使用该信用卡进行恶意透支,甲立即催促徐某还款,在催促未果的情况下到公安机关报案。徐某成立"恶意透支型"信用卡诈骗罪

B. 乙将本人的信用卡借给肖某使用,一个月后,乙发现肖某使用该信用卡进行恶意透支,乙并未理睬,银行向乙催还透支款,乙也拒绝还款。乙成立恶意透支型信用卡诈骗罪

C. 丙与蒋某通谋实施恶意透支行为,丙将自己的信用卡借给蒋某,蒋某在外地使用,银行向丙进行催收时,丙以本人没有进行异地消费为由,拒绝归还透支款项。蒋某成立恶意透支型信用卡诈骗罪

D. 丁以本人真实身份信息和虚假资产证明骗领信用卡后,恶意透支,经发卡行催促后,拒绝还款。丁成立信用卡诈骗罪,属于使用以虚假的身份证明义件骗领信用卡

[试题解析]

A项错误。第一,徐某虽然是实际用卡人,但并非是持卡人,所以徐某的行为不能认定为恶意透支型信用卡诈骗罪。

第二,徐某使用信用卡的行为虽然得到了甲的同意。但甲并没有同意徐某进行恶意透支,故徐某的行为属于"冒用他人信用卡"类型的信用卡诈骗罪。①

刑法对恶意透支型信用卡诈骗罪的处罚显著从宽于其他类型的信用卡诈骗罪,其主要原因在于,行为人是"真人真卡"型犯罪,易被银行及司法机关发现,危害性相对较小。而本选项中的徐某是使用"他人"的银行卡,徐某本人并非"真人真卡"。

B项正确。乙明知肖某在利用自己名义的信用卡实施透支行为,但一直放任不管并且拒不归还透支款。乙属于放任他人利用自己的特殊身份实施犯罪,应当认定乙与肖某成立恶意透支型信用卡诈骗罪的共犯。

以同样是身份犯的受贿罪为例,更能验证这一结论。例如丙有求于国家工作人员甲的职务行为,于是向甲的妻子乙交付财物,甲知道后放任其妻乙收受财物的,甲成立受贿罪的正犯,乙成立受贿罪的帮助犯,二人系受贿罪的共同犯罪。

C项正确。丙与蒋某通谋实施恶意透支型行为,二人成立恶意透支型信用卡诈骗罪的共同犯罪。

D项错误。第一,丁虽然是以虚假资产证明骗领的信用卡,但使用了本人的真实身份信息,所以对发卡行而言,丁就是持卡人。丁不属于以虚假的身份证明文件骗领信用卡。

---

① 参见福建省宁德市中级人民法院(2014)宁刑终字第199号刑事判决书。

换言之,即使发卡银行事后发现丁使用了虚假的资产证明,只要发卡银行没有采取措施将该信用卡作废,该信用卡就依然是真实有效的信用卡,持卡的丁就可以继续使用(包括透支)。司法解释对此亦有明文规定,将使用真实身份、虚假资信而获取的信用卡,不认为是"使用虚假身份证明"骗领信用卡。

第二,丁使用本人信用卡恶意透支,经发卡行催收后拒绝还款,丁成立恶意透支型信用卡诈骗罪。

综上,本题为选非题,本题答案为 AD 项。

考点六　危害税收征管罪

143. 下列选项中不成立虚开增值税专用发票罪的有?（　　）（多选）

A. 甲、乙双方约定,双方以相同的数额为对方开具增值税专用发票,并且已经按规定缴纳税款,并不持有造成国家税款损失

B. 甲以为自己虚开的是增值税专用发票而实施了虚开行为,而实际上虚开的只是普通发票

C. 甲经营一家石油公司,通过虚增交易环节,变更发票品名虚开增值税专用发票以逃避消费税

D. 甲为了虚增公司业绩,所虚开的增值税专用发票没有抵扣联,并不持有造成国家税款损失的目的

[试题解析]

刑法将虚开增值税专用发票规定为犯罪,主要是为了惩治那些为自己或为他人偷逃、骗取国家税款虚开增值税专用发票的行为。因此,对于确有证据证实行为人主观上不具有偷、骗税目的,客观上也不会造成国家税款流失的虚开增值税专用发票行为,不以虚开增值税专用发票犯罪论处,构成其他犯罪的,以其他犯罪定罪处罚。

A 项正确。甲、乙以相同的数额为对方开具增值税专用发票,并且已经按规定缴纳税款,因此并没有骗取国家税款的故意与现实危险,不成立虚开增值税专用发票罪。

B 项正确。虚开发票罪,是指虚开《刑法》第 205 条规定以外的其他发票,情节严重的行为。本选项中,甲误将普通发票当作增值税专用发票,由于增值税专用发票也是发票的一种,二者是种属之间的关系。因此,可以将虚开增值税专用发票的故意评价为虚开普通发票的故意,甲成立虚开发票罪。① 虚开增值税专用发票罪与虚开发票罪之间不是排斥的关系,而是特别法条与一般法条的关系。

---

① 参见张明楷《刑法学》(第六版),法律出版社 2021 年版,第 1061 页。

C项正确。通过虚增交易环节、变更发票品名虚开增值税发票而偷逃增值税的行为属于逃税行为，不应认定为虚开增值税专用发票罪。符合虚开发票罪与逃税罪的，依法定罪处罚。

逃税表现为纳税人逃避缴纳税款，使得应征税款未能征收。骗取增值税款，则是行为人不应抵扣而抵扣或者多抵扣，使得国家的增值税款遭受损失。根据增值税计税方法，发票品名变更不会影响增值税税款的计算，因为只要变更品名链条中的企业在各自交易环节如实申报缴纳增值税，就不会造成国家增值税款损失。所以，对通过变更发票品名虚开增值税专用发票逃税的行为，只能按虚开发票罪与逃税罪处理。

D项正确。甲虚开的增值税专用发票没有抵扣联，因此，甲也就不能以此虚开的发票偷逃税款，因为需要抵扣联才能抵扣税款。因此，甲的虚开行为不会对国家税款造成危害，也就不构成虚开增值税专用发票罪。

综上所述，本题答案为 ABCD 项。

考点七 侵犯知识产权犯罪

144. 下列说法错误的是？（　　）（多选）

A. 甲通过互联网向客户销售高仿 GUCCI、LV 等奢侈品，价格只有正品的十分之一不到，虽然客户属于"知假买假"，但甲仍构成销售假冒注册商标的商品罪、销售伪劣产品罪的想象竞合犯

B. 乙低价回收旧硬盘等电子产品，测试后将能够正常使用的，进行修复，修复后在包装箱上粘贴自行打印的含有原品牌 LOGO 的黑白标签，最后以二手商品对外销售。旧商品上原有的商品标贴、防伪贴等保持原貌，不做处理。乙成立假冒注册商标罪

C. 丙明知自己囤积的"四金牌消毒液"因成分配比错误，已经失效。但因消毒液在市场上十分畅销且利润丰厚，便在"消毒液"上贴上"光华"的注册商标私自售卖，前后共卖出 20 万元。对丙应以销售伪劣产品罪和假冒注册商标罪数罪并罚

D. 丁为包装生产厂商，徐某找到丁想要"定制"一批某知名饮料的饮料瓶，丁明知徐某要生产假冒的饮料，仍给徐某制作并提供带有注册商标的饮料瓶。丁成立假冒注册商标罪的从犯

[试题解析]

A项错误。第一，甲通过互联网销售高仿的品牌奢侈品成立销售假冒注册商标的商品罪。

第二，甲销售产品时主观上不具有欺骗的故意，客观上没有掺杂、以假充真、以次

充好或者以不合格产品冒充合格产品,而是"以假卖假"。消费者知道被告人销售的产品是假冒他人注册商标的产品,是"知假买假"。故甲不成立销售伪劣产品罪。① 因此,不能认为本选项是销售假冒注册商标的商品罪与销售伪劣产品罪的想象竞合。

需要指出的是,如果是"以假卖假",直接告诉了消费者这就是假的,虽然形式上销售了伪劣产品,但不属于《刑法》第140条所规定的销售伪劣产品罪的行为方式,不宜以销售伪劣产品罪论处。张明楷教授指出,如果销售者将真相告诉消费者,其行为就不可能符合以假充真、以次充好或者以不合格产品冒充合格产品的构成要件,因而不成立销售伪劣产品罪。即便销售者在产品中掺杂、掺假,但销售时将真相告知消费者的,则不能认为行为人希望或者放任发生破坏市场经济秩序、侵害消费者权益的结果,不构成销售伪劣产品罪。

B项错误。对于只是销售二手产品,没有翻新、改造、冒充其他品牌等行为的,属于原产品的自由再买卖行为,不涉及商标侵权,亦不涉嫌犯罪。本选项中,乙只是对旧硬盘等二手产品进行内容清理和外观清洁,不构成假冒注册商标罪。②

试想,笔者把一辆二手车翻新后卖给你,但明确告诉你是二手的,怎么可能构成犯罪呢?

C项错误。2011年最高人民法院、最高人民检察院、公安部《关于办理侵犯知识产权刑事案件适用法律若干问题的意见》(以下简称《意见》)第16条规定:行为人实施侵犯知识产权犯罪,同时构成生产、销售伪劣产品犯罪的,依照侵犯知识产权犯罪与生产、销售伪劣商品犯罪中处罚较重的规定定罪处罚。

本选项中,丙销售已经失去效用的消毒液,销售金额达到20万元,成立销售伪劣产品罪。同时,丙将通过贴牌方式冒充"光华消毒液"的产品进行销售,侵犯了光华公司的商标权,成立假冒注册商标罪。按照《意见》规定对丙应以两罪中处罚较重之规定定罪处罚,而不能数罪并罚。

D项错误。本选项中,丁向从事假冒注册商标犯罪活动的人销售非法制造的注册商标标识,单独构成"销售非法制造的注册商标标识罪",而非假冒注册商标罪的从犯。

综上所述,本题为选非题,答案为 ABCD 项。

145. 下列关于侵犯商业秘密罪,说法错误的是?(　　)(多选)

A. 甲是某网红火锅店聘请的厨师,其将本火锅店火锅底料配方卖给了其他火锅

---

① 参见《刑事审判参考》(总第78集)第676号指导案例:邱进特等销售假冒注册商标的商品案。
② 参见《第二届民营经济法治建设峰会检察机关服务民营经济典型案例——案例四:企业买卖二手硬盘,贴了打印的标签,算不算商标侵权?》,载最高人民检察院官网,https://www.spp.gov.cn/spp/xwfbh/wsfbh/202010/t20201030_483425.shtml,访问日期:2025年5月20日。

店。事后查明，该秘方实际上只是加入了罂粟壳。甲成立侵犯商业秘密罪

B. 乙是某科技公司程序员，为报复该公司，将该公司某软件的源代码出售给其他公司。乙成立侵犯商业秘密罪

C. 丙明知徐某向自己提供的奶粉配方是徐某违反了保密义务，该配方是其所在企业的商业秘密，丙依旧使用该配方并进行批量化的生产。丙成立侵犯商业秘密罪

D. 丁参与公司的科研项目，在未取得公司同意的情况下，擅自以个人设计的名义与其他单位签订技术转让协议，将该商业秘密转给对方获取转让费100万元归自己所有。丁仅构成侵犯商业秘密罪

[试题解析]

A项错误。披露内容不合法的商业秘密的行为虽然形式上符合侵犯商业秘密罪的构成要件，但因该商业秘密不合法，故阻却违法性。故甲不成立侵犯商业秘密罪。

B项正确。源代码是用源语言编制的计算机程序，是计算机软件的核心内容和软件设计方案的具体表现。源代码一旦被公开，软件的核心技术即泄露，从而会失去应有的商业价值。因此，源代码作为一种技术信息，当属商业秘密范畴。故乙成立侵犯商业秘密罪。①

C项正确。《刑法》第219条规定，有下列侵犯商业秘密行为之一，情节严重的，构成侵犯商业秘密罪：

（一）以盗窃、贿赂、欺诈、胁迫、电子侵入或者其他不正当手段获取权利人的商业秘密的；

（二）披露、使用或者允许他人使用以前项手段获取的权利人的商业秘密的；

（三）违反保密义务或者违反权利人有关保守商业秘密的要求，披露、使用或者允许他人使用其所掌握的商业秘密的。

明知前款所列行为，获取、披露、使用或者允许他人使用该商业秘密的，以侵犯商业秘密论。

本选项中，丙明知徐某向自己提供的配方是通过违反保密义务的方式提供的，仍使用该商业秘密，构成侵犯商业秘密罪。质言之，侵犯商业秘密罪的行为方式在于，获取商业秘密的行为方式不正当，或者明知是通过不正当的行为方式获取的商业秘密而使用。

D项错误。首先，丁在未取得公司同意的情况下，将属于公司的商业秘密转让给他人，成立侵犯商业秘密罪。

其次，丁利用职务上的便利将属于公司的商业秘密转让给他人，并且侵占了转让

---

① 参见《刑事审判参考》（总第31集）第233号指导案例：项军、孙晓斌侵犯商业秘密案。

费,成立职务侵占罪。

最后,因为丁只实施了一个行为,故想象竞合,择一重处罚。

综上所述,本题为选非题,答案为 AD 项。

146. 下列说法错误的是?(　　)(单选)

A. 疫情初期,白某分别向林某、王某购买假冒 3M 注册商标的口罩共 50250 个。后白某将该批假冒 3M 注册商标的口罩通过"货拉拉"送到广州市荔湾区花湾路翠竹苑等地,以人民币 305625 元的价格出售给张某。白某构成销售假冒注册商标的商品罪与生产、销售伪劣产品罪,想象竞合

B. 水站老板徐某私自将质量不合格的廉价纯净水灌进品牌水桶里,再盖上贴着假商标的桶盖,成本 3.5 元的水转手卖十几元一桶,获利近 50 万元。徐某的行为触犯假冒注册商标罪、销售伪劣产品罪和销售假冒注册商标的商品罪,应择一重罪处罚

C. 马某为包装生产厂商,李某找到马某想要"定制"一批某知名饮料的饮料瓶,马某明知其要生产假冒的饮料,仍给其制作并提供。马某的行为构成假冒注册商标罪的从犯

D. 杨某从饭店、垃圾站等地大量收购飞天茅台酒、五粮液等高档白酒的空瓶,再将自己购买的茅台迎宾酒和绵竹大曲分别灌入,以次充好,然后用从施某处购得的瓶贴和系带进行包装。杨某的行为构成假冒注册商标罪

[试题解析]

A 项正确。违反商标管理法规,销售明知是假冒注册商标的商品,销售金额较大的行为,其行为构成假冒注册商标的商品罪,同时触犯了生产、销售伪劣产品罪,想象竞合,择一重罪处罚。①

B 项正确。徐某擅自贴上品牌商标的行为构成假冒注册商标罪;将廉价纯净水灌进品牌水桶里,再盖上贴着假商标的桶盖出售,构成销售伪劣产品罪和销售假冒注册商标的商品罪。但三罪只能择一重罪处罚。2011 年最高人民法院、最高人民检察院、公安部《关于办理侵犯知识产权刑事案件适用法律若干问题的意见》第 16 条规定,行为人实施侵犯知识产权犯罪,同时构成生产、销售伪劣产品犯罪的,依照侵犯知识产权犯罪与生产、销售伪劣商品犯罪中处罚较重的规定定罪处罚。掌握一个基本的原理,涉"假"型犯罪,如假币、假发票、假冒注册商标的商品等,针对一批假货,只要行为人实施了一连串的数个行为,仅定一罪。

---

① 参见《刑事审判参考》(总第 121 集)第 1317 号指导案例:白升余销售假冒注册商标的商品案——防疫期间销售冒牌口罩的行为认定问题。

C项错误。行为人向从事假冒注册商标犯罪活动的人销售非法制造的注册商标标识,单独构成销售非法制造的注册商标标识罪,而非假冒注册商标罪的从犯。

D项正确。杨某未经注册商标所有人许可,在同一种商品上使用与其注册商标相同的商标,情节严重,构成假冒注册商标罪。

综上所述,本题为选非题,本题答案为C项。

考点八　扰乱市场秩序罪

147. 下列关于破坏社会主义市场经济秩序罪,说法错误的有?（　　）(多选)

A. 甲为了能低价拍得某国有土地使用权,在拍卖前联系竞买人徐某并承诺给予其好处费,并要求徐某放弃该块土地竞价。在当天的拍卖过程中,徐某没有举牌竞价,甲以起拍价取得该宗土地使用权,甲成立串通投标罪

B. 乙谎称自己是某国企高管,并虚构了一个工程项目,在蒋某交付1000万元项目保证金后,与蒋某签订了一份虚假的"工程施工承包合同"。乙成立合同诈骗罪

C. 丙以家人生病为幌子,向肖某借款人民币100万元。遭肖某拒绝后,丙持刀威胁,并致肖某轻伤。肖某被迫起草并签署了内容为"本人自愿借给丙人民币100万元,年息20%,在2022年12月31日前还清,丙以其名下房屋作为抵押"的协议,但丙并不想偿还借款。丙只成立强迫交易罪

D. 丁在网络宣传视频中,宣称其出售的矿泉水(2元/瓶)具有治疗癌症、糖尿病、"三高"等慢性疾病疗效。经鉴定,该矿泉水仅为普通蒸馏水,无任何医疗价值。由于丁的售价并未明显超过该产品的实际价值,因此丁不构成犯罪

[试题解析]

A项错误。刑法只将串通投标的行为规定为犯罪,并未将串通拍卖的行为规定为犯罪,本选项中,甲在拍卖会中通过串通的方式,以起拍价获得国有土地使用权,不成立串通投标罪。① 如果将串通投标罪中的"投标"解释为包括"拍卖",则属于类推解释,是违反罪刑法定原则的。

该案是《刑事审判参考》指导案例,裁判理由指出:拍卖与招标投标是两个不同的概念,二者不能混同。拍卖是指以公开竞价的方式,将特定物品或财产权利转让给最高竞价者的买卖方式。而招标投标一般是指招标人就某特定事项向特定相对人或社会发出招标邀请,有多家投标人进行投标,最后由招标人通过对投标人在价格、质量、生产能力、交货期限和财务状况、信誉等诸方面进行综合考察,在平衡的基础上,选定

---

① 参见《刑事审判参考》(总第114集)第1251号指导案例:黄正田、许敬杰等串通投标案。

投标条件最好的投标人,并与之进一步协调、商定最终成立合同法律关系的一种合同行为。从行为性质来讲,拍卖和招标投标都是竞争性的交易方式,是合同缔结的一种特殊方式,二者具有一定的相似性。但是,招标投标和拍卖仍有本质区别,如二者在概念内涵、标的、目的以及适用法律等方面都存在差异。因此,招标投标和拍卖是两个不同的概念,其外延并无包容关系。从社会上一般人的观念来看,招标投标和拍卖也是两种不同的交易方式。

B 项错误。《刑法》第 224 条规定,以非法占有为目的,在签订、履行合同过程中,骗取对方的财物成立合同诈骗罪。由此可知,合同诈骗行为必须发生在签订、履行合同的过程中,在此之前或者之后实施诈骗行为的,不能认定为合同诈骗罪。

本选项中,乙谎称自己是国企高管,以项目保证金的名义骗取蒋某财物后签订虚假"工程施工承包合同",虽然看似诈骗行为发生在签订、履行合同过程中,但究其本质,该合同只是诈骗既遂后掩盖其诈骗犯罪的手段,故乙不成立合同诈骗罪,成立普通诈骗罪。①

我国刑法对合同诈骗罪规定了比普通诈骗罪更为宽容的处罚原则,例如,合同诈骗罪的立案数额标准是普通诈骗罪的 4 倍。其理由在于,合同诈骗罪的对象是经济合同,为了鼓励市场经济发展,适度容忍合同交易领域中的欺诈。而本选项中,根本不存在合同的交易标的,合同只是一个幌子,完全没有内容,不能认定为合同诈骗罪。

C 项错误。第一,借款行为不属于强迫交易罪中"交易"的范围。强迫交易罪中的"交易"仅指买卖商品、提供和接受服务的行为,借款既不是买卖商品,也不是提供或者接受服务,显然不属于该罪所指的"交易",故丙强迫对方借款给他的行为,缺少构成强迫交易罪的前提条件。

第二,肖某已经拒绝借款给丙,丙持刀威胁,说明其主观上具有非法占有他人财物的目的,客观上实施了暴力胁迫,并造成肖某轻伤,丙构成抢劫罪。②

D 项错误。第一,该矿泉水的售价并没有明显超过市场价值,即消费者并没有在经济上受损,故丁不构成诈骗罪。

第二,丁明知该矿泉水并无任何医疗价值,仍通过网络宣传视频进行虚假宣传,构成虚假广告罪。

综上所述,本题为选非题,答案为 ABCD 项。

148. 不考虑情节,下列行为构成非法经营罪有哪些?(　　)(多选)
A. 甲倒卖火车票

---

① 参见《刑事审判参考》(总第 51 集)第 403 号指导案例:王贺军合同诈骗案。
② 参见《刑事审判参考》(总第 66 集)第 520 号指导案例:李洪生强迫交易案。

B. 乙倒卖演唱会门票
C. 丙未经批准在网络上销售互助保险
D. 丁私自设立生猪屠宰场,从事生猪屠宰、销售活动

[试题解析]

A 项错误。甲倒卖火车票的行为成立倒卖车票罪。非法经营罪作为兜底性罪名,既然《刑法》第 227 条已经有专有罪名对该行为进行规制,则应当以专有罪名(倒卖车票罪)论处。换句话说,倒卖车票罪是特殊法,非法经营罪是一般法,两者竞合,特殊法优先。

B 项错误。乙倒卖演唱会门票的行为不构成犯罪。演唱会门票并不属于非法经营罪所保护的国家专属经营或限制经营物品,对其进行买卖并不成立犯罪。

C 项正确。第一,《保险法》第 7 条规定,在中华人民共和国境内的法人和其他组织需要办理境内保险的,应当向中华人民共和国境内的保险公司投保;同法第 67 条规定,设立保险公司应当经国务院保险监督管理机构批准。本选项中,丙未经保险监督管理机构批准而成为保险公司,因此其不具有销售保险业务的资格。

第二,《刑法》第 225 条第(三)项规定,未经国家有关主管部门批准非法经营证券、期货、保险业务的,或者非法从事资金支付结算业务的,成立非法经营罪。实践中,我国内地部分居民去香港购买保险,购买保险后如果需要理赔的,也是依据香港当地的法律,这也说明这种保险业务,如果没有经过批准,是不能进入内地直接销售的。

综上,丙没有获得相应资格非法经营保险业务,扰乱市场秩序,成立非法经营罪。因此,C 项正确。

D 项正确。根据最高人民法院、最高人民检察院《关于办理危害食品安全刑事案件适用法律若干问题的解释》第 17 条第 1 款的规定,违反国家规定,私设生猪屠宰厂(场),从事生猪屠宰、销售等经营活动,情节严重的,依照《刑法》第 225 条的规定以非法经营罪定罪处罚。本选项中,丁私自设立生猪屠宰厂,从事屠宰、销售活动,成立非法经营罪。

综上所述,本题答案为 CD 项。

专题八　妨害社会管理秩序罪

考点一　扰乱公共秩序罪

149. 关于袭警罪,下列说法正确的是？(　　　)（单选）

A. 甲因涉嫌犯罪被警察赵某抓捕,甲被捕后不断对赵某进行言语侮辱,并实施了甩手行为以抗拒、摆脱约束,对甲应以袭警罪论处

B. 乙因涉嫌犯罪被警察李某和警务辅助人员张某共同追捕,乙对张某实施了暴力以抗拒抓捕,造成张某轻微伤,对乙应以袭警罪论处

C. 如果 B 选项中,乙同时对李某和张某实施暴力以抗拒抓捕,造成李某、张某轻微伤,对乙应以袭警罪一罪论处

D. 王某怀疑自己的钱包被丁窃走,王某找到警察刘某报案,刘某在王某的指认下对丁申请了逮捕令。逮捕过程中,丁抗拒抓捕,造成刘某轻伤。事后查明,丁并未盗窃王某的钱包,对丁应以袭警罪论处

[试题解析]

A 项错误。成立袭警罪所要求的"暴力袭击"应当达到足以危及人民警察人身安全的程度。本选项中,甲仅仅实施了言语侮辱以及甩手行为,属于一般性抗拒行为,并未达到袭警罪所要求的暴力程度。故甲不构成袭警罪。

B 项错误。第一,袭警罪所指的"暴力袭击"的对象必须是正在依法执行职务的人民警察。根据《人民警察法》的规定,"人民警察"包括公安机关、国家安全机关、监狱等部门的人民警察和人民法院、人民检察院的司法警察。故警务辅助人员不属于人民警察,不具备执法主体资格。对警务辅助人员实施暴力的,不构成袭警罪。第二,警务辅助人员虽未被列入国家机关人员编制,但在国家机关中从事公务的人员,应被视为国家机关工作人员。本选项中,乙对张某实施暴力,导致张某无法执行公务,应当成立妨害公务罪。2025 年施行的最高人民法院、最高人民检察院《关于办理袭警刑事案件适用法律若干问题的解释》第 8 条第 1 款规定："暴力袭击正在依法配合人民警察执行职务的警务辅助人员的,不构成袭警罪;符合刑法第二百七十七条第一款规定的,以妨害

公务罪定罪处罚。"

C项正确。本选项中,乙袭击了警察和警务辅助人员,同时符合袭警罪和妨害公务罪,但乙系基于同一犯意实施连续的行为,可按照吸收犯的处理原则,以袭警罪从重处罚,不实行数罪并罚。① 2025年施行的最高人民法院、最高人民检察院《关于办理袭警刑事案件适用法律若干问题的解释》第8条第2款规定:"同时暴力袭击正在依法执行职务的人民警察和配合人民警察执行职务的警务辅助人员,符合刑法第二百七十七条第五款规定的,以袭警罪从重处罚。"

D项错误。第一,成立袭警罪要求行为人暴力阻碍人民警察"依法"执行职务。所谓"依法"即职务的执行必须具有合法性,对人民警察的违法行为予以阻碍的,当然不构成袭警罪。

第二,关于职务行为合法性的判断时点,刑法理论上存在两种学说:(1)行为时说认为,应以行为时为基准对职务行为的合法性进行判断,即只要警察的职务行为在实施时具有合法性,行为人暴力阻碍的,就可以构成袭警罪。(2)裁判时说认为,应以裁判时为基准对职务行为的合法性进行判断,即如果警察的职务行为在实施时具有合法性,但最终裁判时发现行为不具有合法性的,即使行为人暴力阻碍,也不构成袭警罪。

事实上,难以认为符合程序法规定的行为就是合法行为。例如,本选项中,由于被害人指认错误,虽然警察刘某按照程序要求申请了逮捕令,但难以认为警察的逮捕行为就是合法的。因为要判断袭警罪中的职务行为合法与否,必须考虑相对被执行人而言是否合法。换言之,即使支持行为时说,认为警察的逮捕行为具有合法性,丁在为了摆脱逮捕而对警察实施暴力行为时,也没有袭警罪的故意与期待可能性。故丁不构成袭警罪。

综上所述,本题答案为C项。

【延伸阅读】

司法解释对于上述试题解析中的观点表示支持:

2025年最高人民法院、最高人民检察院《关于办理袭警刑事案件适用法律若干问题的解释》第1条第2款规定:"与人民警察发生轻微肢体冲突,或者为摆脱抓捕、约束实施甩手、挣脱、蹬腿等一般性抗拒行为,危害不大的,或者仅实施辱骂、讽刺等言语攻击行为的,不属于刑法第二百七十七条第五款规定的'暴力袭击'。"第4条规定:"对于人民警察执法活动存在过错,在认定行为人暴力袭击行为是否构成袭警罪时,应当综合考虑行为人的暴力程度、危害后果及执法过错程度等因素,依法妥当处理。人民警

---

① 参见辽宁省阜新蒙古自治县人民法院(2022)辽0921刑初118号、辽宁省阜新市中级人民法院(2023)辽09刑终13号刑事裁定书。

察执法活动存在严重过错的,对行为人一般不作为犯罪处理。执法过错较大,袭击行为暴力程度较轻、危害不大的,可以不作为犯罪处理。袭击行为造成严重后果,确需追究刑事责任的,应当依法从宽处理。"第 8 条规定:"暴力袭击正在依法配合人民警察执行职务的警务辅助人员的,不构成袭警罪;符合刑法第二百七十七条第一款规定的,以妨害公务罪定罪处罚。同时暴力袭击正在依法执行职务的人民警察和配合人民警察执行职务的警务辅助人员,符合刑法第二百七十七条第五款规定的,以袭警罪从重处罚。"

150. 下列关于袭警罪,说法错误的有?(　　)(多选)

A. 甲因违章停车被交警处罚,在交警执法过程中,甲以自己的父亲是公安局局长相要挟,致使交警难以继续执行职务。甲成立袭警罪

B. 乙与他人在街头斗殴被警察批评教育,警察处理完该纠纷后,乙认为警察执法偏向他人,狠狠地踢了警察一脚后,驾车逃走。乙成立袭警罪

C. 丙出于报复心理在民警执行职务期间,使用管制刀具对警察进行袭击,造成警察轻伤。对丙应以袭警罪与故意伤害罪数罪并罚

D. 丁因不满民警的处理结果,在民警执行公务之时,将其执法记录仪摔坏,并用私家车猛烈撞击警车(无人),造成警车报废。丁成立袭警罪

[试题解析]

A 项错误。袭警罪仅指暴力袭警的行为。本选项中,甲仅仅威胁,并没有对警察实施暴力或以暴力相威胁,故甲不成立袭警罪。

B 项错误。袭警罪,是指暴力袭击正在依法执行职务的人民警察。本选项中暴力程度非常轻微,不宜认定为是袭警罪所要求的暴力,不成立袭警罪。故,乙不成立袭警罪。

C 项错误。《刑法》第 277 条第 2 款规定:"暴力袭击正在依法执行职务的人民警察的,处三年以下有期徒刑、拘役或者管制;使用枪支、管制刀具,或者以驾驶机动车撞击等手段,严重危及其人身安全的,处三年以上七年以下有期徒刑。"本选项中,丙在警察执行公务期间,使用管制刀具袭击警察,构成袭警罪。按照刑法规定应处三年以上七年以下有期徒刑。该法定刑足以包容故意伤害(轻伤),故对丙应只按袭警罪处罚。且本选项中,丙仅实施了一个行为,无须数罪并罚。

D 项错误。第一,在《刑法修正案(十一)》出台之前,暴力袭警只是妨害公务的从重处罚情节,而非独立犯罪,故对警察实施广义的暴力即可构成妨害公务罪,包括对物实施暴力以威胁警察。也就是说,妨害公务罪的"暴力"既可以针对人,也可以针对物。第二,当《刑法修正案(十一)》将袭警罪规定为独立犯罪之后,法条明文要求以暴力袭

击警察的成立该罪。且在袭警罪的法定刑高于妨害公务罪的前提下,应当将袭警罪中的暴力限定为狭义的暴力,即只有直接针对警察的人身实施袭击行为,才能认定构成袭警罪。本选项中,丁只是针对民警的执法记录仪和车内无人的警车实施暴力,不构成袭警罪。

综上所述,本题为选非题,答案为 ABCD 项。

151. 下列说法正确的是?(　　)(单选)

A. 甲与乙在街头斗殴被警察制止,甲心生不满,在警察执行职务期间数次假意向警察挥拳但并未击中警察。同时数次踹向警用摩托车,导致警察难以继续执行职务。甲的行为构成袭警罪

B. 甲身患重病,以自救以及与病友互助为目的进口销售某种药品,该药品所含成分与国家药品标准规定的成分不符但是效用完全正常,其行为构成生产、销售假药罪

C. 甲以营利为目的,根据民间传统配方私自加工生产某种药品,数量较少且尚未出售即被查获,其行为构成生产假药罪

D. 甲在没有车辆与行人的荒野道路上醉酒驾驶机动车,其行为不构成危险驾驶罪

[试题解析]

A 项错误。甲的行为构成妨害公务罪,不构成袭警罪。

首先,袭警罪作为妨害公务罪的特殊表现形式,要求"暴力袭击正在依法执行职务的人民警察",对袭警罪的"暴力"应作狭义的理解。仅指对"人"(警察)使用暴力,或者对物(如警车)使用暴力,但可能会危及警察人身安全。并且,袭警罪仅能使用"暴力",不能使用"威胁"方法。本选项中,甲的假意挥拳行为并非真正的暴力袭击行为,本质上属于"威胁"方法,其踢踹警用摩托车的行为属于对"物"的暴力,不属于袭警罪构成要件中的"暴力"行为,因此,甲的行为不构成袭警罪。其次,退一步讲,即使认为对假意警察挥拳的行为属于"暴力",该暴力也没有事实上侵犯"警察",单纯就这一行为,也不足以认定为犯罪,更不足以认定为袭警罪。最后,甲的行为构成妨害公务罪。甲的暴力、威胁行为导致警察无法继续履行职务,事实上妨害了公务的履行,应当构成妨害公务罪。并且,妨害公务罪中的暴力既可以对人实施,也可以对物实施。

B 项错误。甲的行为不存在损害他人身体健康的抽象危险,不构成生产、销售假药罪。第一,假药是危害人体健康的物质,所以,销售假药的行为通常就具有损害他人身体健康的危险,因此生产、销售、提供假药罪为抽象危险犯(行为犯)。但是并不意味着只要是涉及生产、销售进口属于《药品管理法》规定的"假药"的行为即构成犯罪,还需要从实质上判断行为是否存在抽象危险。本选项中甲进口的药品虽然属于《药品管理

法》规定的"假药",但是其效用正常,不存在危害他人身体健康的抽象危险。

第二,最高人民法院、最高人民检察院《关于办理危害药品安全刑事案件适用法律若干问题的解释》第18条第1款规定:"……不以营利为目的实施带有自救、互助性质的生产、进口、销售药品的行为,不应当认定为犯罪。"可见,司法解释也采取了实质判断的方式。本选项中甲的行为符合司法解释规定的情形,不应当认定为犯罪。

关于抽象危险犯(行为犯),需要说明的是,以往我国刑法理论与实务对"危险"的判断过于抽象化,只要行为人实施了特定的行为,诸如醉酒驾驶行为、不符合规范的销售药品行为,就推定行为具有危险,进而认定为犯罪。这会导致刑法处罚范围的极度扩大化,有违刑法的谦抑性。诸如危险驾驶罪每年成为全国第一大罪,一审判决数量已达到每年30余万件,"药神假药案"也引发了社会的关注,这都使得理论与实务重新思考"抽象危险犯"的危险不宜过于扩大化,需要适度限制处罚范围。

C项错误。甲的行为不存在损害他人身体健康的抽象危险,不构成生产假药罪。首先,甲所生产的药品确实属于假药。《药品管理法》第98条第2款规定,"药品所含成份与国家药品标准规定的成份不符"的药品属于假药,而"根据民间传统配方"私自加工的药品不可能符合国家药品标准的规定,因而属于"假药"。其次,虽然生产、销售、提供假药罪属于抽象危险犯,但与销售、提供假药的行为所造成的危险相比,生产假药的行为所形成的危险明显较为轻缓,"生产"行为离药品流向市场相对较远。《刑法》第141条只是基于生产行为是"源头"的想法,才将生产假药与销售、提供假药并列规定。① 从事实上来说,生产假药产生的是通常的抽象危险,而销售、提供假药产生的是紧迫危险。可见,生产假药的行为所造成的抽象危险具有预备性质,更加需要进行实质判断。本选项中,甲生产的药品数量较少且尚未进行销售,未造成损害他人身体健康的危害结果,不应当认为丙构成犯罪。最后,《关于办理危害药品安全刑事案件适用法律若干问题的解释》第18条第1款规定,根据民间传统配方私自加工药品或者销售上述药品,数量不大,且未造成他人伤害后果或者延误诊治的行为,不应当认定为犯罪。可知,司法解释对于根据民间传统配方私自加工与出售药品的行为是否构成犯罪也采取了实质判断的方式,本选项中,甲加工的药品数量较少且尚未出售即被查获,不具有损害他人身体健康的抽象危险,不构成犯罪。

D项正确。甲的行为不存在危害公共安全的抽象危险,不构成危险驾驶罪。

对于"在没有车辆与行人的荒野道路上醉酒驾驶机动车"的行为是否构成危险驾驶罪,学界存在不同观点:一种观点为形式说,早期刑法理论与实务认为,即便醉酒驾驶行为未造成任何人身或财产损害,也由于道路当时空无一人,未实际产生具体的人

---

① 参见张明楷:《抽象危险犯:识别、分类与判断》,载《政法论坛》2023年第1期,第79页。

身和财产危险后果,但对道路交通安全这种抽象法益仍然造成了抽象破坏,存在着造成人身和财产损害的抽象可能性。只要存在醉酒驾驶行为即符合本罪构成要件,构成危险驾驶罪。① 另一种观点为实质说(现今法考观点),该说认为,刑法规定醉酒型危险驾驶罪是为了防止交通事故进而防止造成他人伤亡,所以,危险驾驶罪的危险现实化时,会导致对法益的侵害。如果醉酒驾驶行为对任何人都没有危险,就不可能产生公共危险,当然不应认定为犯罪。

本选项中,甲的行为虽然符合醉驾型危险驾驶罪的行为模式,但是基于其驾车的地点并不存在使不特定多数人的生命财产权益受到侵害的抽象危险,不宜认定为犯罪,不构成危险驾驶罪这有助于限制处罚的范围,符合刑法的谦抑精神。尤其是近年来我国危险驾驶罪跃居第一大罪,每年有三十余万人被判处构成该罪,处罚范围过广,有必要限制。司法解释也进一步强调限制本罪的成立范围。②

综上所述,本题答案为 D 项。

152. 结合我国当前刑法的规定,下列说法错误的是?(　　)(单选)

A. 如果认为高空抛物罪的保护法益是公共安全,则从高空抛掷物品足以造成人员伤亡的才构成高空抛物罪

B. 如果认为诬告陷害罪的保护法益是司法秩序,则得到他人同意的诬告陷害同样构成诬告陷害罪

C. 如果认为受贿罪的保护法益是职务行为的不可收买性,则实施了正当的职务行为后才接受贿赂的不构成受贿罪

D. 如果认为伪造货币罪的保护法益是货币的公共信用,那么即使以使用为目的,伪造面值为 200 元的人民币,由于公众不会相信有 200 元面值的人民币,不会损害货币的公共信用,所以,也不构成伪造货币罪

[试题解析]

A 项正确。关于高空抛物罪的保护法益,存在两种观点:(1)公共安全说。有学者

---

① 参见李川:《抽象危险犯自身谦抑机制研究——以醉驾案件具体危险犯化认定倾向为视角》,载《政治与法律》2013 年第 12 期,第 62 页。

② 最高人民法院、最高人民检察院、公安部、司法部《关于办理醉酒危险驾驶刑事案件的意见》第 12 条:"醉驾具有下列情形之一,且不具有本意见第十条规定情形的,可以认定为情节显著轻微、危害不大,依照刑法第十三条、刑事诉讼法第十六条的规定处理:(一)血液酒精含量不满 150 毫克/100 毫升的;(二)出于急救伤病人员等紧急情况驾驶机动车,且不构成紧急避险的;(三)在居民小区、停车场等场所挪车、停车入位等短距离驾驶机动车的;(四)由他人驾驶至居民小区、停车场等场所短距离接替驾驶停放机动车的,或者为了交由他人驾驶,自居民小区、停车场等场所短距离驶出的;(五)其他情节显著轻微的情形。醉酒后出于急救伤病人员等紧急情况,不得已驾驶机动车,构成紧急避险的,依照刑法第二十一条的规定处理。"

认为,公共安全可以理解为不特定人能够安心支配其人身、财产等法益的状态,高空抛物行为给民众带来了人身、财产等法益受损的"集体恐惧",应当属于危害公共安全的犯罪。① (2) 公共秩序说(法考观点)。《刑法修正案(十一)》并没有将高空抛物罪规定在刑法分则第二章"危害公共安全罪"中,而是将其规定在分则第六章第一节"扰乱公共秩序罪"中,这就说明高空抛物罪的保护法益主要是公共秩序,而非公共安全。②

A 选项中,如果认为高空抛物罪的保护法益是公共安全,那么只有从高空抛掷足以造成人员伤亡或者财产损失的物品才会给民众带来"集体恐惧",危害公共安全,进而成立犯罪。相反,如果认为高空抛物罪的保护法益是公共秩序,那么只要高空抛物行为足以扰乱正常的工作、生产、生活秩序,就成立高空抛物罪。

B 项正确。关于诬告陷害罪的保护法益,存在两种观点:(1) 人身权利说(法考观点)。有学者认为,我国刑法将诬告陷害罪置于侵犯公民人身权利、民主权利罪一章中,说明刑法规定该罪是为了保护公民的人身权利。刑法没有将该罪规定在刑法分则第六章第二节的"妨害司法罪"中,说明立法者规定本罪的目的不是保护司法活动。(2) 司法秩序说。该观点认为诬告陷害罪是侵犯司法秩序的犯罪,即便得到了被害人同意,还是侵害了司法机关的活动,构成诬告陷害罪。

B 选项中,如果认为诬告陷害罪的保护法益是司法秩序(公共法益),则被害人无权处分这一法益。得到同意的诬告陷害行为,由于扰乱了司法秩序,依然成立诬告陷害罪。但如果认为诬告陷害罪的保护法益是人身自由(个人法益),则由于被害人已对其个人利益作出了承诺,得到被害人同意的诬告陷害行为,就不成立诬告陷害罪。

C 项错误。关于受贿罪的保护法益,存在两种观点:(1) 公正性说。论者指出,将受贿行为规定为犯罪是防止在职务行为与贿赂之间建立对价关系,使得职务行为被不公正地实施。③ 按照这种观点,如果国家工作人员在实施了正当的职务行为后才收受财物,就不可罚。也就是说,收受贿赂,并导致公务行为实施不公正时,才构成受贿罪。而本选项中,并没有导致公务行为实施的不公正,因此,不构成受贿罪。(2) 不可收买性说(法考观点)。按照这种观点,职务行为的不可收买性既包括将来的职务行为、正在实施的职务行为的不可收买性,也包括已经实施的职务行为的不可收买性。④ 就后者而言,当国家工作人员事后明知他人提供的财物是给自己以前的(正当)职务行为的不正当报酬时,其收受财物的行为就同样侵犯了职务行为的不可收买性。换句话

---

① 参见姜涛:《高空抛物罪的刑法教义学分析》,载《江苏社会科学》2021 年第 5 期,第 113 页。
② 参见张明楷:《具体犯罪保护法益的确定依据》,载《法律科学(西北政法大学学报)》2023 年第 6 期,第 46 页。
③ 参见黎宏:《受贿犯罪保护法益与刑法第 388 条的解释》,载《法学研究》2017 年第 1 期,第71 页。
④ 参见张明楷:《刑法学》(第六版),法律出版社 2021 年版,第 1587 页。

说,收受财物是"事前"还是"事后",并不会影响受贿行为的本质。无论是正当还是不正当地实施公务行为,都不能收受他人财物,只要收受了,就构成受贿罪。这一观点同样得到司法实务的认同。最高人民法院、最高人民检察院《关于办理贪污贿赂刑事案件适用法律若干问题的解释》明确规定,履职时未被请托,但事后基于该履职事由收受他人财物的,应当认定为"为他人谋取利益"。①

C选项中,如果认为受贿罪的保护法益是职务行为的公正性,实施了正当的职务行为后才接受贿赂并没有侵犯职务行为的公正性,不成立受贿罪。如果认为受贿罪的保护法益是职务行为的不可收买性,那么事后收受贿赂的行为同样成立受贿罪,如果持此观点,构成受贿罪。

D项正确。关于伪造货币罪的保护法益,存在两种观点:(1)货币发行权说。这种观点认为,即使没有以真货币为伪造的对象,也侵害了国家的货币发行权,成立伪造货币罪。也就是说,国家之外的主体是没有货币发行权的,没有该项权利而发行货币的,成立伪造货币罪。(2)货币信用说(法考观点)。这种观点认为,伪造货币罪中伪造的对象应是真实的货币,伪造并不存在的货币(如面值为200元的"人民币"),并不会损害真实货币的信用,不成立伪造货币罪。使用该类"货币"的,成立诈骗罪。司法解释同样持此观点:最高人民法院《关于审理伪造货币等案件具体应用法律若干问题的解释(二)》第1条规定,仿照真货币的图案、形状、色彩等特征非法制造假币,冒充真币的行为,应当认定为刑法第170条规定的"伪造货币"。

D选项中,如果认为伪造货币罪的保护法益是货币的公共信用,由于公众不会相信有200元面值的人民币,不会损害货币的公共信用,不成立伪造货币罪。但如果认为伪造货币罪的保护法益是国家的货币发行权,伪造200元面值的"人民币"相当于擅自"发行"货币,成立伪造货币罪。

综上所述,本题为选非题,答案为C项。

153. 下列关于妨害社会管理秩序罪,说法正确的有?(　　)(单选)

A. 甲通过重金在获得徐某的同意后,冒用徐某的身份,顶替徐某的高考成绩被某高校录取。因甲获得了徐某的同意,故甲不成立冒名顶替罪

B. 乙因情感纠纷与肖某带领的多人相约斗殴,造成多人轻伤。因乙方只有乙一人,不符合聚众斗殴所要求的多人,故乙不成立聚众斗殴罪

---

① 最高人民法院、最高人民检察院《关于办理贪污贿赂刑事案件适用法律若干问题的解释》第13条第1款:"具有下列情形之一的,应当认定为'为他人谋取利益',构成犯罪的,应当依照刑法关于受贿犯罪的规定定罪处罚:(一)实际或者承诺为他人谋取利益的;(二)明知他人有具体请托事项的;(三)履职时未被请托,但事后基于该履职事由收受他人财物的。"

C. 丙为获取大量口罩销售牟利,冒充某省卫健委的工作人员,携带伪造的印章及公文,以政府直接采购为承诺,要求某口罩工厂修复并重启一条废弃生产线生产简易型口罩。后其身份被识破,最终给工厂造成经济损失1万余元。丙成立招摇撞骗罪

D. 甲欠乙10万元高利贷1年未归还,乙使用暴力手段迫使甲当场归还合法本息12万元以及超出合法本息的高额利息20万元,仅成立催收非法债务罪

[试题解析]

A项错误。冒名顶替罪保护的法益是高等学历教育入学资格等的社会公正性。本选项中,虽然甲冒名顶替徐某的大学入学资格得到了徐某的同意,但同样侵犯了该罪所保护的法益。故甲依旧成立冒名顶替罪。换言之,冒名顶替罪是侵犯社会法益的犯罪,不是侵犯公民人身权利的犯罪,被害人的承诺无效,不能阻却行为的有责性。

B项错误。聚众斗殴罪是刑法上的对向犯。聚众斗殴罪所谓之"众",即持斗殴故意的双方人数之和。本选项中,乙方虽为一人,但双方人数整体为"众",仍应以聚众斗殴罪定罪处罚。可能有同学认为,乙方仅有一人,是否成立聚众斗殴罪?换个角度看,如果乙方有两人,也应该成立聚众斗殴罪,而并非要求三人,只要总人数达到三人以上即可。

C项正确。丙为牟取非法利益,伪造国家机关公文印章,冒充国家机关工作人员招摇撞骗,其行为构成招摇撞骗罪。① 虽然招摇撞骗罪与诈骗罪之间存在竞合关系,但是,认定招摇撞骗罪既能评价行为人冒充国家机关工作人员、损害国家机关工作人员的形象,又能评价其骗取财产的行为属性。因此,原则上应认定招摇撞骗罪。只有当行为人骗取了数额巨大、特别巨大的财物,认定招摇撞骗罪难以实现罪刑相适应时,才可以认定诈骗罪。

D项错误。首先,乙为催收高利贷这一"非法"行为产生的债务向甲施加暴力的行为,成立催收非法债务罪。其次,由于高利贷中超出法律规定的利息不受法律保护,故对于该部分明显超出权利依据的债务,乙主观上具有"非法占有目的"。乙通过施加足以压制甲反抗的暴力手段,迫使甲当场归还超出法律规定的利息的行为,成立抢劫罪。最后,乙仅实施了一个行为,同时触犯了催收非法债务罪和抢劫罪,属于想象竞合,应择一重罪处罚。

综上所述,本题答案为C项。

---

① 参见北大法宝:最高人民法院发布第二批8个依法惩处妨害疫情防控犯罪典型案例之五:计某某招摇撞骗案——冒充省卫健委工作人员到口罩生产企业招摇撞骗【法宝引证码】CLI.C.97336826。

154. 下列说法错误的是？（　　）(单选)

A. 如果认为交通肇事罪的保护法益包括通行效率，甲违反交通规则致3人当场死亡后逃逸，黄某驾车路过事发地因躲避车祸现场不及撞车身亡，甲的行为符合逃逸致人死亡的情形

B. 如果认为非法拘禁罪的保护法益是可能的人身自由，乙在徐某睡觉时将房门反锁，又在徐某醒来之前将房门打开，乙的行为不成立非法拘禁罪

C. 如果认为盗窃罪的保护法益包括债权，"零钱"本质上是用户享有的对微信、支付宝的债权，丙趁蒋某不注意将蒋某的微信零钱转入自己的账户，丙的行为成立盗窃罪

D. 如果认为非法进行节育手术罪的保护法益是计划生育管理秩序，未取得执业医师职业资格的丁多次为他人进行节育手术，丁的行为成立非法进行节育手术罪

[试题解析]

A项正确。关于交通肇事罪的保护法益，有观点认为，交通肇事罪的保护法益不仅包括公共安全，还包括通行效率。《道路交通安全法》第1条规定："为了维护道路交通秩序，预防和减少交通事故，保护人身安全，保护公民、法人和其他组织的财产安全及其他合法权益，提高通行效率，制定本法。"据此，公共安全(人身安全以及公民、法人和其他组织的财产安全)与通行效率都是交通肇事罪的保护法益。

A选项中，如果认为交通肇事罪的保护法益包括通行效率，甲交通肇事后逃逸，影响了通行效率并造成黄某死亡，故甲符合逃逸致人死亡的情形。

B项错误。关于非法拘禁的保护法益，存在两种观点：(1)现实的人身自由说(法考观点)。这种观点认为，如果某人没有认识到自己被剥夺自由，就表明行为没有妨害其意思活动，因而没有侵犯其人身自由。只有实际上影响了他人人身自由，才能成立非法拘禁罪。(2)可能的人身自由说(通说观点)。这种观点认为，即使拘禁行为没有实际侵犯他人人身自由，只要有可能侵犯他人人身自由，也应成立非法拘禁罪。

B选项中，如果认为非法拘禁罪的保护法益是可能的人身自由，即使乙将睡觉的徐某关在房间内没有侵犯徐某现实的人身自由，但因为徐某随时可能醒来，徐某可能的人身自由仍然受到了侵犯，乙成立非法拘禁罪。但如果认为非法拘禁罪的保护法益必须是现实的人身自由，那么乙的行为不成立非法拘禁罪。

C项正确。关于盗窃罪的保护法益是否包括债权，存在两种观点：(1)我国刑法理论一直没有争议地认为，盗窃罪(乃至所有的财产犯罪)的保护法益是财产的所有权，即盗窃罪侵犯的是公私财产的所有权。(2)有观点认为，债权等财产性利益也属于盗窃罪的

保护法益(法考观点)。① 论者指出,如果不承认对债权等财产性利益的盗窃,将会出现令人难以忍受的处罚漏洞。例如,在盗刷微信、支付宝中的零钱的案例中,微信、支付宝账户中的"零钱"本质上是用户享有的对微信、支付宝平台的债权,此时,由于不存在欺骗自然人的行为,无法成立诈骗罪,只有将债权纳入盗窃罪的保护范围,才能追究行为人的刑事责任。② 否则,对盗刷微信、支付宝中的零钱只能以无罪处理。

C选项中,如果认为盗窃罪的保护法益包括债权,丙暗中将他人微信零钱转入自己的账户的行为成立盗窃罪。

D项正确。关于非法进行节育手术罪的保护法益,存在两种观点:(1)传统观点认为,本罪的保护法益是计划生育管理秩序。根据《刑法》第336条第2款的规定,未取得医生执业资格的人擅自为他人进行节育复通手术、假节育手术、终止妊娠手术或者摘取宫内节育器,情节严重的,构成非法进行节育手术罪。③ 由此可见,设立本罪旨在实现控制人口过快增长,而不是为了保护胎儿的生命。(2)新近观点认为,本罪的保护法益是胎儿的生命以及母亲的生命与身体的安全。论者指出:"随着社会的发展以及人口政策的变化,控制人口过快增长不再是国家的目的,相反,鼓励生育成为国家政策。"在立法者尚未对《刑法》第336条第2款进行修改的情况下,更为妥当的做法是对本罪的保护法益作出与以往完全相反的解释,亦即,本罪的保护法益是胎儿的生命以及母亲的生命与身体的安全。如果进行节育手术没有危及胎儿的生命以及母亲的生命与身体安全,不宜作为犯罪处理。

D选项中,如果认为非法进行节育手术罪的保护法益仍然是计划生育管理秩序,丁的行为构成非法进行节育手术罪。但如果认为非法进行节育手术罪的保护法益是胎儿的生命以及母亲的生命与身体安全,未取得执业医师职业资格的丁擅自为他人进行节育手术不宜作为本罪处理;如果造成伤害或者死亡的,则可以按其他犯罪追究刑事责任。

综上所述,本题为选非题,答案为B项。

155. 关于帮助信息网络犯罪活动罪和诈骗罪,下列选项正确的是?(　　)(单选)

A. 徐某明知正犯甲在实施电信诈骗行为而将银行卡提供给甲。徐某仅构成诈骗

---

① 参见张明楷:《具体犯罪保护法益的确定标准》,载《法学》2023年第12期,第81页。
② 参见张明楷:《刑法学》(第六版),法律出版社2021年版,第1252页。
③ 《刑法》第336条第2款:"未取得医生执业资格的人擅自为他人进行节育复通手术、假节育手术、终止妊娠手术或者摘取宫内节育器,情节严重的,处三年以下有期徒刑、拘役或者管制,并处或者单处罚金;严重损害就诊人身体健康的,处三年以上十年以下有期徒刑,并处罚金;造成就诊人死亡的,处十年以上有期徒刑,并处罚金。"

罪,不构成帮助信息网络犯罪活动罪

B. 张某知道自己在为正犯乙实施电信诈骗提供帮助,但乙并不知道张某在帮助自己实施电信诈骗。张某不构成诈骗罪,但构成帮助信息网络犯罪活动罪

C. 李某将自己的银行卡提供给朋友丙用于支付结算,从银行卡内的流水规律看,李某感觉自己"可能"在为丙实施电信诈骗提供帮助,但并没有实际依据。事实上,丙确实将该银行卡用于电信诈骗。李某不构成诈骗罪,只构成帮助信息网络犯罪活动罪

D. 王某明知正犯丁实施电信诈骗行为,仍然为丁提供银行卡用于转账,王某构成帮助信息网络犯罪活动罪与诈骗罪的帮助犯,系想象竞合,应择一重罪处罚

[试题解析]

A项错误。第一,帮助信息网络犯罪活动罪与诈骗罪的成立并非排斥关系,而是可能存在竞合关系。第二,只要帮助者徐某明知正犯利用信息网络实施诈骗,仍为其提供帮助,就可能成立帮助信息网络犯罪活动罪。徐某成立帮助信息网络犯罪活动罪的同时,亦构成诈骗罪的帮助犯,应择一重罪处罚。

B项错误。第一,张某成立诈骗罪的片面的帮助犯,我国刑法理论的通说及法考观点均认为,片面的帮助犯成立共犯。① 即使帮助者张某与正犯乙之间缺乏犯意联络,只是单方明知电信网络诈骗犯罪而提供帮助,也不能否认其构成诈骗罪的共犯。第二,张某构成帮助信息网络犯罪活动罪。根据《刑法》第287条之二第1款,明知他人利用信息网络实施犯罪,为其犯罪提供互联网接入……情节严重的,构成帮助信息网络犯罪活动罪。故帮助信息网络犯罪活动罪的成立仅要求行为人主观上明知他人利用信息网络实施犯罪,不需要被帮助人知晓帮助者的存在。本选项中,张某明知自己正在为正犯乙实施信息网络犯罪提供帮助,成立帮助信息网络犯罪活动罪。因此,张某的行为既构成帮助信息网络犯罪活动罪,亦成立诈骗罪的帮助犯(片面共犯),是想象竞合,应择一重罪处罚。

C项错误。成立共犯所必须具备的"明知",包括"应当知道"和"确实知道"两种情形,明知他人必然实施或可能实施诈骗犯罪而提供帮助,他人实施了诈骗行为的,均符合诈骗罪共犯的故意的认识因素。李某成立诈骗罪的共犯,可以认为李某是间接故意。此外,李某明知他人"可能"实施电信网络犯罪而提供帮助,也成立帮助信息网络

---

① "马工程"观点基本上是肯定片面共犯是共犯。参见《刑法学》编写组编:《刑法学(上册,总论)》,高等教育出版社2023年版,第244页。虽然形式上似乎否定片面的帮助犯是共犯,但实质上是肯定片面共犯。认为上述案件中,可以将片面帮助者比照共同犯罪中的从犯定罪处罚,对共同的整体行为承担责任,构成犯罪既遂。同时,建立立法对这一问题进行专门规定。

犯罪活动罪。李某的行为构成诈骗罪和帮助信息网络犯罪活动罪的想象竞合。

D项正确。当行为同时符合诈骗罪与帮助信息网络犯罪活动罪时,依照《刑法》第287条之二第3款的规定,依照处罚较重的规定定罪处罚。因此,王某成立帮助信息网络犯罪活动罪与诈骗罪的帮助犯,应择一重罪处罚。

应当注意的是,由于帮助信息网络犯罪活动罪是在2015年《刑法修正案(九)》之后新增的罪名,不少司法机关依照从旧兼从轻原则,将原先打算以诈骗罪认定的行为按照处罚较轻的帮助信息网络犯罪活动罪认定,这种做法与立法原意相悖。不能认为,帮助信息网络犯罪活动罪的设立是为了能够对"帮信"行为科处较轻的刑罚。不能认为有了帮助信息网络犯罪活动罪这一立法后,就否认行为人成立诈骗罪的共犯。事实上,增设帮助信息网络犯罪活动罪的一个重要的原因是,"网络犯罪的帮助行为相较于传统的帮助行为,其对于完成犯罪起着越来越大的决定性作用,社会危害性凸显,有的如果全案衡量,甚至超过实行行为"①。换言之,增设帮助信息网络犯罪活动罪是为了规制不构成诈骗罪等罪的共犯的行为,而非将部分原本构成诈骗罪(共犯)的行为降格为帮助信息网络犯罪活动罪,进而减轻处罚。② 对于同时构成帮助信息网络犯罪活动罪与诈骗罪的,应当按照想象竞合,择一重罪论处。

综上所述,本题答案为D项。

156. 甲是一名从事电信诈骗的犯罪分子,为了实施网络电信诈骗,甲与好友乙商议,乙将自己的银行卡提供给甲,甲对被害人实施诈骗行为后,要求被害人将20万元直接打入乙的银行卡。款项进入乙的银行卡后,乙再到银行柜台将20万元取现,另转存至甲指定的银行账户。关于乙的行为,下列说法正确的有?(　　)(多选)

A. 如果认为帮助信息网络犯罪活动罪与诈骗罪(帮助犯)之间是对立关系,那么乙提供银行卡的行为不成立帮助信息网络犯罪活动罪

B. 如果认为掩饰、隐瞒犯罪所得罪只能在上游犯罪既遂后才成立,那么乙提供银行卡的行为不成立掩饰、隐瞒犯罪所得罪

C. 如果认为掩饰、隐瞒犯罪所得罪与上游犯罪之间是对立关系,那么乙到银行柜台取现并帮助甲转存的行为不再成立掩饰、隐瞒犯罪所得罪

D. 如果认为乙对20万元赃款没有提款的权利,那么乙到银行柜台取现的行为成立诈骗罪

---

① 黄永主编:《中华人民共和国刑法立法背景与条文解读》(下册),中国法制出版社2021年版,第759页。

② 参见张明楷:《帮助信息网络犯罪活动罪的再探讨》,载《法商研究》2024年第1期,第32页。

[试题解析]

A 项正确。首先,乙明知甲实施诈骗行为并为甲提供银行卡的行为成立诈骗罪的帮助犯。帮助犯是指在共同犯罪中为他人实施犯罪提供心理或物质支持的行为人。在本选项中,乙为甲收取诈骗款提供银行卡,帮助甲实施诈骗行为,成立诈骗罪的帮助犯。其次,乙为甲实施诈骗行为提供银行卡的行为成立帮助信息网络犯罪活动罪。自然人或者单位明知他人利用信息网络实施犯罪,为其犯罪提供互联网接入、服务器托管、网络存储、通讯传输等技术支持,或者提供广告推广、支付结算等帮助,情节严重的,构成帮助信息网络犯罪活动罪。在本选项中,乙明知甲实施网络电信诈骗行为,还提供银行卡给甲,为甲提供支付结算服务,成立帮助信息网络犯罪活动罪。最后,关于帮助信息网络犯罪活动罪与诈骗罪之间的关系存在不同观点:一种观点认为,帮助信息网络犯罪活动罪与诈骗罪(帮助犯)之间是想象竞合的关系,行为人的行为同时构成帮助信息网络犯罪活动罪与诈骗罪的帮助犯,应当成立想象竞合,择一重罪论处。在本选项题干中,乙为甲实施诈骗行为提供银行卡的行为同时成立诈骗罪的帮助犯与帮助信息网络犯罪活动罪,应当择一重罪处罚。另一种观点认为,帮助信息网络犯罪活动罪与诈骗罪(帮助犯)之间是对立关系。刑法设立帮助信息网络犯罪活动罪,是为了处罚某些无法利用共同犯罪进行处罚的行为,比如行为人之间没有共同诈骗的故意,行为人片面帮助他人实施诈骗活动的行为。① 因此,如果行为已经成立诈骗罪的共犯,就不再认定帮助信息网络犯罪活动罪。在题干中,乙与甲事前通谋,明知甲从事网络诈骗,依然为甲实施诈骗行为提供银行卡的行为,已经成立诈骗罪的帮助犯,因此不再成立帮助信息网络犯罪活动罪。

B 项正确。关于掩饰、隐瞒犯罪所得罪的成立是否需要以上游犯罪既遂为前提,存在不同观点:一种观点认为,掩饰、隐瞒犯罪所得罪的成立需要以上游犯罪既遂为前提。掩饰、隐瞒犯罪所得罪是上游犯罪的"事后犯罪",只有上游犯罪既遂,获得犯罪所得之后,才能实施掩饰、隐瞒犯罪所得的行为。② 在题干中,乙为甲实施诈骗行为提供银行卡的行为是诈骗犯罪的一个具体环节,在乙提供银行卡给甲时,诈骗罪还未既遂。因此,乙的行为不能成立掩饰、隐瞒犯罪所得罪。另一种观点认为,掩饰、隐瞒犯罪所得罪的成立无须以上游犯罪的既遂为前提。掩饰、隐瞒犯罪所得的行为可以在实施上游犯罪的过程中同步实施,只要最终能够起到掩饰、隐瞒犯罪所得的效果,就可以成立

---

① 参见戴素君、刘义华:《帮信犯罪与诈骗犯罪的实务界分》,载《检察日报》2023 年 7 月 18 日,第 7 版。
② 参见张明楷:《掩饰、隐瞒犯罪所得罪与相关犯罪的关系》,载《中国刑事法杂志》2024 年第 4 期,第 108 页。

掩饰、隐瞒犯罪所得罪。① 根据该观点,在题干中,乙为了掩饰、隐瞒诈骗犯罪所得,把自己的银行卡提供给甲,客观上也起到了掩饰、隐瞒诈骗所得的效果,因此即使甲还没有诈骗既遂,乙的行为依然成立掩饰、隐瞒犯罪所得罪。

C项正确。第一,乙到银行柜台取现并帮助甲转存的行为成立掩饰、隐瞒犯罪所得罪。掩饰、隐瞒犯罪所得罪要求明知是犯罪所得及其产生的收益而予以窝藏、转移、收购、代为销售或者以其他方法掩饰、隐瞒。在选项中,乙明知银行卡内存有甲的诈骗所得,依然帮助甲转移赃款,成立掩饰、隐瞒犯罪所得罪。第二,掩饰、隐瞒犯罪所得罪与上游犯罪的关系,存在不同观点:一种观点认为,掩饰、隐瞒犯罪所得罪与上游犯罪可以并存,行为人实施上游犯罪后又实施掩饰、隐瞒犯罪所得罪的,应当数罪并罚。② 在选项中,乙到银行柜台取现并帮助甲转存的行为同时成立掩饰、隐瞒犯罪所得罪与上游犯罪(诈骗罪的帮助犯或者帮助信息网络犯罪活动罪),应当数罪并罚。另一种观点认为,掩饰、隐瞒犯罪所得罪与上游犯罪之间是对立关系。行为人实施上游犯罪之后,不能期待行为人不去掩饰、隐瞒自己的犯罪所得。因此,行为构成上游犯罪之后,就不再认定后续行为成立掩饰、隐瞒犯罪所得罪。③ 根据此观点,在题干中,乙为甲实施诈骗行为提供银行卡的行为,已经成立诈骗罪的帮助犯或者帮助信息网络犯罪活动罪。因此乙后续掩饰、隐瞒诈骗所得的行为就不再另外成立掩饰、隐瞒犯罪所得罪。

D项正确。关于行为人到银行柜台,将自己的犯罪所得从银行卡中取出的行为是否成立诈骗罪,存在不同观点:一种观点认为,行为人到银行柜台,将自己的犯罪所得从银行卡中取出的行为不成立诈骗罪。行为人从自己的卡里取款,具有取款的权利,因此不成立犯罪。④ 本选项中,乙是从自己的银行卡中取款,因此不成立诈骗罪。另一种观点认为,行为人到银行柜台,将自己的犯罪所得从银行卡中取出的行为成立诈骗罪。行为人银行卡内的存款属于诈骗所得的存款,其取款行为属于滥用权利,而不是行使权利的合法行为。行为人在没有取款权利的情况下,让银行柜台的工作人员误以为自己具有取款权利,并因此处分了本应属于被害人的财产,行为人应当成立诈骗罪。在选项中,乙虽然从自己的银行卡中取款,但是由于该笔款项是诈骗款,乙没有取款权利,却让银行柜台的工作人员误以为自己具有取款权利,并因此处分了诈骗

---

① 参见张明楷:《掩饰、隐瞒犯罪所得罪与相关犯罪的关系》,载《中国刑事法杂志》2024年第4期,第109页。

② 参见张明楷:《掩饰、隐瞒犯罪所得罪与相关犯罪的关系》,载《中国刑事法杂志》2024年第4期,第112页。

③ 参见张明楷:《掩饰、隐瞒犯罪所得罪与相关犯罪的关系》,载《中国刑事法杂志》2024年第4期,第115页。

④ 参见袁国何:《错误汇款的占有归属及其定性》,载《政法论坛》2016年第2期,第121页。

款,应当成立诈骗罪。

综上所述,本题答案为 ABCD 项。

157. 关于帮助信息网络犯罪活动罪的成立条件,下列选项正确的是?（　　）（多选）

A. 正犯甲利用网络开设赌场,但帮助者徐某以为正犯实施的是电信诈骗而提供了帮助。由于开设赌场罪与诈骗罪的构成要件不存在重合之处,帮助者徐某不能构成帮助信息网络犯罪活动罪

B. 帮助者张某为正犯乙实施犯罪提供了技术支持等帮助,也能查明乙利用信息网络实施了某种犯罪,但不能查明乙的行为究竟是电信诈骗还是网络赌博。对此,也可以认定张某的帮助行为构成帮助信息网络犯罪活动罪

C. 如果完全贯彻共犯从属性理论,只有被帮助者的行为符合刑法分则规定的行为类型,且达到立法或者司法解释规定的数额、情节、后果等定罪标准时,帮助者的行为才可能构成帮助信息网络犯罪活动罪

D. 如果认为帮助信息网络犯罪活动罪是帮助行为绝对正犯化,即使正犯未利用网络实施犯罪,帮助者也可以成立帮助信息网络犯罪活动罪

[试题解析]

A 项错误。第一,帮助者徐某不构成诈骗罪的共犯,徐某虽然有帮助他人"诈骗"的故意,但是根据共犯从属性理论,正犯甲没有实施电信诈骗的行为,因此徐某不构成诈骗罪共犯。同时,徐某也不构成开设赌场罪的共犯,虽然徐某的行为在客观上为甲开设赌场的行为提供了帮助,但徐某主观上没有开设赌场的故意,不构成开设赌场罪的共犯。第二,徐某的行为成立帮助信息网络犯罪活动罪。帮助信息网络犯罪活动罪的成立,仅要求被帮助者在"实施信息网络犯罪",换言之,只要是明知他人在实施犯罪（无论是开设赌场罪、诈骗罪,还是其他犯罪）而提供帮助的,均应成立帮助信息网络犯罪活动罪。类似的道理是,只要知道他人的犯罪所得而帮他人销售、转移的,就成立掩饰、隐瞒犯罪所得罪。例如,毛毛委托华某销售其犯罪所得的赃物,华某以为该赃物系盗窃所得,实为毛毛抢劫所得,华某为其销售的,华某仍然构成掩饰、隐瞒犯罪所得罪。

【延伸阅读】选项中,虽然"开设赌场罪"与"诈骗罪"不存在重合,但是,这二者均是"犯罪",只要帮助他人犯罪的,就成立帮助信息网络犯罪活动罪。依据张明楷教授的观点,帮助者徐某对正犯甲实施的具体犯罪类型存在抽象的事实认识错误,只会就重合的犯罪成立共犯产生影响,即徐某不成立开设赌场罪及诈骗罪的共犯,但不影响徐某成立帮助信息网络犯罪活动罪。

详言之,帮助者的行为原本既不能成立开设赌场罪的共犯,也不能成立诈骗罪的共

犯,但帮助信息网络犯罪活动罪的成立只要求以正犯(实行犯)的存在为前提,不要求帮助者认识到正犯的具体犯罪类型,因此帮助者仍能成立帮助信息网络犯罪活动罪。

在此意义上,可以认为,刑法设立帮助信息网络犯罪活动罪就是为了扩大处罚范围,即使帮助者主观上不知道正犯(实行犯)实施的具体犯罪,也能以帮助信息网络犯罪活动罪处罚。相反,在普通帮助案件中(非信息网络犯罪的帮助),如果帮助者不了解实行者的具体行为而提供帮助,不成立帮助类型的犯罪。例如,甲以为乙在盗窃而实施望风行为,便应乙的要求为乙的"盗窃"望风。但事实上,乙是在实施杀人行为。甲的行为既不构成盗窃罪的帮助犯(客观上乙没有盗窃行为),也不构成故意杀人罪的帮助犯(甲没有帮助他人杀人的故意),故甲的行为不成立犯罪。

B项正确。即使司法机关无法查明正犯乙的行为构成何种犯罪,只要确实存在正犯利用信息网络实施了"犯罪行为"的情况,帮助者的行为依然可能成立帮助信息网络犯罪活动罪。理由在于:张某主观上确实有为他人实施信息网络犯罪提供帮助的故意,客观上也为他人的犯罪提供了帮助,当然应成立帮助信息网络犯罪活动罪。

C项正确。坚持共犯从属性理论意味着,认定帮助者的行为构成犯罪,应以被帮助者(实行者)构成犯罪为前提。第一,成立帮助信息网络犯罪活动罪,要求以被帮助者(正犯)的行为构成犯罪为前提。如果被帮助者(正犯)的行为没有达到定罪(罪量)的标准(反向说明其危害性小),那么,帮助者的行为就更没有达到定罪的标准,不应作为犯罪处理。例如,徐某将银行卡提供给甲,甲用该银行卡实施诈骗行为获得200元。此时,既然甲的行为仅是违法而不构成犯罪,对徐某以帮助信息网络犯罪活动罪论处就更不合适。第二,将被帮助者(正犯)的行为解释为包括违法犯罪行为属于类推解释而非扩张解释,这会不当地扩大对帮助者的处罚,是类推适用帮助信息网络犯罪活动罪。要成立帮助信息网络犯罪活动罪,被帮助者(正犯)的行为必须同时满足罪质和罪量的要求,即必须达到犯罪的标准。从立法规定上看,《刑法》第287条之二第1款仅规定了帮助"犯罪",而没有表述为帮助"违法、犯罪"。

【延伸阅读】需要说明的是:实务中,为了加大打击电信网络诈骗行为的力度,司法解释规定,即便被帮助者的行为没有达到犯罪的程度,对帮助者也应认定为帮助信息网络犯罪活动罪。最高人民法院、最高人民检察院《关于办理非法利用信息网络、帮助信息网络犯罪活动等刑事案件适用法律若干问题的解释》第12条规定,在无法查证被帮助对象是否达到犯罪的程度的情况下,只要具备一定的条件,①即可构成帮助信息网

---

① 最高人民法院、最高人民检察院《关于办理非法利用信息网络、帮助信息网络犯罪活动等刑事案件适用法律若干问题的解释》第12条第2款规定:"实施前款规定的行为,确因客观条件限制无法查证被帮助对象是否达到犯罪的程度,但相关数额总计达到前款第二项至第四项规定标准五倍以上,或者造成(转下页)

络犯罪活动罪。

D项正确。帮助行为绝对正犯化是指，立法机关将帮助行为设置为独立罪名，在一定程度上切断了与其所帮助的正犯的从属性，获得了定罪量刑的独立性。在这种情况下，绝对正犯化之后的帮助行为不再从属正犯而存在，即成立帮助信息网络犯罪活动罪不以被帮助人利用信息网络实施犯罪为前提。

综上所述，本题答案为BCD项。

158. 甲明知乙利用信息网络实施诈骗行为，仍然为其提供了互联网接入和服务器托管服务。关于甲的行为，以下说法正确的是？（　　）（单选）

A. 如果乙没有实施诈骗行为，甲仍然构成帮助信息网络犯罪活动罪

B. 如果乙实施了诈骗行为，诈骗人数众多且数额巨大，那么甲的行为仅构成帮助信息网络犯罪活动罪

C. 如果乙实施了诈骗行为，但并没有利用甲为其提供的互联网技术服务，甲的行为不构成犯罪

D. 如果乙实施了诈骗行为，甲的行为构成掩饰、隐瞒犯罪所得罪

[试题解析]

A项错误。第一，帮助信息网络犯罪活动罪是指，明知他人利用信息网络实施犯罪，为其犯罪提供互联网接入、服务器托管、网络存储、通讯传输等技术支持，或者提供广告推广、支付结算等帮助，情节严重。第二，法考观点认为，成立帮助信息网络犯罪活动罪，要求帮助行为必须从属正犯（诈骗），即明知他人实施犯罪，而正犯也的确实施了犯罪行为。有学者指出，难以想象B没有实施杀人行为，A却帮助B杀了人。同理，如果乙没有利用信息网络实施犯罪（诈骗），甲就不可能为乙犯罪提供帮助，也就不可能符合帮助信息网络犯罪活动罪的构成要件。

（接上页）特别严重后果的，应当以帮助信息网络犯罪活动罪追究行为人的刑事责任。"

《关于办理非法利用信息网络、帮助信息网络犯罪活动等刑事案件适用法律若干问题的解释》第十二条：明知他人利用信息网络实施犯罪，为其犯罪提供帮助，具有下列情形之一的，应当认定为刑法第二百八十七条之二第一款（帮助信息网络犯罪活动罪）规定的"情节严重"：

（一）为三个以上对象提供帮助的；

（二）支付结算金额二十万元以上的；

（三）以投放广告等方式提供资金五万元以上的；

（四）违法所得一万元以上的；

（五）二年内曾因非法利用信息网络、帮助信息网络犯罪活动、危害计算机信息系统安全受过行政处罚，又帮助信息网络犯罪活动的；

（六）被帮助对象实施的犯罪造成严重后果的；

（七）其他情节严重的情形。

B 项错误。甲明知乙利用信息网络实施诈骗犯罪,仍然为其提供了互联网接入和服务器托管服务,这是为信息网络犯罪提供技术支持的行为。乙成功诈骗了多名被害人,数额巨大,这表明甲的帮助行为对乙的诈骗行为起到了实质性作用,达到了"情节严重"的程度。因此,甲的行为构成帮助信息网络犯罪活动罪。但同时需要注意的是,甲明知乙实施网络诈骗而为其提供帮助,同时构成诈骗罪的共犯,一行为触犯数个罪名,应适用想象竞合。根据《刑法》第 287 条之二第 3 款,帮助行为同时触犯帮助信息网络犯罪活动罪与其他犯罪的,应当依照处罚较重的规定定罪处罚。该规定同样强调了该帮助行为触犯了多个罪名,是想象竞合。因此,甲的行为构成帮助信息网络犯罪活动罪和诈骗罪的想象竞合,从一重罪处罚。

C 项正确。第一,即使乙实施了诈骗行为,但该行为与甲提供互联网技术支持的行为之间不具有因果性,《刑法》第 287 条之二第 1 款并不是只要求行为人"明知他人利用信息网络实施犯罪"还要求客观上"为其犯罪提供互联网……技术支持",显然甲的行为不符合这一要件。第二,提供互联网技术支持的行为本身也不可能独立地侵害法益,不应以犯罪论处。

D 项错误。掩饰、隐瞒犯罪所得罪是指明知是犯罪所得而予以窝藏、转移、收购、代为销售或者以其他方法掩饰、隐瞒。成立本罪要求在他人实施正犯行为既遂后,再对赃物予以处分。如果在他人诈骗之前提供帮助的,不成立本罪。甲的行为是为乙的诈骗行为提供技术支持,而非对乙的犯罪所得进行掩饰、隐瞒。因此,甲的行为不构成掩饰、隐瞒犯罪所得罪,应成立诈骗罪的共犯。

综上所述,本题答案为 C 项。

159. 未成年人甲(17 周岁)利用他人的账号及密码,登录乙、丙等七位同学的账号,对七人填录的高考的第一报考志愿进行篡改。七人中,有五人达到了原第一志愿的分数线,但是因为志愿被甲篡改,最终没能被录取。乙、丙二人的分数没有达到原第一志愿学校的分数线,即使没有被篡改分数,也无法被第一志愿学校录取。关于甲的行为的性质,下列说法正确的是?(　　)(单选)

　　A. 如果甲只修改了乙、丙二人的第一志愿,甲仍构成破坏计算机信息系统罪
　　B. 甲成立非法利用信息网络罪
　　C. 甲成立破坏计算机信息系统罪
　　D. 对甲可以设置 3—5 年的从业禁止期限

[试题解析]

A 项错误。破坏计算机信息系统罪,是指自然人或者单位违反国家规定,对计算机信息系统功能进行删除、修改、增加、干扰,造成计算机信息系统不能正常运行;或对

计算机信息系统中存储、处理或者传输的数据和应用程序进行删除、修改、增加的操作;或者故意制作、传播计算机病毒等破坏性程序,影响计算机系统的正常运行。根据《刑法》第286条,构成该罪要求:(1)破坏计算机信息系统本身的功能的,必须达到"造成计算机信息系统不能正常运行,后果严重";(2)对计算机信息系统中存储、处理或者传输的数据、程序进行破坏的,必须达到"后果严重"。题干中,甲利用他人的账号、密码,登录他人的账号,对他人的第一志愿进行修改,属于违反国家规定,对计算机信息系统中存储的数据进行修改的操作,即属于上述情形(2)。但由于客观上乙、丙二人的分数并没有达到原第一志愿学校的分数线,虽然甲篡改了乙、丙二人的第一志愿,也并未造成严重后果。故针对乙、丙二人的行为,不成立破坏计算机信息系统罪。

B项错误。甲的行为不构成非法利用信息网络罪。根据《刑法》第287条之一,利用信息网络实施下列行为之一:(一)设立用于实施诈骗、传授犯罪方法、制作或者销售违禁物品、管制物品等违法犯罪活动的网站、通讯群组的;(二)发布有关制作或者销售毒品、枪支、淫秽物品等违禁物品、管制物品或者其他违法犯罪信息的;(三)为实施诈骗等违法犯罪活动发布信息。情节严重的,构成非法利用信息网络罪。非法利用信息网络罪的实质在于:利用信息网络作为违法犯罪的平台,而不是修改信息网络系统本身的内容。例如,通过信息网络平台发布违法犯罪的信息,或者利用互联网组建违法犯罪的网站。其实质在于"利用"或"借助"。与非法利用信息网络罪不同的是,破坏计算机信息系统罪的实质在于"破坏",即"破坏"既有的信息系统,包括破坏该信息系统的"结构"(对信息系统本身的功能予以破坏),以及破坏该信息系统存储的数据。用通俗的话讲,非法利用信息网络罪就类似"用枪杀人",而破坏计算机信息系统罪就类似"砸坏、毁坏枪支,或者破坏枪支的结构"。本选项中,甲没有"利用"信息网络,不构成非法利用信息网络罪。

C项正确。甲利用他人账号与密码进入报考系统篡改他人第一志愿,导致七人中的五人原本达到了原第一志愿的分数线,但因为志愿被篡改,最终没能被录取,可以认定导致"严重后果",构成破坏计算机信息系统罪。

D项错误。对甲不能设置3—5年的从业禁止期限。《刑法》第37条之一第1款规定:"因利用职业便利实施犯罪,或者实施违背职业要求的特定义务的犯罪被判处刑罚的,人民法院可以根据犯罪情况和预防再犯罪的需要,禁止其自刑罚执行完毕之日或者假释之日起从事相关职业,期限为三年至五年。"适用从业禁止的前提在于"因利用职业便利实施犯罪"。本选项中,未成年人甲的行为并不属于因利用职业便利实施犯罪,或者实施违背职业要求的特定义务的犯罪。甲只是一个中学生,也没有具体的职业,不在从业禁止的适用范围内,不能适用从业禁止。

综上所述，本题答案 C 项。①

考点二　妨害司法罪

160. 下列说法正确的是？（　　）（多选）

A. 张三目睹王五和赵六共同抢劫，而作为证人被公安机关询问。但张三在作证时，为栽赃自己的情敌李四，对警察谎称自己目睹李四指使王五和赵六实施抢劫。而公安机关最后查明，王五和赵六的抢劫行为确实受到李四的指使。如果持客观说，张三的行为不成立伪证罪

B. 孟某与徐某相互勾结，通过诉讼骗取法院判决执行徐某的机动车至孟某名下，从而规避其所在城市的"摇号"政策。孟某与徐某的行为构成虚假诉讼罪

C. 胡某为达到转移资产、逃避履行其他合法债务的目的，与王某恶意串通，通过伪造借条、制造虚假银行转账记录等方式，将拖欠王某的借款 127 万元提高至 350 万元，并由王某提起民事诉讼，要求胡某清偿 350 万元。胡某的行为构成虚假诉讼罪

D. 华某因为拖欠借款被郑某告到法院，诉讼期间华某指使李某作伪证，因而使法院判决郑某败诉。李某的行为构成伪证罪

[试题解析]

A 项正确。如果行为人"故意"作出与其主观记忆不一致的虚假陈述，但该"虚假陈述"与真实的客观事实恰好一致，由于事实上没有妨害司法，不构成伪证罪。张明楷教授在《刑法学 100 讲》第 85 讲中认为构成伪证，分为主观说和客观说，其支持客观说，张三不成立伪证罪。所谓主观说，是指，只要行为人作证的内容与其主观上所认识的不一致，就成立伪证罪。即便其作证的内容与客观事实一致，也不影响伪证罪的成立。所谓客观说，是指，只有当行为人作证的内容与客观事实不一致时，才成立伪证罪。即便行为人主观上故意说谎，与本人记忆的内容不一致，但只要说出来的内容与客观事实本身一致，就不成立伪证罪。

B 项正确。孟某与徐某虽然没有骗取对方财物，但是侵害了人民法院的正常审判活动，构成虚假诉讼罪。②

---

① 该案源于实务案例：新疆维吾尔自治区哈密市伊州区人民法院对 2023 年的一桩篡改高考志愿案宣判。案中学生罗书龙利用班主任发到班群的准考证信息，登录 7 名同学账号并修改第一志愿，造成几名学生无法入读第一志愿学校。罗书龙因犯破坏计算机信息系统罪，被法院判处有期徒刑一年六个月。

② 参见周光权：《刑法各论》（第三版），中国人民大学出版社 2016 年版，第 385 页。

C 项错误。胡某的行为属于"部分篡改型"虚假诉讼，不符合虚假诉讼罪的构成要件，依法不应认定为虚假诉讼罪。①

D 项错误。伪证罪一般发生在刑事诉讼过程中，民事案件的证人作伪证的，一般不以犯罪论处，不构成伪证罪。

综上所述，本题答案为 AB 项。

161. 关于虚假诉讼罪，下列说法错误的有？（　　）（多选）

A. 甲向徐某借款 100 万元，到期后一直未能归还。徐某以甲出具的真实欠条作为证据向法院提起民事诉讼，请求甲归还欠款。甲伪造徐某的收款凭证应诉，使法院信以为真，没有支持徐某的诉讼请求。甲成立虚假诉讼罪

B. 乙因违反行政法的规定，被行政机关处以吊销执照的处罚。乙捏造行政机关的违法事实，并以此为由提起行政诉讼，法院陷入错误认识而撤销行政处罚。乙成立虚假诉讼罪

C. 蒋某向丙借款 50 万元，并出具一张载明借款金额为 50 万元的借条。1 年后，蒋某归还了欠款，并与丙口头约定之前载明借款 50 万元的借条作废。丙以蒋某的借条为证据向法院提起民事诉讼，要求蒋某归还借款 50 万元，法院作出了有利于丙的判决。丙成立虚假诉讼罪

D. 丁以捏造的劳务合同纠纷提起民事诉讼，将并不存在的普通债权虚构为优先权，法院在审理过程中发现丁的证据系伪造，没有支持丁的诉讼请求。丁成立虚假诉讼罪

[试题解析]

A 项错误。成立虚假诉讼罪，要求行为人"提起"民事诉讼。所谓"提起"，是指行为人将自己作为原告，基于某种事实，向法院提出具体的诉讼请求。本选项中，民事诉讼由徐某提起，甲虽然伪造了证据，但并未"提起"民事诉讼，不成立虚假诉讼罪。

B 项错误。成立虚假诉讼罪，要求行为人提起的是民事诉讼，即适用民事诉讼法的各种诉讼，不包括刑事诉讼与行政诉讼。本选项中，乙虽然伪造了证据，但乙提起的是行政诉讼，不成立虚假诉讼罪。

C 项正确。虚假诉讼罪是指以捏造的事实提起民事诉讼，妨害司法秩序或者严重侵害他人合法权益的行为。捏造事实既可以通过"虚构事实"也可以通过"隐瞒真相"的方式实现。换言之，虚假诉讼罪实质上就是一种欺骗法院的行为，隐瞒真相完全可以实现欺骗的目的，两者的社会危害性并无本质区别，没有理由将隐瞒真相的行为排

---

① 参见《刑事审判参考》（总第 124 集）第 1375 号指导案例：胡群光妨害作证、王荣炎帮助伪造证据案。

除在虚假诉讼罪之外。本选项中,丙隐瞒了借条已经作废的事实,提起民事诉讼,妨害了司法秩序,成立虚假诉讼罪。

D项正确。最高人民法院、最高人民检察院《关于办理虚假诉讼刑事案件适用法律若干问题的解释》第2条规定,以捏造的事实提起民事诉讼,致使人民法院开庭审理,干扰正常司法活动的,应当认定为"妨害司法秩序或者严重侵害他人合法权益",构成虚假诉讼罪。本选项中,虽然丁的虚假诉讼行为没有给被告人造成财产损失,但已经致使人民法院"开庭审理",妨害了司法秩序,成立虚假诉讼罪既遂。

综上所述,本题为选非题,答案为AB项。

【延伸阅读】虚假诉讼罪是指以捏造的事实提起民事诉讼,妨害司法秩序或者严重侵害他人合法权益。司法秩序与他人的合法权益是虚假诉讼罪的选择性保护法益,就对他人合法权益的侵害而言,本罪肯定是结果犯。但就虚假诉讼行为对司法秩序的妨害而言,对于本罪是行为犯还是结果犯存在争议。

有观点认为,"妨害司法秩序"型虚假诉讼罪是行为犯,即只要行为人以伪造的事实向司法机关提起民事诉讼,就构成犯罪既遂。另一种观点,最高人民法院认为,虚假诉讼罪属于结果犯。

首先,虚假诉讼罪的实行行为是以捏造的事实提起民事诉讼,《刑法》第307条之一规定的"妨害司法秩序"系实行行为造成的危害结果。无论是从时间上还是从空间上看,本罪的实行行为与危害结果之间均存在一定的间隔。当实行行为开始实施时,并不意味着立刻产生《刑法》规定的危害结果,只有在特定危害结果发生时才能认定犯罪既遂,这与行为犯只需实施某种行为就达到既遂状态有所不同。行为是否对司法秩序造成实质损害为判断"扰乱司法秩序"型虚假诉讼罪既未遂的标准。此处的司法秩序是指人民法院受理民事案件后的正常司法活动,实践中主要表现为行为人提起虚假民事诉讼后导致司法机关作出错误裁判,或者占用大量司法资源、影响正常司法活动两个方面。① 其次,在民事诉讼过程中,当事人基于趋利避害的本能选择自己的行为方式,《民事诉讼法》明确规定了对虚假诉讼行为的司法处罚措施,倘若需要动用《刑法》来规制此类行为,必须遵循刑法的谦抑性原则,慎重确定处罚范围。如果认为虚假诉讼罪属于行为犯,那么行为人只要以捏造的事实提起民事诉讼就构成犯罪既遂,将模糊犯罪行为与妨害民事诉讼的违法行为之间的界限,造成刑罚的打击面过广。

162. 下列关于窝藏、包庇罪,说法错误的有?(　　　)(多选)

A. 甲明知好友徐某抢劫后准备逃逸而缺少资金,仍向徐某归还已到期的欠款,使

---

① 参见《刑事审判参考》(总第124集)第1379号:万春禄虚假诉讼案。

得徐某得以潜逃。甲成立窝藏罪

B. 乙明知自己的远房表弟肖某(13周岁)盗窃了邻居的钻戒,仍帮助肖某化妆掩盖其相貌,并帮其成功潜逃。因肖某仅13周岁,不具有刑事责任能力,故乙不成立窝藏罪

C. 丙的领导蒋某因贪污公款案发潜逃,丙明知蒋某逃往老家,在民警向其调查时,出于哥们义气拒不向司法机关交代蒋某的藏匿地点。丙成立包庇罪

D. 丁明知刘某欲杀人,仍答应刘某在其杀人后帮其提供伪造的身份证以方便刘某逃匿。刘某杀人后,丁并未如约向刘某提供伪造的身份证,丁不构成犯罪

[试题解析]

A项错误。窝藏罪所要求的帮助犯罪分子逃匿应当仅限于直接使犯罪分子的逃匿更为容易的行为,并不是所有的帮助行为。本选项中,甲仅仅向徐某归还已到期的欠款,并不属于直接的帮助逃匿行为。故甲不成立窝藏罪。可能会有同学认为,正是因为甲的归还欠款行为,才使得甲更容易逃跑,所以,甲应成立窝藏罪。这种理解是错误的。归还借款行为本身虽然创设了风险,使得甲更容易逃跑,但问题是,徐某归还欠款是法律所允许的风险,而不是法律所不允许的风险,不能对此进行归责。

B项错误。认定窝藏、包庇罪,应当以被窝藏、包庇的人的行为构成犯罪为前提。但对"犯罪的人"应作扩大解释,客观上实施了犯罪行为的人即可。被窝藏、包庇的人实施的犯罪事实清楚、证据确实、充分,但因不具有刑事责任能力依法未予追究刑事责任的,不影响窝藏、包庇罪的认定。本选项中,13周岁的盗窃犯肖某也属于"犯罪的人",可以成为窝藏罪的对象,故乙成立窝藏罪。

C项错误。丙明知犯罪人的去向,面对司法机关的询问单纯地不提供证言,属于知情不举,不成立包庇罪。妨害司法罪原则上要求实行行为是积极行为,单纯知情不举无罪。例如,伪证罪、妨害作证罪等都要求行为人实施了积极的行为,单纯的知情不举,通过消极的方式不配合司法机关的工作,不成立妨害司法罪。在我国司法实践中,证人知悉案情但不作证的现象普遍存在,这种行为不可能作为犯罪处理。

D项错误。首先,丁明知刘某欲杀人,仍答应为其提供伪造的身份证,帮助其逃跑,二人属于对杀人行为进行了事前通谋,换句话说,丁的承诺对刘某的杀人起到了心理上的强化作用。故二人构成故意杀人罪的共犯。其次,由于丁成立故意杀人罪,事后即使为共犯提供伪造身份证助其逃跑,也属于事后不可罚行为,不成立窝藏罪。最后,丁并没有按照事前的约定为杀人后的刘某提供伪造的身份证,但并不妨碍丁成立故意杀人罪的共犯。

综上所述,本题为选非题,答案为ABCD项。

163. 下列说法正确的是？（　　）（单选）

A. 甲邀请同学夏某来家做客，夏某见到甲家中有一名牌手表，临时起意实施抢劫，夏某成立入户抢劫

B. 乙明知徐某未取得医生执业资格，仍同意徐某为自己看病，徐某不成立非法行医罪（徐某因非法行医已被行政机关处罚2次）

C. 明星丙为博取网友同情，雇佣肖某在网上对自己进行人身攻击，肖某的行为不成立侮辱罪或者诽谤罪

D. 丁受疾病折磨已久，请求好友蒋某杀害自己，蒋某杀害丁的行为不成立故意杀人罪

[试题解析]

A项错误。由于入户抢劫的法定刑较重，容易形成轻罪重判的局面，刑法理论一般主张对入户抢劫进行限制解释。第一，"入户"的目的必须具有非法性，即以侵害户内人员的人身、财产为目的，入户后实施抢劫，包括入户实施盗窃、诈骗等犯罪而转化为抢劫的，应当认定"入户抢劫"。第二，出于合法目的或者不是以侵害户内人员的人身、财产为目的（如赌博、卖淫嫖娼等）进入他人住宅，临时起意当场实施抢劫行为，一般不能认定"入户抢劫"。即，"在户抢劫"不能等同于"入户抢劫"。本选项中，甲主动邀请同学夏某来家做客，夏某见到甲家中的名牌手表后临时起意实施抢劫，属于"在户抢劫"而非"入户抢劫"。

B项错误。第一，非法行医罪规定在《刑法》第六章妨害社会管理秩序罪当中，属于危害公共卫生（社会法益）的犯罪。任何人对社会法益都没有承诺权限，即便乙明知徐某未取得医生执业资格，仍同意徐某为自己看病，该承诺也是无效的。第二，成立非法行医罪，以"情节严重"为前提。根据最高人民法院《关于审理非法行医刑事案件具体应用法律若干问题的解释》，非法行医被卫生行政部门行政处罚2次以后，再次非法行医的，属于《刑法》第336条第1款规定的"情节严重"。① 徐某因非法行医已被行政机关处罚2次，再次非法行医应当成立非法行医罪。

C项正确、D项错误。第一，个人法益原则上可以由被害人自由处分，也就是说，被害人对个人法益给予同意或承诺时，该同意或者承诺可以阻却构成要件符合性或违法性。C选项中，侮辱罪和诽谤罪的保护法益是被害人的名誉，属于个人法益，所以明星

---

① 最高人民法院《关于审理非法行医刑事案件具体应用法律若干问题的解释》（2016年）第2条："具有下列情形之一的，应认定为刑法第三百三十六条第一款规定的'情节严重'……（三）使用假药、劣药或不符合国家规定标准的卫生材料、医疗器械，足以严重危害人体健康的；（四）非法行医被卫生行政部门行政处罚两次以后，再次非法行医的；（五）其他情节严重的情形。"

丙雇佣肖某在网上对自己进行人身攻击,肖某不成立侮辱罪和诽谤罪。第二,并非所有个人法益都可以由被害人自行处分。国家作为个人法益的保护者,在自我决定权的行使影响了法益主体的生存时,就需要对这种自我决定权加以限制。D 选项中,丁对于伤害自己生命的承诺无效,蒋某依旧成立故意杀人罪。

综上所述,本题答案为 C 项。

考点三　危害公共卫生罪

164. 下列说法错误的有?(　　)(多选)

A. 偏僻山村的孕妇因为意外突然临盆,但是县医院离得太远,来不及送过去。隔壁邻居老王出于个人爱好学过一些妇科医术,紧急之下,老王为孕妇接生。老王医术不精导致孕妇难产,婴儿死亡。老王成立非法行医罪

B. 徐某等多名村民听闻孟某善于医治疑难杂症,声名在外,便将其请至家中为自己医治疾病。孟某告诉徐某自己并非科班医生,更无相关证书,仅凭家传医书医治患者。徐某听后深信其能为自己医治,于是满口承诺:"您放心治,治好了给重金,治不好我也不怪你。"徐某吃了孟某配制的草药后,身体抽搐,终生半身不遂。因徐某的承诺,孟某不构成非法行医罪

C. 王某是职业巫师,偶尔会用封建迷信的方法为他人治病。一日其使用封建迷信的方法为赵某治病时,因操作不当导致赵某重伤。王某构成非法行医罪

D. 侯某(女)到某诊所工作后,长期以医生身份独自为患者提供临床诊疗服务。其丈夫李某(医生)作为诊所负责人明知侯某未取得医生执业资格,仍然允许侯某在该诊所内长期以医生身份独自为患者提供临床诊疗服务。后在一次诊疗中,不慎致一名患者死亡。侯某与李某构成非法行医罪的共犯

[试题解析]

A 项错误。非法行医罪是职业犯,要求行医是以实施医疗行为为职业的活动。老王并非以接生或者行医为业,而是偶然一次的行为,不构成非法行医罪。应根据具体情况认定过失致人死亡罪或者因为紧急避险等原因不成立犯罪。

B 项错误。非法行医罪中被害人的承诺无效,因为本罪是危害公共卫生的犯罪。即便得到了被害人的承诺实施非法行医行为,依然成立非法行医罪。

C 项错误。王某的行为不属于非法行医,采用迷信乃至邪教方法致人重伤、死亡的,应该适用《刑法》第 300 条第 2 款组织、利用迷信致人重伤、死亡罪的规定。

D 项正确。非法行医罪属于消极的身份犯,具有医生执业资格的人,不可能成为本罪的正犯,但教唆或者帮助没有取得医生执业资格的人非法行医的,成立非法行医

罪的共犯。本选项中李某明知侯某未取得医生执业资格,仍然允许其在诊所内长期以医生身份独自提供诊疗服务,李某与侯某构成非法行医罪的共犯。①

综上所述,本题为选非题,答案为 ABC 项。

考点四　破坏环境资源保护罪

165. 关于污染环境罪,下列说法正确的有?(　　)(多选)②

A. 甲因为没有购置污水处理设备而被环保部门处罚后,将其厂房及设备转租给乙使用并获利,且明知乙未购置污水处理设备。乙在使用过程中违法排放废物,严重污染环境。甲的行为与乙造成的环境污染的结果之间存在因果关系

B. 同一车间的两套设备分属两个业主所有,但共用一个排污口,双方都不知道对方在排放污水。两套设备各排出 50% 的污水,最终导致环境严重污染。双方的行为与环境严重污染的结果之间不存在因果关系

C. 污染环境罪的行为方式之一"通过暗管排放废物",既包括行为人私设暗管排放废物,也包括行为人利用已有的暗管排放废物

D. 甲企业明知乙企业没有处理危险废物的资格和能力,且明知自己将危险废物转交给乙企业后,乙企业会非法排放危险废物,仍然将危险废物转交给乙企业处理。乙企业果然非法排放了危险废物。甲企业也成立污染环境罪

[试题解析]

A 项错误。甲将其厂房及设备转租给乙使用属于正常的民事交易,因此不存在刑法上的危害行为,进而甲的行为与污染结果之间不存在因果关系。换言之,既然乙租用甲的厂房和设备,乙就应当按照相关规定购置污水处理设备;乙非法排放污水造成环境污染,必须承担责任,而不是将结果归因给甲的行为。

有的同学可能认为,甲明知乙会污染环境还是将设备租给乙,甲可能成立污染环境罪的帮助犯。但是如前所述,甲的行为是一种正常的经营行为。对于中立的帮助行为(如经营行为)一般不以共同犯罪论处,例如,明知他人赌博而天天给其送快餐的行为,就不宜以赌博罪的共同犯罪论处。考虑到行为的日常生活性或者正当业务性,为了保护正常的业务活动和正常的日常生活交往,将符合传统帮助犯构成要件的行为全部作为帮助犯进行处罚,显然不妥当。因此,处罚帮助犯也应考虑帮助行为本身是否

---

① 参见《刑事审判参考》(总第 124 集)第 1382 号指导案例:侯春英非法行医案。
② 参见张明楷:《污染环境罪中"严重污染环境"的认定》,载《中国环境监察》2022 年第 Z1 期,第 45—47 页。

具有通常的侵犯法益的危险。没有制造不被法律允许的危险的行为,应属于一般的生活危险。对于没有侵犯法益的通常的危险行为,不应认定行为本身具有帮助性,即应否定符合帮助犯的客观要件。通常来说,出售商品、出租运输、金融服务、网络服务以及一般的日常生活行为都没有制造不被法律允许的危险,应否定其具有作为帮助犯的侵害法益的危险性,即行为本身不符合帮助犯的客观要件,故不应作为帮助犯处罚。①

B 项错误。本选项中,每个人的排污行为对环境污染的贡献率只有 50%,故对方的行为不能中断自己的排污行为与污染结果之间的因果关系,双方的行为均与污染结果之间存在因果关系。换言之,如果双方的行为均与污染结果之间没有因果关系,那"环境严重污染"的结果是谁造成的呢?

C 项正确。最高人民法院、最高人民检察院《关于办理环境污染刑事案件适用法律若干问题的解释》第 1 条第 5 项规定,通过暗管、渗井、渗坑、裂隙、溶洞、灌注等逃避监管的方式排放、倾倒、处置有放射性的废物、含传染病病原体的废物、有毒物质的,属于严重污染环境的行为。这里的通过暗管排放废物,既包括行为人私自设置暗管排放废物(如中途接管、分流直排、暗设阀门、伺机偷排、私改设计、不合理设置溢流口等),而且包括利用已有的暗管违法排放废物。因为二者没有实质的区别,都导致排放行为的隐蔽性变强,不利于执法人员查找厂区外的排污口,因而严重污染环境。

D 项正确。请注意 A 选项与 D 选项之间的区别。D 选项中,乙企业并不具有处理危险废物的资质和能力,因此,甲企业将危险物质转交给乙企业处理的行为,就不能被视为正常的民事交易行为,而是刑法上的危害行为,制造了法不容许的危险。换言之,你能把危险品交给没有运输、保管资质的人来处理吗?你能把病人推荐给没有资质的医生去治疗吗?因此,甲的行为与环境污染的结果之间具有因果关系,甲明知乙将会违法排放废物,还将危险物质转交给乙企业处理,成立污染环境罪的帮助犯。

综上所述,本题答案为 CD 项。

166. 关于破坏环境资源保护犯罪,说法正确的是?② (　　)(单选)

A. 甲滥伐自己所有的枯死树木的行为,无论持何种观点,都应认定为滥伐林木罪

B. 乙出售自己人工驯养繁殖的鹦鹉(濒危野生动物物种),无论持何种观点,都应认定危害珍贵、濒危野生动物罪

C. 丙在禁猎期猎捕野鸭 30 只(国家保护动物),因为难以产生"破坏野生动物资源"的实害结果,所以不成立非法狩猎犯罪

D. 丁无经营许可证处置危险废物,没有造成致人伤亡等污染事故,但严重污染环

---

① 参见陈洪兵:《中立的帮助行为论》,载《中外法学》2008 年第 6 期,第 931—957 页。
② 本题源自张明楷:《集体法益的刑法保护》,载《法学评论》2023 年第 1 期,第 44 页。

境的,成立污染环境罪

[试题解析]

A项错误。第一,根据《刑法》第345条第2款,滥伐林木罪是指违反森林法的规定,滥伐森林或者其他林木,数量较大。其中,滥伐属于自己所有的林木的,也可能成立本罪,因为属于个人所有林木,也是国家森林资源的一部分,虽然不能成为盗伐林木罪的对象,却可以成为滥伐林木罪的对象。本选项中,甲滥伐自己所有的树木,不影响该罪的成立。第二,对于"枯木"是否可以成为本罪的对象,存在不同认识。理论上有学者认为,滥伐枯死林木的行为,由于破坏了国家对森林资源和地方人民政府的责任的保护和管理制度,也构成滥伐林木罪①,且实践中也有此判例②。但是,一般认为,从解释论上来说,盗伐、滥伐枯死树木的行为,由于没有对部分环境要素形成具体危险,因而不能认定盗伐林木罪、滥伐林木罪。③ 最高人民法院也指出,从社会危害性来看,如果林木确实已经死亡或者严重毁损,则其生态价值相对有限,有关的非法采伐行为对森林生态的破坏相对较小,在决定应否追究刑事责任和裁量刑罚时,应当从严把握,情节显著轻微危害不大的,不作为犯罪处理;对滥伐此类林木的,一般不以犯罪论处,确有必要追究刑事责任的,应当从宽处理。④ 因此,根据此观点,本选项中,甲滥伐自己所有的枯死树木的行为可能不成立滥伐林木罪。需要指出的是,如果该类真题只考一种观点,根据题干表明甲的情节显著轻微危害不大,则不能认定构成滥伐林木罪。如果是观点展示型的问题,两种观点均需要掌握。

B项错误。第一,根据《刑法》第341条第1款,危害珍贵、濒危野生动物罪是指非法猎捕、杀害国家重点保护的珍贵、濒危野生动物,或者非法收购、运输、出售国家重点保护的珍贵、濒危野生动物及其制品。本选项中,乙的出售行为属于该罪的行为方式之一。第二,本罪对象是国家重点保护的珍贵、濒危野生动物及其制品。对于人工繁殖的动物是否属于本罪对象,不可一概而论。需要根据人工繁殖的目的、难度、数量,以及动物的珍贵、濒危程度等进行判断。一方面,理论界有学者认为,对于侵害野生动物资源这一集体法益的行为,需要追究刑事责任,但公民个人对自己人工繁殖的

---

① 参见真少萍、吴孔宝:《关于枯死木是否列入盗伐滥伐林木犯罪对象的问题探讨》,载《林业经济问题》2004年第1期,第63页。

② 参见广西壮族自治区河池市金城江区人民法院(2013)金刑初字第228号刑事判决书。

③ 参见张明楷:《避免将行政违法认定为刑事犯罪:理念、方法与路径》,载《中国法学》2017年第4期,第37页。

④ 参见《〈最高人民法院关于审理破坏森林资源刑事案件适用法律若干问题的解释〉新闻发布会》,载中国法院网,https://www.chinacourt.org/article/subjectdetail/id/MzAwNCjKMoABAA.shtml,访问日期:2025年1月7日。

野生动物的任何处置,都不可能最终导致野生动物的灭绝。因此,上述情况不能作为犯罪处理。最高人民法院、最高人民检察院联合发布的《关于办理破坏野生动物资源刑事案件适用法律若干问题的解释》中也指出,买卖人工繁育技术成熟、已成规模的野生动物一般不作为犯罪处理。另一方面,实务中多认为,根据野生动物案件相关司法解释,刑法规定的"珍贵、濒危野生动物"包括列入《国家重点保护野生动物名录》的国家一、二级保护野生动物和列入《濒危野生动植物种国际贸易公约》附录Ⅰ、Ⅱ的野生动物以及驯养繁殖的上述物种。① 因此,本选项所涉鹦鹉虽为人工驯养,亦属于法律规定的珍贵、濒危野生动物。综上,人工繁殖的动物是否属于本罪对象,不可一概而论。至少理论上及司法解释已经承认,出售自己人工繁殖的野生动物,危害性如果相对较小,不构成犯罪。

C项错误。第一,根据《刑法》第341条第2款,非法狩猎罪是指违反狩猎法规,在禁猎区、禁猎期或者使用禁用的工具、方法进行狩猎,破坏野生动物资源,情节严重。丙的行为属于违反狩猎法规,在禁猎期狩猎。第二,"破坏野生动物资源"并非实害结果,应将"野生动物资源"理解为集体法益,由此界定"野生动物"的范围。狩猎行为猎捕到具体的野生动物才是构成要件结果。因此,丙的行为成立非法狩猎罪。

D项正确。第一,根据《刑法》第338条,污染环境罪是指自然人或者单位违反国家规定,排放、倾倒或者处置有放射性的废物、含传染病病原体的废物、有毒物质或者其他有害物质,严重污染环境。本选项中,丁无经营许可证处置危险废物,符合该罪的行为方式。第二,污染环境罪不要求造成致人伤亡等污染事故,只要有严重污染环境的行为本身就成立犯罪。因此,丁的行为成立污染环境罪。

综上所述,本题答案为D项。

考点五 毒品犯罪

167. 下列说法正确的有?(　　　)(多选)

A. 徐某给孟某3000元让孟某给自己代购冰毒用于吸食。孟某买来冰毒后,从徐某处收取好处费200元。孟某的行为不构成贩卖毒品罪

B. 齐某与信某一起吸食毒品后,提及自己可买到低价甲基苯丙胺,信某即欲购买。同月9日,齐某乘火车到广东省,与毒品上家商定取货每克40元。齐某遂电话告知信某每克80元,信某决定购买甲基苯丙胺4000克,先汇购毒款22万元,尾款待收货

---

① 参见广东省深圳市宝安区人民法院(2017)粤0306刑初323号刑事判决书;广东省深圳市中级人民法院(2017)粤03刑终1098号刑事判决书。

时付清。后齐某在将毒品运回时被抓获。齐某构成贩卖毒品罪

C. 李某经常吸毒，某次花 1000 元购买毒品后，下决心戒毒，就将自己购买的毒品以 500 元的低价转卖给陈某。李某的行为构成贩卖毒品罪

D. 王某以贩卖为目的，从上家周某处买入 4000 多克的甲基苯丙胺，但刚收到周某寄来的快递就被抓获。如果认为贩卖毒品罪的既遂标准采"交付说"，王某的行为构成贩卖毒品罪的预备

[试题解析]

A 项错误。孟某的行为构成贩卖毒品罪，孟某事实上属于"二道贩子"，成立贩卖毒品罪。

B 项正确。第一，信某购买 4000 克的毒品，数量较大，不能认定为自己吸食毒品。第二，齐某先以每克 40 元的价格与贩毒者完成交易，而后对信某隐瞒该重要价格信息，再以每克 80 元的价格卖与信某，此时，齐某实际上已经是信某的上家。齐某的行为属于变相加价贩卖毒品，不属于单纯的代购毒品，已经属于代购型的贩卖。所以，齐某的行为应构成贩卖毒品罪。①

C 项正确。只要有毒品和钱之间的交易，就是贩卖毒品。李某的行为确实属于"出卖"，成立贩卖毒品罪。

D 项正确。贩卖毒品罪以毒品实际上转移给买方为既遂，转移毒品后行为人是否已经获取了利益，并不影响既遂的成立。本选项中，王某出于贩卖的目的而购买毒品，还没有开始"卖"，只是为了"卖"而做准备，应成立贩卖毒品罪的预备。当然，也有观点基于从严打击毒品犯罪的角度，认为只要为了"卖"而实际购买毒品，就成立贩卖毒品罪的既遂。

综上所述，本题答案为 BCD 项。

168. 关于毒品犯罪，下列说法正确的是？（　　）（单选）

A. 甲发现徐某将毒品放在甲的家里后，没有上缴到有权管理毒品的部门，而是立即销毁。甲成立非法持有毒品罪

B. 乙为了出卖毒品牟取暴利，向毒贩蒋某购买了 1kg 冰毒。如果乙收到毒品后，尚未卖出即被公安机关抓获，乙成立贩卖毒品罪（未遂）

C. 丙欲转卖毒品，已经并与上家肖某就欲购买的毒品的种类、数量、价格达成协议，且将购毒款交给卖家肖某。在交付日前一天，丙与肖某均被公安机关抓获，因毒品尚未交付，丙成立非法持有毒品罪（未遂）

---

① 参见《刑事审判参考》（总第 124 集）第 1385 号指导案例：齐先贺贩卖、运输毒品案。

D. 丁因形迹可疑被公安机关盘问,公安机关发现丁身上藏有50g海洛因。调查后发现,丁持有的海洛因确实只用于自己吸食,不会交付给他人或者集体吸食。如果认为持有犯的成立以持有行为具备"抽象危险"为前提,那么丁不成立非法持有毒品罪

[试题解析]

A项错误。根据法考及刑法通说的观点,持有型犯罪应当是作为犯罪。即法律规定持有型犯罪,是为了禁止行为人取得特定物品。本选项中,甲发现徐某将毒品放在自己家中后,立即销毁,并没有违反法律禁止性规范持有该毒品。因此,虽然甲没有上缴该毒品,也不成立非法持有毒品罪。需要指出的是,如果认为非法持有毒品罪是不作为犯,其作为义务是上交毒品给公安机关等相关部门,那么甲不履行上交义务成立非法持有毒品罪。

B项错误。购买毒品的行为,并非贩卖毒品罪的实行行为。换言之,"贩卖"毒品并不意味着必须先购买毒品再出卖毒品。例如,行为人拾得1000克海洛因后出卖给他人的、出卖祖辈留下的鸦片的,均成立贩卖毒品罪。因此,出于贩卖目的而非法购买和持有毒品的行为,属于贩卖毒品的预备行为。本选项中,乙购买毒品后,尚未卖出即被抓获,应当认定非法持有毒品罪与贩卖毒品罪(预备),想象竞合。当然,如果认为贩卖毒品罪侵犯的是国家对毒品的管制,则乙成立贩卖毒品罪的既遂。所以购买毒品本身就已经侵害了国家对毒品的管制,所以成立贩卖毒品罪的既遂。

C项错误。第一,持有犯应当属于持续犯,即只有行为人对毒品等物品的支配具有事实上的持续性时,才可能成立持有型犯罪。本选项中,丙尚未接触到毒品,不可能成立非法持有毒品罪。第二,我国《刑法》只规定了贩卖毒品罪,并未规定购买毒品罪,即单纯的购买毒品行为不构成犯罪,刑法所规制的是购买毒品以后的非法持有行为。本选项中,丙购买毒品的行为本身不构成犯罪,故如果将该购买行为(尚未完成)以非法持有毒品罪的未遂处理,会导致明显的刑罚不协调。

D项正确。第一,《刑法》未将吸食毒品的行为规定为犯罪,故持有少量毒品用于自己吸食的行为不成立非法持有毒品罪。持有大量毒品之所以成立非法持有毒品罪,是通过事实推定的方式,即推定行为人不可能吸食该数量的毒品,多余的毒品存在流入社会的风险,因此对其予以规制。第二,如果认为持有犯以持有行为具有抽象危险为前提,则持有毒品的行为成立非法持有毒品罪以行为人持有的毒品具有流入社会的危险为前提。本选项中,确有证据显示,丁持有的毒品仅用于自吸,不可能具有流入社会的风险,不具有抽象危险性,不成立犯罪。当然,如果认为非法持有毒品罪的保护法益为毒品管理制度,那么,只要持有就破坏了该制度,成立非法持有毒品罪。

综上所述,本题答案为D项。

169. 下列关于毒品犯罪,说法正确的是?（　　　）（单选）

A. 甲采用体内藏毒的方式从 A 地出发,欲将毒品运输到 B 地。甲在运输过程中,在中途 C 地被公安机关查获。甲成立运输毒品罪(未遂)

B. 乙为吸食毒品,向徐某求购毒品,并支付了购毒款,但乙尚未拿到毒品(数额较大)即被司法机关抓获,此时双方正准备交换毒品。如果坚持行为无价值论,乙成立非法持有毒品罪(未遂)

C. 丙出于牟取暴利的目的,欲制造毒品氯胺酮。丙为此还专门学习了制造方法,并购买了制造氯胺酮的原材料及制毒工具,然因经验不足,制造氯胺酮均以失败告终,没有制造出毒品。丙不成立制造毒品罪

D. 丁在某废弃的面粉厂内生产毒品,通过多种机械设备、精密仪器,将甲基苯丙胺与咖啡因等按照一定比例混合,反复检验味道,最终制造出含有甲基苯丙胺的毒品"麻古"9408 克。丁不成立制造毒品罪

[试题解析]

A 项错误。第一,一般认为,运输毒品的行为使毒品离开原处或转移了存放地,即属于既遂。第二,本选项中,甲已经乘火车从 A 地出发,在 C 地被抓获,虽然未到达其目的地 B 地,但毒品已经离开了原地(A 地),构成运输毒品罪(既遂)。换言之,认为运输毒品罪的既遂标准是"到达目的地"显然是不合适的,因为每个人都有其心中的"目的地",那这样犯罪既遂就毫无标准可言了。

B 项正确。第一,非法持有毒品罪所要求的主观故意,是指行为人明知是毒品、明知是非法还持有。因此,本罪作为一种直接故意犯罪,自然存在犯罪预备、未遂、中止的未完成形态。本选项中,乙已将购毒款交给徐某,即已着手进入实行阶段,而非处在单单商议价格、数量、交易地点等犯意联络的预备阶段,只差徐某交付毒品就完成毒品所有权的转移,实现乙对毒品的持有,由于被公安人员抓获这一意志以外的原因,而未能得逞,故应认定乙为非法持有毒品罪的未遂。① 本选项中,乙虽然在客观上没有现实地持有毒品,但具有持有毒品的现实可能性,从规范行为的角度看,应认定为犯罪,构成非法持有毒品罪的未遂。

C 项错误。丙主观上想要制造毒品,客观上购买了制毒的原料及工具,并实施了制造毒品的行为。且为了制造毒品专门学习了制造方法,上述种种,可以说明丙的行为具有制造出毒品的具体危险,仅是因为经验不足没能实际制造出毒品,属于能犯未遂。因此,对丙应以制造毒品罪(未遂)论处。②

---

① 参见王路真:《非法持有毒品存在未遂状态》,载《人民司法(案例)》2018 年第 17 期,第 21—24 页。
② 参见《刑事审判参考》(总第 61 集)第 486 号指导案例:朱海斌等制造、贩卖毒品案。

需要说明的是，我国审判实践中对于毒品犯罪，原则上是从严态势，即便行为人客观上没有造成具体的结果，只要行为具有造成结果的可能性，哪怕这种可能性偏低，都应认定为犯罪。也可以这样认为，在毒品犯罪这一问题上，我国刑法理论与审判实践多坚持行为无价值。例如，司法解释规定，误将面粉当作毒品贩卖的，虽然事实上没有贩卖毒品，从规范行为的角度看，也应认定为贩卖毒品罪的未遂。

D 项错误。第一，虽然生产"麻古"是一种物理加工过程，但并非几种毒品的简单混合，也不同于在毒品中掺杂掺假，而是含有一定"技术含量"的，需要经过反复的含量配比试验和质量把关才能制造成功以满足特定人群的吸食要求。第二，在审判实践中，如排除通过物理方式加工、生产混合型毒品为制造毒品的行为，势必放纵此类犯罪，有违严厉打击毒品犯罪的基本政策。因此丁加工、生产"麻古"的行为应该认定为制造毒品罪。①

综上所述，本题答案为 B 项。

170. 关于毒品犯罪，下列说法正确的是？（　　）（单选）

A. 甲从乙处购买 100 克海洛因用于自己吸食，如果认为成立非法持有毒品罪需要有毒品流向社会的危险，其行为构成非法持有毒品罪

B. 甲以出卖毒品为目的，向乙购进一批毒品，持有该毒品一段时间尚未转卖出去就被警察抓获，如果认为贩卖毒品的既遂标准采"交付说"，其行为构成贩卖毒品罪的未遂

C. 甲以种植为目的，收集大量罂粟种子，携带种子从外地坐火车回家，在火车上被警察抓获。甲的行为构成非法持有、运输毒品原植物种子罪

D. 甲欲购买毒品，且已与上家乙商谈好价格和数量，并将购毒款交给乙，只差事实上的毒品交付。甲构成非法持有毒品罪

[试题解析]

A 项错误。首先，甲持有毒品用于"自吸"的行为，不具有使毒品流向社会的抽象危险。如果认为非法持有毒品罪是抽象危险犯，并要求对该种危险进行实质判断，即具有流向社会的危险，那本选项中的毒品确实没有流向社会的危险，是用于自吸的，甲不构成非法持有毒品罪。其次，当前刑法理论上也强调对于"抽象危险犯"的危险要进行实质判断，不能过于抽象。例如，危险驾驶罪是抽象危险犯，以往刑法理论与实务认为，只要血液酒精含量达到 80 毫克每 100 毫升，就构成危险驾驶罪，而不考虑醉酒驾驶的具体场域、时间、距离等。这种做法显然会导致危险驾驶罪的适用范围被无限扩

---

① 参见《刑事审判参考》（总第 63 集）第 501 号指导案例：高国亮、李永望等贩卖、制造毒品案。

大,近年来我国危险驾驶罪跃居成为第一大罪名也与这种理念有关。现今,理论与实务都主张对危险驾驶罪的"抽象危险"进行实质判断,即使是"抽象危险犯"所要求的危险,也不能"过于抽象",而应结合醉酒驾驶的具体情境进行判断,只有具有一定的危险的驾驶行为才能被认定为危险驾驶罪,如果仅是在倒车入库时醉酒驾驶的,就不宜认定为危险驾驶罪。理论上,越来越多的学者支持这一观点。认为抽象危险犯的处罚根据是该行为立法推定的危险,法条并不能绝对确保根据经验事实描述的构成要件行为必然存在相应的危险。因此,对抽象危险的判断应当采取实质说,从行为客观上是否可能造成实质的法益侵害判断是否应当对其进行处罚。最后,需要补充的是,如果认为仅持有毒品本身就是一种危险,即对非法持有毒品罪所要求的抽象危险作过于抽象化的解释,不要求有流向社会的危险,那甲的行为成立非法持有毒品罪。基于我国当前对毒品犯罪严厉打击的刑事政策,实务中一般会对该行为认定为非法持有毒品罪,而不考虑毒品是否有流向社会的危险。

　　B项错误。甲的行为构成非法持有毒品罪与贩卖毒品罪的预备,不构成贩卖毒品罪的未遂。首先,甲的行为构成贩卖毒品罪的预备。贩卖毒品就是指"出卖"毒品。购买与持有毒品的行为不是贩卖毒品罪的实行行为,不能认定为"卖"。换言之,出于贩卖目的而非法购买和持有毒品的行为,属于贩卖毒品的预备行为。即甲的行为还处在贩卖的准备、预备阶段,没有"开卖",尚未进入着手实行行为阶段,由于意志以外的因素而停止,构成贩卖毒品罪的预备而非未遂。其次,甲的行为构成非法持有毒品罪。单纯"购买"毒品的行为并不属于刑法的规制对象,购买毒品后持有毒品的行为,才是刑法的规制对象。甲在购买毒品之后进行转卖之前,其持有行为的处罚根据在于,毒品本身具有危险性与用于犯罪的通常性,甲购买毒品之后意图出卖,在出卖之前其持有毒品的行为构成非法持有毒品罪。

　　最后,甲的行为同时构成贩卖毒品罪的预备以及非法持有毒品罪的既遂,是包括的一罪,也可以认为是想象竞合,从一重罪处罚。

　　C项正确。甲的行为构成非法持有、运输毒品原植物种子罪。首先,《刑法》第351条规定了非法种植毒品原植物罪,这是非法制造毒品罪的预备犯的既遂化,也就是说,将非法制造毒品罪的预备行为,规定为独立的罪名。其次,《刑法》第352条进一步规定了非法买卖、运输、携带、持有毒品原植物种子、幼苗罪,应当认为,这一行为在毒品犯罪中相当于预备的预备。该罪是非法种植毒品原植物罪的预备行为,被规定为独立的罪名。最后,本选项中,甲以种植罂粟为目的而大量收集罂粟种子,并携带其坐火车进行运输,同时具有刑法第352条规定的持有、运输毒品原植物种子的行为,构成非法持有、运输毒品原植物种子罪。

　　D项错误。首先,甲的行为对毒品不存在事实上的支配,不构成非法持有毒品罪。

对于持有只能要求行为人对物品构成"事实上的支配"(法考观点)还是也包括"法律上的支配"存在不同观点:一种观点认为,持有一般要求行为人对物品构成事实上(物理上)的支配,而非法律上的支配。根据这种观点,本选项中若乙作为卖方尚未完成毒品的交付,则甲作为买方尚未形成对毒品事实上的支配,不构成非法持有毒品罪。另一种观点认为,持有既包括事实上的支配也包括法律上的支配。根据这种观点,本选项中甲与乙已经达成交易、交付货款且达成交付毒品的合意,已经对毒品构成法律上的支配,构成非法持有罪。但是从持有犯的处罚根据来看,法律上的支配并不构成持有犯的"持有"。因此在法考中一般采用第一种观点,认为本选项中甲的行为不构成非法持有毒品罪。其次,持有犯属于持续犯,只有当行为人对毒品等物品的事实上的支配具有持续性,才可能成立犯罪。本选项中甲尚未在事实上支配毒品,当然不构成对毒品的持续性支配,不能构成犯罪。最后,我国刑法并不处罚购买毒品的行为,即对购买行为都不作为犯罪处理,那么,在购买之前的行为就更不应该作为犯罪(非法持有毒品罪)处理。就本选项而言,甲尚未完成购买行为,将其以非法持有毒品罪的未遂犯处罚,就明显导致刑法的不协调。

综上所述,本题答案为 C 项。

【实务案例】被告人罗超坚联系被告人欧进成购买 80 克海洛因,欧进成遂联系被告人全兴平,欲以每克 300 元的价格向全兴平购得海洛因后再以每克 310 元的价格倒卖给罗超坚。次日罗超坚将 2.48 万元交给欧进成用于购毒。后全兴平拿了 80.1 克海洛因(含量为 86.4%)与欧进成交易,收取了欧进成 2.4 万元毒资。欧进成携带毒品来到交易地点时被民警抓获。欧进成归案后,带领民警将罗超坚抓获,民警从罗超坚处起获了 4.92 克海洛因、手机 2 台、现金 791 元。

法院认为,被告人为吸食已向上家付购毒款,但尚未拿到毒品即被抓获,应认定为非法持有毒品的未遂。被告人非法持有毒品既遂部分未达到定罪标准,未遂部分达到定罪标准的,应按犯罪未遂比照既遂犯对其减轻处罚,并考虑到其非法持有毒品的既遂部分,酌情从重处罚。①

理论上反对上述裁判观点,认为罗超坚不构成非法持有毒品罪。因为持有是对物品的事实上的支配,既然毒品尚未交付给罗超坚,就不能认定罗超坚已经开始持有毒品。而且,持有犯属于持续犯,只有当行为人对毒品等物品的事实上支配具有持续性时,才可能成立犯罪。

---

① 参见王路真:《非法持有毒品存在未遂状态》,载《人民司法(案例)》2018 年第 17 期,第 21 页。关于本案的判决,参见广东省佛山市中级人民法院(2016)粤 06 刑初字第 156 号刑事判决书,广东省高级人民法院(2017)粤刑终字第 1176 号刑事裁定书。

考点六　卖淫相关犯罪及淫秽物品相关犯罪

171. 下列关于淫秽物品相关犯罪,说法正确的是?(　　)(单选)

A. 甲谋求暴利,复制了大量的淫秽电影光碟准备售卖,但是还没卖出去,就被公安机关抓获。甲的行为构成复制淫秽物品牟利罪的未遂

B. 乙以模特经纪人的身份通过互联网招募模特,同时在各种网站上发布拍摄人体模特等活动,以此高价吸引摄影爱好者对其所招募的模特进行人体拍摄。后在乙的多次组织下,上百名摄影者对乙招募的10余名女模特拍摄了大量裸露照片。乙成立组织淫秽表演罪

C. 丙为了炫耀,将自己从海外走私来的海量淫秽光盘平铺在桌面上,向自己的众多好友进行展示。丙成立组织播放淫秽音像制品罪

D. 丁创立了一个免费的淫秽网站,并在该网站发布了大量淫秽视频等淫秽电子信息。同时丁通过将广告信息插入该网站,获取广告费2000余元。丁仅成立传播淫秽物品罪

[试题解析]

A项错误。复制淫秽物品牟利罪的既遂不以行为人牟利目的实现为标准。换言之,只要行为人出于牟利的目的复制了淫秽物品,即使没有将该淫秽物品卖出并获利,也是犯罪既遂。本选项中,甲实施了复制淫秽物品的行为,主观上有故意以及牟利目的,成立犯罪既遂。历年真题(2018年)中有类似的真题,以牟利为目的复制淫秽物品后,又将其销毁,甲的行为成立复制淫秽物品牟利罪的既遂。

B项正确。乙组织摄影爱好者对其招募的模特进行人体拍摄,名为人体拍摄,实为淫秽表演,故乙成立组织淫秽表演罪。

【案例来源】2010年3月以来,王天祥以模特经纪人的身份,通过互联网招募武某、李某、叶某等人,到其"成都天影工作室"等摄影棚试镜。同时,他还在"龙网"等网站发布拍摄人体模特等活动,吸引摄影爱好者对招募的模特进行人体拍摄。在王天祥的多次组织下,摄影者对招募的模特拍摄了大量裸露隐私部位的照片。王天祥则从拍摄人处收取1200元至1500元不等的报酬,并将其中的600元至800元支付给模特作为报酬,直到2011年7月被警方抓获。成华区人民检察院认为,应以组织淫秽表演罪追究王天祥的刑事责任。

成华区人民法院表示,王天祥在本案审理过程中一直认为,自己的行为不是出于淫秽的目的,而是一种"艺术"。对此,法院解释,区分"淫秽"和"艺术"的标准主要在于照片的主题是否宣扬了性行为。在王天祥组织拍摄的照片中,有部分连模特的容貌

都未显示,只是单纯表现其隐私部位,表达淫秽思想的行为明显。①

C项错误。组织播放淫秽音像制品罪要求行为人必须向他人展示淫秽音像制品的"内容"。本选项中,丙仅仅向他人展示音像制品本身(光盘本身),并未展示光盘中的淫秽内容,即没有实施播放行为,故丙不成立组织播放淫秽音像制品罪。

D项错误。虽然丁创立的淫秽网站并不直接向访问者收费,看似丁不具有牟利目的,但丁通过该网站获得了广告费,同样属于以牟利为目的,系间接牟利。因此,对丁应以传播淫秽物品牟利罪论处。也可以认为,丁既触犯了传播淫秽物品罪,也触犯了传播淫秽物品牟利罪,应择一重罪处罚。

综上所述,本题答案为B项。

---

① 参见四川省成都市成华区(2012)成华刑初字第80号刑事判决书。

专题九 贪污贿赂罪与渎职罪

考点一 贪污罪

172. 关于贪污罪,下列说法正确的是?（　　）（单选）

A. 甲为某水利水电局管理站站长,采取虚报个人差旅费入账核销的方式,获取5万元"差旅费"。根据通说观点,甲成立贪污罪。如果对贪污罪所要求的"利用职务上的便利"作缩小解释,报销差旅费严格意义上而言,并非基于甲的职权,甲通过此种方式骗取公共财产的,成立诈骗罪

B. 乙为国有加油站的职工（国家工作人员）。在下班前,乙将收取的加油费锁入自己管理的、存放于加油站的铁柜。深夜,乙来到加油站,用铁锤砸开铁柜取走里面的现金。乙成立盗窃罪

C. 在"温榆河大道道路工程"拆迁征地过程中,丙利用担任当地村委会主任、协助乡政府从事宅基地确认等工作的职务便利,为其妻弟肖某违规出具宅基地确认单（认定宅基地的基础环节,非决定环节）,从上级政府部门骗取拆迁腾退补偿款共计110万元。丙成立贪污罪

D. 丁在法院执行局任职。在负责一起执行案件的过程中,法院判决败诉方徐某要支付给胜诉方蒋某100万元,徐某原本打算在执行期限届满的前一天支付。但丁欺骗蒋某说:"徐某没有能力支付100万元,我可以帮忙找人出20万元将你的判决书买下来。这样你至少还得到了20万元,否则一分钱也拿不回来。"蒋某信以为真,就将自己的胜诉判决书以20万元卖给了丁的妻子。最后丁的妻子拿着该胜诉判决书,从徐某处得到了100万元。丁成立贪污罪

[试题解析]

A项正确。根据通说观点及审判实务观点,国家工作人员谎报出差费用或者多报

出差费用骗取公款的,成立贪污罪。① 部分学者认为,定诈骗罪更合适,因为出差报销并不是国家工作人员的职务行为。从应对国家法律职业资格考试的角度看,这两种观点都需要掌握。

B项错误。乙不成立盗窃罪,成立贪污罪。乙虽然没有利用钥匙解锁铁柜,而选择用铁锤砸开铁柜的方式取走里面现金,但由于乙原本就基于职务占有了收取的加油费并管理该铁柜,乙取走该铁柜里面的财物,应被认为利用了职务上的便利。因此,乙作为国家工作人员,利用职务便利,将收取的加油费占为己有,成立贪污罪。

C项错误。丙不成立贪污罪,成立诈骗罪。丙并没有利用职务上的便利。职务上的便利强调行为人对于财物有支配、决定权,而丙为肖某违规出具的宅基地确认单只是认定宅基地的基础环节而非最终决定环节,仅凭宅基地确认单不能必然地认定宅基地,是否属于宅基地最终要由上级政府部门审核确认。丙为肖某违规出具宅基地确认单的行为,虽然利用了其作为村委会主任协助乡政府从事拆迁宅基地确认工作的便利,但是该行为对获得拆迁补偿不起决定性作用,其出具的宅基地确认单尚需上级政府部门把关,丙针对拆迁补偿款并不具有审核批准的权力或者决定权力。因此,丙的行为属于骗取拆迁补偿款,应当认定为诈骗罪,而非贪污罪。②

D项错误。丁不成立贪污罪,成立诈骗罪。丁诈骗的对象是胜诉方蒋某的债权,而非公共财产。本选项中,公共财产并没有遭受实际损失。因此,丁不成立贪污罪,成立诈骗罪。

综上所述,本题答案为A项。

考点二　挪用公款罪

173. 关于挪用公款罪,下列说法正确的是?(　　)(单选)

A. 甲于2020年2月1日挪用公款300万元归个人进行其他活动,同年6月1日,归还了100万元,携带剩余的200万元潜逃。对甲应当以挪用公款罪与贪污罪数罪并罚

B. 甲是某国有公司的会计,乙是民营企业的员工,甲与乙共谋将国有公司的300万元挪出交由乙用于炒股,所得收益两人平分。甲将300万元汇入乙的股票账户后,乙将200万元用于炒股,将100万元用于赌博。甲、乙成立挪用公款罪的共犯,共同犯罪

---

① 部分学者如张明楷教授认为,定诈骗罪更合适,因为出差报销并不是国家工作人员的职务行为。从应对国家法律职业资格考试的角度看,这两种观点都需要掌握。

② 参见北京市朝阳区人民法院(2018)京0105刑初2187号刑事判决书。

的数额为200万元

C. 甲（非国家工作人员）欺骗国有企业的会计乙，称自己的300万元定期存款一个月后到期，指使乙挪用300万元给自己支付购房款。乙将300万元公款挪给甲，甲将这300万元用于炒股（乙不知情），一个月后甲将300万元归还给国有公司。甲成立挪用公款罪的间接正犯

D. 某民营企业负责人甲与某国有企业负责人乙共谋，以将国有企业的公款出借给民营公司的名义挪用国有企业的公款1000万元，其中400万元由甲用于支付购房款，4个月后归还，600万元由乙用于炒股。甲、乙成立挪用公款罪的共犯，其中甲的犯罪数额为400万元，乙的犯罪数额为600万元

[试题解析]

A项正确。本选项中，甲并非只实施了一个行为，而是实施了数个行为，所以不符合想象竞合的基本特征；并且从刑法规定上说，挪用公款行为并不是贪污行为的一部分。也就是说，对于归还的100万元，应认定为挪用公款罪。对于另外200万元，应转化为贪污罪。因此，应当实施数罪并罚。

B项错误。首先，甲、乙二人共谋实施了挪用公款的行为，成立共同犯罪。对于共同犯罪，二人都应当对挪用公款的总金额负责。因此，二人挪用公款的金额是300万元。其次，乙虽然没有按照事前的约定将300万元全部用于炒股，但甲在以营利为目的将300万公款挪出之时，犯罪就已经成立了，至于公款是用于非法活动还是营利活动，这一认识错误并不影响故意的认定，也不影响数额的认定。最后，退一步讲，乙虽然没有按事前的约定将300万元全部用于炒股，而是将其中的100万元用于赌博这一非法活动，但赌博也以营利为目的，可以理解为挪用公款从事营利活动。因此，甲、乙二人的挪用金额依然是300万元，可以认为在挪用公款"从事营利活动"这一范围内成立共同犯罪，犯罪数额是300万元。

C项错误。首先，乙主观上只有挪用公款从事其他活动，而且时间只有1个月。因此，不构成挪用公款罪。其次，甲利用或教唆乙实施上述行为，而甲主观上有挪用公款从事营利活动的目的，事实上该公款也被用于从事营利活动。因此，甲构成挪用公款罪。最后，甲不构成挪用公款罪的间接正犯，而是教唆犯。挪用公款罪要求行为主体必须是国家工作人员，即挪用公款罪是身份犯。因此，在本选项中，甲要想成立间接正犯或正犯（实行犯），必须具备国家工作人员的身份。故甲不成立挪用公款罪的间接正犯。但是，甲的教唆行为确实在客观上让乙实施了挪用公款的客观行为，而且乙至少在"挪用"这一主观故意上受到了甲的唆使，故，甲成立挪用公款罪的教唆犯。

D项错误。甲、乙共谋实施了挪用公款的行为，并且对1000万元公款的损失存在共同故意。因此，二者成立共同犯罪，金额是1000万元。事后各自的用途并不影响挪

用公款时的共同故意和数额的认定。

综上所述,本题答案为 A 项。

174. 关于挪用公款罪,下列说法正确的是？(　　)(单选)

A. 国家工作人员甲挪用公款 100 万元存放在家中,由于其确诊新冠而被隔离治疗 4 个月,导致一直没有使用该 100 万元的机会。甲不成立挪用公款罪

B. 乙为某国有公司的财务人员,为帮助妻子所在的 A 银行完成存款任务,擅自决定将自己所在的国有公司的公款从 B 银行取出,并打算隔天转入 A 银行,户名依然为该国有公司。但因新冠情势严重,A 银行停工,直至 3 个月后,乙才将上述公款转入 A 银行。乙成立挪用公款罪

C. 丙为某国有公司财务部门的经理,为了偿还自己欠徐某的 200 万元,便以公司名义,提前向 A 公司催收还有 4 个月才到期的、A 公司应支付给该国有公司的合同款 200 万元,并要求 A 公司将该 200 万元打入徐某的账户。后丙在其所在国有公司的账上制作丙欠公司 200 万的账目信息,并在 3 个月后归还 200 万元给国有公司。丙成立挪用公款罪

D. 某开发区政府负责人丁负责工程建设,肖某希望从开发区借 3000 万元给自己使用。丁知道该行为属于挪用公款,于是找到某施工单位负责人蒋某,提议由开发区政府提前支付本应 3 个月后才支付给该施工单位的工程款,但施工单位必须将这 3000 万元给肖某使用 4 个月。肖某使用 4 个月后,将 3000 万元还给了蒋某的施工单位。丁成立挪用公款罪

[试题解析]

A 项错误。甲成立挪用公款罪。挪用公款罪的法益侵害性主要表现在使公款脱离单位控制,处于流失(不能归还)的危险中。行为人使公款脱离单位后,即使尚未使用该公款,也属于挪用。因此,本选项中,甲挪用公款超过三个月未归还,成立挪用公款罪。

B 项错误。乙不成立挪用公款罪。本选项中,乙只是暂时想将公款从 B 银行取出,转而再存入 A 银行,户名依然为国有公司,只是由于疫情导致中间间隔了 3 个月。换言之,乙并没有将公款脱离国有公司控制的主观故意,所以,乙不成立挪用公款罪。可能有同学会认为,公款只要"挪出"了,离开了单位,就应该认定为挪用公款罪,进而认为本选项中乙构成挪用公款罪既遂。但是,"挪出"是指将公款脱离单位的控制,不仅仅是客观上将公款挪出,而且要求行为人主观上有将公款挪出的故意。本选项中,乙根本不具有将公款一定时期(3 个月)挪出的故意,故不能认定为"挪出"。因此,不成立挪用公款罪。

C项错误。丙不成立挪用公款罪。首先,挪用公款必须是使单位现实控制的公款脱离单位的控制,概言之,国家工作人员未收回单位的应收款的,不符合挪用公款罪的构成要件。本选项中,丙催收的合同款只是公司的应收款,也即公司还没有现实控制该200万元合同款。其次,在本选项中,该国有公司并没有丧失对公款应有的支配时间,也不应认定挪用公款罪。该国有公司本该在4个月后收回该合同款200万元,而经过丙的上述一系列行为,3个月后,也即提前一个月就得到该合同款。就此意义而言,也不能认定为挪用公款罪。相反,如果让本该归单位4个月后收回的公款于10个月后才收回,用作个人使用,成立挪用公款罪。最后,本选项虽然不成立挪用公款罪,但丙确实利用了自己的职权进行了上述违规操作,可以对之进行纪律处分,或者视情节严重认定为国有公司人员滥用职权罪。

D项正确。丁成立挪用公款罪。第一,丁属于变相挪用公款。丁提前4个月将工程款付给施工单位,即提前4个月让渡了公款的使用权。第二,形式上将公款提前支付给蒋某的施工单位使用,实质上支付给肖某使用,属于挪用公款"归个人使用"。

综上所述,本题答案为D项。

考点三　贿赂犯罪与渎职犯罪

175. 关于贿赂犯罪,下列说法正确的是?(　　　)(多选)

A. 甲系某交警支队的民警,多次违法利用职务上的便利登录"交通综合应用平台",查询车辆信息600余条,并将该信息出售给赵某获利10万元。因甲与赵某之间系买卖关系,甲不构成受贿罪,仅构成侵犯公民个人信息罪

B. 甲经营的绿化工程公司完成政府项目后,为顺利优先其他债权人结算工程款,甲送给国家工作人员乙价值10万元的茶叶一盒,甲成立行贿罪

C. 国家工作人员乙在招标过程中故意偏袒不知情的甲,招标结束后,在乙的强烈要求下甲送给乙价值100万元的汽车一辆。甲不成立行贿罪

D. 甲经营的旅游公司与政府共同推出旅游项目,为庆祝该合作项目即将完成,甲送给国家工作人员乙一块价值6万元的手表留作纪念。甲不成立行贿罪

[试题解析]

A项错误。第一,甲出售公民个人信息的行为,构成侵犯公民个人信息罪。第二,甲收受该10万元的行为构成受贿罪。"甲与赵某之间系买卖关系"不能否定甲的行为构成受贿罪。贿赂犯罪本身就是在对职务行为进行买卖,即行贿人在收买职务行为,受贿人在出卖职务行为。本选项中,不能因为甲卖了公民的个人信息,就否认甲出卖了职务行为。换言之,甲出卖的公民个人信息是通过职务行为获取的,出卖公民

个人信息与出卖职务行为并不对立。与之对应,赵某向甲支付的对价,既是公民个人信息的对价,也是甲职务行为的不正当报酬。

B项正确。如果进行抽象的判断,会认为甲是为了谋取正当利益而给付回扣,不构成行贿罪。但是,在乙可能不优先支付甲的欠款、可能优先支付其他公司的欠款的情况下,甲使乙决定优先偿还对自己的欠款,就是一种不正当利益,应认定为行贿罪。至于行为人实际上是否因行贿谋取了不正当利益,则不影响行贿罪的成立。如果行为人为了谋取正当利益,向国家工作人员行贿,不成立行贿罪。例如,A公司面临资金周转困难,通知项目部负责人谈某尽快催收工程款项。在谈某多次催要,相关部门给付额度不大的情况下,谈某代表A公司向某县委书记刘某寻求帮助。谈某先后四次向刘某赠送现金共计65万元,这笔款项全部来自A公司用于业务拓展的备用金。

法院认为,被告单位A公司和被告人谈某为顺利结算工程款向刘某给付65万元的行为并未谋取不正当利益,也不属于以违反公平公正的原则去谋取竞争优势,其谋取的工程款系依照民事法律和合同约定应得的合法利益,A公司和被告人谈某的行为不构成犯罪,依法应当宣告无罪。① 需要提醒考生注意的是,上述实务案例与B选项存在不同。实务案例中,谈某系为了顺利结算工程款行贿,由于相关部门仅拖欠谭某一人的工程款,并不存在向谭某结算工程款就侵犯其他债权人利益的情况,故谈某属于"谋取正当利益",不成立行贿罪。而B选项中甲作为公司负责人系为了优先结算工程款向相关国家工作人员行贿,这就侵犯了其他债权人的平等受偿权,属于"谋取不正当利益",成立行贿罪。

C项错误。本选项中,行为人事先通过国家工作人员的职务行为获取了不正当利益,后来被国家工作人员勒索并"给予国家工作人员以财物"。这种情况与"行为人先被勒索给予国家工作人员以财物,后谋取不正当利益"没有任何实质性区别。这两种行为均符合贿赂犯罪"权钱交易"的本质。本选项中,行为人虽然在已经获得不正当利益之后才被勒索或者被索取,但依然符合"给予国家工作人员以财物"的要件。同时,行为人客观上已经获得了不正当利益,使得行为人给予的财物与国家工作人员的职务行为的对价性更为明显,显然值得科处刑罚。故甲成立行贿罪。

D项正确。《刑法》第389条第2款规定:"在经济往来中,违反国家规定,给予国家工作人员以财物,数额较大的,或者违反国家规定,给予国家工作人员以各种名义的回扣、手续费的,以行贿论处。"虽然《刑法》第389条第2款表面上没有将"为谋取不正当利益"规定为行贿罪的构成要素,但是发生在经济往来中的行贿行为的不法程度并不必然重于发生在其他领域的行贿行为的不法程度。既然发生在其他领域的行贿罪

---

① 参见甘肃省成县人民法院(2017)甘1221刑初142号刑事判决书。

需要以"为谋取不正当利益"为前提,就没有理由对发生在经济往来中的行贿罪取消"为谋取不正当利益"的限制。D 选项中,甲并没有"为谋取不正当利益",故不成立行贿罪。

综上所述,本题答案为 BD 项。

176. 关于行贿罪的适用,下列选项正确的是?(　　)(单选)

A. 甲的孩子中考失利,为能让其进入重点中学,甲找到教育局局长张某,张某答应甲的请求但向甲索取了 30 万元的"手续费",甲尽管感到无奈但也只好送给张某 30 万元,其孩子也顺利重点中学录取了。对此,甲成立行贿罪。

B. 乙为了获取某金融监管局的新楼装修工程,向金融监管局局长徐某行贿 100 万元,徐某接收后,将该工程承包给了乙。乙符合"在财政金融领域行贿,实施违法犯罪活动的"这一从重处罚情节

C. 《刑法修正案(十二)》规定,"将违法所得用于行贿"的应当从重处罚。丙将自己两年前通过诈骗犯罪所得的 30 万用于向国家工作人员钱某行贿,请求钱某违规解决其小孩入学的问题。丙的行为符合行贿罪从重处罚的情节

D. 如果国家工作人员丁因收受徐某的贿赂构成受贿罪,那么徐某也必然构成行贿罪

[试题解析]

A 项正确。我国《刑法》第 389 条第 3 款规定,因被勒索给予国家工作人员以财物,没有获得不正当利益的,不是行贿。反过来说,即使被勒索给予国家工作人员以财物,但如果获得了"不正当利益",也成立行贿罪。在本选项中,甲为了能让孩子进入重点中学,尽管是被勒索才给予张某 30 万元贿赂款,仍然符合行贿罪的构成要件,成立行贿罪。需要说明的是,2012 年最高人民法院、最高人民检察院《关于办理行贿刑事案件具体应用法律若干问题的解释》第 12 条第 1 款规定:"行贿犯罪中的'谋取不正当利益',是指行贿人谋取的利益违反法律、法规、规章、政策规定,或者要求国家工作人员违反法律、法规、规章、政策、行业规范的规定,为自己提供帮助或者方便条件";该条第 2 款规定:"违背公平、公正原则,在经济、组织人事管理等活动中,谋取竞争优势的,应当认定为'谋取不正当利益'。"从上述规定可以看出,行贿罪中的"谋取不正当利益"要求国家工作人员通过不正当履职行为来为行贿人获取利益。"不正当利益的本质"在于违反了法律法规,或者违反了公平竞争原则。就本选项而言,甲谋取的当然是不正当利益,"中考失利,为能让其进入重点中学"显然违反了规则,同时,对其他参加中考的学生而言也是不公平的。

B 项错误。《刑法修正案(十二)》对行贿罪作出修改,新增了 7 项从重处罚的情

节,对第 6 项"在生态环境、财政金融等领域行贿,实施违法犯罪活动"的理解,应是指行贿人使受贿人在生态环境、财政金融等领域实施违法活动或者放纵、容忍行贿人在上述领域实施违法活动,从而侵害职务行为的公正性,而不是指行贿人实施任何违法活动。本选项中,乙行贿的目的只是获取金融监管局的新楼装修工程,"装修工程"不属于金融活动,不属于在财政金融领域实施违法活动,不属于第 6 项"在生态环境、财政金融等领域行贿,实施违法犯罪活动的"。

C 项错误。《刑法修正案(十二)》对行贿罪做出修改,新增了 7 项从重处罚的情节,第 7 项"将违法所得用于行贿"应是指将国家工作人员受贿后违法行使职权给行贿人形成的违法所得用于行贿,而非包括一切违法所得。①

如果行为人是将"此"违法犯罪所得用于行贿"彼"违法犯罪行为,不属于"将违法所得用于行贿"。如果是将"此"违法犯罪所得用于行贿"此"违法犯罪行为,就属于"将违法所得用于行贿"。本选项中,丙将其从事其他违法犯罪行为所得的收入用于行贿,因此不属于第 7 项"将违法所得用于行贿"的情形。

【延伸阅读】甲为了承揽某一项工程,许诺给国家工作人员徐某好处费 200 万元。在获得该工程后,甲从中违法获利 500 万元,并将其中的 200 万元给予徐某。刑法之所以将"将违法所得用于行贿"作为从重处罚情节,主要是考虑到,就某一事项请托国家工作人员,并且将该事项的"违法所得"用于行贿国家工作人员,会导致该请托事项(本案中承揽的工程)更加违反法律规定、影响该事项的进展。试想,该案中,甲承揽工程本身就违反了公平竞争原则,而且在保证自己在工程中"赢利"的同时,还要从工程获利款中提取一部分给国家工作人员,这样显然会更加影响工程的质量,二人之间也会形成不法利益的共同体,必然进一步促进贿赂的发展。

D 项错误。第一,只要国家工作人员索取、收受财物的行为侵害了职务行为的不可收买性,即使没有侵犯职务行为的公正性,没有为他人谋取不正当利益,也可能成立普通受贿罪。第二,行贿人向国家工作人员给予财物,只有同时侵犯了职务行为的不可收买性和职务行为的公正性,才成立行贿罪。本选项中,徐某给予国家工作人员丁贿赂的行为,可能只侵犯了职务行为的不可收买性,而没有侵犯职务行为的公正性。例如,徐某为谋取正当利益,向国家工作人员丁行贿。此时,丁构成受贿罪,而徐某不成立行贿罪。之所以可能存在丁构成受贿罪而徐某不构成行贿罪的情形,主要原因在于,我国刑法中行贿罪与受贿罪的成立标准不同。

综上所述,本题答案为 A 项。

---

① 参见张明楷:《行贿罪的处罚根据——兼议〈刑法修正案(十二)〉对行贿罪的修改》,载《政法论坛》2024 年第 2 期,第 15 页。

177. 下列说法正确的有？（　　）（多选）

A. 某企业原本应当获得国家的某项补贴，但企业负责人徐某不知情，于是以"谋取不正当补贴"的心理，向有关国家机关的负责人孟某提出要求，并送给孟某50万元现金。孟某随后发现，徐某的企业完全符合获得这项补贴的条件，徐某的企业最后也获得了补贴。徐某的行为构成行贿罪

B. 马某向国家工作人员李某请托不正当事项，李某谎称请托事项需要第三者赵某的参与才能完成，并要求马某送给赵某10万元。其实，李某与赵某是朋友，10万元由李某占有。马某的行为构成行贿罪

C. 个体企业老板戴某请国有供电所的抄表员夏某帮忙，让后者从其负责的电表箱中牵出一根电线为企业免费供电，并送给夏某3万元现金，于是，夏某为戴某的企业安装了一根电线。至案发时，戴某的企业的窃电量价值30万元。对戴某的行为应以行贿罪与盗窃罪实行数罪并罚

D. 牛某想将女儿姚某甲从陵川县调回晋城市内工作，和其丈夫姚某乙一起到太原市刘某甲的家中，希望已退休的山西省某办公室主任的高中同学刘某甲帮姚某甲调动工作，送给刘某甲现金人民币5万元。姚某甲的工作至今未调动。牛某的行为构成行贿罪

[试题解析]

A项错误。企业负责人徐某虽然有谋取不正当利益的想法，但客观上完全没有谋取到不正当利益，因为他的企业本来就符合补贴要求，这种情况下，就可以认为徐某的行为不符合行贿罪的主观要素，不成立行贿罪。因为，要认定行为人主观上有"谋取不正当利益"的想法，至少需要该"不正当利益"有现实存在的可能性。

B项正确。给予国家工作人员财物这个行为既可以表现为直接将财物交付给国家工作人员，也可能表现为通过第三者将财物交付给国家工作人员；既可以是直接将财物交付给国家工作人员本人，也可以是将财物交付给国家工作人员的亲属或者国家工作人员指定的第三者。所以，马某的行为构成行贿罪。

C项正确。行贿人谋取不正当利益的行为构成犯罪的，应当与行贿犯罪实行数罪并罚。

D项错误。刘某甲退休后已经不具备国家工作人员的身份，给予其财物的，不构成行贿罪，构成对有影响力的人行贿罪。

综上所述，本题答案为BC项。

178. 关于《刑法》对行贿罪的从重与从宽处罚情节的适用，下列说法错误的有？（　　）（多选）

A. 甲为了避免其生产不符合食品安全标准的零食的行为被查处，送给市场监督管理局局长20万元。甲的行为符合行贿罪中"在生态环境、财政金融、安全生产、食品药品、防灾救灾、社会保障、教育、医疗等领域行贿，实施违法犯罪活动"的从重处罚情节

B. 甲为了让自己的女儿就读重点中学，将通过电信诈骗所得的10万元送给市教育局局长乙，甲符合行贿罪中"将违法所得用于行贿"的从重处罚情节

C. 甲为了逃避法律制裁，送给承办案件的检察官乙2万元，甲符合行贿罪中"对监察、行政执法、司法工作人员行贿"的从重处罚情节

D. 甲因行贿罪被立案调查，在检察机关审查起诉前主动交代行贿行为，属于"在被追诉前主动交代行贿"行为这一从宽情节，可以从轻或者减轻处罚

[试题解析]

A项正确。《刑法》第390条第2款第6项中的"实施违法犯罪活动"，是指行贿人所从事的事项本身属于"实施违法犯罪活动"。比如为了生产、销售不符合安全标准的食品或为了掩盖安全生产不达标、排污等犯罪活动而行贿的。① 因为这些领域本身就关乎国计民生，在这些领域实施违法犯罪行为，如果还存在贿赂国家工作人员的情况，就会导致进一步的腐败，违法犯罪行为的严重程度会进一步加剧，所以，立法规定要从重处罚。

本选项中，甲是为了更顺利地生产不达标食品，向市场监督管理局局长行贿，即生产不符合安全标准的食品本身就属于"实施违法犯罪活动"。因此，甲符合行贿罪的从重处罚情节。

B项错误。首先，对于从重处罚条款的适用，需要根据行贿罪的保护法益进行判断。对于《刑法》第390条第2款第7项规定的"将违法所得用于行贿"，有必要进行限缩，即"违法所得"仅包括受贿的国家工作人员违法行使职权给行贿人带来的违法所得，而非包括一切违法所得。② 或者说，将"此"违法所得，用于"此"次行贿的，才属于"将违法所得用于行贿"这一从重处罚情节。如果行为人是将"此"违法犯罪所得用于行贿"彼"违法犯罪行为，不属于"将违法所得用于行贿"。例如，行为人将自己生产、销售伪劣产品的部分利润用于向国家工作人员行贿，要求国家工作人员进一步包庇自己生产、销售伪劣产品的犯罪行为，此时受贿人与行贿人形成了不法利益的共同体，必然进一步促进贿赂的发展，对职务行为的不可收买性与公正性造成更严重的侵害，因而

---

① 参见张义健：《〈刑法修正案（十二）〉的理解与适用》，载《法律适用》2024年第2期，第82页。
② 参见张明楷：《行贿罪的处罚根据——兼议〈刑法修正案（十二）〉对行贿罪的修改》，载《政法论坛》2024年第2期，第15页。

成为从重处罚的情节。其次，举例说明。甲为了承揽某项工程，许诺给国家工作人员徐某好处费200万元。在获得该工程后，甲从中违法获利500万元，并将其中的200万元给予徐某。刑法之所以将"将违法所得用于行贿"作为从重处罚情节，主要是考虑到，就某一事项请托国家工作人员，并且将该事项的"违法所得"用于行贿国家工作人员，会导致该请托事项(本选项中承揽的工程)更加违反法律规定、影响该事项的进展。试想，该选项中，甲承揽工程本身就违反了公平竞争原则，而且在保证自己在工程中"赢利"的同时，还要从工程获利款中提取一部分给国家工作人员，这样显然会更加影响工程的质量，二人之间也会形成不法利益的共同体，必然进一步促进贿赂的发展。最后，本选项中，甲将电信诈骗所得用于行贿，而电信诈骗与教育局局长乙之间并不存在任何关联。换言之，电信诈骗的违法所得并非因乙滥用职权产生，不是对不公正职务行为的双重不正当报酬，单就行贿款的来源而言，甲、乙之间并不会因此形成不法利益的共同体。因此，不属于"将违法所得用于行贿"这一从重处罚情节。

C项错误。第一，通常情形下，行贿罪的立案数额标准为3万元，向司法工作人员行贿的标准更低。根据2016年4月最高人民法院、最高人民检察院《关于办理贪污贿赂刑事案件适用法律若干问题的解释》，向司法工作人员行贿，影响司法公正的，行贿数额在1万元以上不满3万元，也应当依照刑法第370条的规定以行贿罪追究刑事责任。① 第二，上述司法解释对定罪标准的下调，已经体现了对"向司法工作人员行贿"的从重处罚。C选项中，甲行贿金额为2万元，未达一般行贿罪的立案数额标准，以行贿罪追究甲的刑事责任，就已经体现了对"向司法工作人员行贿"情形的从重处罚，不能在认定行贿罪的基础上又依据该情形从重处罚。② 换言之，"向司法工作人员"行贿这一从重情节已经在定罪环节适用，即如果不具有该情节的话，行为人因为未达到入罪数额不成立行贿罪。故如果在量刑环节再次适用而从重处罚，即为对"同一情节"的重复评价，明显不利于被告人。

需要补充说明的是：如果在本选项中，甲向司法工作人员行贿5万元，已经达到了行贿罪的"定罪"标准。在此基础上，考虑到其是"向司法工作人员行贿"，在"量刑"的时候需要进一步从重处罚。也就是说，"向司法工作人员行贿"在定罪(是否入罪)时不需要专门考虑，因为金额已经达到5万元。但是，在量刑中，应作为从重处罚情节。

---

① 最高人民法院、最高人民检察院《关于办理贪污贿赂刑事案件适用法律若干问题的解释》第7条："为谋取不正当利益，向国家工作人员行贿，数额在三万元以上的，应当依照刑法第三百九十条的规定以行贿罪追究刑事责任：(一)向三人以上行贿的；(二)将违法所得用于行贿的；(三)通过行贿谋取职务提拔、调整的；(四)向负有食品、药品、安全生产、环境保护等监督管理职责的国家工作人员行贿，实施非法活动的；(五)向司法工作人员行贿，影响司法公正的；(六)造成经济损失数额在五十万元以上不满一百万元的。"

② 参见张义健：《〈刑法修正案(十二)〉的理解与适用》，载《法律适用》2024年第2期，第82页。

D项错误。第一,2013年最高人民法院、最高人民检察院《关于办理行贿刑事案件具体应用法律若干问题的解释》第13条规定:"刑法第390条第2款规定的'被追诉前',是指检察机关对行贿人的行贿行为刑事立案前。"但根据2025年《监察法》第11条、2021年国家监察委员会《监察法实施条例》第26条,行贿罪由监察机关立案调查。因此,《刑法》第390条第3款"被追诉前"应是指在监察机关对行贿人的行贿行为刑事立案前。第二,本选项中的行贿人,是在监察机关立案后交待自己的行贿行为的,不属于刑法所规定的"在被追诉前主动交待行贿行为"这一从宽情节。

综上所述,本题为选非题,答案为BCD项。

179. 甲欲请托公安局局长丙以谋取不正当利益,送给乙(丙是乙的舅舅)12万元,乙同意。关于不同情况下的行为认定,下列说法错误的是哪一选项?( )(单选)

A. 若甲知道乙接受12万元后可能会将该钱款给丙或告知丙,则甲构成行贿罪(间接故意)

B. 若乙将12万元挥霍一空,从未向丙提及甲的诉求及12万元一事,则乙构成诈骗罪和利用影响力受贿罪的想象竞合

C. 若丙知道乙收了钱也同意帮忙为甲办事,则乙构成利用影响力受贿罪和受贿罪的想象竞合犯

D. 若最后乙找了丙的下属丁办了事,也应当认为利用了丙的职务便利,乙成立利用影响力受贿罪

[试题解析]

A项正确。第一,对有影响力的人行贿是希望通过影响力去敲打"权力",即通过"金钱"敲打"影响力",通过"影响力"敲打"权力",亦即,金钱不直接"敲打"权力。而行贿罪的行为是通过金钱直接敲打权力。因此,如果行贿人想将财物直接给国家工作人员或者通过有影响力的人转交给国家工作人员,则行贿人构成行贿罪。第二,本选项中,若甲知道乙接受12万元后可能会给丙或告知丙,则说明甲认识到自己用于行贿的金钱将直接敲打、接触丙的权力,并且甲放任这种结果的发生。因此,甲具有行贿罪的间接故意。

B项错误。第一,乙不成立利用影响力受贿罪。成立利用影响力受贿罪,要求行为人具有影响力,即其可以"影响"国家工作人员的权力行为,实现"金钱"与"权力"的间接交易,且要求行为人主观上是为他人谋取不正当利益。如果根本不可能实现"权""钱"间接交易,那么,即便有影响力的人收受了他人财物,也不构成利用影响力受贿罪。本选项中,若乙将12万元挥霍一空,既没有为甲谋取不正当利益,也没有通过影

响力"影响"权力,则不成立利用影响力受贿罪。第二,乙的行为成立诈骗罪。在本选项中,乙使甲错误地认为乙将为自己谋取不正当利益、乙对国家工作人员丙有"影响力",甲因此产生错误认识而处分了12万元,乙构成诈骗罪。历年真题中考查过类似的选项。例如,2018年真题中,张某为谋取不正当利益,给李某(国家机关工作人员)的妻子钱某10万元,李某知道后,让妻子把钱退还给张某,钱某假装同意,后并未将10万元退还给张某,并将这10万元用于家庭生活。该选项中,国家工作人员李某的行为不构成犯罪,钱某的行为构成侵占罪。如果钱某一开始就知道自己没有影响力而非法收受他人财物,则属于诈骗,应以诈骗罪论处。

C项正确。第一,乙成立利用影响力受贿罪。因为乙利用其影响力收受了财物,且其确实具有"影响力",影响了国家工作人员丙的权力。第二,乙和丙构成受贿罪的共犯。因为乙和国家工作人员丙均知道甲给乙12万元的事实,说明"权力"与"金钱"有交易,成立受贿罪的共犯。综上,乙成立受贿罪与利用影响力受贿罪的想象竞合犯,应以受贿罪论处。

D项正确。第一,利用影响力受贿罪的本质在于,行为人具有"影响力",该影响力可以"影响"国家机关工作人员的"权力"。第二,本选项中,乙的影响力确实影响了国家工作人员丙的下属丁的"权力"。换言之,丁属于丙的下属,可以认为,丁的"权力"从属于丙的"权力",乙事实上影响了丙的"权力",构成利用影响力受贿罪。张明楷教授指出,实践中存在国家工作人员的近亲属直接通过国家工作人员的下属为他人谋取不正当利益,进而索取或收受他人的财物。这种情况实际上利用了国家工作人员的职权或者地位形成的便利条件,也通过其他国家工作人员的职务行为为请托人谋取了利益,当然成立利用影响力受贿罪。

综上所述,本题为选非题,答案为B项。

180. 关于渎职犯罪,下列说法正确的是?(　　)(多选)
A. 国家机关工作人员甲与非国家工作人员乙共谋,甲利用职权帮助乙骗取政府补贴。甲构成滥用职权罪与诈骗罪,择一重罪论处
B. 非国家机关工作人员乙教唆国家机关工作人员甲滥用职权,乙不构成滥用职权罪
C. 司法工作人员甲明知乙没有实施犯罪,为了报复乙,依然对乙进行刑事立案。乙经审判后被无罪释放。甲成立徇私枉法罪
D. 某市政府高层集体决定,要求国家机关工作人员甲滥用职权,单位(市政府)成立滥用职权罪

[试题解析]
A项正确。首先,甲利用职权帮助乙骗取政府补贴的行为成立滥用职权罪。甲主

观上明知乙实施了骗取补贴的行为,却未履行其管理职责,在客观上实施了滥用职权的行为,导致国家财产流失,应以滥用职权罪处罚。其次,甲利用职权帮助乙骗取政府补贴的行为成立诈骗罪。甲主观上明知乙实施了骗取补贴的行为,客观上利用职权为乙提供了帮助,使得乙成功骗取到政府补贴。乙成立诈骗罪,甲成立诈骗罪的帮助犯。最后,甲的行为同时成立滥用职权罪与诈骗罪。国家机关工作人员利用职权帮助他人骗取政府补贴的,成立滥用职权罪与诈骗罪的想象竞合。

【延伸阅读】实务中,对于国家机关的工作人员滥用职权的行为所造成的公共财产损失,一般只在滥用职权罪中予以评价,不再认定为其他犯罪。尤其是考虑到国家机关的工作人员本人并没有实际获得财物,不会认定为贪污罪(或诈骗罪)。但张明楷教授认为,这种做法是对国家机关工作人员的过度宽容,也忽略了滥用职权罪与其他犯罪之间可能存在竞合。毕竟在本选项中,乙在骗取国家补助,这一行为构成诈骗罪,而甲在帮助其骗取国家补助,既是滥用职权罪,也是诈骗罪的共犯。

B项错误。在国家工作人员与非国家工作人员的共同犯罪中,如果国家工作人员是正犯,非国家工作人员实施了教唆、帮助行为,那么即使非国家工作人员没有正犯所要求的身份,也可以成立正犯的教唆犯或者帮助犯。例如,一般公民教唆国家工作人员收受贿赂,国家工作人员成立受贿罪,一般公民则成立受贿罪的教唆犯。即,无身份者,可以构成身份犯的共犯(教唆犯、帮助犯)。在本选项中,虽然乙没有国家机关工作人员的身份,但是其教唆国家机关工作人员甲滥用职权,也可以成立滥用职权罪的教唆犯。

C项正确。徇私枉法罪是指司法工作人员在刑事诉讼活动中,违背事实和法律作枉法裁判。这里的枉法裁判,包括枉法追诉,也就是明知是无罪的人而使其受追诉。在本选项中,司法工作人员甲明知乙没有实施犯罪,依然对乙进行刑事立案,属于枉法追诉。虽然乙经审判后被无罪释放,但司法权力已经被甲滥用,因此甲依然成立徇私枉法罪。

D项错误。单位犯罪的成立需要刑法明文规定。滥用职权罪规定在《刑法》第397条:"国家机关工作人员滥用职权或者玩忽职守,致使公共财产、国家和人民利益遭受重大损失的,处三年以下有期徒刑或者拘役;情节特别严重的,处三年以上七年以下有期徒刑。本法另有规定的,依照规定。"《刑法》没有规定单位可以成立滥用职权罪,不能将单位(市政府)认定为滥用职权罪的主体,可以认定作出决定的自然人(如市政府高层)构成滥用职权罪。对于具体实施滥用职权行为的自然人甲,视其作出职权行为的过错程度、受胁迫程度等综合判断其危害性大小,认定其构成滥用职权罪或者对其进行党纪政纪处分。

综上所述,本题答案为 AC 项。

181. 关于巨额财产来源不明罪,下列说法正确的是?（　　）(多选)

A. 甲在法院任职之前,从事律师职业,赚了不少钱。但是,其在法院工作时,司法机关发现其财产与支出明显不符。事实上,甲的这些财产是其入职成为国家工作人员之前做律师所赚得的,甲觉得这些钱与其担任国家工作人员的职位毫无关系,拒不说明来源。甲成立巨额财产来源不明罪

B. 国家工作人员乙的支出明显超过合法收入,差额达300万元。乙拒绝说明财产来源。一审中,乙交代300万元系受贿所得,经查证属实。乙成立巨额财产来源不明罪

C. 国家工作人员丁因涉嫌巨额财产来源不明罪被司法机关立案调查。一审开庭时,丁仍然拒不说明财产来源,但其妻子徐某主动向法院说明了财产来源。丁不成立巨额财产来源不明罪

D. 丁与妻子蒋某皆为国家工作人员,但蒋某已退休。检察院在调查丁时,发现其家庭有100万元明显超过合法收入,且差额巨大。检察院责令双方说明来源,丁声称财产源于蒋某退休后经商所得。蒋某承认却不交待财产的具体来源。最后经查证,上述100万元确属蒋某经商所得。丁不成立巨额财产来源不明罪,蒋某成立巨额财产来源不明罪

[试题解析]

A项正确。甲成立巨额财产来源不明罪。巨额财产来源不明罪的实行行为是国家工作人员被责令说明财产来源时,拒不说明自己的财产来源。甲已经成为国家工作人员,有义务如实汇报自己的财产来源,其不说明财产来源的行为,构成巨额财产来源不明罪。本罪的实质在于,公众对国家工作人员的廉洁性有期待,无论该财产是在其成为国家工作人员之前还是之后,其拥有巨额财产的,都应向公众说明。

B项错误。乙不成立巨额财产来源不明罪。成立巨额财产来源不明罪,必须要求在一审判决之前拒不说明财产来源,如果在一审判决前已经说明来源的,不成立该罪。本选项中,乙在一审审判前就已经交待财产来源,因此,不成立该罪。

C项正确。丁不成立巨额财产来源不明罪。尽管丁本人拒不说明财产来源,但其妻子徐某已经说明了财产来源,法院已经知悉财产的来源。法院既然已经查明了财产来源,就不应认定丁构成巨额财产来源不明罪。退一步讲,如果本选项中,丁的妻子没有说明财产来源,而是由办案机关查清了财产来源(如系贪污所得),那么,丁也只能成立贪污罪,而不构成巨额财产来源不明罪。

D项错误。丁与蒋某皆不成立巨额财产来源不明罪。第一,蒋某不成立巨额财产来源不明罪,因为其不是国家工作人员。巨额财产来源不明罪的行为主体仅限于国家工作人员。国家工作人员退休或者辞职后,检察机关发现其有来源不明的巨额财产,行为人不能说明来源的,由于其不具有国家工作人员的身份,不能以本罪论处。第

二,丁也不构成巨额财产来源不明罪。丁虽然是国家工作人员,但丁已经向司法机关说明了该财产源于其妻子蒋某,至少就其所知悉的情况,其已经说明了,将丁的行为认定为犯罪是不合适的。至于蒋某是如何经商获得的,作为配偶的丁无从知晓,也没有说明的义务。每个人只对自己所拥有的巨额财产的来源有说明的义务,不可能要求其说明他人的财产来源。

综上所述,本题答案为 AC 项。

182. 关于滥用职权罪,下列说法正确的是？（　　）（多选）

A. 徐某为乡镇政府的工作人员,其滥用职权,为实施故意杀人行为的在逃亲属孟某出具办理虚假身份证件所需要的证明材料。徐某构成滥用职权罪与窝藏罪的想象竞合,从一重罪处罚

B. 国有企业前期公司受市政府委托,负责本市西藏路道路的拆迁工作。周某受前期公司与更强公司之间的委托协议之规定及前期公司管理人员季某的口头委托,担任该项目的总经理。其间,周某接受北门物业的总经理陈某的请托,利用职务便利,违规审批内容虚假的申请表等相关材料,使陈某等人成功冒领补偿款,导致国家财产损失 130 余万元。周某构成滥用职权罪

C. 金隆煤矿发生事故后,负责安全生产监督管理的国家机关工作人员杨某未履行职责,且授意他人不将煤矿事故上报、不到现场救援,安排他人提供虚假材料,作虚假调查,要求他人隐瞒事故真相。数家国有新闻媒体的记者以调查金隆煤矿安全事故为由,向金隆煤矿敲诈勒索,杨某决定以赞助费等名义给予记者赵某等人现金近五十万元,以免事故情况被报道。杨某构成滥用职权罪

D. 马某为公安局局长,其在审讯一名女性犯罪嫌疑人涂某时,借故把另外一名警察派去出警,其趁无人之机,使用暴力将涂某强奸。马某的行为构成强奸罪与滥用职权罪,应当数罪并罚

[试题解析]

A 项正确。国家机关工作人员滥用职权,同时构成其他犯罪的,属于想象竞合,从一重罪处罚。①

B 项错误。根据刑法、全国人民代表大会常务委员会立法解释、最高人民法院司法解释规定的对于公司、企业工作人员而言构成滥用职权的主体,应是依法或受国家机关委托代表国家机关行使行政管理职权的公司、企业、事业单位的工作人员,周某工作职能的依据系前期公司与更强公司之间的委托协议之规定及前期公司管理人员季某

---

① 参见张明楷:《刑法学》（第五版）,法律出版社 2016 年版,第 1247 页

的口头委托,并非依法或受国家机关委托进行工作。故周某不符合滥用职权罪主体身份的要求,其在履职中造成公共财产重大损失的行为,不构成滥用职权罪。[①]

C 项正确。杨某滥用职权,严重损害了国家机关的公信力,并致使国家财产遭到重大损失,构成滥用职权罪。[②]

D 项错误。马某仅实施了一个行为,不宜数罪并罚。可以认定为强奸罪与滥用职权罪的想象竞合犯,择一重罪处罚。

综上所述,本题答案为 AC 项。

[①] 参见《刑事审判参考》(总第 111 集)第 1207 号指导案例:周根强、朱江华非国家工作人员受贿案。
[②] 参见《刑事审判参考》(总第 103 集)第 1089 号指导案例:杨德林滥用职权、受贿案。

参考答案

专题一　刑法学基础知识

1. AD　　2. AD　　3. C　　4. A

专题二　犯罪论

5. D	6. BD	7. D	8. BD	9. BD
10. B	11. B	12. ABCD	13. B	14. D
15. D	16. ABD	17. AB	18. ABCD	19. ABCD
20. AB	21. A	22. A	23. AD	24. D
25. A	26. A	27. CD	28. ABCD	29. A
30. ABCD	31. A	32. C	33. B	34. B
35. C	36. AD	37. B	38. C	39. A
40. D	41. D	42. C	43. ABCD	44. ABC
45. A	46. D	47. A	48. A	49. AC
50. AC	51. AD	52. D	53. C	54. C
55. CD	56. CD	57. D	58. ABD	59. ABCD
60. C	61. B	62. CD	63. AC	

专题三　刑罚论

64. D	65. B	66. D	67. A	68. D
69. AB	70. D	71. D	72. A	73. ABC
74. D	75. B	76. AB	77. C	78. D
79. CD	80. ABCD	81. B	82. C	

专题四　财产犯罪

83. BC	84. ABC	85. C	86. D	87. ABD
88. AC	89. ABCD	90. B	91. ABCD	92. B

| 93. BD | 94. AB | 95. B | 96. CD | 97. D |
| 98. A | 99. ABCD | | | |

专题五　人身犯罪

100. D	101. CD	102. A	103. AC	104. A
105. C	106. BD	107. D	108. AC	109. D
110. D	111. D	112. B	113. BC	114. AC
115. CD	116. ABC			

专题六　危害公共安全罪

117. AC	118. A	119. AD	120. AC	121. CD
122. C	123. B	124. ABD	125. C	126. D
127. C	128. AD			

专题七　破坏社会主义市场经济秩序罪

129. B	130. C	131. A	132. C	133. ABCD
134. BCD	135. ACD	136. A	137. AD	138. C
139. C	140. D	141. ABCD	142. AD	143. ABCD
144. ABCD	145. AD	146. C	147. ABCD	148. CD

专题八　妨害社会管理秩序罪

149. C	150. ABCD	151. D	152. C	153. C
154. B	155. D	156. ABCD	157. BCD	158. C
159. C	160. AB	161. AB	162. ABCD	163. C
164. ABC	165. CD	166. D	167. BCD	168. D
169. B	170. C	171. B		

专题九　贪污贿赂罪与渎职罪

172. A	173. A	174. D	175. BD	176. A
177. BC	178. BCD	179. B	180. AC	181. AC
182. AC				

参考书目及讲义

(觉晓教育官方旗舰店、淘宝、天猫、京东等平台有售)

详细解析,请参考附解析版本,新浪微博、微信公众号、小红书:刑法徐光华。

1. 徐光华:《应试薄讲义(主客一体)——14天搞定刑法》(主客一体教材),客观题考生。

2. 徐光华:《刑法4000客观严选好题》(含2010至2024年客观题真题及部分模拟题,仅客观题阶段),客观题考生。

3. 徐光华:《刑法内部讲义》(觉晓内部班学员讲义,针对客观题考生,主客一体备考),客观题考生。

4. 徐光华:《重难点专题》(觉晓内部班学员讲义,针对客观题考生,主客一体备考),客观题考生。

5. 徐光华:《刑法客观模拟180题:法考客观题精练手册》,免费在微博、微信公众号发布(刑法徐光华),北京大学出版社2025年版,客观题考生。

6. 徐光华:《刑法应试一小本:法客主客观 题背诵手册》,免费在微博、微信公众号发布(刑法徐光华),北京大学出版社2025年版,客观题考生。

7. 徐光华:《刑法观点展示问题梳理:法考主客观题应对手册》,免费在微博、微信公众号发布(刑法徐光华)北京大学出版社2025年版,主观题、客观题考生均适用。

8. 徐光华:《法考必练案例题——刑法139问》(主观题案例教材),含各章节小案例、2010至2024主观题真题、模拟大案例,共三个部分,主观题考生。

9. 徐光华:《主观题知识点+小案例》(主观题基础知识教材),觉晓内部班学员讲义,主观题考生。

10. 徐光华:《刑法主观题采分点》(主观题训练教材,对观点展示问题系统梳理),觉晓内部学员讲义,主观题考生。

以上,1、2、5、6、7、8,均可在各大电商平台购买。